효과적 승계 계획

EFFECTIVE SUCCESSION PLANNING
Ensuring Leadership Continuity and Building Talent from Within
Copyright©2005 William J.Rothwell
Published by AMACOM, a division of the American Management Association,
International, New York.
All rights reserved.

Korean Translation Copyright©2009 by PSIConsulting
Korean edition is published by arrangement with AMACOM,
a division of the American Management Association, International, New York.
through Imprima Korea Agency

이 책의 한국어판 저작권은 Imprima Korea Agency를 통해
AMACOM, a division of the American Management Association, International,
New York.사와의 독점계약으로 PSI컨설팅에 있습니다.
저작권법에 의해 한국 내에서 보호를 받는 저작물이므로
무단전재와 무단복제를 금합니다.

회사 미래를 책임질 핵심인재의 준비
효과적 승계 계획

초판 1쇄 발행 2009년 1월 1일

지은이 윌리엄 J. 로스웰
옮긴이 이재영 · 김기덕 · 김연수 · 김현덕 · 장정임
펴낸이 정재창

펴낸곳 PSI컨설팅
출판등록 1995년 2월 27일(제13-604호)
서울시 강남구 대치동 890-16 하이리빙 12층
전화 (02)783-5432
팩스 (02)783-5433
ISBN 978-89-86406-06-1 03320

판매유통 김앤김북스
전화 (02)773-5133

회사 미래를 책임질 핵심인재의 준비

효과적
Effective Succession Planning

승계
William J. Rothwell

계획

윌리엄 J. 로스웰 지음 | 이재영 · 김기덕 · 김연수 · 김현덕 · 장정임 옮김

> **"만일 당신이 회사에서 주도적으로 승계 계획 책임을 맡고 있다면, 당신이 알아야 하는 대부분의 것은 이 책에서 찾을 수 있을 것이다."**
> — 트레이닝 매거진

> **"로스웰은 승계 계획에 대한 공격적인 조사와 시스템적 접근을 통해 오늘날 여러 분야의 리더 및 HR 관리자들이 조직 내 주요 인력의 갑작스런 변화를 어떻게 준비할지에 관한 가이드를 개발했다."**
> — 패트릭 E. 제리티,
> 사우스웨스트 펜실베이니아 주립 시스템 유니버시티 센터 수석 이사

> **"이 책은 승계 계획 딜레마에 대해 장기적인 해결책을 찾는 사람 누구에게나 실용적이고 읽기 쉬우며 매우 유용하다."**
> — 스티븐 B. 킹 박사,
> 리더십 및 경영개발, 경영 컨셉트 수석 이사

" 로스웰 박사는 새로운 개정판에서
승계 계획의 실천 과정을 제5세대로 진화시켰다.
조직에서 최신 승계 계획 프로그램의 계획 및
실행을 직접 수행하는 담당자는 물론이고
다른 사람들도 반드시 읽어야 할 자료이다. "

— 데이비드 D. 두보이스 박사,
　두보이스 앤드 어소시에이츠 사장, 『역량 기반의 성과 증진』 저자

" 로스웰은 조직이 승계 계획에 적절하게 접근할 수 있도록
심층적이고 전략적인 견해로부터
여러 기능적이고 다양한 응용에 이르기까지
승계 계획의 포괄적인 체계를 담아 전달하고 있다. "

—로버트 K. 프레스콧 박사,
　엑컬드 대학, 크리에이티브 리더십 센터 지부, 경영개발연구소 이사

" 이 책은 우리 회사가 효과적인 승계 계획을 수립하고
이행하기 위해 필요한 모든 기술을 제시해 주었다.
나는 이 책에서 승계 계획의 첫걸음을 현실성 있게 추진하는 데
많은 도움이 되는 활동과 안내 그리고 팁들을 얻었다.
이것은 우리 회사의 조직력을 유지하고 개발하는 데 유용할 뿐만 아니라
경쟁력 확보를 지원할 것이다. "

— 마샤 킹 박사,
　캐피털 원 파이낸셜, 수석 경영개발 컨설턴트

CONTENTS

013 제3판 서문
031 감사의 말
033 옮긴이의 말
037 이 책을 활용하기 위한 사전 조정자

제1부　승계 계획 및 관리에 대한 배경 정보

1장　승계 계획 및 관리란 무엇인가

045 6가지 미니 학습 : 아래의 문제들에 대한 해결 방안은 무엇인가?
048 승계 계획 및 관리의 정의
057 승계 계획 및 관리와 대체 계획, 인력 계획, 인재 관리, 인적 자본 관리의 구별
060 승계 계획 및 관리에 대한 비즈니스 사례 만들기
063 승계 계획 및 관리 프로그램의 수립 이유
076 우수 사례 및 접근 방법들
083 조직에서의 리더십 연속성 확보
089 요약

2장   승계 계획 및 관리에 영향을 미치는 트렌드

095	10가지 주요 트렌드
109	이 모든 것은 승계 계획 및 관리에서 무엇을 의미하는가?
110	요약

3장   새로운 접근의 필요성

111	효과적인 프로그램의 특징
120	승계 계획 및 관리 프로그램의 라이프사이클 : 5세대
128	문제점 파악과 해결을 위한 다양한 접근법
135	전 시스템 변형 변화와 강점 기반 조사법의 통합 : 의미와 가치
138	5세대 접근법을 위한 요건
139	5세대 접근법에서의 핵심 단계
143	요약

4장   역량 규명과 가치 명확화 : 승계 계획 및 관리의 핵심

146	역량이란 무엇인가
147	승계 계획 및 관리에서 역량은 어떻게 이용되는가?
148	역량 식별 연구의 수행
150	역량 모델의 이용
150	역량 식별, 모델링, 평가에서의 새로운 발전
152	잠재 후보자의 파워를 형성하기 위해 일반적 역량을 활용할지, 특정 문화에 맞게 역량 개발을 할지 확인하기
155	가치란 무엇이고, 가치 명확화란 무엇인가?
156	승계 계획 및 관리에서 가치는 어떻게 이용되는가?
157	가치 명확화 연구의 수행
158	가치 명확화의 이용
159	모든 것을 불러 모으기 : 역량과 가치
159	요약

제2부 승계 계획 및 관리를 위한 기초

5장 주요 변화를 위한 상황 만들기

- 164 현재의 문제점과 실태 평가
- 175 필요성의 증명
- 181 조직 차원에서의 프로그램 요건 결정
- 184 조직 및 인적 자원 전략과의 연계
- 187 다른 조직의 우수 사례 벤치마킹
- 192 경영진의 헌신적 참여 확보
- 196 승계 노력에서 CEO의 핵심 역할
- 200 요약

6장 체계적인 프로그램 시작하기

- 201 위험 분석 수행과 변화 노력에 대한 참여 확보
- 203 프로그램 역할 결정
- 208 사명 선언문 작성
- 216 정책 및 절차 작성
- 219 표적 집단의 규명
- 224 CEO, 선임 관리자들 및 다른 사람들의 역할 명확화
- 226 프로그램 우선순위 설정
- 230 프로그램 실행을 위한 전략 수립
- 231 요약

7장 프로그램의 개량

- 234 프로그램 액션 플랜 준비
- 236 액션 플랜의 공유
- 239 승계 계획 및 관리 회의의 수행
- 244 승계 계획 및 관리에 대한 훈련
- 255 해당 영역에서의 승계 계획 문제점들에 대한 관리자 카운슬링
- 259 요약

제3부 현재와 미래의 진단

8장 현재 직무 요건과 개인 직무 성과의 평가

- 264 핵심 직위의 파악
- 270 핵심 직위의 직무 요건 결정을 위한 세 가지 접근법
- 278 완전한 다면 평가의 이용
- 282 성과 평가와 성과 관리의 적용
- 289 인재 풀의 창출 : 기법과 접근법
- 290 인재 풀을 넘어선 사고
- 292 요약

9장 미래 업무 요건과 개인 잠재성 평가

- 296 미래의 핵심 직위와 인재 요건 파악
- 307 개인 잠재성 평가 : 전통적 접근법
- 319 평가 센터와 포트폴리오 이용 증가
- 323 요약

제4부 개발 격차 좁히기 : 승계 계획 및 관리 프로그램의 운영과 평가

10장 내부 승계자 개발

- 328 대체 후보 인력군의 검증
- 336 내부 승진 정책의 공식화
- 339 개인 개발 계획의 준비
- 349 내부적인 후임자 개발
- 356 리더십 개발 프로그램의 역할
- 357 코칭의 역할
- 358 임원 코칭의 역할
- 360 멘토링의 역할
- 363 액션 러닝의 역할
- 364 요약

11장 내부 개발 이외의 다른 방법들의 평가

- 366 '승계 관리'보다는 '일이 실행되도록 하는 것'을 위한 관리의 필요성
- 377 은퇴자 기반의 혁신적인 접근법
- 380 무엇을 할지 결정
- 381 요약

12장 승계 계획 및 관리 프로그램을 지원하는 첨단 기술의 이용

- 384 온라인 방식과 하이테크 방식의 정의
- 388 기술 방식이 응용되는 곳
- 389 첨단 기술 응용의 평가 및 활용 방법
- 404 첨단 기술을 응용하려면 승계 계획 및 관리 담당자는 어떤 전문적인 역량이 필요한가?
- 406 요약

13장 승계 계획 및 관리 프로그램의 평가

- 408 평가란 무엇인가?
- 409 무엇을 평가해야 하는가?
- 415 어떻게 평가를 수행해야 하는가?
- 422 요약

14장 승계 계획 및 관리의 미래

- 429 15가지 예측
- 450 요약

- 453 부록 FAQ_승계 계획 및 관리에 대해 자주 제기되는 질문
- 461 참고문헌

> 제3판 서문

일전에 한 동료가 나에게 전화로 이런 말을 했다. "지난 몇십 년 동안 승계 계획에서 새로운 발전은 없는 것 같아." 나는 그 동료에게 이렇게 대답해 주었다. "그와 정반대로 많은 변화가 있었지. 자네는 최근 이 분야가 어떻게 변하고 있는지 잘 모르는 것 같군." 그러고는 이 책 제2판이 출간된 이후 경영 환경과 승계 계획에 많은 변화가 있었다고 덧붙였다. 다음의 몇 가지를 살펴보자.

세계에서의 변화들

- 9·11 사태. 세계무역센터가 파괴되었을 때, 172명의 부사장이 목숨을 잃었다. 이 비극적 사건은 1996년 오클라호마에서 일어났던 비행기 추락에 따른 비극적 인명손실에 의한 결과보다 더 많은 메시지를 전해 준다. 즉 뜻하지 않게 재난이 강타할 수 있는 세상에서 인생은 덧없으며, 조직 내 모든 직급의 핵심 인재는 점점 더 위험에 처해 있다는 것이다. 10년 전에는 상상할 수 없었던 움직임 속에서, 어떤 기업들은 만일 테러리스트가 핵무기나 다른 화학적 또는 생물학적 무기를 사용하여 전 도시를 쓸어 버릴 경우를 대비하여, 공격받기 쉬운

뉴욕, 워싱턴 같은 주요 도시 내 본사 이외의 장소에서 대체 후보 인력들을 점검하고 있다. 조직이 본사 없이도 사태를 수습하고 지속적으로 기능을 유지할 수 있을까? 오늘날 일부 기업과 정부 지도자들이 이러한 무시무시하지만 발생 가능한 질문을 염두에 두고 있다(실제로 저자의 한 고객은 만일 재난이 닥쳐 뉴욕 본사가 완전히 마비될 경우, 24시간 내 유럽에 본사를 완벽하게 재건한다는 생각으로 유럽 주요 도시에 기업의 대체 본사를 만들려는 목표를 세우고 있다).

- 많은 기업 스캔들. 윤리적, 도덕적 가치의 중요성이 오늘날보다 더 강조된 적은 없다. 엔론(Enron), 글로벌 크로싱(Global Crossing), 월드콤(WorldCom), 그리고 다른 많은 기업들에 영향을 끼친 스캔들 — 아서 앤더슨(Arthur Andersen)의 믿어지지 않는 일탈 — 의 결과, 많은 지도자들은 윤리적, 도덕적 가치의 중요성을 인정하게 되었다. 부분적으로는 사베인스-옥슬리 법(Sarbanes-Oxley Act)에 대응하기 위해 기업 경영진은 승계 계획 및 관리에 더욱 깊은 관심을 갖게 되었다. 그리고 승계와 관련하여 기업의 리더들은 미래 리더들 스스로가 다른 사람들이 기대하는 실제적 행동을 보여주는 모델이 되어야 하며, 단순히 외양만을 고려하는 관행은 지양해야 한다는 것을 깨달았다.

- 고령화 노동력에 대한 인식 확대. 모든 사람들은 이제 미국 및 G-8 국가들의 노동력이 갖는 조직 내 인구통계학적 변화에 관심을 갖고 있다. 몇몇 조직들은 이미 숙련된 직원들의 은퇴로 인한 영향을 체감하고 있다.

- 승계가 단순히 후임을 찾는 것 이상의 상황이라는 인식 확대. 직무 분야에서 숙련된 인력이 조직을 떠날 때, 그들의 능력뿐 아니라 그들이 쌓아온 축적된 지혜까지 가지고 간다. 이는 조직 내 모든 직위와 업무 영역에서 나타나는 현상이다. 결국 승계는 후임자가 누가 될 것인지를 계획하는 것 이상을 포괄한다. 이는 또한 조직의 모든 지위에서 가장 경험 있는 사람들이 떠날 때, 그리고 그들이 가치 있는 경험 자산을 가지고 나갈 때 무엇을 해야 하는지에 대한 심각한 숙고를 요구한다.

승계 계획에서의 변화

- 인재 경영(Talent Management)과 인재 개발(Talent Development)의 출현. 경영 분야에서의 다른 많은 용어들과 같이, 이 용어들 역시 정확한 의미를 찾고 있는 중이다. 이 용어들은 한 가지 이상의 복합적인 의미를 지니고 있다. 많은 경우, 인재 경영은 '고도수행 능력자'(high performers, HiPers) 혹은 '고도수행능력 잠재자'(high potentials, HiPos)라고 불리는 해당 분야의 최고 인재들을 채용, 개발, 보유하기 위해 쏟는 모든 노력을 지칭한다. 인재 개발은 미래 HiPers 혹은 HiPos를 만드는 노력이라고 할 수 있는데, 이는 최고 성과를 내는 10퍼센트의 인재에 쏟는 선택적 관심이다.
- 인력 수급 계획(Workforce Planning)의 출현. 어떤 사람들은 승계 계획이 조직의 상층부에만 국한된다고 생각하는 반면 — 나는 그렇게 생각하지 않는다 — 또 어떤 사람들은 조직의 미래 직원 배치와 조직 구조를 포괄하는 계획이라고 본다. 이는 '인적 자본 경영'(human capital management)이라는 용어와 같은 맥락이다.
- 승계 계획에 대한 인식 확대. 점점 더 많은 최고경영자들은 수 년 동안의 다운사이징, 라이트사이징, 스마트사이징 이후 증대되고 있는 임박한 은퇴자를 대비하여 서둘러 후임자를 찾으면서 승계 계획의 필요성을 심각하게 인식하고 있다.
- 승계 계획은 많은 해결책 중 하나라는 인식. 경험이 많고 능력도 있는 직원이 회사를 떠난다는 얘기를 들었을 때 최고경영자의 첫 반응은 이렇다. "내부 승진을 시키든지 외부 인력을 충원하든지 해야겠군. 외부 인력을 충원하자니 직무가 전문화되어 있어 채용하기가 쉽지 않고, 내부 승진을 시키기에는 대체 후보 인력군이 너무 취약해. 서둘러 승계 프로그램을 만들어야겠어." 물론 이것은 매우 제한된 견해이다. 승계 계획의 목적은 업무를 수행하는 것이지 사람을 대체하는 것이 아니다. 업무를 수행하는 데는 많은 방법들이 있다.
- 기술적 승계 계획(Technical Sucession Planning)에 대한 인식 증가. 승계 계획은 조

직도 상에서의 수직적 이동(조직의 리더십 승계)을 의미하는데, 엔지니어, 법률가, 연구 과학자, MIS 전문가, 그리고 전문가 혹은 기술자와 같은 개인들(조직의 수직적 리더십 승계 이외)의 승계에 대해서도 생각해 볼 수 있다. 전문가나 기술자들이 조직을 떠날 때 이들은 조직에 결정적으로 중요한 독점적 지식까지 가지고 나간다. 따라서 조직도의 수평적 단계에 초점을 맞추고, 전문화된 지식을 확장하고 심화하며 미래에도 이를 지속적으로 사용, 보전하는 것을 포함하는 기술적 승계 계획의 필요성에 대한 인식이 점차 증가하고 있다.

- 지속적인 HR 시스템의 문제점들. HR 시스템들이 아직은 명확하게 정비되어 있지 않다. 이 분야에서 컨설팅을 하면서 나는 HR 부서에 아주 적은 수의 인원 배치, 숙련도가 낮은 HR 담당자들, 근거를 알 수 없는 주술에 가까운 역량 모델링, 리더십 승계와 같이 쉽지 않은 HR 프로그램을 지원하기에는 불충분한 기술, 그리고 CEO 및 경영진에 맞서려고 하지 않고, 인재 육성에 더 많은 노력을 기울이는 업무 체계나 시스템이 아니라 그저 일상의 인력 관리 업무에 충실한 소심한 HR 담당자들과 HR 기능 자체가 갖는 많은 문제들을 보아왔다.

그래서 이 책의 초판과 제2판 서문에서 언급한, 세계는 리더십의 위기에 맞닥뜨리고 있다는 내 동료의 의견은 옳다. 정말로 "만성적인 통제 위기, 다시 말해 조직 구성원의 기대에 부응하지 못하는 조직의 전반적인 무능력은 이제 전 세계적으로 일반화되고 있는 위험 요소이다."[1] 이는 1994년 이 책이 처음 출간되었을 때와 마찬가지로 오늘날에도 적용된다. 많은 상황들이 이를 증명하고 있다. 시민들이 뽑은 공직자들은 국가적, 지역적 차원의 문제점들을 처리하는 데 대해 신뢰를 잃고 있고, 종교인들은 선정적인 스캔들로 인해 신뢰를 잃고 있다. 그리고 기업의 리더들은 소비자로부터 책임감 있게 윤리적으로 행동하는 데 대한 신뢰를 계속해서 잃어 가고 있다.[2] 사람들은 이제 더 이상 거대 기업들이 소유한 신문이나 텔레비전 방송국과 같은 매체가 진실을 말한다고 믿지 않는다. 환자들은 이제 엄청난 이윤을 추구하는 건강유지기구(Health Maintenance Organization, HMO, 미국의 개인 건강 보험)에 의해 고용된 의사들이 진정으로 자신들을 위해 일하고 있다고 믿지 않는다.

통제의 위기는 조직 내부에도 광범위하게 퍼져 있다. 직원들은 새로운 고용 계약이 노사 관계를 변화시켰을 때, 자신들이 고용을 계속 유지할 수 있을지 의심하고 있다. 조직원의 충성심은 이제 과거의 유물로서,[3] 1990년대 매우 빈발하였고 현재까지 몇몇 조직에서 추진되고 있는 다운사이징 열풍의 희생양이 되었다. 경영 간부로 진급하는 중간 관리 계층이 다운사이즈와 인구 고령화로 감축되면서 많은 조직들이 핵심 직위 승계자 선별이 조직의 미래를 위해 매우 중요한 과제라는 것을 인식하게 되었다. 믿기 어렵다면, 미국에서 가장 유명한 20퍼센트의 기업에 있는 임원 중 40퍼센트는 언제라도 은퇴할 수 있다는 사실을 생각해 보라.[4] 미국 사회는 고령화되고 있으며, 이는 조만간 많은 사람들이 은퇴할 수 있다는 것을 의미한다(표 P-1, P-2 참조).

표 p-1 미국 인구의 연령 분포(1965~2025년)

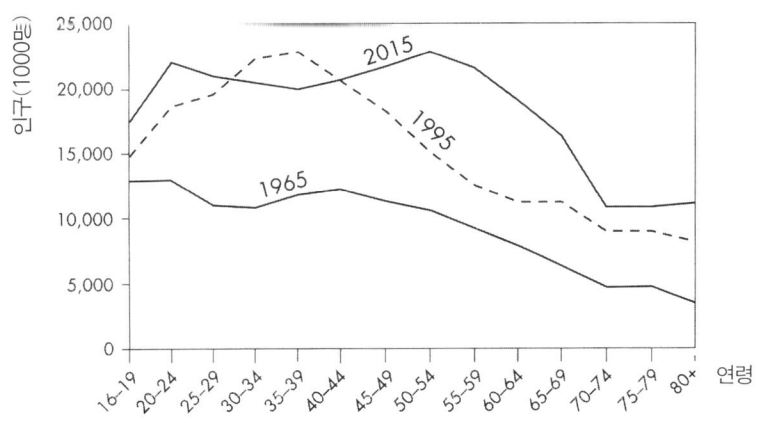

자료 : Stacy Poulos and Demetra S. Nightengale, "The Aging Baby Boom: Implications for Employment and Training Programs." http://www.urban.org/aging/abb/agingbaby.html에서 제시. 미 노동부 보고서 번호 F-5532-5-00-80-30.

| 표 p-2 | **연령에 따른 미국 인구(1965~2025년)**

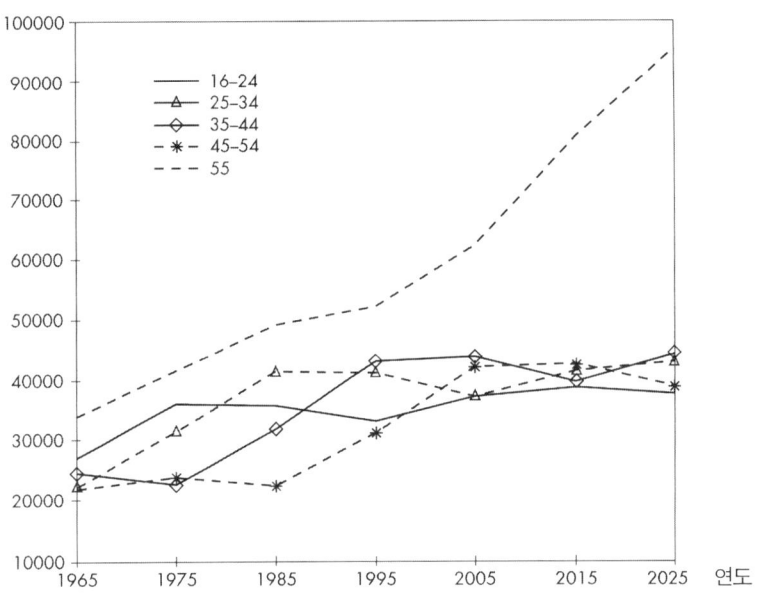

자료 : Stacy Poulos and Demetra S. Nightengale, "The Aging Baby Boom: Implications for Employment and Training Programs." http://www.urban.org/aging/abb/agingbaby.html에서 제시. 미 노동부 보고서 번호 F-5532-5-00-80-30.

    임원진의 임박한 은퇴 그리고 지적 자본과 지식경영의 가치 증대라는 이중 압력의 한복판에서, 조직이 모든 직급에서 리더십 연속성과 직원 승진을 계획하는 일은 그 어느 때보다 더 필수적인 것이 되었다. 말하기는 쉬워도 행동으로 옮기기는 쉽지 않다. 이는 승계 계획 및 관리(succession planning and management, SP&M)에서 빠른 해결책을 선호하는 오랫동안의 전통과는 부합하지 않는다. 또한 직원 충원을 슬림화하고 아웃소싱하며 임시직 노동자의 선호는 미래의 지도자를 선발하기 위한 인재 풀(pool)을 만드는 현재의 계속적인 요구와는 부합하지 않는다.

    과거 몇십 년 동안 미국의 노동력은 매우 풍부했고, 이는 당연한 것으로 받아들여졌다. 경영자들은 오랫동안 여유를 갖고 직원들을 승진시키며 육성해 왔고, 핵심 직위 승계에 대한 보험으로 필요 이상 많은 직원들을 두었다. 이는 경영진뿐만 아니라 종업원에게도 해당되었다. 대부분의 직업은 광범위한 자질을 필요로 하지 않았으며, 해당 산업에서 근무한 시간으로 측정되는 연공[때때로 '직무 기간'(job tenure)이라고 불린다]은 승진을 보증하는 데 충분했다.

이에 따라 승계 계획 및 관리 활동은 조직의 꼭대기에 있는 지도자들에게 초점이 맞추어졌다. 왜냐하면 조직은 위에서 아래로 통제되었으며, 따라서 최고경영 지도자들의 지식, 솜씨, 태도에 크게 의존했기 때문이다. 그러나 시대는 변했다. 어떤 기업도 저렴한 해외 노동력과 경제적 구조조정 노력 등 극심한 경쟁으로 인하여 필요 이상의 직원들을 고용하는 사치를 누리지 못한다. 이것은 몇 개월의 경험이 전통적 조직에서 일 년의 노동에 해당할 수도 있는 하이테크 기업에서 특히 일반적이다.

이와 함께 제품, 시장, 경영 활동이 더욱 복잡해짐에 따라 많은 직무가 이제 조직 내부와 외부에 걸친 광범위한 자질을 요구한다. 점점 더 직원들이 줄어드는 승진 기회를 두고 경쟁하게 되면서, 단순히 연공이 아닌, 실제로 입증된 성공적인 업무 실적과 리더십 역량의 기록이 중요한 고려 사항이 되었다. 이제 직원의 업무 승계는 의사 결정자 계층이 넓어지면서, 리더십 영향이 큰 직책과 경영자 등 소수의 직위에만 한정되는 것이 아니라 모든 조직원에까지 중요한 과제가 되었다.

이런 이유로 조직은 적극적으로 모든 계층에서 미래 인재를 수급하는 조치를 취해야 하며, 이런 요구에 부응하기 위해 적시, 적소에 적합한 인재가 직위를 승계하여 직무를 수행할 수 있는 프로그램을 준비하여야 한다. 소위 조직의 연속적인 성장과 발전을 확보하기 위해서는 핵심 직위 승계가 관건이 된 것이다. 여기에는 중요한 사회적 변화도 반영되었다.[5] 경영학의 대가인 피터 드러커(Peter Drucker)가 언급한 아래 문구는 오늘날에도 적용된다.[6]

무엇보다도 미래 경영의 문제는 우리 사회에 대한 관심이다. 간략하게 말한다면, 우리는 한 국가로서, 한 사회로서, 한 정부로서 우리 주요 기업 중 어느 하나가 경영 승계에 대한 적절한 대비를 강구하지 못해 쇠락하거나 붕괴하는 위험을 용인할 수 없는 지경에 도달했다.

아울러 여러 연구가 체계적인 승계 계획 및 관리에 그 무게를 더하고 있다. CEO가 마음 속에 특정 후계자를 공표하고 있는 기업은 특정 후계자를 염두에 두고 있지 않은 기업보다 훨씬 수익이 높다는 사실이 증명되고 있다. 이에 대한 한 가지 가능한 이유는 후계자 선택이 "조직 외부에 양질의 최고 경영의 존속에 대한 믿음으로 보여질 수 있기 때문이다."[7] 달리 얘기하면, 뛰어난 성과를 내는 CEO들은 체계적인 승계 계획 및 관리와 리더십 연속성을 가장 우선한다는 것이다. 승계 계획 및 관리 프로그램을 운영한다는 것은 조직의 지속적 발전 철학을 개인적 발전과 연결짓고 있다는 것을 보여주는 것으로 여겨지기도 한다.[8]

그러나 리더십 연속성 확보가 오히려 위협적인 시도가 되는 경우도 있다. 과거에 사용된 규칙들, 과정들, 기술들이 점점 더 시대에 뒤처지고 부적절한 것이 되어가고 있는데도 여전히 적용하고 있는 경우가 그 예라 하겠다. 과거 "많은 기업에서 행했던 경영진 승계가 종종 비공식적이며, 장기 근속, 행운, 그리고 속담 표현처럼, 적당한 때 적당한 위치에 있는 것 자체로 승계를 결정했던 과거식 SP&M 접근 방법은 조직의 리더십을 이어갈 핵심 인재들이 조직 내 모든 지위에 골고루 분포하고 있으며, 비즈니스 기회를 재빨리 활용하고 위기에 대처할 수 있게 발빠른 대응을 할 수 있는 현실 환경에 대응하는 데는 오히려 악재가 된다.[9]

이런 이유가 바로 체계적인 승계 계획 및 관리를 설정하여 과거의 승계 절차와 내용을 다시 살펴보고 다시 생각하고 리엔지니어링해야 하는 이유이기도 하다.

이 책의 목적

승계 계획 및 관리 그리고 리더십 개발은 최고경영자들의 관심사이다. 이런 경영진의 관심에도 불구하고, 승계 프로그램을 계획하고 운영하며, 승계 위기를 극복하는 업무는 흔히 인사관리(human resource management, HRM)와 현장 교육 및 성과(workplace learning and performance, WLP 인력개발) 전문가들에게 맡겨진다. 이런 식으로 기업에서는 인사관리 및 인력개발 담당자가 최고경영자들이 요구하는 중요하고 적극적인 업무를 수행하는 체계적인 승계 계획 및 관리 업무가 일상 업무 속에서 포함되도록 노력하고 있다.

그러나 체계적인 승계 계획 및 관리는 대부분의 대학 혹은 대학원 과정에서, 설사 있다고 하더라도 매우 드물게 다루어진다. 심지어 HRM과 WPL 전문가 과정에서조차 다루어지는 경우가 드물다. 이러한 이유가 HRM과 WPL 전문가들마저 체계적이고 구체적인 승계 계획 및 관리 프로그램의 구성, 실시, 운영 및 평가 등 전반적인 도움이 절실한 이유이다. 이 책의 목적은 그런 도움을 제공하는 데 있다. 이 책은 체계적인 승계 계획 및 관리에 관한 실용적인 조언을 제공한다. 이 책은 체계적인 승계 계획 및 관리를 광범위하게 다루고 있고 흔히 나누어지고 논의되는 경영 승계 이상의 것을 포괄하고 있다. 간단히 말해, 이 책의 목적은 체계적인 승계 계획 및 관리를 재평가하고 적용할 수 있는 새롭고 실용적인 접근법을 제공하여 핵심 지위의 리더십 연속성을 확보하고 조직 내 리더십 인재를 구축하는 데 도움을 주는 것이다.

승계 계획 및 관리는 전략적 계획과 전략적 사고를 지원해야 하며, 경영진과 직원을 개발하는 프로그램을 위한 핵심적인 출발점을 제공해야 한다. 그것이 없다면 조직은 리더십 연속성을 유지하는 데 또는 비즈니스 전략의 변화에 신속히 적용하는 적합한 능력의 리더들을 찾아내는 데 어려움을 겪게 될 것이다. 또한 거대 블루칩 기업들의 뛰어난 체계적 승계 계획 및 관리 프로그램 운영은 물론, 중소 규모의 사업체들도 체계적인 승계 계획 및 관리가 필요하다. 사실상 중소기업이 실패하는 공통 원인 중 하나가 부적절한 승계 계획이다.[10] 창업자들의 유산을 지속적으로 이어 나갈 사람이 없고, 창업자 사망 이후 세금의 영향을 감당하지 못하는 것을 많이 보게 된다. 또한 비영리 기업과 정부 조직들도 미래 인재와 리더십 확보를 위한 계획을 생각해야 한다.

이 책은 조직의 규모와 직책을 불문하고 체계적인 승계 계획 및 관리 프로그램을 세우고 관리하며 운영하고 평가하는 데 유용하고 광범위한 정보를 제공할 것이다.

정보의 출처

이 책을 쓰기 시작하면서 나는 최신 승계 계획 및 관리 습관들을 탐색해 보기로 했다. 몇 가지 주요한 정보 출처들이 참고가 되었다.

1. 맞춤형 설문 연구. 2004년 500여 명의 HRM 전문가들을 대상으로 체계적인 승계 계획 및 관리 사례들에 대해 조사하였다. 2004년 6월에 선별 취합된 설문 연구의 결과들은 이 책에서 처음 소개되는 것이다. 이 조사는 이 책의 초판(1994년)과 제2판(2000년)을 위해 진행되었던 연구 결과를 개정한 것이다. 비록 설문조사의 응답률은 실망스러웠지만, 그 결과들은 재미있는 정보를 제공한다.
2. 전화 조사와 비공식적 벤치마킹. 나는 전문적인 승계 계획 소프트웨어 공급업체와 전화를 하거나 직접 만나 토론을 하였고, 주요 기업들에서 현장 조사 및 성과(WLP) 전문가들과 체계적인 승계 계획 및 관리에 관해 논의하였다.
3. 기타 설문 연구들. 최근 몇 년 동안 체계적인 승계 계획 및 관리에 관해 수행된 다른 연구들을 조사하여, 이 책의 적절한 장에서 그러한 조사들의 핵심 시사점을 요약하였다.
4. 웹 서치. 인터넷에서 찾을 수 있는 이 책과 관련된 중요한 문제들을 검토하였다.

5. 문헌 조사. 체계적인 승계 계획 및 관리에 관해 철저한 문헌 조사가 수행되었다. 이 책의 지난 개정판 이후에 이 주제에 관해 무엇이 쓰여졌는지에 특히 중점을 두었다. 나는 또한 실제 조직들이 체계적인 승계 계획 및 관리를 위해 무엇을 하고 있는지에 대해 사례 연구를 찾아보았다.
6. 직접적 업무 경험. 학계에 들어오기 전에 나는 주요 기업에서 경영개발(management development, MD) 프로그램을 담당하고 있었다. 업무 중 하나는 경영진의 체계적인 승계 계획 및 관리를 조율하는 것이었으며, 당시의 경험이 이 책에 반영되어 있다.
7. 광범위한 외부 컨설팅과 대중 강연. 학계에 들어선 이후 나는 체계적인 승계 계획 및 관리의 주제에 관해 폭넓은 컨설팅과 대중 강연을 하고 있다. 싱가포르에서 64명의 대기업 CEO들에게 승계 계획에 관해 강연하였고, 아시아와 유럽에서는 승계에 관한 교육을 실시하였으며, 여러 컨퍼런스에서 승계에 관해 기조 연설을 했다. 또한 많은 회의에서 관련 주제에 대해 강연하고, 대기업에서 체계적인 승계 계획 및 관리에 대한 초우량 사례를 주제로 하는 주요 연구들을 지도하였다. 가장 최근에는 지방, 주, 연방, 그리고 국제 사회 등 정부기관의 모든 계층의 승계 계획에 대한 우량 사례에 관심을 갖고 있다.

이러한 출처들을 밝히는 것은 다양한 산업 분야에서 다양한 규모와 형태의 조직들에 적용될 수 있는 전형적이면서도 체계적인 승계 계획 및 관리와 관련된 정보를 제공하기 위한 것이다.

이 책의 구성

『효과적 승계 계획』 제3판은 조직 내부에서 체계적인 승계 계획 및 관리 프로그램을 세우거나 재활성화하고 검토하고자 하는 사람들을 위해 쓰여졌으며, HRM과 WLP 담당 임원, 관리자, 그리고 전문가들에 맞추어 기획되었다. 이 책은 또한 최고 경영자, 최고 관리 책임자, 일반 관리자, 컨설팅을 하는 대학 교수, 경영개발 전문가, 체계적인 승계 계획 및 관리 담당자, 그리고 관리, 전문, 기술, 영업 등 직원 개발에 주요 책임을 맡고 있는 사람들을 위한 유용한 정보를 담고 있다.

표 p-3　이 책의 구성

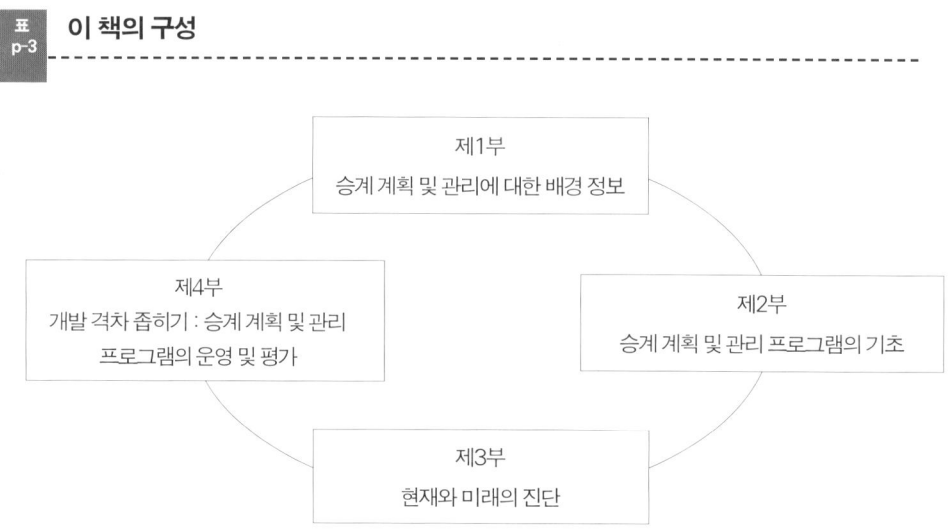

이 책은 4부로 구성되어 있다(표 P-3 참조). 제1부는 서장이다. 1장은 체계적인 승계 계획 및 관리와 관련된 문제점들을 보여주는 전형적인 사례들과 몇몇 예외적인 일화들로 시작된다. 이 장에서는 승계 계획 및 관리를 정의하고, 그것을 대체 계획, 인적 자원 계획, 인재 관리, 그리고 인적 자산 관리 및 승계 계획과 구분한다. 다음으로 승계 계획 및 관리의 중요성을 알아보고, 조직이 승계 계획 및 관리 프로그램을 수립해야 하는 이유와 승계 계획 및 관리에 대한 다른 접근법들은 무엇이 있는지 설명한다.

2장에서는 승계 계획 및 관리에 영향을 주는 다음의 10가지 핵심 트렌드를 설명한다. (1) 속도에 대한 요구, (2) 기술에 대한 판매자 우위 시장, (3) 조직에 대한 충성도 감소, (4) 지적 자본과 지식 경영의 중요성, (5) 가치와 역량의 중요성 강조, (6) 승계 프로그램을 지원하는 소프트웨어 증가, (7) 이사회의 적극적 관여 증가, (8) 전 세계적인 승계 문제에서의 유사성 및 차별성에 대한 인식 증가, (9) 정부, 비영리 기관, 교육, 소기업, 가족 기업 등 특정 분야 승계 프로그램의 유사성과 차별성에 대한 인식 증가, (10) CEO 승계와 같은 특별한 문제의 관리를 다룬다. 이 장에서는 이러한 경향들이 체계적인 승계 계획 및 관리에 어떻게 관련되는지를 밝힌다.

3장에서는 효과적이고 체계적인 승계 계획 및 관리 프로그램의 특징을 요약한다. 체계적인 승계 계획 및 관리 프로그램의 라이프사이클을 설명하고, 체계적인 승계 계획 및 관리의 여러 접근 방법과 관련된 일반적인 문제점들을 확인하고 해결하며, 체계적인 승계 계획 및 관리 전반에 대한 5세대적 접근 방법에서 필요 조건들과 핵심 단계를 설명한다. 그리고 조직 변화에 대한 새로운 접근이 어떻게 체계적인 승계 계획 및 관리와 관련되어 적합하게 이용될 수 있는지 설명한다.

4장에서는 역량을 정의하며, 그것이 체계적인 승계 계획 및 관리에서 어떻게 이용될 수 있는지 설명한다. 체계적인 승계 계획 및 관리를 위해 역량 연구를 어떻게 수행하고 그 결과를 이용할 수 있는지 요약하고, 조직의 리더들이 개발 전략을 이용해 어떻게 역량을 구축할 수 있는지 설명하며, 가치를 정의하고, 가치와 가치 명확화가 어떻게 체계적인 승계 계획 및 관리에 활용되는지 설명한다.

제2부는 5장에서 7장까지로 구성되어 있다. 여기서는 효과적이고 체계적인 승계 계획 및 관리 프로그램을 위한 기초를 제공한다. 5장은 흔히 성공적 변화를 위한 필수적인 첫 단계로 변화 사례를 발굴하는 방법을 설명한다. 이 장에서는 이러한 과정에서 중요한 단계들을 검토한다. 현재의 체계적인 승계 계획 및 관리 실태 평가, 비즈니스 요구의 증명, 프로그램 요건의 결정, 체계적인 승계 계획 및 관리를 전략적 계획 및 인적 자원 계획과 연결하고, 다른 조직들에서 체계적인 승계 계획 및 관리 활용사례들과 비교하고, 경영진의 참여 등이 이 장에 포함된다. 또 체계적인 승계

계획 및 관리에 있어서 CEO 역할의 중요성을 강조한다.

앞장에서의 내용을 근거로 6장에서는 체계적인 승계 계획 및 관리 프로그램의 역할을 명확히 하는 방법을 설명한다. 프로그램의 미션, 정책, 절차를 공식화하고, 목표 그룹들을 판별하여 프로그램 우선순위를 정한다. 또 체계적인 승계 계획 및 관리 프로그램을 본격화하기 위한 전략에 대해 조언을 제공한다.

7장에서는 제2부를 마무리한다. 이 장은 승계 계획 및 관리 프로그램 운영 계획의 준비와 공유 및 관련 회의 운영은 물론, 교육 훈련의 설계 및 실시와 관리자들에게 영향을 미치는 승계 계획 및 관리의 문제점 및 그들에게 미치는 영향에 관한 상담에 도움이 되는 정보를 제공한다.

제3부는 8장과 9장으로 구성되어 있다. 3부에서는 핵심 직무에서의 현재 업무 요건, 현재 개인 업무 성과, 미래 업무 요건, 그리고 미래의 개인 잠재력을 진단하는 데 초점을 맞춘다. 효과적이고 체계적인 승계 계획 및 관리 프로그램에 결정적인 이런 활동들은 다음에 이어지는 개인 개발 계획에 기반이 된다.

8장에서는 현재의 상황을 살펴본다. 이 장에서는 다음의 질문들을 다룬다.

- 핵심 직위를 어떻게 판별하는가?
- 핵심 직위에서 업무 요건을 결정하는 데 사용될 수 있는 세 가지 접근법은 무엇인가?
- 체계적인 승계 계획 및 관리에서 완전한 다면 평가(full-cycle, multirater assessment)는 어떻게 이용될 수 있는가?
- 성과를 어떻게 평가할 것인가?
- 인재 풀을 형성하는 데 어떤 기법과 접근 방법들을 이용할 수 있는가?

9장에서는 미래를 점검한다. 8장과 관련해 그것은 다음과 같은 질문들에 중점을 둔다.

- 미래에는 어떠한 핵심 직위가 등장할 것인가?
- 미래에 등장할 직위의 업무 요건은 무엇인가?
- 개인 잠재성 평가는 무엇이며, 어떻게 수행할 수 있는가?

제4부는 10장에서 14장까지로 이루어져 있다. 4부에서는 체계적인 승계 계획 및 관리 프로그램의 운영과 평가를 통해 개발 격차를 좁히는 방법을 중점적으로 다룬다. 10장은 조직 전반에 걸친 대체 후보의 시험 방법, 내부 승진 정책의 중요성, 개인 개발 계획(individual development plan, IDP) 정의, 개인 개발을 위해 IDP를 준비하고 활용하는 방법, 조직 내 개발을 지원하기 위한 중요한 방법 등을 알아본다.

11장에서는 전통적인 방법들을 뛰어넘는 체계적인 승계 계획 및 관리에 대해 살펴본다. 이 장에서는 대체 요구를 충족시키는 수단들로서 내부 개발의 대안을 검토하고 그 방법을 제공한다. 이 장의 기본적 아이디어는 대체 요구보다 우선하는 것은 반드시 충족되어야 하는 업무 요구라는 것이다. 물론 현직의 핵심 직위를 대체하는 것 이외의 업무 요구를 충족시키는 다른 방법들이 있다. 이 장에서는 핵심 직위를 대체할 후보자가 있을 때와 없을 때의 상황을 구분할 수 있는 의사결정 모델도 제공한다.

12장은 체계적인 승계 계획 및 관리 프로그램에 온라인 하이테크 접근법을 어떻게 적용할 것인지 살펴본다. 이 장에서는 네 가지 주요 질문을 다룬다. (1) 온라인과 하이테크 방법은 어떻게 정의되는가? (2) 체계적인 승계 계획 및 관리의 어떤 영역에서 온라인과 하이테크 방법이 적용될 수 있는가? (3) 온라인과 하이테크는 어떻게 이용되는가? (4) 이러한 적용을 위해서 승계 계획 담당자에게 어떤 전문적인 역량이 요구되는가?

13장은 평가에 관한 것이며, 세 가지 질문에 대해 가능한 답변을 살펴본다. (1) 평가란 무엇인가? (2) 체계적인 승계 계획 및 관리에서 무엇이 평가되어야 하는가? (3) 체계적인 승계 계획 및 관리 프로그램은 어떻게 평가되어야 하는가?

14장은 이 책의 결론이다. 이 장에서는 체계적인 승계 계획 및 관리에 관한 8가지 사항을 예측해 본다. 좀더 상세히 말한다면, 미래의 체계적인 승계 계획 및 관리는 (1) 미래 조직의 인재 요구에 대응할 수 있는 유연한 전략들을 찾기 위해 의사 결정자의 노력이 촉구될 것이다. (2) 조기에 잠재성 높은 인재들을 판별하고, 유지하며, 고령의 직원을 유지 확보하기 위한 통합된 인재 유지 정책 및 절차들이 요구될 것이다. (3) 전 세계적으로 영향을 미칠 것이다 (4) 실시간 기술 혁명에 의해 점차 영향을 받게 될 것이다. (5) 예전과 달리 정부기관, 학교, 비영리 조직들에서 이러한 사안이 쟁점화될 것이다. (6) 후임자에 대한 조직 개방성이 증가되는 방향으로 나아갈 것이다. (7) 점차 경력 개발 문제와 통합될 것이다. (8) 미래에는 직업과 가족의 균형에 대한 관심에 크게 영향을 받게 될 것이다.

이 책은 부록으로 끝을 맺는다. 부록은 승계 계획 및 관리에 관해 자주 제기되는 질문들(frequently asked questions, FAQ)을 담고 있다.

이 책 제3판은 제2판과 많은 점에서 차이가 있다. 책의 구성은 동일하지만, 다음과 같은 몇 가지 중요한 변화가 가해졌다.

- 이 책은 '이 책을 활용하기 위한 사전 조정자'(Advance Organizer)로 시작된다. 이것을 이용하여 효과적이고 체계적인 승계 계획 및 관리 프로그램 수립을 위해 조직에 필요한 것이 무엇인지를 진단하고, 관련된 장으로 바로 갈 수 있도록 하였다.
- 이 책에서 인용되는 연구 조사는 2004년에 수행된 것들이다.
- 이 책에서 인용된 문헌들을 확장, 보강하였다.
- 특별한 주제로 다음과 같은 내용이 추가되었다. (1) CEO 부문. (2) 정부에서의 승계. (3) 소기업에서의 승계. (4) 가족 기업에서의 승계. (5) 국제 환경에서의 승계.
- 잠재성 평가에서 평가 센터와 업무 포트폴리오 사용

- 점차 관심이 높아지고 있는 주제인 승계에서의 심리학적 평가
- 역량 확인, 모델링, 평가
- 개발 전략들의 계획
- 승계에서 CEO의 역할
- 승계 계획 및 관리에 대해 자주 제기되는 질문(FAQ)

이 모든 변화는 최근 몇 년 동안 그리고 제2판이 출간된 이래 승계 계획 및 관리에서 일어났던 많은 변화들을 반영하고 있다.

윌리엄 J. 로스웰

유니버시티 파크, 펜실베이니아

감사의 말

책을 쓴다는 것은 긴 여행을 하는 것과 비슷하다. 연구, 원고 작성, 그리고 되풀이되는 수정은 대부분의 작가들이 인정하고 싶은 것 혹은 기꺼이 추구하려는 것보다 더 많은 시간과 노력과 인내, 그리고 자기 수양을 필요로 한다. 하지만 어떠한 책도 고립된 채로 쓰여질 수는 없다. 나는 장기간의 집필 여행 과정에서 많은 사람들에게 도움을 요청했고, 그들은 적절한 조언과 방향을 제시해 주었다.

나에게 도움을 준 많은 분들에게 감사를 전한다. 조사 결과를 분석하고 저작권 승인을 얻는 것을 도와준 나의 대학원 연구 조교인 왕 웨이(Wang Wei) 씨와 김연수 씨에게 진심어린 감사를 표하고 싶다.

나는 또한 아마콤(AMACOM)의 에이드리언 히키(Adrienne Hickey)와 다른 직원들에게도 감사를 전하고 싶다. 그들은 전 세계에 걸쳐 컨설팅과 회의 참가로 바쁜 스케줄 속에서도 엄청난 인내심을 갖고 나의 프로젝트에 수많은 유용한 아이디어를 제공해 주었다.

옮긴이의 말

　기업을 둘러싼 경영환경의 변화는 우리의 예상 속도를 넘어서고 있으며, 경쟁 영역이나 경쟁 방식에 있어서도 기존의 틀이 급속히 무너지고 있다. 기업은 영속적으로 성장하기 위해 수많은 크고 작은 위기와 도전 과제들에 직면하게 되는데, 이러한 도전 과제를 선별 채택하여 실행하고 위기를 어떻게 극복하느냐에 따라 기업의 성패가 달려 있다.

　이와 같이 변화무쌍한 비즈니스 환경을 잘 극복하고, 기업을 지속 성장이 가능한 조직으로 변환시키는 것의 성공 여부는 비즈니스 변화에 대한 통찰력(business insight), 사업 운영 시스템 및 역량이 탁월한 인력의 적절한 역할 등을 얼마나 사전에 잘 준비하고 실행하느냐에 달려 있다. 이를 위해 무엇보다 먼저 준비해야 할 것은 회사의 비즈니스 추진에 가장 영향력이 큰 CEO를 비롯한 핵심 직무 보직자의 승계 계획을 수립하고 관리하는 일이다.

　1996년 4월, 보스니아로 향하던 비행기가 산악 지대에 추락하여 전원이 사망하는 사고가 발생했다. 이 비행기에는 미국 상공부 장관 론 브라운을 비롯한 다수의 기업 최고 경영진들이 탑승해 있었다. 그런데 승계 계획 및 관리가 이루어지지 않은 벡텔

(Bechtel), ABB 등의 회사는 갑작스런 최고 경영진의 사망으로 한동안 혼란과 어려움을 겪은 반면, 엔지니어링 회사 Foster Wheel은 이미 후계자 승계 계획이 이루어져 있어 큰 어려움 없이 위기를 잘 극복했던 사례는 유명하다.

2004년 4월, 맥도널드의 CEO 짐 캔털루포가 심장발작으로 새벽 4시에 응급실에 실려 갔고, 바로 사망했다. 맥도널드는 그날 오전 7시에 이사회를 열어 당시 최고운영책임자(COO) 찰리 벨을 신임 CEO로 선임했다(안타깝게도 벨 역시 7개월 후에 암으로 사망했다). 맥도널드는 평상시에 승계 계획을 수립하고 관리해 왔기 때문에 경영권 공백 없이 즉시 새로운 CEO를 선발할 수 있었다.

2001년 9·11 사태로 세계무역센터가 붕괴되었을 때, 미국에서는 172명의 기업 부사장이 목숨을 잃었다. 그리고 엔론(Enron), 월드콤(WorldCom), 아더 앤더슨(Arthur Anderson) 등 많은 기업이 윤리성과 도덕성 문제로 최고 경영진이 자리에서 물러나고 회사가 문을 닫는 사례가 발생했다.

선진 기업은 이러한 위기 상황에 효과적으로 대응하기 위해 승계 계획을 수립하여 CEO 및 경영진을 관리해 오고 있다. GE의 세션 C(session C), 3M의 석세션 플랜(Succession Plan), 모토로라의 OMDR 등은 국내 기업에 잘 알려져 있는 대표적인 승계 계획 사례이다. 우리 나라에서도 삼성, LG, SK를 비롯한 많은 기업이 핵심 인재를 선정하고 주요 보직에 대한 승계 계획을 비밀에 부쳐가면서 인력 관리를 해 오고 있는 것은 주지의 사실이다.

또한 국내 기업의 CEO들도 최고 경영진의 자리에서 갑작스럽게 물러나는 경우가 심심치 않게 발생하는 것을 언론 보도를 통해 알 수 있다.

최고 경영진을 비롯한 주요 핵심 직무 보직자의 은퇴, 이직, 사망, 구속 등으로 공석이 발생했을 경우, 승계 계획이 제대로 작동되는 회사와 그렇지 않은 회사 간에 어떠한 차이가 있을지는 불을 보듯 명확해진다.

이렇게 승계 계획의 필요성이 점점 강조되는 시점에서 역자는 펜실베이니아 주립 대학의 윌리엄 로스웰 교수가 쓴 『효과적 승계 계획』(Effective succession planning)

을 접하게 되었고, 이를 계기로 역자들이 일하고 있는 PSI컨설팅에서 그를 초청하여 우리 기업의 관심 있는 담당자들을 대상으로 2006년과 2007년, 두 차례에 걸쳐 세미나를 개최했다.

로스웰 교수는 승계 계획에 관한 세계 최고 권위자로 명성이 높으며, 대학 강의는 물론이고 직접 로스웰 앤드 어소시에이츠 사를 설립하여 기업의 승계 계획, 승계 관리 및 인적 자원 문제를 컨설팅하고 있어 이론과 현실에 두루 해박한 경험 많은 교수이자 컨설턴트이다.

이 책은 2004년 500명의 인사 전문가들의 설문 사례, 저자의 직접적인 업무 경험, 대기업 CEO들과의 교육 과정에서 이루어진 의견 교환, 주요 기업 현장에서의 학습, 그리고 전문가의 대담 등을 기초로 하여 쓰여졌다. 대학 교재가 아닌 경영 전문서로는 흔치 않게 세 번의 개정 작업을 거친 베스트 셀러이며 로스웰 교수가 쌓아 온 노하우가 상세하게 담겨 있는 역작이다.

이 책에는 승계 계획과 관련하여 기업의 인사 담당자나 CEO가 알아야 할 모든 내용이 실려 있다. 즉 체계적인 승계 계획 및 관리 방법, 조직의 핵심 직위 판별 방법과 업무 요건을 결정하는 방법, 핵심 직위별 후보 인력의 성과 평가와 잠재력을 진단하는 방법, 조직의 전반적인 승계 계획 후보 인력군을 시험하는 방법, 후보 인력들의 개인 개발을 유도하는 방법, 체계적인 승계 계획을 평가하는 방법 등 효과적으로 승계 계획을 수립하고 관리하는 것 등과 관련된 모든 영역을 포함하면서 각각의 영역에서 실무 차원으로 깊이 있게 다루었다.

또한 이 책은 이미 승계 계획을 수립해서 관리하고 있는 기업이나 현재 준비 중인 기업은 물론이고, 아직 승계 계획 수준에는 이르지 못했지만 핵심 직무에 인재를 배치할 때 어떤 사람을 보임시킬 것인가를 놓고 고민하는 모든 기업에 실용적 해결안을 제시해 준다.

이 책이 회사의 미래를 좌우할 수 있는 핵심 직책에 적합한 사람을 미리 발굴하고 선발하여 체계적으로 육성, 배치함으로써 지속 가능한 기업으로 만들기 원하는 모든 경영자뿐만 아니라 단순한 HR 담당자가 아닌 경영자의 전략적 파트너가 되기를 원하는 HR 스태프에게 명쾌한 지침서가 될 것이라고 확신한다.

역자 대표 이재영

> **이 책을 활용하기 위한 사전 조정자(Advance Organizer)**

이 책을 읽기 전에 아래 항목에 대해 평가해 보십시오. 이 평가를 이용해 당신의 조직 내에 효과적인 승계 계획 및 관리(Succession Planning and Management, SP&M) 프로그램이 필요한지 평가해 보십시오. 또한 이 평가를 통해서 이 책의 어떤 주제가 현재 당신에게 중요한지 알아볼 수 있을 것입니다.

평가 방법 : 다음 문항들을 읽고, 각 문항의 왼쪽 줄에 있는 Y(예), N/A(해당 사항 없음), N(아니오) 중 해당되는 것에 동그라미를 치십시오. 약 15분 정도 소요될 것입니다. 현재 당신의 조직에서 승계 계획 및 관리에 대한 당신의 생각을 표기하여 주십시오. 이상적인 승계 계획 및 관리에 대한 생각이 아닌, 현재 상태에 대한 생각입니다. 다 마쳤으면 끝에 있는 지시문에 따라 결과를 채점하고 해석해 보십시오. 각 항목 오른쪽 행의 숫자는 해당 주제가 구체적으로 논의된 이 책의 장 번호입니다. 번호를 참고하여 각 장에서 보다 구체적인 것을 학습할 수 있습니다.

다음 각각의 질문에 대한 당신의 의견을 왼쪽 행에서 골라 동그라미를 치십시오.

	당신의 조직			장
Y N/A N	1. 승계 계획 및 관리(체계적인 승계 계획 및 관리)의 필요성이 명확한가?			1
Y N/A N	2. 승계 계획 및 관리를 대체 계획, 인력 계획, 인재 관리, 인적 자본 관리와 구별하고 있는가?			1
Y N/A N	3. 승계 계획 및 관리의 중요성을 보여주는 비즈니스 사례를 구축했는가?			1
Y N/A N	4. 승계 계획 및 관리의 이유와 목적이 분명한가?			
Y N/A N	5. 승계 계획 및 관리에 대한 초우량 사례와 접근 방법들을 조사하였는가?			1
Y N/A N	6. 승계 계획 및 관리에 영향을 미칠 수 있는 변화와 트렌드의 동인(動因)을 고려하였는가?			2
Y N/A N	7. 트렌드가 확인된 경우 그것이 조직의 승계 계획 및 관리에 어떤 영향을 미치는지 파악하였는가?			2
Y N/A N	8. 효과적인 승계 계획 및 관리 프로그램의 특성들을 조사하였는가?			3
Y N/A N	9. 승계 계획 및 관리 프로그램을 어떻게 수립하고 운영할 것인지 생각하였는가?			3
Y N/A N	10. 승계 계획 및 관리와 관련된 일반적인 문제점들을 확인하고 이를 해소하고자 노력하였는가?			3
Y N/A N	11. 승계 계획 및 관리 프로그램에 이르는 통합된 전(全) 시스템의 변화를 고려하였는가?			3
Y N/A N	12. 승계 계획 및 관리 프로그램에 이르는 통합된 강점 기반 조사 방법(Appreciative Inquiry, AI)[*]을 고려하였는가?			3
Y N/A N	13. 승계 계획 및 관리 프로그램을 위한 첨단 접근 방법에 필요한 것이 무엇인지 확인하였는가?			3
Y N/A N	14. 당신의 조직 내 역량이 규명되어 있는가?			4

---

[*] 조직 개발에서 대두된 새로운 접근 방법. David Cooperrider에 의해 개발 제창되었으며, 기존의 문제점 위주의 접근 방법과 달리 조직의 변화 및 개발을 위한 긍정적인 접근 방법이다. — 옮긴이

Y	N/A	N	15. 역량 모델이 당신의 승계 계획 및 관리 프로그램에서 어떻게 사용될 수 있는지 고려하였는가?	4
Y	N/A	N	16. 승계 계획 및 관리 프로그램을 위한 새로운 역량 규명, 모델링, 그리고 평가 절차를 고려하였는가?	4
Y	N/A	N	17. 대체 후보 인력군 구축을 위한 역량 개발 전략을 수립하였는가?	4
Y	N/A	N	18. 승계 계획 및 관리 프로그램에 핵심 가치가 미치는 영향을 구체적으로 고려하였는가?	4
Y	N/A	N	19. 승계 계획 및 관리 프로그램을 위한 조직적 요건을 결정하였는가?	5
Y	N/A	N	20. 승계 계획 및 관리 활동을 조직의 인적 자원 전략과 연계시키고 있는가?	5
Y	N/A	N	21. 승계 계획 및 관리 프로그램의 우수 사례와 다른 조직의 일반적 실태들을 벤치마크하였는가?	5
Y	N/A	N	22. 체계적 승계 계획 및 관리를 위한 경영진의 참여를 확보하고 구축하였는가?	5
Y	N/A	N	23. 승계 노력에서 CEO가 수행하는 핵심 역할을 명확히 하였는가?	5
Y	N/A	N	24. 위험 분석을 수행하였는가?	6
Y	N/A	N	25. 승계 노력을 위한 미션 선언문을 공식화하였는가?	6
Y	N/A	N	26. 승계 노력의 지침이 되는 정책과 절차들을 명문화하였는가?	6
Y	N/A	N	27. 승계 노력을 위한 목표 그룹들을 명시하였는가?	6
Y	N/A	N	28. 프로그램 우선순위를 세웠는가?	6
Y	N/A	N	29. 승계 계획 및 관리 프로그램에 영향을 주는 법률적 검토를 수행하였는가?	6
Y	N/A	N	30. 프로그램을 착수하기 위한 전략을 세웠는가?	6
Y	N/A	N	31. 프로그램 실행 계획을 준비하였는가?	7
Y	N/A	N	32. 실행 계획을 공유하였는가?	7
Y	N/A	N	33. 승계 계획 및 관리 회의를 하고 있는가?	7
Y	N/A	N	34. 승계 계획 및 관리에 대한 교육훈련을 하였는가?	7

Y	N/A	N	35. 승계 계획 및 관리에 대해 일선 관리자들과 상담하였는가?		7
Y	N/A	N	36. 현재의 핵심 직위를 규명하였는가?		8
Y	N/A	N	37. 성과를 평가하고 성과 관리를 실시하고 있는가?		8
Y	N/A	N	38. 인재 풀 구축을 고려하는가?		8
Y	N/A	N	39. 인재 풀을 넘어선 다른 가능성에 대해 생각하는가?		8
Y	N/A	N	40. 미래를 위한 핵심 직위를 규명하였는가?		9
Y	N/A	N	41. 체계적인 기준 아래 승진 가능성에 대한 개인의 잠재력을 평가하는가?		9
Y	N/A	N	42. 평가 센터의 이용을 고려하는가?		9
Y	N/A	N	43. 개인의 잠재력을 평가하기 위한 업무 포트폴리오 이용을 고려하는가?		9
Y	N/A	N	44. 조직의 대체 후보 인력군을 테스트하고 있는가?		10
Y	N/A	N	45. 내부 승진 정책을 공식화하는가?		10
Y	N/A	N	46. 개인 개발 계획을 준비하고 있는가?		10
Y	N/A	N	47. 내부적으로 승계자를 개발하고 있는가?		10
Y	N/A	N	48. 승계 계획에서 리더십 개발 프로그램의 이용을 고려하는가?		10
Y	N/A	N	49. 승계 계획에서 최고경영자의 코칭을 고려하는가?		10
Y	N/A	N	50. 승계 계획에서 멘토링의 활용을 고려하는가?		10
Y	N/A	N	51. 승계 계획에서 액션 러닝의 활용을 고려하는가?		10
Y	N/A	N	52. 승계 이후의 업무 이행을 위한 다른 방법들을 조사하였는가?		11
Y	N/A	N	53. 퇴직자를 기반으로 하는 혁신적인 방법들을 연구하였는가?		11
Y	N/A	N	54. 어떻게 온라인과 하이테크 방법들을 응용할지 조사하였는가?		12
Y	N/A	N	55. 무엇을 평가해야 하는지 결정하였는가?		13
Y	N/A	N	56. 프로그램을 어떻게 평가할 수 있는지 결정하였는가?		13
Y	N/A	N	57. 변화가 승계 계획 및 관리 프로그램에 어떻게 영향을 미칠지 고려하였는가?		14

합계 :

채점과 해석

각각의 Y에 대해 1점, N 또는 N/A에 대해 0점이 부가됩니다. 각각의 수를 더한 다음 합계를 내십시오. 그런 다음 당신의 점수를 아래와 같이 해석하십시오.

50점 이상	당신의 조직은 분명히 효과적인 승계 계획 및 관리를 하고 있습니다.
40~49점	승계 계획 및 관리 실태에 개선의 여지가 있습니다. 그렇지만 대체적으로 조직은 올바른 방향으로 가고 있습니다.
30~39점	당신의 조직에서 승계 계획 및 관리 실태는 필요한 만큼 효과적으로 보이지 않습니다. 상당한 개선이 요구됩니다.
29점 이하	당신 조직의 승계 계획 및 관리는 비효율적입니다. 아마도 그것은 낭비, 생산성 손실, 그리고 불필요한 직원 보충이 원인일 수 있습니다. 즉각적인 조치가 필요합니다.

제1부

승계 계획 및 관리에 대한 배경 정보

Effective Succession

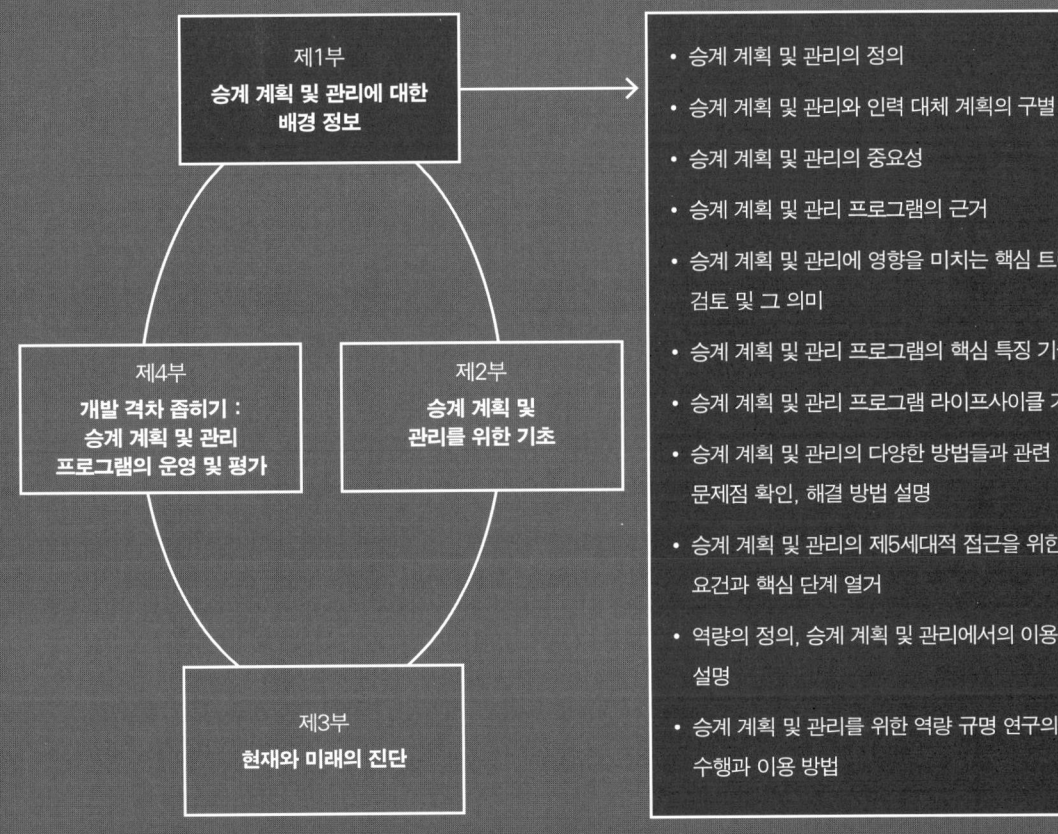

01

승계 계획 및 관리란 무엇인가?

6가지 미니 학습:
사례별 승계 문제들에 대한 해결 방안은?

다음 사례를 읽고, 당신의 기업에서는 어떻게 승계 문제를 해결할 것인지 적어 보십시오.

모든 사례에 효율적인 해결 방법을 제시할 수 있다면, 당신의 조직은 이미 효과적인 승계 계획 및 관리 프로그램을 운영하고 있는 것입니다. 만일 그렇지 않다면, 당신의 조직은 승계 계획 및 관리에 관심을 기울일 필요가 있습니다.

| 사례 1 |

비행기가 사막에 추락하여 탑승객 전원이 사망하였다. 승객 중에는 성공적인 컨설팅 기업인 에이크미 엔지니어링(Acme Engineering)의 최고경영자가 포함되어 있었다. 에이크미의 인적자원 담당 부사장은 전화로 이 소식을 듣고는 새파랗게 질린 얼굴로 비서를 멍하니 바라보았다. 그러고는 잠시 뒤 나지막한 목소리로 마음 속에 떠오르는 첫 번째 질문을 던졌다. "이제 누가 책임자이지?"

| 사례 2 |

노멀 픽스추어(Normal Fixtures, 세라믹 화장실 설비 제조사)의 CEO는 컬럼비아 보고타에서 열리는 비즈니스 회의에 가던 도중 혁명론자들에게 인질로 붙잡혔다. 그들은 그의 생명을 대가로 100만 달러를 요구했고, 이에 응하지 않으면 72시간 내에 그를 죽이겠다고 위협했다. 이사회 임원들은 심각한 고민에 빠졌다.

| 사례 3 |

2년 동안 한 번도 자리를 비운 적이 없는 핵심 제조 라인의 G과장이 병가를 냈다. G과장은 구매 및 생산 일정뿐 아니라 생산 라인의 관리를 모두 책임지고 있다. 생산팀의 M팀장은 생산 공정에 대해 가장 잘 알고 있는 핵심 인력인 G과장 없이 어떻게 공장을 운영해 나가야 할지 걱정이 태산이다. G과장을 대신할 만한 훈련된 인력이 없기 때문에, 생산 공정은 오늘 당장 중단될 것이 분명했다.

| 사례 4 |

대리로 승진하지 못한 M주임은 성차별로 인해 자신이 승진에서 누락되었다고 확신하고 있다. 상사인 W과장은 성차별 때문이 아니라면서 이렇게 설명했다. "자네가 승진하지 못한 이유는 기술과 경험이 부족했기 때문이야. 이번에 승진한 G대리는 이미 그런 기술들을 익혔거든." 하지만 M주임은 비관리직으로 근무하던 G대리가

어떻게 그런 기술들을 익힐 수 있었는지 납득이 되지 않았다.

| 사례 5 |

은퇴를 앞두고 있는 M시스템의 CEO M은 자신의 뒤를 이을 사람으로 A를 육성해 왔다. 그 동안 A는 부사장이자 총무 담당 임원으로서 훌륭한 성과들을 보여주었다. M은 A가 뛰어난 CEO가 될 것이라고 확신해 왔다. 그런데 은퇴를 얼마 앞둔 어느 날, 몇몇 본부장과 이사진들로부터 A에 대한 문제 제기를 들었다. 그들은 A가 자신의 비서와 부적절한 관계를 맺고 있으며, 알코올 중독자라는 소문이 있다는 이야기를 들려주면서 그런 사람이 어떻게 최고경영자의 승계자가 될 수 있는지 납득할 수 없다고 했다. 하지만 CEO M은 이런 개인적인 문제들을 A에게 직접 물어보기가 망설여진다. 그래서 생각을 바꿔 외부에서 CEO 후보자를 영입하는 것을 심각하게 고려하고 있다.

| 사례 6 |

대규모 소비재 생산 공장의 관리자 L은 공장이 어려움을 헤쳐 나가는 데 많은 도움이 되어왔다. 첫 번째는 8년 전에 시작된 조기 명예퇴직이었다. 그로 인해 L은 가장 숙련된 직원들을 잃었다. 조기 명예퇴직의 영향 중에는 비용이 많이 드는 업무의 재분배, 재교육, 자동화 등이 있었다. 두 번째 어려움은, 5년 전 소비재 생산 시장의 해외 경쟁 업체들로 인한 인원 감축이었다. 공장 인원의 4분의 1에 해당하는 신입사원, 중견 관리자들, 그리고 직원들이 해고되었다. 인원 감축은 회사가 10년 동안 야심차게 추진해 왔던 생산성 수준을 현저하게 저하시켰다. 이는 또한 노동조합 활동의 증가, 관리 직원에 대한 직원들의 폭력, 도난 사고 및 태업 증가, 그리고 근태 및 이직 급증이라는 결과를 가져왔다. 인원 감축으로 한창 어려운 시기에 세 번째 시련이 닥쳐왔다. 3년 전 본사에서는 전사적 비즈니스 프로세스 리엔지니어링을 선포했다. 품질 및 고객 만족 향상, 직원 참여 및 권한과 파손율을 줄여 해외 기업과의 경쟁

력을 확보하는 것이 목적이었다. 물론 목적은 매우 좋았지만, 그 발표 시기가 너무 빨랐던 탓에 프로그램에 대한 반응은 회의적이었다. 많은 직원들과 관리자들이 "본사에서 우선 직원들을 해고한 뒤 업무 재조정 과정에서 생기는 문제들을 비즈니스 프로세스 리엔지니어링으로 해결하려 한다."면서 불만을 쏟아놓았다. 당시 직원들에게는 고용안정이 가장 중요한 이슈였기 때문에, 그들은 비즈니스 프로세스 리엔지니어링을 소개하기 위해 본사에서 파견한 외부 컨설턴트에게 마지못해 협력하였다. 그 이유 중 하나는 임원, 중간 관리자 및 관리자들이 직원들의 역할과 그들에게 기대되는 결과가 무엇인지를 확신하지 못하는 것이었다. 또 다른 이유는 감축된 자원으로 더 많은 일을 해야 하는 직원들이 자신들의 책임, 노력 및 생산성 증가가 임금과 다른 보상에 반영되지 않는다는 불만을 토로하는 것이었다. 회사는 네 번째 폭풍에 휩싸였다. 임원들이 임금과 의료보험 비용이 적게 드는 곳으로 공장을 옮기려 한다는 소문이 돌았던 것이다. 많은 직원들은 이러한 소문이 사실이라고 믿고 있었다. L은 이런 상황에서는 비정규직 보충 인력을 찾기도 어려울 뿐더러, 공장의 중간 관리자와 상급 관리자들의 리더십 연속성 보장도 어렵다는 것을 알고 있었다. 비록 본사에서 보내준 표준화된 서류인 연례 '승계 계획 및 관리'를 의례적으로 작성하여 공장의 인사부서 관리자에게 나눠 주지만, L은 그 서류들이 실제로 활용되는 것을 본 적이 없었다. L은 그 주된 이유가 관리자와 직원들이 승진을 준비하기 위해 만들어진 개별 개발 계획을 거의 따르지 않기 때문이라 믿고 있다.

승계 계획 및 관리의 정의

위의 사례에서 보듯이, 기업은 핵심 직위를 채울 핵심 인재 또는 단기적, 장기적 대체 인력을 위한 계획을 필요로 한다. 이러한 실제 사례들은 경제 뉴스에서 종종 보도되고 있다(예시 1-1, 1-2 참조).

앙리 파욜(Henri Fayol, 1841-1925)은 보편적인 조직적 니즈의 인식에 관한 선구자 중 한 사람이다. 20세기에 처음 발표되어 오늘날까지도 널리 적용되는 파욜의 고전적인 14가지 관리 원칙 중 하나에서, 경영 관리는 '인재 보유의 안정성'을 확보할 책임이 있다고 지적한다.[1] 파욜은 만일 고용안정이 무시될 경우, 핵심 직위가 준비되지 않은 사람들로 채워질 것이라고 말했다.

승계 계획 및 관리는 직원의 고용안정 확보를 지원하는 프로세스이다. 이것은 시간에 따른 핵심 인력 개발, 대체 및 전략적 이용을 통해 조직, 사업부, 부서, 업무 그룹의 지속적이고 효과적인 성과를 보장하기 위해 계획된 모든 노력이라고 할 수 있다.

> 승계 계획은 프로젝트 관리자와 감독자 수준에서 조직의 최고 위치에 이르기까지 경영상의 핵심 위치를 확인하는 수단으로 정의되어 왔다. 또한 승계 계획은 경영진의 수평 이동에 최대의 유연성을 제공하며, 개인의 근속 연수에 따른 경영관리 능력의 확대 계획에 따라 한 부서의 목표에 한정되기보다는 기업 전체의 목표와 관련한 관리 능력 제고를 달성할 수 있도록 해 준다.[2]

하지만 승계 계획 그 자체만으로는 효용성이 없으므로 반드시 역동적인 경영 환경에서 승계 관리와 함께 적용되어야 한다. 설사 직원이 일을 잘 하더라도, 기업이 더 이상 고용을 보장할 수 없는 새로운 고용 계약의 경우가 발생할 수 있다는 사실을 알아야 한다.[3] 따라서 승계 계획 및 관리 프로그램은 핵심 직위의 리더십 연속성을 보장하고, 미래를 위한 지적 자본을 유지 개발하며, 개인의 발전을 북돋우는 계획적이고 체계적인 노력이다. 체계적인 승계 계획은 기업이 핵심 인력을 규명하고, 그 핵심 인력을 개발하며 장기적인 보유를 확보하기 위한 구체적인 절차를 적용할 때 가능하다.[4]

승계 계획 및 관리는 관리자나 관리직 직원에 한정할 필요가 없다. 또한 효과적인 승계 계획 및 관리 노력은 전문가, 기술자, 영업, 사원 및 생산직의 핵심 인력을 포함하는 모든 직무에서의 주요 대체 인력과 개인의 성장 욕구를 포함해야 한다. 조직이 점차 고성과(High Performance), 고참여 업무 환경을 구축하기 위해 적극적인 행보를 밟아감에 따라 체계적인 승계 계획 및 관리의 정의를 관리 전 계층으로 확대할 필요가 있다.

승계 계획 및 관리의 목표 중 하나는 기업의 현재 활용 가능한 핵심 인재를 미래에 필요한 핵심 인재 수요에 맞추는 것이다. 두 번째 목적은 조직이 적재적소에 인재를 배치함으로써 조직의 전략 및 운영 과제의 문제들을 해소하는 데 도움을 주기 위해서이다. 이러한 면에서, 승계 계획 및 관리는 조직 학습의 근본적인 도구로 간주되어야 한다. 왜냐하면 승계 계획 및 관리는 조직의 기억이라고 불리는 조직적 경험으로부터 조직적 지혜들이 보존되고, 업무 결과의 지속적 향상을 달성하기 위한 경험의 축적과 직접적으로 결합되기 때문이다.[5] 다시 말해, 승계 계획 및 관리는 리더십과 지적 역량을 갖춘 핵심 인력을 지속적으로 육성하고, 조직에 중요한 지적 자본을 관리하는 한 가지 방법이라고 할 수 있다.

예시 1-1 제너럴일렉트릭은 어떻게 승계 계획을 하였는가?

좋은 뉴스, 나쁜 뉴스

한 고집 센 CEO가 두 명의 이사에게 나쁜 뉴스를 전하려고 밤잠을 설쳤다는 이야기는 곱씹어 생각해 볼 필요가 있다.

이것은 실제로 있었던 이야기이다. 문제의 CEO는 제너럴일렉트릭(General Electric, GE)의 CEO였던 잭 웰치(Jack Walch)이다. 그가 전해야 했던 나쁜 뉴스는 GE의 항공엔진 사업 책임자인 제임스 맥너니(James McNerney)와 비즈니스 제작 터빈 및 전력설비용 발전기 책임자인 로버트 나델리(Robert Nardelli)가 자신의 자리를 이어받지 못할 것이라는 사실이다.

웰치는 전에 이런 나쁜 뉴스를 수없이 전달했지만, 지금은 상황이 달랐다. 그는 이렇게 말했다. "나는 일생 동안 성과를 내기 위해 많은 사람들을 해고해 왔다. 나는 지금 훌륭하게 일을 해온 세 명의 인물을 가지고 있다."

세 번째 인물은 GE의 의학 시스템 사업 책임자이자 최종 승자인 제프리 R. 임멜트(Jeffrey R. Immelt)였다. 올 연말에 임멜트는 세계에서 가장 가치 있는 기업의 최고경영자가 될 것이다.

웰치의 후임자 선정 과정은 극도의 비밀에 붙여진 채 6년 5개월이 소요되었다. 이 이야기는 많은 면에서 흥미로운데, 가장 관심을 끄는 것은 웰치와 GE 이사회가 기존의 기업 승계 계획에서 정석이라고 생각해 온 것들을 타파했다는 것이다.

내부 승계자 중심

전통적인 방법에 따르면 최고 운영 책임자 혹은 다른 법정 상속인을 선정하는 것이었다. 외부 인물을 고려할 수도 있으며, 또는 어떤 일반적인 틀이 후보자를 평가하는 데 사용될 수도 있었다.

하지만 웰치의 승계자 선정 과정에서는 이러한 전통적인 가능성이 배제되었으며, 소요된 시간 역시 놀라운 것이었다. 승계 계획의 우수 사례들을 제시하는 한 지침을 보면, 이사회에서 승계 과정을 통과하는 데 걸리는 시간을 100시간 미만으로(직접 활동 기준) 할 것을 제안하고 있었다. 그러나 GE 이사회는 수 년 동안 수 천 시간을 쏟았다.

GE의 접근 방법에서 두 가지 요소가 특히 주목할 만하다. 첫째, 미국의 많은 주요 기업들은 최근 새로운 CEO 선정에서 실패했다. 이것은 CEO 선정 방식에 뭔가 문제가 있음을 시사한다. 둘째, 웰치는 20년 동안 정상의 자리에서 스스로가 매우 확실한 접촉을 하는 CEO임을 증명하였다.

승계 과정은 웰치가 59세였던 1994년 6월에 공식적으로 시작되었다. 이사회 '경영 개발 및 보상 위원회'(management development and compensation committee, MDCC)

에서는 후보자 24명을 세 개의 그룹으로 나눠 논의하였다. 가장 큰 사업체를 운영하는 7명을 '명백한 승계자 그룹'으로, 그 바로 아래 단계의 이사 4명을 '선수' 그룹으로, 잭 웰치가 탄복한 13명을 '더 넓은 합의 분야' 그룹으로 나누었다. 그리고 이 중에서 세 명의 최종 후보자가 선발되었다.

웰치는 1994년부터 시작된 최종 후보자 선정 과정이 단순히 기계적이 아니라 "공감대, 피와 땀, 가족, 느낌"을 반영하는 것이라고 말했다.

승계 후보자 파악하기

웰치는 모든 후보자의 성장 능력을 점검하였으며, 이사들도 주요 후보자들을 파악하게 되기를 바랐다. 이사들과 후보자들은 미국 마스터스 대회 전에 오거스터 내셔널 골프 클럽에서 사교적으로 어울렸고, 코네티컷 페어필드에 있는 GE 본부에서 함께 골프도 즐겼다. 또한 웰치는 후보자들이 유용하다고 생각되면 자신을 통하지 말고 이사들을 직접 부를 것을 권했다. 더욱 이례적으로, 이사회는 연례 행사에서 잠재적 후계자들을 논의하는 데 수백 시간을 할애하였다.

그 후 몇 년 동안, 웰치와 MDCC는 위원회 멤버들이 주요 후보자들에 대해 더욱 많이 알 필요가 있다고 결정하였다. 위원회는 몇 개의 GE 사업체를 방문하는 데 거의 1년을 소비했다. 이는 기업 세계에서는 매우 특이한 일이었고, 승계 과정에서 필요 이상으로 많은 사업체 방문은 무언가를 의미했다.

1997년 12월, 후보자들은 8명으로 압축되었다. 그리고 그 중 조명 책임자인 데이비드 칼론(David Calhoun)이 GE 캐피털 내부에서 직원 재보험 사업체 운영을 위해 남기로 한 것을 시작으로 후보자는 맥너니, 나델리, 그리고 임멜트 3명으로 최종 압축되었다.

웰치는 계속해서 관행을 타파해 나갔다. 이 시점에서 그는 최종 후보자들에게 G본부의 직책을 맡김으로써 자신과 이사회가 후보자들을 꼼꼼하게 관찰할 수 있게 할 수도 있었을 것이다. 그러나 웰치가 피하고 싶었던 것은, 일찍이 20년 전에 그 자신이 경쟁자의 한 사람이었을 때 만들어진 '정치적이고 위해적인' 분위기였다. 그 당시 웰치는 후보자로서 유리한 위치에 오르면서, "경쟁자들과 마주 앉아" 점심을 먹게 되는 달갑지 않은 상황을 경험했었다. 그래서 맥너니, 나델리, 그리고 임멜트는 서로 만나는 일 없이 각자 자신의 사업체를 계속 운영하였다.

모든 GE 사람들이 알고 있듯이, 후계자로서 최종적으로 이름이 발표되기에 앞서 6년 간의 오랜 논의가 있었다. 그리고 나서 코넬 대학 명예 교수인 프랭크 로데스 이사가 최초로 승계 후보자에 대한 방향을 제시하였다. 그는 임멜트를 선택했고, 다른 이사들도 이에 동조했다. 이 사실은 4개월 뒤에 공식적으로 발표되었지만 어느 방향으로 바람이 부는지는 명백해졌다.

회의적인 시각에 대한 반박

그 해 10월 말, GE는 허니웰을 450억 달러에 매입하는 가장 큰 인수 계획을 발표했다. 이것은 승계 발표를 연기시켰지만, 웰치가 권력을 놓으려 하지 않는다는 회의적인 시각은 이내 근거 없음이 증명되었다. 임멜트는 원래 예정보다 8개월 늦은 12월에 취임하기로 했다.

웰치는 신시내티와 올버니로 날아가 맥너니와 나델리에게 각각 나쁜 뉴스를 전했다. 두 사람 모두 현재 다른 곳에서 CEO로 일하고 있다. 웰치 자신은 임멜트가 승자로 결정된 구체적인 이유들을 밝히지는 않겠지만, 44세라는 젊은 나이와 인기, 그리고 가장 큰 성장 능력을 가지고 있다는 점이 그를 후계자로 선정하는 중요 요인이었을 것이다. 프랭크 로데스(Frank Rhodes)는 임멜트가 후보자 중에서 "가장 폭넓은 생각"을 갖고 있었다고 말했다.

만일 임멜트가 전임자 잭 웰치처럼 살아남고 융성한다면, 그는 그러한 특성들을 계속해서 개발할 필요가 있을 것이다.

CEO로서 잭 웰치의 후임자를 찾는 제너럴일렉트릭의 방법은 지나친 감이 없지 않다. 그러나 한편으로 우리는 세계에서 가장 가치 있는 기업에 대해 논하고 있다. 웰치는 최근 많은 기업들이 실패해 왔던 승계 적임자를 찾는 데 매우 단호한 태도를 보였다. 제프리 임멜트가 과연 적합한 승계자인지를 지켜보는 일은 흥미로울 것이다.

각주 : 이것은 제프리 콜빈(Geoffrey Colvin)이 2001년 1월 8일 포천(Fortune) 지에 발표한 「파수꾼의 변화」 (Changing of the Guard)라는 제목의 기사를 요약한 것이다.
출처 : "How General Electric Planned the Succession," Human Resource Management International Digest 9:4 (2001), 6-8. HumanResource Management International Digest 저작권 사용 허락하에 기재.

예시 1-2 빅 맥 승계

짐 캔털루포(Jim Cantalupo)의 갑작스런 죽음은 맥도널드 이사회가 할 수 있는 최상의 업적을 이끌어 냈다. 첫 번째 연례 회의에서 최고경영자 짐 캔털루포는 불결한 맥도널드 화장실의 위생 상태를 지적하는 대주주에게 이렇게 말했다. "앞으로 청결에 신경 쓰겠습니다." 그리고 그는 실제로 그렇게 했다. 세계에서 가장 큰 패스트푸드 기업의 급속한 확장보다는 깨끗한 레스토랑에서 더 좋은 음식을 제공하는 개선된 서비스에 다시 초점을 맞추려던 그의 전략은 놀라운 결과를 가져왔다. 그러던 와중에 짐 캔털루포가 갑작스럽게 사망하였다. 그런 결정적인 시기에 리더의 예기치 못한 죽음은 회사를 엉망으로 만들 수도 있었다. 그러나 캔털루포의 죽음이 맥도널드를 망칠 것 같지는 않았다.

짐 캔털루포는 맥도널드에서 오랫동안 일해 왔다. 그는 1974년 시카고 근처의 본부 회계사로 입사했다. 국제 영업 수장으로 그는 빅 맥의 세계화를 총괄하였는데, 현재 맥도널드는 119개 국가에서 3만 개 이상의 레스토랑을 소유하고 있다. 그는 비록 승진하여 사장이 되기는 했지만, 1998년 캔털루포가 아니라 잭 그린버그(Jack Greenberg)가 최고경영자로 임명되었다.

그 무렵 맥도널드는 몹시 비틀거리기 시작했다. 서비스 수준은 점점 더 비판을 받았고, 판매는 떨어지기 시작했으며, 회사는 최초로 분기 손실의 상처를 입었다. 심지어 아이들을 비만으로 만들었다는 이유로, 일부 부모들이 맥도널드를 상대로 소송을 제기하기도 하였다(비록 이 소송은 기각되었지만, 언젠가는 소송자가 성공할지도 모른다). 잭 그린버그는 맥도널드를 회생시킬 계획을 실행에 옮겼고 그 일을 집행하기 위해 계속 남아 있겠다고 했지만, 투자자들에 의해 강제로 물러났다. 이사회는 짐 캔털루포에게 시선을 돌렸고, 그는 2003년 1월 회장이자 최고경영자로 복귀했다.

그런데, 당시 60세이던 캔털루포는 플로리다 올랜도에서 열린 대규모 집회에서 심장마비로 사망했다. 이 집회는 전 세계 맥도널드 매장의 직원, 공급자, 점주, 운영자 12,000여 명 이상이 참가하는 자리로, 사교적인 캔털루포가 즐기던 일종의 대규모 회합이었다.

당시 플로리다에 있던 임원들이 재빨리 이사회를 소집하였고 나머지 임원들도 곧 합류했다. 그로부터 채 6시간이 지나기 전에 찰리 벨(Charlie Bell)이 최고경영자로 임명되었다. 그는 43세의 호주 사람으로 캔털루포에 의해 최고 운영 책임자로 임명되어 그와 긴밀한 관계를 유지해 왔었다. 그와 함께 이사회 의장이자 맥도널드에 포장재를 대량 납품하는 슈워츠 사의 사장인 74세의 앤드루 매커너(Andrew McKenna)는 비상임 회장으로 임명되었다.

또 캔털루포가 대의원들에게 하기로 예정되었던 연설은 벨이 맡았다. 그는 15세 때 시드니 교외에 있는 한 판매점에서 파트타임으로 맥도널드 제국에 발을 들여놓은 사람으로, 햄버거 만드는 전체 과정을 잘 알고 있었다. 대의원들은 캔털루포의 갑작스런 죽음을 슬퍼했지만 회사를 이끄는 최초의 비미국인에게 열렬한 환영을 보냈다. 캔털루포도 찬성했을 것이었다. 예일 대학 최고경영자 리더십 학회 회장이며 직무 연속성 확보 방법을 다룬 『영웅의 작별』(The Hero's Farewell)의 저자 제프리 소넌펠드(Jeffrey Sonnenfeld)는 "그것은 가장 멋진 이사회였어요."라며 맥도널드 이사회의 두 가지 인상적인 행동, 즉 "첫째, 상황이 안 좋아지자 곧바로 이사회가 과감하게 방향을 바꿔 캔털루포를 CEO에 선임한 것과, 둘째, 캔털루포의 갑작스런 죽음 이

후 신속하게 이사회가 승계 계획을 이행한 것"이라고 말했다. 물론 벨은 캔털루포의 확실한 후계자로서 이미 널리 인정받아 왔다.

승계 계획에는 많은 난관이 있을 수 있음에도 때때로 너무나 쉽게 간과되고 있다. 통신회사 보더폰(Vodafone) 사는 2002년 12월 최고경영자인 크리스토퍼 젠트(Christopher Gent)가 사임하였을 때 아무런 승계 전략도 갖추고 있지 못했다. 후임자 탐색 끝에 비상임 이사인 애런 새린(Arun Sarin)에게 직책이 맡겨졌다. 이제 보더폰 사는 전 세계 도처에 있는 사업 영위 국가에서 승계 계획 프로세스를 진행하고 있다. 그러나 과정이 전반적으로 훌륭하다 할지라도, 공식적으로 지명된 후계자가 안절부절하기 시작하면 어려움들을 야기할 수 있다. 또 승계 계획이 원만히 이루어지기 위해서는 잭 월치를 키운 제너럴일렉트릭 이사회의 예에서와 같이 후계자가 잠재적 경쟁자를 상대로 하는 충분한 능력을 갈고 닦을 때까지 믿을 만하고 잘 짜여진 이사회의 지원이 필요하다.

최고경영자의 갑작스러운 사망은 가장 다루기 힘든 승계 종류라고 할 수 있다. 어떤 지도자들은 유고 시 자신이 선호하는 후계자의 이름을 적어 놓은 밀봉된 봉투를 남긴다고 한다. 그러나 맥도널드의 승계 작업은 비극적 상황에 의해 강제됐지만, 코카콜라에서 현재 진행 중인 것과는 극명한 대조를 이룬다.

코카콜라의 선구적 지도자인 로베르토 고이주에타(Roberto Goizueta)가 1997년 폐암으로 사망한 이후, 회사는 분란에 휩싸여 왔다. 더글러스 아이베스터(Douglas Ivester)가 즉시 고이주에타의 후임으로 임명되었지만, 2년 후 물러나야만 했다. 2월에 그의 후임자인 더글러스 대프트(Douglas Daft)는 올해 말에 퇴임하겠다고 갑작스럽게 선언했다. 코카콜라는 질레트 사의 사장인 제임스 킬츠(James Kilts)를 CEO로 영입하자고 했지만, 당사자의 의견은 알지 못했다. 일부 애널리스트들은 기업의 리더를 기업 밖에서 공공연하게 물색하는 것을 내부 경영의 취약한 증거로 해석하기도 한다.

맥도널드의 신임 CEO 벨은 앞으로 자신의 가치를 증명해야 하겠지만, 즉각적인 승계자 임명으로 맥도널드는 그런 내부 경영 취약성에 대한 비난은 면할 수 있었다. 또, 벨이 개발한 소량의 샐러드와 병에 든 물과 같은 건강에 중점을 둔 새로운 메뉴 개발은 기업 이미지를 제고시키고 있다. 그렇지만 동시에 맥도널드는 햄버거와 튀김을 좋아하는 고객들 역시 고려해야 한다. 단순히 고객이 더 자주 찾아오도록 하는 것이 맥도널드의 수익에 어떤 영향을 미칠지는 의문이다. 벨이 일했던 호주와 프랑스에서의 성공 사례는 우리에게 중요한 교훈을 주고 있다. 하지만 가야 할 긴 여정이 남아 있고, 현재의 상황은 매우 어려워졌다. 미리 계획을 세워서 선택된 후임자를 준비시키는 것이 그렇게 하지 않은 경우보다 낫지만, 이것이 후임자의 실제적인 성공을 보증해 주는 것은 아니다.

출처 : "Business: The Big Mac Succession: Face Value," The Economist 371:8372 (2004), 74. The Economist 저작권 사용 허락하에 기재.

승계 계획 및 관리와 대체 계획, 인력 계획, 인재 관리, 인적 자본 관리의 구별

승계 계획 및 관리는 대체 계획, 인력 계획, 인재 관리, 인적 자본 관리와 구별하기 어려울 수 있다. 그렇다면 승계 계획 및 관리와 대체 계획, 인력 계획, 핵심 인재 관리, 인적 자본 관리는 어떻게 다른지 알아보자.

| 승계 계획 및 관리와 대체 계획 |

승계 계획과 대체 계획은 서로 양립하며, 종종 같은 용어로 사용되곤 하지만 혼동해서는 안 된다. 대체 계획에 대한 분명한 소요는 실제 승계 계획 및 관리 프로그램을 도입하는 동기가 되기도 한다. 사례 1, 2처럼 1996년 미국 상공부 장관 론 브라운(Ron Brown)을 비롯한 30명 이상의 기업 최고 임원들의 생명을 앗아간 비행기 추락

사고는 그러한 필요를 극적으로 보여준다.

가장 간단하게 정의하자면, 대체 계획은 위험 관리의 한 형태이다. 불이 날 경우를 대비해 손상되어서는 절대 안 되는 컴퓨터 장비가 있는 곳에 소방 장치를 배치하는 것이나, 횡령을 막기 위해 회계 업무를 분산하는 것 같은 기업의 다른 형태의 위험 관리 노력과 유사하다. 즉, 대체 계획의 주요 목표는 급작스럽고 계획되지 않은 핵심 직원의 손실로 발생하는 혼란을 줄이는 것이다. 예를 들어 세계무역센터의 붕괴와 같은 대규모 손실 및 심장마비로 인한 맥도널드 CEO와 같은 개인적인 경우가 그것이다.

그러나 승계 계획 및 관리는 단순한 대체 계획 이상이다. 이는 계획적이고 체계적인 활동을 통해 기업 내에서 핵심 인재를 양성함으로써 리더십의 연속성을 보장하려는 보다 능동적이고 사전(事前)적인 노력이라고 할 수 있다.

| 승계 계획 및 관리와 인력 계획 |

인력 계획(Workforce Planning)은 기업의 모든 인력의 포괄적인 계획을 내포한다.[6] 어떤 사람은 승계 계획 및 관리가 조직도 맨 윗선에 대한 계획 및 개발만을 포함한다고 설명한다. 그러나 이 책에서의 승계 계획 및 관리는 보다 포괄적인 개념으로, 지속적인 기업의 생존과 번영에 필요한 적합한 유형의, 적절한 인력을 계획하는 것이다.

| 승계 계획 및 관리와 인재 관리 |

핵심 인재 관리는 기업에서의 리쿠르트, 채용, 개발 프로세스와 이런 활동 간의 전략적 연계이다.[7]

다른 많은 인사 관리(HR) 관련 용어들처럼 '핵심 인재 관리'라는 용어는 승계 계획, 인적 자원 관리, 자원 관리 및 성과 관리와 같은 광범위한 다른 관련 용어들과 혼용되거나 호환되어 사용된다. 어떤 HR 전문가 그룹을 모은다고 해도 틀림없이 또 다른 용어가 나올 것이다.[8] 일부 조직의 리더들은 인재 관리라고 하면 조직의 우수 인재,

이를테면 상위 1퍼센트에서 10퍼센트까지의 인재 관리에 특별한 관심을 쏟는 노력을 떠올린다. 그것은 상층의 계획에 국한되는 것이 아니라 어떤 조직의 고성과 혹은 고잠재 능력자에게 자금을 투자하는 것을 의미하는 것일 수도 있다. 조직의 미래를 위해 전략적으로 중요한 인재를 개발하는 노력은 인재의 전략적 개발을 의미한다.[9]

| 승계 계획 및 관리와 인적 자본 관리 |

인적 자본 관리(Human Capital Management, HCM) 이론은 조직원 개인과 그들이 갖는 경제적 가치에 관한 것이다.

불행하게도, 인적 자원 개발 이론은 개인들을 단순히 개인적 이익을 위해 행동하는 것이 아닌 산술적으로 계산되는 존재를 의미하는 것으로, 개인의 가치가 오로지 경제적인 상품의 가치인 것으로 파악하여 인적 자본 개발에 대한 사회적 가치를 단지 개인 개발 노력의 가치를 모두 더한 것에 있는 것처럼 지나치게 광범위하게 해석해 왔다.[10] 핵심 인재 관리처럼, 인적 자본 관리 역시 아직 명확하게 정의되지 않은 용어이다. 실제로 49개의 설문 참여 기업 중 단 11개 기업만이 인적 자원을 측정하려는 시도를 했다고 대답하였다. 하지만 그 기업들마저 인적 자본 관리가 정확하게 무엇을 의미하는지 모른다고 대답하였다.[11]

그러나 인적 자원 관리의 요점은 사람들은 그들이 생산하는 노동력 이상의 가치가 있다는 것이다. 인간은 매우 창조적인 존재이다. 이것이야말로 인간이 기계, 장치, 도구와 다른 중요한 차이점이다. 그리고 창조적으로 생각하는 이러한 능력은 계산할 수 없는 경제적 가치를 지닌다. 개인은 컴퓨터와 달리 수익을 낼 수 있는 새로운 아이디어를 창조해 낸다. 기업가로서 그들은 회사를 설립한다. 또한 인간은 고객 서비스를 위해 새로운 방법을 발견해 내고, 상품을 구입할 새로운 고객들이나 시장을 찾고, 생산성 증대를 위한 업무 프로세스 향상 방법을 개발하기도 한다.

그렇다면 인적 자원 관리의 핵심 이슈는 개인의 창의성에 가치가 있다는 것이다. 개인이 머릿속에 가지고 있는 제도적 학습 능력도 마찬가지다. 이 책의 후반부에서 상세히 다루겠지만, 승계 계획이 단순히 빈 자리를 채울 사람을 찾는 것 이상의 의미가 있다는 것을 강조하고자 한다. 제도적 학습 능력과 창의성 같은 다른 이슈들도 고려되어야 한다.

ASTD에서 출간된 『인적 자원 관리 백서』는 이 분야에 대한 성공 사례들을 기술하고 있어 살펴볼 만한다.[12] 미국 감사원의 출간물에서도 정부에서의 인적 자원 관리의 중요성을 강조하고 있다.[13]

승계 계획 및 관리에 대한
비즈니스 사례 만들기

오늘날의 치열한 경쟁 환경에서 기업이 생존하기 위해서는 많은 필요조건들을 충족시켜야 한다. 그 중 하나는 결정적으로 중요한 지위가 공석이 될 때를 대비한 대체 인력이 반드시 필요하다는 것이다. "승계 계획은 릴레이 경주처럼 책임을 인계하는 것과 관련이 있다. 바통을 떨어뜨리면 경주에서 지게 된다."[14]

몇 년 동안의 수많은 검토와 조사에서는 체계적인 승계 계획 및 관리의 중요성을 강조하고 있다. 최고경영자는 그 문제를 주요 관심사 중 하나로 언급하고, 리더십 승계는 기업 이사회의 관심 사안으로 떠올랐다.[15] 콘페리 인터내셔널(Korn/Ferry International)에 의해 수행된 기업 임원 정책 및 관행에 관한 조사에서, 회장에게 앞으로 5년 안에 그들의 기업이 부딪히게 될 사안의 중요성을 평가해 달라고 요청한 적이 있다.

주로 트렌드를 주도하는 연소득 100만 달러 이상의 기업들은 경영 승계를 재정적 결과와 전략적 계획 다음으로 중요한 이슈로 꼽았다. 헤드헌터 기업의 CEO인 레스터 콘(Lester Korn)에 따르면, "이사회는 기업의 재무재표를 보호하는 것만큼이나 인적 자본을 보호해야 할 의무가 있다는 사실을 인식하기 시작했다."고 한다.

CEO들과 기업 이사회가 승계 계획 및 관리에 관심을 두는 것에는 몇 가지 이유가 있다. 첫째, 최고 관리층은 기업의 지속적 생존이 올바른 사람들로 하여금 올바른 때에 올바른 장소에서 올바른 일을 하게끔 하는 데 달려 있음을 인식하고 있다. 크게 보면 전략적 성공은 적합한 리더십에서 기인하는 결과이다. 리더들에게만 개발 기회를 맡겨두고, 잘 되기를 기대하는 것은 예전에는 통했을지 모른다. 내부적으로 리더들을 개발하는 것을 무시하고, 헤드 헌터에 의존해서 핵심 인력의 대체 인력을 찾는 것 역시 가능했을 것이다. 그러나 이제는 이런 접근 방법들이 통하지 않는다. 기업은 핵심 인력으로 충원할 고잠재(HiPos) 후보자들을 체계적으로 발굴하고 개발하는 노력을 해야만 한다.

둘째, 지속적인 인원 감축과 비용 감축 노력들은 전통적으로 핵심 인재 관리의 훈련 기반이며 자원이었던 중간 관리자 계층의 감소를 가져왔다. 간단하게 말해, 내부에서 최고 경영층으로 승진하는 사람들이 더욱 줄어들었다.

이는 유망한 후보자를 일찍 파악하고 그들의 발전을 적극적으로 장려하기 위해서는 큰 관심이 요구된다는 사실을 의미한다. 현재 업무에서 높은 성과를 내면서 동시에 미래 리더의 위치에 오를 높은 잠재력을 지닌 이른바 대들보들이 충분히 존재한다는 것을 당연한 것으로 인식해서는 안 된다. 스타 운동선수들처럼 매우 뛰어난 인재들이 자신의 능력을 최고가로 팔아넘길 수 있는 판매자 우위의 노동 시장에서는 특히 그렇다. 왜냐하면 군살을 제거한 조직은 절대적인 인원 수를 감축했기 때문이다. 더욱이 이러한 그룹 인력들은 다운사이징에 의해 차별적인 영향을 받는다. 다운사이징 이후 업무가 재분배됨에 따라, 우수 인력들은 대부분 보수가 고정적인 반면, 처리해야 할 업무는 더욱 많아지기 때문이다. 따라서 그들은 생산성이 떨어지는 동료들에 비해 불만이 더 쌓이고 조직을 떠날 가능성도 커진다.

기업의 미래 리더십 연속성에 재난이 될 수 있는 이런 문제를 피하기 위해서는 최고경영자들이 고성과자들의 증가된 기여도를 보상할 수 있는 수직적 또는 수평적 경력 이동을 통해 사전에 고성과자들을 변별하고 적절한 보상 및 개발 기회를 주는 적극적인 조치를 강구해야 한다.

셋째, 승계 계획 및 관리가 과거와 같이 비공식적인 절차에 따라 비계획적으로 이루어지게 될 때 현직자는 외양, 배경, 가치에 있어 자신들과 매우 유사한 후계자들을 파악하여 추천하는 경향이 있다. 그들은 동일한 사회성을 지닌 인재의 재생산(homosocial reproduction)이라는 '관료주의적 동족 시스템'을 형성한다.[16] 이를 로사베스 모스(Rosabeth Moss)는 다음과 같이 설명했다.

> 기업 구조에 있어 관리자들이 처한 상황으로 인해, 사회적 유사성을 극단적으로 중요하게 생각하는 경향이 있다. 기업 구조는 관리자들이 자신과 동일한 유형의 사회적 개체를 복제하도록 이끄는 힘으로 작동된다. 결국 관리 직원들은 자신과 같은 종류의 사람을 재생산한다.[17]

그 결과 백인 남성은 다른 백인 남성을 자신의 후계자로 선택한다(백인 남성만 그런 것이 아니라, 다른 성별, 다른 인종 그리고 다른 사회적 배경을 가진 사람들도 그럴 것이라는 데 유의해야 한다). 이러한 습관은 이른바 유리 천장(glass ceiling, 승진을 가로막는 보이지 않는 장벽을 뜻한다. ─ 옮긴이)을 비롯한 다른 미묘한 형태의 고용 차별과 같은 문제를 고착화한다. 이러한 문제점을 피하고 직장에서 다양성과 다문화주의를 증진시키기 위해 현직자와 동일한 사람이 아니라 핵심 직위에 가장 알맞은 후계자를 파악하고 양성하는 체계적인 노력이 수행되어야 한다.

또한 승계 계획 및 관리는 다음과 같은 기반을 형성하는 이유 때문에 중요하다. 사실상 그것은 "(1) 각 개인에게 경력 경로에 대한 공감대 형성, (2) 조직원 개발과 훈련 계획의 수립, (3) 경력 경로와 개인적 직무 이동 체계의 확립, (4) 경영진 조직에 관한 상향적이고 수평적인 커뮤니케이션, (5) 포괄적인 인적 자원 계획 시스템의 창출을 위한 기반을 형성한다."[18]

대중 연설과 컨설팅을 위해 미국을 비롯한 다른 여러 나라들을 여행하면서 나는

"어떻게 하면 우리 조직에서 승계에 관한 옹호론을 펼 수 있는가?"라는 질문을 자주 받았다. 그 질문에 대답하기에 앞서 나는 먼저 그들의 CEO들이 자신들을 지지하는지, 그렇지 않은지를 물어본다. 만일 CEO가 우호적이라면, 이미 가장 중요한 대상을 자기 편으로 만들어 놓은 셈이다. 하지만 그 반대라면, 조직이 맞닥뜨리게 될 위험을 분석하는 노력이 수행되어야 한다(이것이 '위험 분석'이다).

이를 위한 한 가지 방법은 인사부서에 전체 기업 인력의 예상 은퇴 날짜를 요청하여 장래의 다양한 시점에 직원들 가운데 몇 퍼센트가 퇴직하는 것이 바람직한가를 평가한다. 이에 대한 평가는 최소한 3년 정도의 시기를 필요로 한다. 그리고 퇴직에 적당한 직원들을 위치, 직무 코드, 기업 서열 단계에 의해 평가할 수 있다. 이러한 분석 목적은 특정 분야, 직위, 또는 지역이 다른 곳보다 더 많은 위험이 있는지를 살펴보는 데 있다. 만일 결과가 충격적이라면, 그 자료로 회의적인 CEO에게 특히 위험한 부분의 핵심 인재 개발을 위해, 그리고 은퇴할 직원들의 축적된 경험과 지식들을 보존하기 위해 무언가를 해야 한다고 설득할 수 있다.

승계 계획 및 관리 프로그램의 수립 이유

왜 기업이 승계 계획 및 관리를 지원해야 하는가? 이 질문에 대답하기 위해 저자는 1993년 이 책의 제1판에서 사용했던 설문을 개정하여 재실시하였다(첫 번째 설문은 무작위로 선정된 350명의 ASTD 회원들에게 발송되었다). 이 책 제2판의 설문조사는 1999년 12월 274명의 SHRM(Society of Human Resource Management) 회원들에게 발송되었다. 2000년 1월 추가 메일이 발송되었으며 두 번째 추가 메일이 2월에 발송되었다. 이 책의 제3판(본권)은 2004년 ISP(International Society for Performance Improvement) 회원들에게 발송되었으며 2004년 7월에 결과가 수집되었다.

예시 1-3은 2004년 설문조사 응답자들의 인구통계학적 정보, 예시 1-4는 응답자의 조직 규모, 예시 1-5는 응답자의 직능에 대한 정보를 나타내고 있다. 예시 1-6은 왜 응답자들이 그들의 조직에 승계 계획 및 관리를 적용하고 있는지에 대한 주된 이유들을 요약 제시한다. 다음에는 중요도의 순서에 따라서 그 중 세 가지 이유가 심층적으로 논의될 것이다.

예시 1-3 승계 계획 및 관리에 관한 2004년 응답자에 대한 인구통계학적 정보 : 산업

질문 : 당신 회사의 산업 분류는?

산업	빈도	퍼센트
제조	2	9.09
운송/통신/전자/에너지	1	4.55
소매	1	4.55
금융/보험/부동산	5	22.73
보건	1	4.55
정부/국방	6	27.27
기타	6	27.27
합계	22	100.00

주석 : 모든 응답자가 이 질문에 답한 것은 아님.
출처 : William J. Rothwell, Results of a 2004 Survey on Succession Planning and Management Practices. 미출간 조사 결과(University Park, Penn.: The Pennsylvania State University, 2004).

예시 1-4 승계 계획 및 관리에 관한 2004년 응답자에 대한 인구통계학적 정보 : 규모

질문 : 당신 회사의 직원 규모는?

조직 규모	빈도	퍼센트
0~99	2	9.09
100~249	2	9.09
250~499	2	9.09

500~1999	5	22.73
2000~4999	5	22.73
5000 이상	6	27.27
합계	22	100.00

주석 : 모든 응답자가 이 질문에 답한 것은 아님.
자료 : William J. Rothwell, Results of a 2004 Survey on Succession Planning and Management Practices. 미출간 조사 결과(University Park, Penn.: The Pennsylvania State University, 2004).

예시 1-5 승계 계획 및 관리에 관한 2004년 응답자에 대한 인구통계학적 정보 : 응답자의 직무

질문 : 당신의 직무는?

직무	빈도	퍼센트
교육 훈련 담당자 또는 관리자	10	45.45
인사 관리 담당자	7	31.82
기타	5	22.73
합계	22	100.00

주석 : 모든 응답자가 이 질문에 답한 것은 아님.
자료 : William J. Rothwell, Results of a 2004 Survey on Succession Planning and Management Practices. 미출간 조사 결과(University Park, Penn.: The Pennsylvania State University, 2004).

예시 1-6 승계 계획 및 관리 프로그램의 이유

질문 : 의사 결정자가 조직에서 승계 계획 프로그램을 확립하고자 하는 데는 많은 이유들이 있습니다. 아래의 왼쪽 행에 나열된 각각의 이유들에 대해, 당신의 조직에서 그 이유가 얼마나 중요하다고 생각하는지 오른쪽 행 응답 점수에 동그라미를 치십시오. 점수는 다음과 같습니다. 1 = 전혀 중요하지 않다. 2 = 중요하지 않다.

3 = 약간 중요하다. 4 = 중요하다. 5 = 매우 중요하다.

승계 계획을 주창하는 이유들	당신 조직에서의 중요성(평균 응답)
조직의 전략적 사업 계획의 실행에 기여한다.	4.56
필요한 훈련, 직원 교육, 직원 개발을 위한 수단으로서 인력 교체의 필요성을 확인한다.	4.44
직원들의 인재 풀을 증대시킨다.	4.33
높은 잠재력을 지닌 직원들에게 보다 많은 기회를 제공한다.	4.22
조직에서 지적 자본 향상을 위한 잠재성을 끌어낸다.	4.11
개인들이 조직 내에서 그들의 경력 계획을 실현하도록 도와준다.	3.89
조직 내에서 미래 직무에 다양한 집단(예를 들어 소수 인종이나 여성)의 참여를 권장한다.	3.67
직원들의 사기를 높인다.	3.33
변화하는 환경적 요구에 대한 직원들의 대응 능력을 높인다.	3.22
조기 퇴직 제안과 직원 인수와 같은 자발적인 이탈의 영향에 대처한다.	2.78
다운사이징의 영향에 대처한다.	2.44
조직에 손실을 끼치지 않고 어떤 인력들을 내보낼 수 있는지 결정한다.	2.22
핵심 인력만 남도록 조직의 인원 수를 줄인다.	2.00

자료 : William J. Rothwell, Results of a 2004 Survey on Succession Planning and Management Practices. 미출간 조사 결과(University Park, Penn.: The Pennsylvania State University, 2004).

| 이유1 : 조직의 전략적 사업 계획을 실천하는 데 기여한다 |

승계 계획 및 관리는 진공 상태로 진행되어서는 안 된다. 그보다는 조직의 전략적

계획, 인사 계획, 인력개발 계획, 그리고 다른 조직의 계획적 활동들과 연계되고 활동들을 지원해야 한다. 이러한 이유 때문에 조사 응답자들은 체계적인 승계 계획 및 관리를 주창하는 가장 중요한 이유로 "조직의 전략적 계획을 실천하는 데 기여하는 것"이라고 지적하였다.

전략적 계획이란 조직이 살아남고 경쟁하기 위한 선택의 과정이다. 그것은 장기적 계획의 공식화와 이행을 수반한다. 그로 인해 조직은 한편으로는 현재 내부의 조직적 역량과 미래 외부의 환경적 기회를 최대한 이용할 수 있으며, 다른 한편으로는 현재 내부의 조직적 취약성과 미래 외부의 환경적 위협을 최소화할 수 있다.

전략적 계획을 이행하기 위해서, 조직은 올바른 사람이 올바른 때와 장소에서 올바른 일을 하게끔 해야 한다. 그들이 없다면 전략적 계획은 실현될 수 없다. 따라서 조직 리더십의 명확한 승계는 조직 전략의 성공적인 실행에 매우 중요하다. 토머스 길모어(Thomas Gilmore)가 설명한 것처럼, 특히 최고 경영층의 "성과 평가 기준이 미리 결정되는 일은 드물다. 최고 경영층의 성과는 흔히 그들이 개발과 실행의 책임을 맡고 있는 전략적 계획으로 결정된다."[19] 전략적 계획과 승계 계획을 통합하는 데에는 최소한 다섯 가지 접근법이 이용될 수 있다.[20]

1. 상의하달식 접근법(Top-Down Approach). 기업 전략이 승계 계획 및 관리의 동인이 된다. 체계적인 승계 계획 및 관리 과정을 통해 선별된 리더들이 전략의 성공적 이행을 지원한다.
2. 시장 주도형 접근법(Market-Driven Approach). 승계 계획 및 관리는 시장의 요구와 필요에 의해 좌우된다. 경쟁의 압박에 대처하기 위하여 인재가 필요하다는 인식이다.
3. 경력 계획 접근법(Career Planning Approach). 승계 계획 및 관리는 개인의 경력 계획 과정을 통해 전략적 계획과 얽혀 있다. 조직의 상급자 및 다른 사람들과 상담을 하면서, 개인들은 조직의 전략에 비추어 자기 자신의 경력 목표를 점검하

고, 어떻게 하면 새롭게 나타난 조직의 필요에 부합하면서 중대한 승진 기회를 높일 수 있는지에 대해 결정을 한다.

4. 미래 진단 접근법(Futuring Approach). 승계 계획 및 관리는 기업 전략에서 나오는 인재 요구를 예측하는 수단이 된다. 이는 외부적 환경 조건을 살펴보고 그러한 조건에 의해 창출된 수요를 조직의 내부 인재와 맞추게 된다.

5. 추적 접근법(Rifle Approach). 승계 계획 및 관리는 조직이 직면하는, 이를테면 어떤 조직 수준 혹은 직무 영역에서 예상보다 높은 이탈과 같은, 확인 가능한 특정 문제들을 해결하는 데 초점을 맞춘다. 한 가지 방향은 조직에서 잠재력이 높은 직원들의 이탈, 이른바 '결정적 이탈'을 찾아내어 추적하는 것이다.

당신 조직의 전략적 계획을 지원함에 있어서 승계 계획 및 관리가 어떤 역할을 해야 하는지 생각하라. "승계 계획에 있어 모든 기업들에 적용되는 유일한 접근법은 없다. 효과적으로 승계 계획을 운영하는 기업은 그들의 승계 전략을 사업 전략에 맞춘다."[21]

이러한 전략적 계획에 관련된 것이 인적 자원 계획(Human Resource Planning, HRP)이다. 그것은 "변화하는 조건에서 조직의 인적 자원 요구를 분석하고 이러한 요구를 만족시키는 데 필요한 활동들을 개발하는 과정이다."[22] HRP는 조직의 인력과 업무 요건을 점검하는 등 그 범위가 포괄적이다. HRP를 통해 나타나는 한 가지 결과는 조직의 인사 정책, 프로그램, 과정을 이끌어 나갈 장기적인 계획을 수립하는 것이다.[23]

HRP의 중요성이 증가되는 데 대해서는 논란의 여지가 없다. 맨지니(Manzini)와 그리들리(Gridley)가 지적한 것처럼, "점점 더 전문화된 기술, 높은 관리 능력, 새로운 차원의 우수성, 그리고 10여 년 전에는 존재하지 않았던 분야에서의 전문적 자질을 갖춘 사람들에 대한 필요성은 현재 조직의 최우선적 관심 '사업'에서 비롯되며 앞으로도 계속해서 그러할 것이다."[24] 현재는 비록 승계 계획 및 관리가 대체로 리더십 필요와 리더십 기술에 집중되고 있지만, 점차 HRP와 통합되고 있다. HRP에 이용되는 많은 기법과 접근법들이 승계 계획 및 관리에 적용될 수 있다.

승계 계획 및 관리는 결정적으로 중요한 리더십 인재를 파악하고 개발하는 데 집중해야 한다. 더욱이 승계 계획 및 관리는 인재 요건을 충족시키기 위해 계획된 학습이나 내부로부터의 승진이 아닌 다른 수단을 이용할 수도 있다. 예를 들어 결정적인 승계의 필요성은 외부로부터의 선발, 조직 내부 간의 이동, 또는 다른 수단들에 의해 충족될 수 있다.

| 이유 2 : 필요한 훈련, 직원 교육, 직원 개발을 위한 수단으로서 '인력 교체의 필요성'을 확인한다 |

체계적인 승계 계획 및 관리를 주창하는 조직의 응답자들이 선택한 두 번째 이유는 "필요한 훈련, 직원 교육, 직원 개발을 위한 수단으로서 '교체의 필요성'을 확인하는 것이다." 다시 말해, 승계 계획 및 관리는 직원 훈련, 교육, 개발 필요성을 확인하는 추진력이 된다. 훈련은 직원들이 현재의 직무 책임을 다하게 하는 데 도움을 준다. 직원 교육은 미래의 책무를 대비하도록 준비시킨다. 그리고 직원 개발은 개인 성찰 혹은 조직 학습을 위한 수단이 될 수 있다.

| 이유 3 : 승진 가능한 직원들의 인재 풀을 증대시킨다 |

설문조사 응답자들은 세 번째 중요한 이유로 "승진 가능한 직원들의 인재 풀을 증대시키는 것"을 꼽았다. 승계 계획 및 관리는 사람들이 미래에 핵심 직위를 채울 인재들을 준비시키는 과정을 공식화한다. 물론 '인재 풀'(talent pool)이라는 용어는 식별 가능한 승계자 한 명이 아니라 그룹을 의미할 수 있다.

| 이유 4 : 높은 잠재력을 지닌 인재에게 보다 많은 기회를 제공한다 |

조사 응답자들은 체계적인 승계 계획 및 관리를 주창하는 네 번째로 중요한 이유로 "높은 잠재력이 있는 인재에게 보다 많은 기회를 제공하는 것"을 지적했다. 높은 잠재력을 지닌 인재의 정의는 다를 수 있지만, 대체로 미래의 승진 가능성이 있는

직원이라고 말할 수 있다. 따라서 SP&M이 매우 중요한 이유는 높은 잠재력을 지닌 인재 개발을 가속화하고, 기업이 잠재성 있는 유능한 직원들을 보유하는 데 적합한 방법을 알아내는 것이다.[25] 몇 가지 유지 전략이 예시 1-7에 요약되어 있다.

예시 1-7 이탈을 줄이고 고용 유지를 증대시키기 위한 전략

사람들이 조직을 떠나는 이유	유지를 증대시키는 전략
조직에서의 미래 전망에 불만족스럽거나, 앞으로 다른 조직에서 더 나은 가능성이 있다고 생각한다.	• 태도 조사(서면 혹은 온라인), 퇴사 인터뷰를 이용하고, 선택된 포커스 그룹을 운영하여 정보를 수집함으로써 이러한 문제의 정도를 판단한다. • 승계 계획 및 관리 프로그램을 도입하고 이를 알려 사람들에게 희망을 준다. • 사내공모제, 직무 순환, 조직 내에서 사람들에게 보다 가시적인 모습을 보여주는 또 다른 노력들을 도입하거나 개선한다. • 조직의 미래, 그것이 개인에게 무슨 의미가 있는지에 대한 의사소통 경로를 개선한다.
그들의 상사나 상사가 감독하는 방식을 싫어한다.	• 태도 조사(서면 혹은 온라인), 퇴사 인터뷰를 이용해 이러한 문제의 정도를 판단한다. • 이탈에 영향을 주는 불만족의 원천을 개선하는 데 중점을 두어 관리자 교육 훈련을 개선한다. • 사내공모제, 직무 순환, 조직 내에서 사람들에게 보다 가시적인 모습을 보여주는 또 다른 노력들을 도입하거나 개선한다.
그들이 하는 일이나 그들에게 부과된 직무를 싫어한다.	• 태도 조사(서면 혹은 온라인), 퇴사 인터뷰를 이용하고, 선택된 포커스 그룹을 운영하여 정보를 수집함으로써 이러한 문제의 정도를 판단한다.

	• 사내공모제, 직무 순환, 조직 내에서 사람들에게 보다 가시적인 모습을 보여주는 또 다른 노력들을 도입하거나 개선한다.
그들의 급여 및 복리후생 수준에 불만족하거나, 경쟁적이 아니라고 생각하거나, 기여한 만큼 보상을 받지 못한다고 여긴다.	• 태도 조사(서면 혹은 온라인), 퇴사 인터뷰를 이용하고, 선택된 포커스 그룹을 운영하여 정보를 수집함으로써 이러한 문제의 정도를 판단한다.
	• 다른 조직(기업)의 급여 및 복리후생 조사를 정기적으로 실시한다.
	• 보수에 대한 조직의 철학을 명확히 한다("우리는 경쟁사 수준의 임금을 받기 원하는가? 그렇다면 그 이유는 무엇인가?").
	• 단순한 임금을 넘어 혁신적인 보수 및 보상 제도를 도입한다. 여기에는 대안 보수와 대안 포상 프로그램 그리고 개인의 필요에 맞춘 '카페테리아식 복리후생' 등이 포함된다.
과도한 업무 혹은 너무 적은 개인 휴식과 여가 시간으로 스트레스를 받거나 녹초가 된다.	• 태도 조사(서면 혹은 온라인), 퇴사 인터뷰를 이용하고, 선택된 포커스 그룹을 운영하여 정보를 수집함으로써 이러한 문제의 정도를 판단한다.
	• 높은 잠재성을 지닌 인재와 높은 성과를 기술할 때 업무와 삶의 균형과 관련된 요소를 추가하고, 이러한 변화에 대해 조직 구성원과 공유하는 절차를 밟는다.
	• 사회적 활동을 향상시키고 업무가 누구에게 어떻게 배분되는지 재점검함으로써 조직의 사회적 활동을 늘린다.

| 이유 5 : 조직에서 지적 자본을 위한 잠재성을 끌어낸다 |

지적 자본은 조직 내 조직원 재능의 가치를 의미한다. 인적 자본의 가능성을 끌어내는 것은 조직에서 SP&M 프로그램을 운영하는 다섯 번째로 중요한 이유라고 언급되었다. 따라서 SP&M은 조직에서 지적 자본에 투자할 때 중요하다.

| 이유 6 : 개인의 조직 내 경력 계획 실현을 돕는다 |

조직에서는 직원들의 교육훈련에 상당한 투자를 한다. 특정 조직 지식과 특정 업무 지식을 습득해 가는 학습 곡선을 따라서 개인이 발전해 감에 따라 직원 성과는 향상될 수 있다. 개인이 조직을 떠날 때 발생하는 손실은 측정될 수 있다.[26] 직원들이 자신의 경력 계획을 실현하기 위해 한 조직에 지속적으로 근무한다면, 그 고용주는 직원들의 경험에서 이익을 얻을 수 있다. 이런 의미에서 승계 계획 및 관리는 개인이 조직 내에서 그들의 경력 계획을 실현할 수 있도록 준비하는 도구가 된다. 이는 조직이 체계적인 승계 계획 및 관리를 주창하는 여섯 번째로 중요한 이유이다.

| 이유 7 : 조직 내의 다양성 향상을 북돋운다 |

조직은 다양한 노동시장의 변화를 반영하여 더욱 다양해지고 있다. 하지만 불행히도 모든 직원들이 역사적으로 동일하게 혹은 평등하게 대우받아 온 것은 아니다. 직장 내에서의 차별은 법으로 금지되고 있지만, 실제로 차별이 없어진 것 같지는 않다. 미국의 경우도 연방법과 주법에서 차별을 금지하지만, 미국 내 흑인들은 아직도 차별이 있다고 느끼고 있다.[27] 이러한 견해에 대한 반응은 다양하겠지만, 다문화주의를 장려하는 인식이 점차 커지고 있다. 다문화주의는 각 개인의 독특함을 존중하는 것은 물론이고 수많은 다른 집단의 전통, 특성, 가치와 연관되는 차이에 대한 인식과 이해를 포함한다. 이러한 접근에서 '다양성'이란 국적, 전문 영역, 인식 스타일과 같은 속성에 바탕을 둔 그룹들과 더불어 성, 민족과 같은 다양성을 포괄하는 폭넓은 의미를 지니고 있다.[28]

조직은 모든 수준에서 다양성을 추구할 책임이 있다는 인식이 증가한다는 근거로써, 조사 응답자들은 "다양한 그룹의 승진을 권장하는 것"을 조직이 체계적인 SP&M을 주창하는 일곱 번째로 중요한 이유라고 지적했다. 많은 조직들이 조직 내의 다양성을 확보하고 비주류 그룹들의 개발을 촉진하기 위해 승계 계획 및 관리 프로그램에 특별한 방법을 도입하고 있다.

| 이유 8 : 직원들의 사기를 높인다 |

승계 계획 및 관리는 내부 승진을 장려함으로써 직원들의 사기를 높이는 수단이 될 수 있다. 실제로 내부 승진은 "조직이 개인의 기술과 능력을 더 효과적으로 이용하게 하고, 승진 기회를 인센티브로 여기게 할 수 있다."[29] 일단 그러한 목적이 이루어지면, 승진된 직원의 사례는 다른 사람들의 용기를 북돋는다. 특히 강제 퇴직 기간 동안 내부 승진과 '인플레이스먼트'(inplacement, 퇴직 대상 개인의 내부 이동)는 조직의 사기를 드높이고, '생존자 증후군'의 부정적인 영향을 상쇄하는 데 도움이 될 수 있다.[30]

| 이유 9 : 변화에 대한 직원들의 대응 능력을 높인다 |

조사 응답자들에 따르면, 체계적인 승계 계획 및 관리를 주창하는 아홉 번째 이유는 "변화에 대한 직원들의 대응 능력을 높이는 것"이다. 길모어(Gilmore)는 "리더의 한 가지 역할은 모호함과 불확실성으로부터 조직을 보호하여 사람들이 일할 수 있게 하는 것"이라고 하였다.[31] 조직은 사람들이 변화하는 환경적 요구에 대응하거나 예측하도록 준비하는 한 가지 수단으로서 승계 계획 및 관리를 지원하고 있다. 핵심 직위에 맞도록 육성된 사람들은 변화하는 외부적 환경 요구의 모호함과 불확실성을 비전과 방향으로 탈바꿈시킨다.

| 이유 10 : 자발적 퇴직의 영향에 대처한다 |

응답자들은 "자발적 이탈의 영향에 대처하는 것"을 조직이 승계 계획 및 관리를 실행하는 열 번째로 중요한 이유로 꼽았다. 자진 퇴직은 강제 퇴직과 매우 밀접한 관계를 맺고 있으며, 흔히 강제 퇴직의 전 단계가 되는 경우가 많다. 자진 퇴직의 경우, 직원들에게는 연공에 따른 인센티브 또는 명예퇴직금 같은 퇴직 장려책이 제공된다. 강제 퇴직과 마찬가지로 자진 퇴직 역시 업무의 재배치가 필요하다. '후임자들'을 확인하는 어떤 노력이 있어야 한다. 따라서 SP&M은 조직 내 인력이 재구축된 이후 어떻게 그리고 누구에게 업무가 배치되어야 하는지 확인하는 데 있어서 유용할 수 있다.

| 이유 11 : 다운사이징의 영향에 대처한다 |

조사 응답자들이 언급한, 조직이 승계 계획 및 관리를 도입하는 열한 번째 이유는 "다운사이징의 영향에 대처하는 것"이다. 다운사이징은 기업의 현실이 되어 왔고, 지금도 계속되고 있다. 다운사이징이 예전처럼 널리 선전되고 있지는 않지만, 자료에 따르면 이 책의 초판이 출간된 1994년 이래로 줄어들지는 않았다. 중간 관리자들과 전문직이 특히 다운사이징의 영향을 받았다. 다운사이징으로 직책은 없어졌을지 모르지만, 업무는 사라지지 않았다. 결과적으로 아무도 구체적인 책무를 맡고 있지는 않더라도 그러한 업무 활동들을 수행할 수 있는 사람들을 파악할 필요성이 높아졌다. 승계 계획 및 관리는 그러한 목적을 위한 수단이 될 수 있다.

이런 응답 결과는 이 책의 초판에서 처음으로 설명한 트렌드 중 하나인 급격한 리스트럭처링을 최근에도 계속 겪고 있다는 것을 확인해 주었다(예시 1-8 참조).

| 예시 1-8 | 조사 응답자들 가운데에서의 직장 감축 |

질문 : 지난 5년 동안 당신의 조직은 어떤 변화를 겪었습니까? 해당하는 아래 오른쪽 행의 모든 응답에 동그라미를 치십시오.

조직 변화	빈도	퍼센트
강제 퇴직	11	21.57%
조기 퇴직 권고	8	15.69%
인원 감축	11	21.57%
채용 동결	13	25.49%
자연 감축	17	33.33%
기타	2	3.92%
합계	51	100.00%

자료 : William J. Rothwell, Results of a 2004 Survey on Succession Planning and Management Practices. 미출간 조사 결과(University Park, Penn.: The Pennsylvania State University, 2004).

| 이유 12 : 조직에 손실을 끼치지 않고 어떤 인력들을 내보낼 수 있는지 결정한다 |

채용 결정을 할 때 고용주는 업무 공백을 즉각 채우는 것은 물론이고 장기적인 기업의 성장에 미치는 개인 잠재력의 영향을 오랫동안 숙고한다. 그래서 이러한 이유 때문에, 조사 응답자들은 "조직에 손실을 끼치지 않고 어떤 인력들을 내보낼 수 있는지 결정하는 것"을 조직이 SP&M을 주장하는 열두 번째로 중요한 이유로 언급했다.

| 이유 13 : 핵심 인력만 남도록 직원 수를 줄인다 |

조직이 승계 계획 및 관리를 주창하는 열세 번째 이유는 조사 응답자들이 언급한 것처럼, "핵심 인력만 남도록 인원 수를 줄이는 것"이다. 격심한 경쟁의 시대에서 비용을 줄이고, 회전 시간을 감축하며, 품질과 생산량을 증대시키기 위한 프로세스 리엔지니어링이 필요하다. 전통적으로 수행해 온 활동이 아니라 요구되는 결과물을 만들어낸다는 측면에서 프로세스가 재검토되어야 한다. 그러한 환경에서 "기업은 장소를 채우는 사람들을 필요로 하지 않는다. 장소는 정의하기 나름이기 때문이다. 기업은 업무에 필요한 것이 무엇인지 알아내고 그것을 행하는 사람, 즉 자신들에 맞는 장소를 창출할 수 있는 사람을 필요로 한다. 더욱이 장소가 계속 변화하고 있다.[32] 직원 수 역시 변화하는 요구 조건에 맞추어 변화하게 된다.

우수 사례 및
접근 방법들

최근 승계 계획 및 관리에 관한 매우 많은 연구가 이루어졌다.[33] 예시 1-9는 그러한 연구에서 확인된 핵심적 우수 사례들의 일부를 요약한 것이다.

승계 계획 및 관리에는 많은 접근들이 있다. 접근 방법들은 방향, 시기, 계획, 범위, 유포의 정도, 개인 재량에 따라 구분될 수 있다.

예시 1-9 **여러 조사 연구에서 나타난 승계 계획 및 관리에 대한 우수 사례 요약**

승계 계획 및 관리 프로그램의 여러 조사 연구에 기반한 우수 사례들은 다음과 같다.

로버트 M. 풀머(Robert M. Fulmer)가 제시하는 우수 사례

승계 관리 프로세스의 전개

- 우수 사례를 보여주는 조직들은 승계 계획과 전반적인 사업 전략 간의 연결을 분명히 함으로써 승계 계획을 기업 프로세스에 통합한다. 이러한 연계는 승계 계획이 기업의 장기 목적과 목표들에 영향을 미칠 수 있도록 한다.
- 인사부서가 일반적으로 성공적인 승계 계획과 연계된 도구와 프로세스를 담당하고, 비즈니스 혹은 라인 단위는 일반적으로 '실행 가능한 일'(deliverable)에 책임을 진다. 즉, 일선 부서에서 부서에 필요한 인원을 스스로 관리하는 시스템을 이용한다. 인사부서와 일선 부서가 함께 포괄적인 프로세스를 창출한다.
- 기술력이 승계 계획 프로세스에 핵심적인 역할을 한다. 이상적으로 기술력은 프로세스의 중심이 되거나, 방해가 되기보다는 프로세스를 단순화, 유연화함으로써 이를 촉진시키는 역할을 한다.

인재 풀의 식별

- 우수 사례 조직들은 미래의 리더에 초점을 맞추기 위해 주기적이며 연속적인 인재 식별 과정을 활용한다.
- 우수 사례 조직들은 리더십과 승계 관리 역량 중 핵심 역량을 활용한다.

미래 리더들의 참여

- 우수 사례 조직들은 각각의 직원들을 위한 명확하고 개별적인 개발 계획의 중요

성을 강조한다.
- 개인 개발 계획은 어떤 개발 활동이 필요한지 규명하고, 우수 사례 기업들은 통상적으로 직원들이 개발 활동들을 간단히 수행할 수 있게 하는 메커니즘을 가지고 있다. 일반적으로 사업 부분의 인사관리 부서의 리더들이 직원들의 개발 활동을 모니터링한다.
- 우수 사례에서는 가장 흔한 코칭과 교육 훈련 등을 기본적인 개발 활동으로 활용하며, 다른 조직들보다 훨씬 많은 모든 종류의 개발 활동을 운영한다.
- 전통적인 실무 교육 프로그램에 덧붙여, 우수 사례 조직들은 특별한 임무, 액티브 러닝(Active Learning), 그리고 웹 기반 활동 등을 점점 더 많이 활용한다.

자료 : Robert M. Fulmer, "Choose Tomorrow's Leaders Today: Succession Planning Grooms Firms for Success." 2004년 7월 19일 http://gbr.pepperdine.edu/021/succession.html에서 다운로드. 저작권 사용 허락하에 기재.

윌리엄 로스웰(William Rothwell)이 제시하는 우수 사례

- 승계 계획 및 관리를 이끌 포괄적인 '로드맵과 모델'을 활용하라.
- CEO와 경영진의 실질적인 참여를 확보하라.
- 역량 모델을 이용하여 조직의 리더들이 어떤 타입의 인재 구축을 원하는지 명확히 하라.
- 효과적인 성과 관리 시스템을 개발하고 이행하라.
- 조직이 전략적 목표 달성을 위해 미래에 어떠한 역량이 필요한지 명확히 함으로써 승계 계획 및 관리가 목표를 향해 진행될 수 있도록 하라.
- 개인 개발 계획을 이용하여 개인 개발의 격차를 좁혀라.
- 필요한 가치와 윤리 기준을 마련하고 평가 시 역량과 함께 이를 적용하라.
- 잠재성 높은 인재는 특정한 관리자가 소유하는 것이라기보다는 공유된 자원이라는 인식을 형성하라.

- 미래에 필요한 공유된 역량을 구축하기 위해 리더십 개발을 활용하라

자료 : William Rothwell, Ed., Effective Succession Management: Building Winning Systems or Identifying and Developing Key Talent (Lexington, Mass.: The Center for Organizational Research (A division of Linkage, Inc.)). http://www.cfor.org/News/article.asp?id=4. 저작권 사용 허락하에 기재

최고경영자 매거진(Chief Executive Magazine)에 제시된 우수 사례

- 확인(Identify). 일관적이며 객관적인 기준을 이용하여 조직에서 잠재성이 높은 후보자들을 식별하라.
- 진단(Diagnose). 조직의 필요와 비교해 개별 후보자들의 장점과 단점을 평가하라.
- 처방(Prescribe). 조직 내의 역량 구축을 위한 올바른 개발 방향과 방법을 제시하라.
- 점검(Monitor). 리더의 구축을 위해 승계 과정이 제대로 운영되고 있는지 점검하라.

자료 : "Succession Management: Filling the Leadership Pipeline," Chief Executive, April 2004, pp. 1, 4. 저작권 사용 허락하에 기재.

| 방향 |

누가 승계 계획 및 관리에 대한 최종 결정을 해야 하는가? 이 질문에 대한 답변은 '방향'과 관련이 있다. 승계 계획 및 관리에 대한 '상의하달식 접근법'(top-down approach)은 최고경영자의 지시로 운영되며 CEO, 최고경영자들 및 기업 이사회가 프로그램 운영을 감독한다. 상근 혹은 비상근 승계 계획 및 관리 진행자, 리더십 개발 전문가, 혹은 그 프로그램에 도움을 주도록 선임된 인적 자원 전문가의 도움을 받든 받지 않든 말이다. 최고경영자들은 현재 역량과 성과가 어떻게 평가될 것인지, 또 어떻게 미래 역량과 잠재성이 식별될 것인지, 개인의 발전과 조직의 리더십 인재의 대체 후보 인력군 구축을 위해 어떤 개발 노력들을 실행할 것인지를 결정한다.

그와는 반대로 승계 계획 및 관리에 대한 '상향식 접근법'(bottom-up approach)은

조직의 가장 낮은 단계에서 시작된다. 직원과 그들의 직속상관이 적극적으로 모든 활동들에 참여한다. 그들은 또한 리더 지위에 오를 수 있는 유망한 직원들의 전도(前途)를 점검하기도 한다. SP&M에 대한 결정은 개인의 현재 장점과 단점, 그리고 미래 잠재성을 평가하는 데 도움을 주는 개별 경력 계획 프로그램과 긴밀히 연관된다. 최고경영자들은 가장 낮은 층에서 결정된 사항을 인정하고 이에 따라 행동한다.

'결합 접근법'(combination approach)은 상의하달식과 상향식 접근법의 통합을 시도한다. 최고 경영진은 승계 계획 및 관리 절차를 확립하는 데 적극적으로 관여하고 승계 계획 및 관리 프로그램에 참가한다. 직원과 그들의 직속상관도 역시 승계 계획 및 관리의 매 단계에 참여한다. 승계 계획 및 관리와 개별 경력 계획을 통합하기 위해서는 어느 정도 노력이 필요하다. 경력 계획이 없는 승계 계획은 흔히 희망의 나열로 끝난다. 왜냐하면 지명된 고성과 잠재력을 가진 인재들이 실제로는 관리자들이 생각하는 경력 목표를 바라지 않을지도 모르기 때문이다. 그리고 승계 계획이 없는 경력 계획은 목적지 없는 로드맵이 될 뿐이다.

| 시기 |

승계 계획 및 관리 문제에 얼마나 많은 시간을 할애하며, 할애하는 시기는 언제인가? 이 질문에 대한 답변은 시기와 관련이 있다. 승계 계획은 일회적, 주기적, 혹은 연속적으로 수행될 수 있다. 일회적인 방법은 계획이 없기 때문에 체계적인 승계 계획일 수 없다. 이 경우 모든 공백은 조직의 위기가 된다. 주기적인 승계 계획 및 관리는 일반적으로 분기별 또는 연례적으로 실행된다. 많은 경우 주기적인 접근은 일반적으로 승계 계획 및 관리 계획의 일부로 여겨지는 직원 성과 평가와 매우 유사하다. 관리자들은 성과 평가, 개인 잠재력 평가(또는 전체, 다면 평가), 개인 개발 계획(individual development plan, IDP), 그리고 책임 직위에 대한 대체 인력 차트 등이 포함된 일련의 서류들을 작성한다. 그런 다음 이러한 정보는 인사부서, 승계 계획 및 관리 담당자에게 넘겨진다.

연속적인 접근의 경우, 계속적인 의사결정, 정보 수집, 행동 수행이 수반된다. 서류를 작성하는 것보다는 승계 계획 및 관리의 결과와 개발 활동에 관심이 집중된다. 모든 계층의 직원들에게는 모니터링, 네트워킹, 후원, 코칭, 트레이닝, 교육, 개발, 기타 수단들을 통한 지속적인 자기 개발이 기대된다.

| 계획 |

승계를 위해 얼마나 많은 계획이 수행될 것인가? 이 질문에 대한 답변은 SP&M 프로그램의 계획 요소와 관계가 있다. 승계 계획 및 관리는 신중하게 계획되고, 공식적으로 작성된 목적과 정책에 의해 운영되는 체계적인 노력일 수 있다. 다른 한편으로 그것은 비계획적이고 비공식적으로 계획된 비체계적인 노력일 수도 있다. 비체계적인 노력은 개인 향상 개발과 리더십 연속성 확보를 위해 의도적인 계획과 전략에 의해서라기보다는 개별 관리자의 성향에 의해 추진되는 것이 일반적이다.

| 범위 |

승계 계획이 얼마나 많은 사람들과 어떤 종류의 사람들을 포함하는가? 이 질문에 대한 답변은 프로그램 범위와 관계가 있다. 승계 계획 및 관리는 전문 분야에서부터 일반 공통 분야까지 다양한 범위를 포함할 수 있다. 전문화 프로그램은 특정한 직무 분야, 직무 수준, 기능, 혹은 위치를 대상으로 한다. 흔히 이런 프로그램은 특정 분야에 과도한 이직률이 발생하는 것 같은 위기 상황에서 생긴다. 다른 한편으로 일반화 프로그램은 모든 직무 분야, 직무 수준, 기능, 직위에서 개인 능력 향상을 준비하는 데 목적이 있다. 이는 흔히 개별화된 훈련, 교육, 개발의 필요를 파악하고 개별 경력 목표를 만족시키는 출발점이 된다.

| 개방의 정도 |

얼마나 많은 사람들이 승계 계획 및 관리 과정에 참여하는가? 이 질문에 대한 답

변은 프로그램 유포 정도와 관계가 있다. 이는 조직 문화와 관계되는 철학적인 문제이다. 유포 정도는 폐쇄적 운영에서부터 개방까지 다양할 수 있다. 폐쇄적 SP&M 프로그램은 기밀로 취급된다. 관리자는 평가에 영향을 받거나 영향을 미치는 다른 사람들의 개입 없이 직원들의 개별 잠재성을 평가한다. 누가 개발되고 어떻게 개발되는지에 대한 결정은 "알 필요가 있는" 층에 국한되어 제공된다. 개별 경력 목표는 이러한 결정에 영향을 줄 수도 있고 아닐 수도 있다. 최고 경영층만이 승계 계획 및 관리 프로그램을 관리하며, 이에 대한 거의 혹은 어떠한 커뮤니케이션도 허락하지 않는다. 승계 계획의 기밀화에는 두 가지 근거가 있다. (1) 승계 문제는 조직의 전유물이며 경쟁자의 손에 들어가서는 안 되는 전략적 중요 정보를 포함하고 있을 수 있다. (2) 의사 결정자는 승계 계획에서 자신의 위치를 알고 있는 직원들이 비현실적인 기대감을 나타내거나 "스스로 볼모"가 될 수 있다는 사실을 우려한다. 이러한 문제점을 피하기 위해 승계 계획 및 관리 과정과 그 결과를 비밀에 부친다.

다른 한편으로 개방적인 승계 계획 및 관리 프로그램은 공정하게 공개된다. 모든 수준에서 업무 요구, 역량, 성공 요소가 확인되며 공개된다. 승계 계획 및 관리 과정, 때로는 예상되는 결과까지 문의하는 모든 사람들에게 공개되고 설명된다. 개인들은 어떻게 그들이 평가되었는지 알 수 있다. 그렇지만 고잠재성, 고성과 직원들의 승진을 보장하지는 않는다. 오히려 "당신은 현재 직무에서 지속적으로 모범적인 방식으로 업무 수행을 해야 하며, 그로부터 혜택을 입으려면 적극적으로 스스로 미래를 준비해야 한다. 아무런 약속도 하지 않겠지만, 스스로 미래를 준비하는 것은 준비하지 않는 것보다 승진하는 데 도움이 될 것이다."라는 메시지를 보낸다.

| 개인 재량의 크기 |

현재의 직무 성과와 미래의 승진 가능성을 평가할 때 개인들이 가지는 발언권은 얼마나 될까? 이 질문에 대한 답변은 승계 계획 및 관리 프로그램에서 개인 재량의 크기와 관계가 있다. 한때 미국 기업에서는 모든 사람들이 승진을 바라며, 당연히

명령이 떨어지면 어떤 지역으로든 기꺼이 전근할 것이라고 생각하였다. 이런 가정은 이제 더 이상 당연한 것이 아니다. 모든 사람이 더 많은 책무를 감당하는 데 따르는 희생을 감수하려 하지는 않으며, 모두가 일과 삶의 균형을 희생시키려고 하지 않는다. 맞벌이 가정의 복잡함 그리고 노인 부모를 보살피는 상황으로 인해 모두가 기꺼이 전근을 받아들이지는 않는다.

'지시 명령에 의한 승계 계획 및 관리'는 개인의 경력 목표를 무시하곤 한다. 의사 결정자는 개인적 선호와는 관계 없이 직무에 가장 적합한 후보자를 꼽는다. 공석이 발생할 때마다 내부 후보가 가장 먼저 후보가 된다. 거절할 권리는 있지만, 조직을 위해 직무 변경을 받아들이라는 압력을 받는다. '개인의 의사를 확인하는 방식의 승계 계획 및 관리'는 SP&M에서 개인의 중요성을 충분히 인식하는 것이다. 의사 결정자는 각 직무에 바람직한 후보자를 파악하고, 경력 계획 면담 혹은 토론을 실시함으로써 그들의 관심을 확인한다. 공석이 발생하면 내부 후보자들과 먼저 이야기를 나누지만, 의사 결정자는 개인적 선호, 경력 목표, 관심 등을 이미 알고 있다. 개인에게는 어떠한 압력도 행사되지 않으며, 의사 결정자는 조직의 승계 필요성과 개인의 경력 목표를 맞추는 균형을 추구한다.

조직에서의
리더십 연속성 확보

리더십 연속성을 확보하고 중요한 위치를 채우는 방법에는 전통적 접근법과 대안적 접근법이 있다. 각각은 승계 계획 및 관리에 중요한 시사점을 갖는다. 따라서 각각을 간략하게 살펴보자.

| 전통적 접근법 |

1968년 헤어(Haire)는 조직 내에서의 이동에는 6가지가 있다고 하였다. 입사(in), 퇴사(out), 승진(up), 강등(down), 수평 이동(across), 현재 위치에서의 개발(progress)[34]. 이들 각각은 전통적 접근법에서 핵심 직위의 승계 수단으로 사용될 수 있다.

'조직으로 들이기'(입사)는 채용 및 선발과 관련된다. 요컨대 '외부 영입'은 핵심 직위에 후임자를 찾는 한 가지 방법이다. 외부에서 후임자를 영입하는 것은 도박과 같다. 그들은 비록 조직에 필요한 가치 있는 지식을 가지고 있을지는 모르지만, 조직의 현재 상태에 대해서는 아무런 기반 지식을 가지고 있지 못하다. 그들은 새로운 아이디어를 실행에 옮기려고 하면서 갈등을 야기할 수도 있다. 이는 건설적일 수도 있고 파괴적일 수도 있다. 이러한 도박적인 요소 때문에 최고 경영층은 핵심 직위를 일정 비율 이상 외부 영입으로 채우는 것을 꺼리곤 한다. 실적을 검증하기 어려울 뿐만 아니라, 새로운 기업 문화에서 조화롭게 일할 수 있는 능력 역시 평가하기 어려울 수 있다. 게다가 만일 그들이 실패하더라도, 해고하기 어려울 수 있다. 왜냐하면 관리자들이 사람들의 '해고'를 꺼릴 수 있고, 잘못된 해고 소송에 휘말릴 수도 있기 때문이다.

'조직에서 내보내기'(퇴사)는 강제 퇴직, 다운사이징, 인력 축소, 해고, 기업의 직원 인수와 관계된다. 방출된 사람들에 의해 기업 이미지는 사회적 오점을 남기게 되며, 이유가 있든 없든 정기적으로 직원들을 퇴사시키는 조직은 대개가 부정적으로 보여진다. 하지만 퇴사는 적절하게 사용되면, 기준 이하의 성과를 보이는 직원을 그 직무에서 물러나게 하고, 고잠재성이 있는 직원에게 기회를 열어주는 효율적인 도구가 될 수 있다.

'조직에서 위로 이동하기'(승진)는 상위 직위로의 이동, 향상 및 책무의 증가와 관련된다. 이는 다른 어떤 이동보다도 승계 계획 및 개발과 밀접하게 연관되어 왔다. 실제로 후임자 차트는 비록 점점 시대에 뒤떨어진 것이지만 아직도 많은 조직에서 승계 계획 및 관리의 수단으로 사용되고 있다. 일반적으로 후임자 차트에 오른다는 것은 대부분의 경우 조직 내 동일한 사업부, 부서, 혹은 팀 내에서의 승진을 의미한다. 경력 지도(Career Map)는 승진에 필요한 역량 요건을 보여주며, 지금은 후임자 차트를 대신하곤 한다. 사내 공모제 프로그램은 후임 차트 혹은 경력 지도와 병행할 수도 있는데, 공석을 알리고 기능/부서/지역에 국한하지 않고 조직 내에서의 이동을 가능하게 하는 수단을 제공한다.

내부 승진은 분명한 장점이 있다. 그것은 직원들의 사기를 유지 혹은 증진하고 내부에서 인품, 철학, 기술 등이 이미 알려진 사람들을 핵심 직위에 앉힘으로써 조직이 부드럽게 변화할 수 있게 한다. 그렇지만 전문가들은 내부 승진 비율의 제한을 권고한다. 그 이유는 후임 차트에 의한 내부 승진은 현재의 기업 문화를 고수하게 하는 경향이 있다는 것이다.

승계 계획 및 관리에서 엄격한 내부 승진 방법을 고수하는 데 따른 다른 문제점들도 있다. 첫째, 한 위치에서의 직무 성과가 상급 지위에서의 성공을 보장하지 않는다. 서로 다른 직위에서 필요로 하는 자격 요건은 서로 다르며, 특히 관리직의 경우는 더 그렇다. 내부에서의 효과적인 승진은 계획을 필요로 한다.

'조직에서 아래로 이동하기'(강등)는 보통 퇴사와 마찬가지로 부정적으로 여겨진다. 그러나 그것도 어떤 경우에는 인재 개발의 효율적인 도구가 될 수도 있다. 예를 들어 조직의 수평화를 위해 조직의 부문 단위가 해체될 경우, 한 부서의 효과적인 성취자가 조직의 다른 부분의 공석을 채울 수 있다. 만일 그러한 이동이 직업 안정성을 높이고 장기 경력 전망을 향상시킨다고 생각한다면, 직원들이 강등을 자발적으로 받아들일 수도 있다.

'조직에서 다른 부서로 사람들을 이동시키기'(수평 이동)는 다운사이징의 결과로 점점 일반화되고 있다(이는 때로로 '인플레이스먼트'와 연결된다[35]). 이는 오랜 동안 변화가 없었던 낡은 기능 혹은 활동에 새로운 시각을 제공함으로써, 조직을 상호간 기름지게 하는 소중한 수단이 될 수도 있다. 지루함을 완화하고 개별 역량을 구축하는 수단으로서 한 위치에서 다른 위치로 일시적 혹은 영속적인 이동을 뜻하는 직무

순환은 승계 계획 및 관리에서도 이용될 수 있다.[36]

마지막으로, '현 직무에서 추가로 업무경력 쌓기'(추가적 업무 부여)는 수평 이동과 상향 이동의 중간 격이다. 이는 극심한 세계 경쟁의 여파로 승진 기회가 줄어들면서 더욱더 일반화되고 있다. 현 직무에서의 개발은 업무가 아주 폭넓고 복잡하더라도 개인의 잠재성을 전부 활용하지는 못한다는 전제를 기반으로 한다. 그 결과 개인은 현재 위치에서 항상 하는 일을 하고 점차 새로운 임무 혹은 지시를 맡으면서 미래를 위한 개발을 할 수 있다. 따라서 수평적 또는 수직적으로 업무를 부과함으로써 개인의 정체를 피하게 된다('수평적 부과'는 개인이 이미 했던 것과 유사한 업무 책임을 더하는 것을 의미하고, '수직적 부과'는 개인에게 더 많은 학습을 요구하는 새로운 업무 책임을 부과하는 것을 의미한다).

현 직무에 추가적 업무경력 쌓기와 관련하여 이중 경력 사다리라는 개념이 있다. 그 안에서 개인은 서로 다른 두 가지 경력 경로를 통해 발전할 수 있다. '관리 경로'(사람들에 대한 책무의 증가와 연결)와 '기술 경로'(주어진 기능 혹은 전문 영역 내에서 책무의 정교화의 증가)이다. 조직은 이중 경력 경로를 고무하기 위해 특별 보수, 인센티브, 그리고 보상 프로그램을 도입할 수 있다.

| 대안적 접근법 |

경험 있는 관리자들은 핵심 직위를 채우는 데는 여러 가지 방법이 있다는 사실을 알고 있다.[37] 앞에서 설명한 직무 이동은 흔히 승계 계획 및 관리와 연관되는 전통적인 접근법을 보여준다. 대안적인 접근법은 비용에 민감한 조직에서 외부 고용과 내부 승진이라는 두 가지 방법에 발이 묶인 관리자들이 승계 계획 및 관리를 위한 대안을 찾으면서 점차 사용이 증대하고 있는 것 같다.

한 가지 대안적인 접근법은 '조직 재설계'이다. 핵심 직위에 공백이 생길 때, 의사결정자들이 생각 없이 다른 "누군가를 그 위치로 이동"시키기보다는, 업무들을 나누어 남아 있는 사람들에게 재배치하는 것이다. 이 접근법의 바람직한 효과는 성과는 유지하면서 직원 수는 줄이는 것이다. 이는 또한 남아 있는 사람들에게 새로운 기능, 활동, 책임 등을 부과함으로써 이들을 개발시키기도 한다. 그렇지만 만일 보수가 증가하는 업무 하중에 상응하지 못한다면, 더 많은 책무를 부과받은 고성과 직원들의 불만이 쌓이게 된다. 또한, 업무를 부과하는 데도 한계가 있다.

두 번째 대안적인 접근법은 '프로세스 재설계'이다. 의사 결정자들은 핵심 직위에 결원이 생길 때 반드시 충원이 되어야 한다고 생각하기보다는 업무 기능을 면밀히 점검하고, 그 기능이 반드시 필요한 것인지, 더 적은 인원으로 업무를 완수할 수 있는 다른 방법은 없는지를 살펴본다.

세 번째 대안적인 접근법은 '아웃소싱'이다. 의사 결정자들은 모든 핵심 직위가 내부적으로 수행될 필요가 있다고 가정하기보다는 외부에서 처리하는 것이 비용 면에서 더 효과적인 활동일 수 있는지 정기적으로 재점검한다. 만일 아웃소싱을 통해서 인원 수를 줄일 수 있다면, 조직은 승계 요구를 줄일 수 있다.

네 번째 대안적인 접근법은 다른 조직들과의 '일시적인 인원 교환'이다. 이 접근법은 조직들이 상호 이득을 위해 일시적으로 자원을 교환할 수 있다는 아이디어를 기반으로 한다. 한 조직의 인원이 과도하다면, 이들을 다른 조직에서 일시적으로 이용하는 것이다. 이러한 접근법의 장점은 한 조직에서 당장에는 필요치 않은 고성취자 혹은 고성과 잠재 인력들이 다른 조직의 인력 풀이 될 수 있다는 점이다. 단점은, 인재들을 빌려간 조직에서 그들을 필요로 하고, 더 많은 보수와 승진을 제시하는 경우, 빌려 주는 조직은 이러한 인재들을 완전히 놓칠 수 있다는 것이다.

다섯 번째 대안적 접근법은 '인재 풀'의 도입과 관련되어 있다. 결정적인 핵심 직위에 가능성 있는 후계자 한 사람을 확인하는 대신에, 많은 자리에 많은 사람들을 개발시키는 것이다.

고잠재자들이 조직의 여러 영역에서 눈에 띌 수 있고, 다방면에 기여할 수 있는 기회가 되는 필수 직무 순환을 통해 인재 풀을 개발할 수 있다. 이것은 이론적으로는 좋아 보이지만, 이용하기에는 실질적인 어려움이 있다. 새로운 리더가 새로운 직위에 적응하고, 새로운 환경에서 요령을 터득하는 동안 생산성은 떨어질 수 있다는 점이다.

여섯 번째 대안적인 접근법은 '한 상자에 두 사람 넣기'이다. 모토로라는 이 접근법을 이용하는 것으로 알려져 왔다. "대부분의 모토로라 사업장은 사장과 부사장에 의해 운영된다. 부사장의 자리는 이사진들이 몇 년 동안 한 사업장에서 다른 사업장으로 이동하면서 여러 가지 경험을 얻는 자리로 사용되었다."[38] 어떤 조직에서는 그리 환영받지 못할 과잉 인원 배치의 한 형태인 이러한 접근법은, 리더십의 연속성을 보존하면서 동시에 직무 순환을 통해 개인 개발을 가능하게 한다. 이것은 전통적이고 기능적인 이사들을, 집합적인 의사결정을 하며 COO를 대신하여 효율적으로 기능하는 팀으로 대체하는, 집행 팀(Executive Team)의 구성과 유사하다.[39]

일곱 번째 대안적인 접근법은 '조직 외부에 있는 고성과 잠재 인력들의 경쟁적 기술(재고) 목록'을 도입하는 것이다. 조직은 시간이 지남에 따라 조직의 인재를 개발하기보다는 고성과 잠재 인력의 예측 가능한 원천을 파악하여 필요할 때 그들을 끌어오는 것이다. 이러한 접근법의 단점은, 인재를 빼앗긴 조직에 의해 역습을 당할 수 있다는 점이다. 물론 핵심 직위에 후임자 필요를 충족시키는 다른 대안적인 방법들도 있다. 아래에서 다른 대안적 방법의 일부를 간략히 살펴보자.

- 임시 고용. 조직에서 후임자를 찾는 동안 단기간 자리를 맡을 사람을 외부에서 채용하는 것이다. 임시로 고용된 후임자는 승계 후보자가 된다. 하지만 만일 임시로 고용된 후임자들이 업무를 제대로 하지 못한다면, 임시 후보자를 해고하고 즉시 다른 후보자를 찾는다.
- 직무 공유. 핵심 직위에 있는 경험 많은 직원이 후보자 훈련을 담당하거나 후보자가 얼마나 잘 수행하는지 평가하기 위해 직무를 공유한다.
- 비상근 고용. 핵심 직위의 유망 후보자들이 임무와 관련된 프로젝트의 자문으로 고용된다. 고용 제의가 있기 전에 그들의 성과가 세심하게 측정된다.

- 연장 근무. 조직 내에서 기대되는 후보자에게 현재 직무에 덧붙여 다른 업무를 하게 하는 것이다. 이것은 연장 근무에 해당하다. 그런 다음 그들이 활동하는 비정상적인 압력을 참작하면서 그들이 핵심 직위에서 얼마나 잘 수행할 수 있는지 평가한다.
- 직무 순환. 일정한 기간 동안 다른 업무 또는 일련의 업무들을 수행하는 직무 순환을 통해서 핵심 직위를 승계할 후보자들을 개발한다.
- 퇴직자. 직무에서 증명된 성공 경력이 있는 개인들이 일시적 혹은 영구적으로 중요한 위치에 복귀하는 것이다. 이것은 앞으로 중요한 관심의 초점이 될 것이다.[40]

승계 계획 및 관리와 연관된 이러한 접근법들을 소개하는 이유는 승계와 관련된 즉각적 필요에 대처할 수 있는 방법들이 여러 가지가 있다는 것을 알려주기 위함이다. 그렇지만 인재가 조직 내에서 준비되고 있다는 것을 보장하기 위해서는 지속적이고 체계적인 프로그램이 필요하다. 조직에서 의사 결정자를 설득하기 위한 초기 시도를 위해 〈부록〉에 제시된 자주 제기되는 질문(Frequently Asked Questions, FAQs)을 활용해 보라.

요약

이 장은 "시간에 따른 핵심 인력의 개발, 대체, 전략적 이용을 통해 조직, 사업부, 부서, 업무 그룹의 지속적이고 효과적인 성과를 보장하는 계획된 노력"으로 정의되는 승계 계획 및 관리(Succession Planning and Management, SP&M)의 6가지 인상적인 사례로 시작되었다. 승계 계획 및 관리 프로그램은 "기업의 핵심 직위의 리더십 연속성을 보장하고, 미래를 위한 지적 자본을 유지 개발하며, 개인의 발전을 고무하는 계획적이고 체계적인 노력"으로 정의되었다. 승계 계획 및 관리는 미리 대책을 강구하는 것이며, 위기 관리의 한 형태인 한정적이고 순응적인 대체 계획과 혼동해서는 안 된다.

승계 계획 및 관리의 중요성은 다음과 같다. (1) 기업의 지속적인 생존은 적시 적소에 적합한 인력을 보유하는 것에 달려 있다. (2) 조직에서 최근의 경제적 리스트럭처링 노력의 결과로, 내부에서 최고위층으로 승진할 수 있는 기회가 더욱 줄어들었다. (3) 승계 계획 및 관리는 조직에서 다양성과 다문화주의를 권장하고, 관리자에 의한 "동질적인 사회적 특성을 가진 인력의 재창출(복제)"을 회피하기 위해 필요하다. (4) 승계는 경력 경로를 공유하고, 개발 및 훈련 계획을 수립하며, 경력 경로와 개인의 직무 이동을 확립하고, 상향 및 수평적인 의사 소통과 보다 포괄적인 인력 계획 시스템을 창출하는 기반을 형성한다.

조직들은 여러 가지 이유로 체계적인 승계 계획 및 관리 프로그램을 주창한다. 2004년 저자의 연구에 의하면 가장 중요한 세 가지 이유는 다음과 같다.

- 조직의 전략적 사업 계획을 이행하는 데 기여하기 위해.
- 필요한 훈련, 직원 교육, 직원 개발을 위한 수단으로서 '대체 필요성'을 파악하기 위해.
- 승진 가능한 직원 인재 풀을 확장하기 위해.

승계 계획 및 관리에 대한 방법은 방향, 시기, 계획, 범위, 유포의 정도, 개인 재량의 크기에 의해 구분될 수 있다. 승계의 필요성은 전통적 및 대안적 방법을 통해 만족될 수 있다. 승계 계획 및 관리는 전략 계획, 인력 계획, 인력 개발 계획 및 다른 조직의 계획과 연계되고 그것을 지원해야 한다.

02

승계 계획 및 관리에 영향을 미치는 트렌드

　승계 계획 및 관리(SP&M)는 점점 더 증가하는 역동적 조직 환경의 변화에 맞춰 수행되어야 한다.[1] 조직들은 능동적이든 수동적이든 그들의 외부적 환경에서 일어나는 변화에 반응하고 있다. 레이브먼(Leibman)의 설명처럼, "글로벌 경쟁과 비즈니스 불연속성으로 가득 찬 오늘날의 역동적인 환경은 승계 계획이 번성할 수밖에 없는 경쟁의 장이 되고 있다. 이는 주도적인 방향 설정을 요구하며, 승계 관리 그리고 계속되는 통합적 프로세스에 대한 강조가 특징이다."[2] 레이브먼에게 승계 관리는 승계 계획보다 더욱 능동적인 것이며 조직의 전략과 연계되어 있고, 조직 환경의 빠른 변화를 감당할 수 있을 만큼 반응적으로 이루어져야 하는 것이다. 이는 매우 정확한 견해이다. 승계 계획 및 관리가 효율적이려면, 승계 계획 및 관리 프로그램은 반드시 단순히 반응하는 것만이 아니라 점진적으로 역동적인 기업 환경에 의해 만들어진 변화를 예측할 수 있어야 한다. 많은 트렌드들이 미래의 기업과 인력을 움직인다.[3]

1. 기술의 변화
2. 글로벌화의 증가
3. 지속적인 비용 압박
4. 시장 변화의 속도 증가
5. 지식 자본 중요성의 증가
6. 변화의 비율과 규모의 증가

이러한 트렌드들은 관리자에게 새로운 역할을 요구하며, 인사 실무자에게 새롭고 더욱 전략적인 역할을 요구한다.[4] 이러한 트렌드들은 앞으로의 승계 계획 및 관리에 영향을 미치며, 조직의 사업 경영과 트렌드 대응에 도움이 되기 위해 효과적인 승계 계획 및 관리 프로그램이 만들어지는 것이다.

이 장에서는 승계 계획 및 관리에 영향을 미치는 주요 트렌드들을 살펴본다. 이 장은 변화와 트렌드 요인에 대해 생각해 보는 활동들로 시작한다. "어떤 트렌드가 승계 계획 및 관리에 영향을 주는가?"라는 질문에 대답하는 데 초점을 맞춘다. 이 장에서는 승계 계획 및 관리에 영향을 미치는 주된 10가지 트렌드가 소개된다.

1. 속도에 대한 니즈
2. 기술에 대한 판매자 우위의 시장
3. 기업(조직)에 대한 직원들의 충성도 감소
4. 지적 자본과 지식 관리의 중요성
5. 가치와 역량의 중요성
6. 승계를 보조하는 소프트웨어의 증가
7. 이사회의 적극적인 관여 증가
8. 세계적으로 승계에 대한 유사성과 차이점에 대한 인식의 증가

9. 특정 영역(정부, 비영리 단체, 교육기관, 중소 및 가족 기업)에서의 승계 계획의 유사성과 차이점에 대한 인식 증가
10. CEO 승계 같은 특별한 문제 다루기

이 장의 후반부에서는 이러한 트렌드들이 승계 계획 및 관리에 무엇을 의미하는지를 제시한다.

먼저, 조직의 SP&M 운용에 대해 점수를 매겨 보자.

예시 2-1에 나타나는 평가 설문지를 작성해 보자. 작성된 설문지의 점수를 계산한 후 이 장을 계속해서 읽어 보라.

예시 2-1 평가 설문지 : 당신의 조직은 승계 계획 및 관리에 영향을 끼치는 트렌드들을 얼마나 잘 관리하고 있는가?

지시 : 이 설문지를 이용하여 당신의 조직이 승계 계획 및 관리에 영향을 주는 핵심 트렌드의 결과를 얼마나 잘 관리하고 있는지 당신의 생각을 정리해 보십시오. 아래의 왼쪽 행에 나열된 각 항목별로 SP&M에 영향을 끼칠 수 있는 트렌드에 대응하기 위해 당신의 조직이 얼마나 준비를 잘 갖추었다고 생각하는지 평가해 보십시오.

다음의 평가 척도를 이용하여 설문지를 작성하십시오.

1 = SP&M에 영향을 주는 트렌드들의 영향에 대한 관리 준비가 전혀 없다.
2 = SP&M에 영향을 주는 트렌드들의 영향에 대한 관리 준비를 매우 못하고 있다.
3 = SP&M에 영향을 주는 트렌드들의 영향에 대한 관리 준비를 못하고 있는 편이다.
4 = SP&M에 영향을 주는 트렌드들의 영향에 대한 관리 준비를 아주 약간 하고 있다.
5 = SP&M에 영향을 주는 트렌드들의 영향에 대한 관리 준비를 하고 있는 편이다.
6 = SP&M에 영향을 주는 트렌드들의 영향에 대한 관리 준비를 잘하고 있다.

7 = SP&M에 영향을 주는 트렌드들의 영향에 대한 관리 준비를 매우 잘하고 있다.

원한다면, 당신 조직의 의사 결정자들에게 이 평가 설문지를 작성해 줄 것을 요청해 보십시오. 결과를 취합하여, 의사 결정자들이 종합적인 견해를 살펴볼 수 있도록 결과를 알려주십시오.

설문지

트렌드	당신의 조직은 SP&M에 영향을 주는 핵심 트렌드의 영향을 얼마나 잘 관리하고 있는가?						
	전혀 준비가 안 되어 있다.					준비를 매우 잘하고 있다.	
	1	2	3	4	5	6	7
1. 속도에 대한 니즈	1	2	3	4	5	6	7
2. 기술에 대한 판매자 시장	1	2	3	4	5	6	7
3. 기업(조직)에 대한 직원들의 충성도 감소	1	2	3	4	5	6	7
4. 지적 자본과 지식 관리의 중요성	1	2	3	4	5	6	7
5. 가치와 역량의 중요성	1	2	3	4	5	6	7

점수
위 행의 전체를 더해서 오른쪽 박스에 합계를 적으십시오

점수에 대한 해석
만일 점수가 19 이하라면, 당신의 조직은 승계 계획 및 관리에 영향을 주는 핵심 트렌드들에 대한 관리 준비를 못하고 있는 것입니다.

10가지 주요 트렌드

| 트렌드1 : 속도에 대한 니즈 |

시간은 핵심적인 전략적 자원으로 부각되고 있다.[5] 의심스럽다면, 오늘날 기업들에서 사이클 타임의 감축이라는 말이 얼마나 많이 쓰이고 있는지를 생각해 보라. 아울러 컴퓨터에서 처리 시간 속도가 얼마나 빨리 향상되고 있는지 생각하라. 결과를 얻는 데 소요되는 시간을 줄이는 것은 그 자체가 하나의 목적으로 간주된다. 이것은 다음과 같은 것들을 포함한다.

- 기초 연구를 응용 연구로 전환시키기 위한 더 빠른 방법을 찾는다. 그래서 새로운 상품과 서비스를 창출하고, 그에 따라 생산 혹은 서비스 전달에서 경쟁자를 물리친다.
- 새로운 시장에 더 빨리 진입한다.
- 프로세스 향상을 통해 생산 과정에서 불필요하거나 여분의 단계를 줄인다.
- 적시 공급 생산(just-in-time) 방식을 통해, 생산에서 원료 대기와 사용 사이의 시간 대응을 줄임으로써 재고 유지 비용을 절감한다.

속도는 앞으로 더욱 중요해질 것이다. 시간에 대한 민감함은 인적 자원(HR) 분야에도 영향을 미치고 있다. 많은 기업들은 다음과 같은 것을 처리하는 데 얼마나 시간이 소요되는지 알아보기 위해 통계를 활용한다.[6]

- 해당 직위의 필요성
- 공석의 모집과 채용
- 즉각적인 필요 혹은 동시적 성과를 만족시키기 위한 인재 탐색
- 사람들의 교육

지금보다 안정적이었던 시기에는 해당 직위의 필요성 확인부터 충원까지, 혹은 우수한 인재의 선택에서부터 훈련, 그리고 그가 완전한 생산성을 실현할 때까지 오랜 리드 타임을 주는 것이 허용되었을지도 모른다. 그러나 안정된 시대는 지났다. 시간은 쉽게 낭비되는 자원이며, 사람들은 가능한 한 빨리 보다 생산적이 될 수 있는 방법을 찾고 있다.

| 트렌드 2 : 기술에 대한 판매자 우위의 시장 |

미국에서 고용주들은 세계의 다른 곳에서와 마찬가지로 충분한 노동력을 당연한 것으로 받아들였다. 많은 관리자들은 아직도, 만일 그들의 조직이 충분한 임금을 지급할 수만 있다면 어느 위치이고 필요한 만큼 사람들을 항상 찾을 수 있다고 생각한다. 그렇지만 그러한 가정은 더 이상 타당하지 않다.

첫째, 인구가 노령화하고 있다.[7] 신입사원 연령의 인력들이 점차 줄어들고 있기 때문에 조직 피라미드의 하부를 차지하는 신입 직원들이 적어지고 있다. 이들 새로운 인력들은 이전 세대와는 다른 노동 윤리와 가치관을 가지고 있다. 많은 이들이 일과 개인 생활의 균형을 소중하게 여기고 있는데, 그것은 오늘날 많은 조직들의 격렬한 속도와는 어울리지 않는다. 따라서 많은 조직에서는 관리자들의 평균 업무 시간이 증가하고 있는 추세이다.[8]

둘째, 더 많은 사람들이 전통적인 퇴직 연령에 도달하고 있다. 전통적으로 가장 나이 많은 그룹인 선임 관리자들이 관대한 퇴직 계획을 이용하면서 이는 리더십 부재로 이어지게 될 것이다.[9] 그렇지만 다른 조직들은 앞으로 사람들이 전통적인 연령에 퇴직할 것이라는 가정은 잊지 않을 것이라고 경고하고 있다. 왜냐하면 퇴직 계획과 다른 혜택들이 예전보다 덜 안전하기 때문이다.[10]

셋째, 최근까지 미국 경제는 역사상 가장 오랜 기간의 폭넓은 성장을 해왔다. 많은 집단들이 이러한 성장의 혜택을 입었다. 부자는 더욱 부유해지고 가난한 사람은 더욱 가난해지고 있다는 의견이 있을 수도 있지만[11], (적어도 이 책이 인쇄에 넘겨진 시점에는) 실제로 직장을 원하는 모든 미국인은 어딘가에서 직장을 찾을 수 있다는 것 또한 사실이다. 이는 노동자들이 어디서 일할 것인지에 대해서 선택적일 수 있는 여유가 있다는 것, 즉 숙련자를 위한 노동력의 판매자 우위의 시장을 만들고 있다는 것이다.

그 결과, 많은 미국 기업이 이직을 줄이기 위한 보유 프로그램을 마련해 왔다.[12] 1990년대 많은 조직들이 급여와 수당 비용을 삭감하기 위해 다운사이징, 강제 퇴직, 직원 인수, 조기 퇴직 프로그램을 통해 직원 감축 계획을 실행했음을 생각할 때 이는 이율배반적이다. 그러나 급격한 시장 변화와 기업 합병, 인수, 경영권 취득 결과로 다운사이징이 계속되는 반면에, 조직에서 많은 의사 결정자들은 이제 인재를 끌어들이고 유지하는 방법을 찾아 나서고 있다. 정보 기술 업무에서 특히 그러한데, 이러한 추세에 따라 노동력 부족이 미래의 인수 합병에 견인차가 될 것으로 생각된다.

이러한 노동자 시장에 대한 태도 변화는 사람들에게 긍정적인 방식으로 관심을 모으고 있다. 승계 계획 및 관리 프로그램은 물론 그러한 방식의 하나다. 재창출된 경력 계획과 개발은 그와 관련된 또 다른 방식이다.

| 트렌드 3 : 기업(조직)에 대한 직원들의 충성도 감소 |

한 회사에서 직업을 얻으면 퇴직할 때까지 그 회사와 함께 한다고 믿었던 때가 있었다. 고용이 안정되어 있다는 것은 채용 면접을 할 때 장점으로 생각되었다. 마찬가지로 고용주들도 직장을 제시할 때 노동자와의 장기간 관계를 가정했다. 심지어 성과가 형편없는 사람들도 용인되었고, 고용주들에 대한 직원들의 신뢰감과 안정성을 보존하기 위해 방해가 되지 않도록 이따금 한직으로 옮겨졌다.

물론 이것은 더 이상 현실이 아니다. 1990년대 다운사이징으로 인한 한 가지 결과는 고용주들이 고용 계약을 변경했다는 점이다.[13] 경쟁 조건이 더욱 격심해짐에 따라, 조직의 안정성이 점차 떨어졌다. 더 이상 고용주들은 직원들에게 장기적인 약속을 하지 않는다.

이러한 변화의 유산은 직원들이 특히 봉급, 직책, 개발 기회, 수당 등 단기적인 이득에 더 많은 관심을 가지게 되었다는 점이다. 그들은 좋은 성과에 즉각적인 보상을 바란다. 왜냐하면 그들은 조직이 현재의 어려운 업무를 수행한 것에 대해 미래에 보상해 줄 것이라는 것을 믿지 않기 때문이다.[14] 그들은 미래의 만족을 위해 너그러움을 보이기보다는 즉각적인 만족을 요구하는 쪽으로 변했다. 고용 계약에서의 이러한 변화가 전통적인 승계 계획 및 관리에 시사하는 바가 크다. 직원들은 더 이상 고용주들이 미래에 보상을 더 많이 해 줄 것이라는 약속을 실행할지 믿을 수 없다. 그리고 그러한 태도 때문에 고용주들도 더 이상 고성과 잠재 인력 혹은 고성취자들이 보상, 승진, 혹은 전문적 개발을 받기 전에는 오랫동안 꾸준히 일하리라고 기대할 수 없다.

속도는 이제 조직의 다른 측면을 관리하는 것만큼이나 승계 문제를 관리하는 데 있어서도 중요하다. 만일 관리자들이 재빨리 그것을 파악하고 즉각적인 보상과 개발 기회를 주지 않는다면, 소중한 인재를 잃게 될 가능성이 있다는 것을 염두에 두고 관리해야 한다.[15]

| 트렌드 4 : 지적 자본과 지식 관리의 중요성 |

'지적 자본'은 적어도 한편으로 조직 노동력의 집합적인 경제 가치라고 이해될 수 있다.[16] 지적 자본의 효과적인 활용이 '지식 경영'이다.[17] 중요하게 강조되어야 할 것은 의사 결정의 속도가 조직의 환경과 운영에서 두드러짐에 따라 지적 자본의 가치도 커졌다는 점이다. 지적 자본은 얼마나 빨리 그리고 효과적으로 고객에게 서비스를 제공하는지를 아는 직원이 매우 필수적이기 때문이다. 이것은 보다 향상된 지식 경영을 요구한다.

토지, 자본, 정보는 다른 원천으로부터 쉽게 얻어질 수 있지만 — 경우에 따라 리스, 아웃소싱, 혹은 구입할 수도 있으므로 — 조직의 노동력은 핵심 자산인 고객을 응대하기 위해 무엇을 하고 어떻게 하는지 아는 사람들이 없다면, 어떤 조직도 계속해서 기능할 수 없다. 내가 강의 시간에 학생들에게 사용하기 좋아하는 예가 있다. 나는 학생들에게 이러한 질문을 한다. 교수, 운영진, 교직원, 그리고 학생이 없는 대학의 모습은 어떨 것인가? 답은 대학에 소모성의 자원들, 즉 토지, 건물, 시설, 그리고 자본밖에 남지 않을 것이라는 것이다. 사람 없이는 교수, 연구 그리고 서비스라는 대학의 사명을 달성할 방법은 없다.

동일한 원리가 비즈니스 조직에도 적용된다. 전통적인 관리자들은 사람들을 사업 운영에 투입되는 비용으로 보겠지만, 생각 있는 리더들은 사람들이 경쟁적인 환경에서 정말로 중요한 유일한 자산임을 깨닫고 있다. 사람이 새로운 상품과 서비스를 생각해 낸다. 사람들은 기초적인 연구에서부터 응용 연구의 상업화로 도출되는 결과물을 만들어 낸다. 사람이 기술적인 진보를 제안하고 그러한 진보를 이용해 생산성과 품질 향상을 이끌어 낸다. 사람이 고객을 응대하고, 상품을 만들며, 그것을 고객에게 배송하고, 값을 청구하며, 수익을 내고, 조직의 자원을 관리한다. 사람들이 없다면, 경쟁 게임에서 지게 될 것이 분명하다. 불행히도 이는 급속한 기술 향상으로 사람들이 두려움을 느낄 때 너무나 쉽게 잊어버리게 되는 교훈이다. 물론 인상적인 기술 향상은 사람들이 그것을 이용하지 않으면 아무 쓸모가 없다.

지적 자본과 지식 관리의 시사점은 승계 계획 및 관리에 매우 중요하다. 어떤 면에서 승계 계획 및 관리는 목표에 이르는 수단이다. 이는 지적 자본이 적절하게 이용되고, 유지되고, 개발되고, 보호되는 것을 보장하는 지식 관리의 수단이다.

| 트렌드 5 : 가치와 역량의 중요성 |

사람들은 그들의 리더에게 높은 기대를 가지고 있다. 이러한 기대는 앞으로도 줄어들 것 같지 않다. 사람들은 성과를 얻고 동시에 적합한 윤리 모델을 만들 수 있는 리더를 원한다. 이러한 이유에서 가치와 역량은 조직의 성공에 결정적인 것으로 부각되고 있다.

다음 장에서 정의하겠지만, 가치는 깊게 간직된 신념을 의미하는 것으로 이해될 수 있다. 미국, 일본, 중국 정부, 그리고 많은 조직에서 사람들의 이목을 집중시켰던 스캔들의 영향으로, 가치관은 조직에서 중요한 핵심 사안으로 등장했다. 예를 들어 많은 다국적 기업들은 하나의 기업 우산 아래에서 국제적으로 존중되는 핵심 가치를 확립함으로써 문화적 차이를 해결하려고 노력해 왔다.[18]

많은 다른 정의들이 있지만[19] 역량 또한 경영의 의사 결정, 인적 자원[20] 실제 승계 계획 및 관리 프로그램 관리에 핵심 요소로 대두되었다. 가치관은 리더십이 발휘되고 업무가 수행되는 방법에 대한 도덕적 차원을 나타낸다.[21] 역량은 고성과자와 평균 혹은 평균 이하의 성과를 내는 사람 간에 구별되는 특징으로 설명될 수 있다. 업무 활동 또는 과업보다 더욱 유연한 역량 모델은 승계 계획 노력을 이어주는 접착제 역할을 한다. 역량 모델의 이용은 전통과 최신 승계 계획 및 관리 프로그램을 구별해 주는 특징이다. 역동적인 업무와 전통적 조직 형태의 변화에 따라서, 특정한 직위 또는 직무에 어떠한 성과가 기대되는지 설명하는 방법이 분명히 있어야 한다. 역량 모델은 그러한 유연함을 제공하는 이점이 있다.

| 트렌드 6 : 승계를 보조하는 소프트웨어의 증가 |

때때로 인재 관리, 인재 개발, 또는 인적 자원 소프트웨어라는 다른 이름으로 불리기는 하지만, 승계 계획 및 관리를 지원하는 많은 소프트웨어들이 개발되어 있다. 이는 축복이면서 저주이다. 축복의 의미라는 것은, 잘 만들어지고 적용되면 지리적으로 분산되어 있는 사람들을 참여시킬 수 있게 하는 것이 소프트웨어이기 때문이다. 소프트웨어는 다음의 의사 결정을 수월하게 할 수 있다. 이는 역량 식별을 위한 의사 결정, 가치 명확화, 360도 평가, 개인 개발 계획, 역량을 구축하고(그에 따라 개발 격차를 줄여준다), 개인 향상을 추적하며(그래서 책임을 장려한다), 개인들의 향상을 측정하는 데까지 도움을 주는 개발 자원의 확인, 그리고 직속상사에 의해 제공되는 지원 등이다.

그러나 이는 저주가 될 수도 있다. 왜냐하면 어떤 사람들은 기술 솔루션을 구입할 때 승계 문제에 관한 해결책까지 구입한다고 믿기 때문이다. 그들은 소프트웨어가 이미 만들어져 선반에 놓인, 만사형통의 역량 모델을 제공할 것이라고 생각한다. 360도 평가, 개인 개발 계획, 추적 시스템, 인력 개발 방법도 마찬가지다. 물론 이것은 사실이 아니다. 기술은 빈 유리잔과 같다. 실무자들과 선임 관리자들은 유리잔을 채우는 책임을 면할 수 없다. 그들의 기업에 맞는 역량, 개인 향상의 관찰, 실시간 모니터링과 코칭의 제공, 그리고 기술에 담긴 것 이상을 제시해야 한다. 요컨대 기술은 업무를 쉽게 할 수는 있지만, 그것을 없애지는 못한다(12장에서는 승계 계획 및 관리에 대한 온라인 기술 응용과 관련된 독특한 문제를 설명한다).

| 트렌드 7 : 이사회의 적극적인 관여 증가 |

이사회는 승계 계획 및 관리에서 보다 적극적인 역할을 맡기 시작했다. 한 가지 근거는 2002년 사베인스 옥슬리 법(Sarbanes-Oxley Act)이다. 이 법의 결정적인 영향력은 기업 운영에서 이사회의 책임을 증대시키는 것이다. 그리고 CEO에 적합한 후계자를 찾는 것도 기업 이사회가 끊임없이 해결해야 하는 중요한 사안이다.[22]

예시 2-2 2002년 사베인스 옥슬리 법

2002년 사베인스 옥슬리 법은 폭넓은 변화를 주도하며 기업 세계를 휩쓸었다.[1] 엔론(Enron)에서 시작된 스캔들로 인해 도입된 사베인스 옥슬리 법은 승계 문제에 영향을 주었고, 기업 이사회가 승계 문제에 더욱 적극적인 역할을 맡는 계기가 되었다. 또한 이사에게 개인 대출의 인정 또는 기업 이사회가 재무적 사안을 협의하는 동안 CEO가 방에 있도록 허락하는 일과 같이, 과거에 주요 이사들을 위해 유지 전략으로 간주되던 관행들을 금지했다.[2] 사베인스 옥슬리 법은 또한 기업 행위 법률에 대한 실질적인 효과를 높였으며, 기업 무대에서 윤리 프로그램을 강화했다. 한 가지 지표로서 "윤리 책임자 연합, 매사추세츠 주 월섬을 기반으로 하는 '윤리, 협력, 기업 행위 프로그램' 관리자 조직은 작년 이후 회원이 25퍼센트 이상 증가되었다"[3]

1. Steven C. Hall, "Sarbanes Oxley Act of 2002," Journal of Financial Service Professionals 57:5 (2003), 14.
2. Dale Buss, "Corporate Compasses," HR Magazine 49:6 (2004), 127-128, 130, 132; Robert. J. Grossman, "HR on the Board," HR Magazine 49:6 (2004), 56-63.
3. Buss, "Corporate Compasses," p. 128.

| 트렌드 8 : 전 세계적으로 승계에 대한 유사성과 차이점에 대한 인식의 증가 |

모든 문에 맞는 열쇠는 없다. 그리고 이것은 승계 계획에도 동일하게 적용된다. 하지만 불행히도 일부 다국적 기업들은 이를 인식하지 못하고 있다. 다국적 기업에서 사용되는 가장 흔한 시나리오는 유럽이나 미국 또는 일본 기업의 본부에서 승계 계획의 지침을 마련해서 전 세계적으로 적용하는 일이다. 세계는 넓고 국가적, 문화적 차이가 효과적인 승계 계획에 중요한 역할을 한다는 사실을 잊은 것이다. 그 결과 어떠한 방법으로 접근하더라도 단지 부분적으로만 효용이 있는 프로그램이 되고 만다. 영어로 출간된 문헌만을 검색한 결과 유럽[23], 미국[24], 아시아[25], 그리고 중동[26], 뉴질랜드[27]에서 출간물을 찾을 수 있었다. 중국에서 히키(Hickey)가 연구한 결과처럼 체계적 승계 계획에 대한 지속적인 무관심은 다국적 기업의 현지화를 위한 현지 직원들의 성장과 경력 개발 저하를 초래하는 것 같다.[28] 불행하게도 전 세계 많은 다른 지역에서도 마찬가지라고 할 수 있다.

전 세계에서 공통적으로 나타나는 문제점은 무엇인가? 전형적인 문제점과 그 원인은 다음과 같다.

- 미국 기업은 일반적으로 자신이 수행한 것에 대한 공적을 요구할 줄 아는 개인주의자들을 높이 평가한다. 하지만 이는 도드라지면 잘라 버린다는 오랜 중국의 격언이 통하는 다른 문화에서는 적용되지 않는다. 한마디로 문화적인 차이가 참작되어야 한다는 것이다. 개인주의가 예우를 받는 곳에서는 개인의 노

력이 예우를 받고, 반면에 팀의 노력이 더 예우를 받는 집단주의적인 문화에서는 그룹 또는 팀에 개인이 영향을 미치려는 노력과 능력이 규명되고 보상되는 문화적인 차이가 있다는 것이 인정되어야 한다.
- 일부 유럽 기업과 일부 개발도상국 기업들은 집안의 전통을 높이 평가한다. 귀족주의라는 유럽의 전통에서 기인한 이러한 원칙은 "모든 사람이 평등하게 창조된 것은 아니다."라는 사실을 의미한다. 조지 오웰(Geroge Orwell)이 『동물 농장』(Animal Farm)에서 지적했듯이, 일부 사람들에게는 출생 집안, 사회 경제적 지위, 출신 학교, 학연·지연에 의한 사회적 네트워크가 "다른 사람들보다 더 평등하다."는 것을 의미하고, 이것은 한마디로 집안이 바로 선임 이사가 되는 길이라는 것을 의미한다. 다른 국가에서는 기업 리더들이 어떤 것을 원한다고 해도 상관없다. 왜냐하면 그것이 바로 그 지역에서 일이 이루어지는 방식이기 때문이다.

만일 보편적 접근법이 전 세계적으로 적용되지 않는다고 한다면, 어떤 방법이 유효할까? 대답은 간단한 해법이 없다는 것이다. 목표는 기업 본부에서 수립할 것이다. 하지만 방법이 효과적이려면, 기업의 리더들은 지역 리더들이 목표에 의견을 개진하고 (가장 앞선 방법을 가지고 있는) 서구 국가의 초우량 사례들을 참고하여 (가장 중요한 것으로) 그러한 실례에서 어떤 결과가 얻어지는 것이 가장 좋은지를 들을 수 있는 기회를 만들어야 한다. 그래서 지역 리더들이 이러한 회의에 참여하여 그들의 문화에서 실제 운용되는 고용법에 맞게 지역적 방법을 '창출'해야 한다.

사실상 그러한 방법에는 시간, 자원, 인내, 힘든 업무가 필요하다. 그렇지만 결국에 그 방법은 "세계적인 목표"를 이끌어내고 "그러한 목표를 달성하기 위해 지역적 방법을 이용한다."는 장점이 있다.

다른 방안은 많은 기업들이 하는 것처럼 하면서 단순히 기업 본사에서 온 "내용을 그대로 적용하는 것"이다. 지역 사람들은 기업의 리더가 지역적인 문화, 지역의 현실, 그리고 심지어는 그 지역의 노동법에 대해서 아는 것이 없다는 사실에 대해 놀라움과 경이로움을 느끼게 될 것이다. 이는 리더에 대한 신뢰성을 깎아내리게 될 것이다. 세계화가 점차 큰 영향을 끼치면서 이러한 하나의 규격으로 모든 것에 대처하는 방식의 접근 방법은 비즈니스 사례에서 점차적으로 밀려나게 될 것이다. 급속히 발전하는 기술로 화상 회의와 실시간 온라인 논의가 가능해져 아이디어와 방법들을 개진하는 시대에는 특히 그러하다.

| 트렌드 9 : 특정 영역 (정부, 비영리 단체, 교육기관, 소기업 및 가족 기업)에서의 승계 계획의 유사성과 차이점에 대한 인식의 증가 |

하나의 승계 계획 및 관리 프로그램이 국제적으로 모두에게 맞는 것이 아닌 것처럼, 승계 계획 및 관리에 대한 하나의 방법이 모든 현장에 적용되지는 않는다. 기업체, 정부, 비영리 영역을 통틀어 효과적인 승계 계획 및 관리 프로그램에는 많은 유사점이 있지만, 일부 중요한 차이점도 있다. 교육 기관, 소기업, 가족 기업 등도 마찬가지이다

정부(미국 정부)

미국의 비즈니스와 정부기관의 승계 계획 및 관리 프로그램 사이에는 두 가지 핵심적인 차이가 있다(그리고 정부 단위는 국제, 연방, 주, 시, 군 등 다른 정부 단체 등으로 다르다는 것을 지적해야겠다).

첫 번째 차이점은 어떤 정부기관은 경쟁적인 공채를 거치지 않고 직위를 채울 개인을 지명하는 것을 법으로 금지하는 정책을 가지고 있다는 것이다. 법에 의하면, 모든 공석은 공고를 통해 모집되어야 한다. 그러고 나서 개인의 자질을 직무 기술에 적힌 내용과 비교하여 순위를 매긴다. 이러한 방법을 일반적으로 설명하자면, 정부 기관이 개발을 원하는 사람들에게만 개발 기회를 줄 수는 없다는 것이다. 이 방법은 때때로 '인재 풀 접근법'이라고 불린다. 그러나 이런 방법은 사전에 개별 승계자를

식별한다는 것이 불가능하다.

두 번째 차이점은 누가 핵심 고객으로 간주되는가와 관계가 있다. 사기업에서는 CEO가 단일적으로 가장 중요한 고객으로 간주된다. 그렇지만 어떤 정부기관은, 기관 수장의 경우 선출되어서 임기 동안만 그들의 업무를 수행하는 정치적으로 임명된 사람이다. 쉽게 말하면 승계 계획 및 관리 프로그램의 가장 중요한 고객은 정권이 바뀔 때마다 교체되지 않는 공무원일 것이다. 그들은 조직에 대한 총체적인 조직적 지혜를 가지고 있다. 그리고 그들은 정부기관의 승계 계획 및 관리 프로그램의 운영에 필요한 도움을 줄 수 있는 영향력 있는 사람을 설득할 수 있다. 많은 경우 정부 승계 프로그램은 '인력 계획'(workforce planning) 혹은 '인적 자본 관리'(human capital management initiative)라고 불린다.[29]

비영리 단체

비영리 기관들은 기업이나 정부와 공통점을 가지고 있다. 이러한 이유로 비영리 단체의 효과적인 승계 계획 및 관리 프로그램은 사기업과 공공기관에서 운영되는 것을 합쳐 놓은 것이 될 가능성이 많다. 성공을 위해서 대부분의 상위 리더들이 승계 프로그램에 대한 지원을 아끼지 말아야 하며 이는 사기업의 승계 계획 및 관리 프로그램과 유사하다. 그렇지만 조직에서 경력을 쌓고 훌륭한 사명에 헌신하는 열정적인 지도자들도 그러한 노력을 지지해야 한다. 이런 면에서 비영리 조직의 승계 계획 및 관리 프로그램은 정부기관의 프로그램과 유사하다.

교육기관

교육기관도 정부 단위처럼 형태에 따라 매우 다양하다. 여기에서도 마찬가지로 모든 기관에 맞는 한 가지 승계 계획 및 관리 프로그램은 없다. 한 지방 학교에서 잘 운영되는 시스템이 세계적으로 유명한 대학에는 적용되지 않을 수 있다.[30] 그러나 대규모 대학들에서 만일 학과장에서 학장으로, 학장에서 분교장이나 학생처장으로,

혹은 분교장이나 학생처장에서 총장으로 승진하려면 많은 사람들이 상위의 다른 교육기관으로 옮겨가야 한다는 점에서 교육기관의 승계 계획 및 관리는 독특하다. 따라서 승계 계획 및 관리에 드는 노력의 수혜가 자신들의 기관에 돌아가는 것이 아니라 다른 기관에 돌아가는 경우가 많기 때문에, 한 교육기관이 미래의 인재를 식별하고 육성하는데 들이는 노력을 정당화하는 것이 어렵다(반면에 관할 학군의 경우 교장과 비슷한 다른 지위들이 많이 있기 때문에, 교장이 될 사람을 육성하는 것이 가능할 수 있다). 이런 어려움이 있기는 하지만 여러 고급 교육기관들이 인재를 육성하는 리더십 개발 프로그램에 많은 노력을 기울이고 있다. 왜냐하면 수많은 대학 교수들과 대학 행정관들이 퇴직 연령에 다다르고 있기 때문이다.

소기업 및 가족 기업

가족 기업이나 소기업에서의 승계 계획은 특별한 주제이다. 많은 사람들이 실제로 그에 대해 저술해 왔다. 그리고 모든 가족 기업이 소기업이 아니며 모든 소기업이 가족 기업이 아니라는 사실 역시 주목해야 한다.[31] 포드(Ford)처럼 일부 유명한 거대 기업은 원래는 가족 기업이었다. 유럽이나 아시아에서 많은 거대 기업들은 본질적으로 가족 왕국을 만들었고 일부는 아직도 그렇다. 미국의 일부 기업도 마찬가지다. 그리고 소기업들은 가족 없이, 아니면 재능은 있지만 연관이 없는 사업가들과의 동업으로 개인들에 의해 시작되었다. 가족 기업은 미국 경제에 대단히 강력한 영향력을 행사한다.[32]

> 새로운 직무의 열에 아홉은 가족 기업에 의해 만들어진다. 그러나 그들이 국가 경제에 미치는 영향에도 불구하고, 대략 셋에 하나만이 다음 세대까지 살아남는다. 3대째까지 성공적으로 내려오는 경우는 고작 10~20퍼센트뿐이다.

가족 기업의 경우 많은 요소로 인해 특별한 승계 문제를 드러낸다. 대개는 부모이며 배우자인 창업 기업가가 사업체를 설립한다. 그러나 창업자가 사라지면 어떤 일이 일어날까? 누가 유산을 유지할까? 어떤 문화에서는 장자상속제가 아직도 매우 분명하며 미국에서도 부분적으로 남아 있다. 장자상속제는 장자가 일순위 후계자가 되어야 한다는 관점이다. 그것은 역사적으로 귀족 칭호가 내려오던 방식에 기초하고 있으며, 가족 승계에서 특별한 문제점을 야기한다. 창업 기업가의 장자가 사업을 운영하는 기술, 비전, 동기가 가장 뛰어날 수도, 그렇지 않을 수도 있기 때문이다.

가족 승계는 그와 관련된 몇 가지 문제를 갖고 있다. 첫째 문제는 경영과 관련된다. 둘째 문제는 세금과 상속 문제이다. 셋째는 법률 문제이다. 넷째는 가족 심리학이라고 불릴 수 있는 것이다. 경영의 문제는 다음의 질문들과 관련이 있다. "창업자가 무대에서 사라질 때 누가 사업 운영의 자질을 가장 잘 갖추고 있는가?" 창업자는 배우자나 장자에게 사업을 남기고 싶을지 모르지만, 그 사람이 사실상 최적이 아닐 수도 있다.

현실적 문제로 가족에 대한 의무와 사업에 대한 의무 간에 충돌이 있을 수 있다. 분별력 있는 창업자는 승계 문제를 반드시 가족에게 유리한 쪽으로 놔두지만은 않을 것이다. 만일 창업자들이 가족을 위주로 생각한다면, 기업을 망칠 수도 있다. 만일 창업자가 갑자기 사망하거나 다친다면, 그리고 기업을 경영하도록 준비된 배우자나 맏아들이 병에 걸린다면 어떻게 될 것인가? 대답은 아마도 파산이거나 매각일 것이다. 그리고 그것은 사업, 직원, 또는 사업이 활동하는 지역 사회를 위해서도 최선이 아니다.

둘째와 셋째 문제는 회계 및 법률 문제와 관련된다. 창업자의 사망 이전에 사업체를 물려주어야 하는가? 이 경우 증여세에 해당한다. 아니면 창업자의 사망 이후에 물려주어야 하는가? 이 경우에는 상속세에 해당한다. 이러한 문제는 유능한 재무 및 회계 전문가가 가장 잘 해결할 수 있다. 이와 동시에 사업체를 물려준다면 합법적으로 행해져야 한다. 유능한 법률 조언을 받아서 쉽게 파기할 수 없는 유언장 혹은 사업에 대한 창업자와의 관계를 명확히 하는 이전 합의서를 작성할 필요가 있다.

넷째와 마지막 문제는 가족 심리학과 관계가 있다. 예를 들어 창업자가 사업체의 지배 지분을 편애하는 한 자녀에게 넘겨주기로 결정했다면, 그에 대한 이유를 창업자의 사망 전에 명확히 해야 하고 재무적인 공평성과 공정성이 바로 해결되어야 한다. 만일 창업자가 한 자녀에게 사업체의 지배 지분을 넘겨주기로 하고 살아 있는 배우자의 자산 청구를 무시한다면, 이 또한 문제이다. 여기서 지적할 점은, 갈등은 모든 당사자들이 살아 있을 때 처리해야 한다는 것이다. 때때로 가족 심리학자의 도움이 필요할 수도 있다. 문제를 무시하는 것은 심각한 문제를 낳을 수 있다. 최악의 경우 창업주의 사망이나 장애시 가족들이 돈을 놓고 끊임없이 심하게 싸우면서 사업체를 정리하게 될 것이다.

트렌드 10 : CEO 승계 같은 특별한 문제 다루기

CEO 승계는 승계와 관련된 문헌에서 주요 테마로 그리고 연구 주제로 대두되어 왔다.[33] 그런 점에서 이것은 승계 결정을 할 때 문화적 차이의 영향, 소기업 승계, 가족 기업 승계와 같은 독특한 승계 문제와 비슷하다. CEO 승계에 대한 특별한 관심은 전혀 놀랄 만한 일이 아니다. 이는 연구, 논쟁, 그리고 투자자들의 관심을 받는 주요한 주제가 되어 왔다. 사실상 그것은 군주가 국가의 공식 수장인 나라에서 왕좌에 대한 승계가 시민들의 관심을 사로잡는 것처럼 관심의 초점이 되어 왔다. 한 국가의 군주와 한 기업 CEO 간의 유사성은 소기업에서 창업 기업가의 후계자에 대해 생각할 때 특히 들어맞는다. CEO의 갑작스런 부재는 사업체에 특히 엄청난 영향을 미칠 수 있다.[34]

전 세계적으로 CEO의 이직률이 증가하면서 CEO 승계는 최근에 특히 관심의 초점이 되었다.[35] 〈파이낸셜 이그제커티브〉(Financial Executive)의 보도에 따르면, CEO 이탈[36]에 대한 연구 결과 다음과 같은 사실이 나타났다.

- 2001년에서 2002년에 사이에 비자발적 CEO 승계가 70퍼센트 이상 증가했다.

- 2002년 세계의 CEO 퇴임 가운데 39퍼센트가 강제로 사임했다. 2001년에는 35퍼센트였다.
- 1995년 이후 CEO 교체는 유럽에서 192퍼센트 증가했으며, 아시아/태평양 지역에서는 140퍼센트, 북아메리카에서는 단지 2퍼센트만이 증가했다.
- 아시아/태평양 지역이 가장 큰 변화(19퍼센트)를 나타냈다. CEO 퇴임 5명 가운데 1명이 아시아/태평양이다.
- 북미가 2002년 전 세계 모든 승계의 48퍼센트만 차지했지만, 2001년에는 훨씬 높은 64퍼센트를 나타냈다.
- 기업 이사회는 CEO 성과에 대한 자신들의 입지를 강화했다. 이사회는 2002년 주주 수익이 지역 조정 평균 중앙값 아래의 6.2퍼센트에 불과하자, CEO들을 내쫓았다. 2001년에는 지역 조정 평균 중앙값 아래의 11.9퍼센트였다.

이러한 결과로부터 끌어낼 수 있는 한 가지 중요한 결론은 조직이 CEO를 선택하고 그들을 적응시키는 방법에 더 많은 관심을 기울여야 한다는 것이다. 실제로 CEO 승계는 계속적으로 관심의 초점이 될 듯하다. 많은 전문가들은 세계에서 변화의 속도와 규모가 계속해서 증대될 것으로 예측하고 있다. 그렇게 되면 기업 이사회는 CEO의 성과에 대해 요구는 많아지면서 실패에 대해서는 덜 관대해지게 될 것 같다. 그래서 아마도 CEO들의 직무 유지 기간이 짧아지는 트렌드가 계속될 것이다.

이 모든 것은 승계 계획 및 관리에 무엇을 의미하는가?

이러한 트렌드들은 승계 계획 및 관리에 무엇을 의미할 것인가? 이 질문에 대한 답변은, 앞으로 효과적이 되려면 승계 계획 및 관리는 속도의 요구[38]에 민감해져야 하고, 기술에 대한 판매자 영향력이 커진 시장에 대응하기 위해 조직의 필요를 개인적 필요에 맞추어야 한다. 또한 승계 계획 및 관리는 개인이나 조직 장기 충성심이 없는 비즈니스 무대에서 효과적으로 작동될 수 있는 방향성을 강조해야 하고, 조직은 지적 자본의 경쟁적인 성공에서 결정적 중요성을 인식하고 배양해야 한다. 또한 기술을 따르는 것이 아닌 기술에 의존해야 하고, 문화, 산업 혹은 경제 영역, 명령 체계의 수준에 따른 독특한 요구에 민감해야 한다.

요약

앞에서 지적했듯이, 승계 계획 및 관리는 점차 증가하는 동적인 조직 환경 변화에 대응해 수행되어야 한다. 이 장에서는 승계 계획 및 관리에 특별한 영향을 끼치는 10가지 핵심 트렌드들을 살펴보았다. 그리고 이러한 트렌드들이 승계 계획 및 관리에 어떤 의미가 있는지에 대해 결론을 제공했다.

다음 장에서는 새로운 현실에 반응하고 조직을 더욱 능동적으로 만드는 승계 계획 및 관리에 대한 새로운 접근 방법을 제안한다.

03 새로운 접근의 필요성

 가장 선진적인 승계 계획 및 관리 프로그램들은 어떤 공통된 특징이 있는가? 다양한 조직이나 다양한 산업 분야에서 어떻게 승계 계획 및 관리를 운영하고 있는지 살펴보는 것은 도움이 된다.

효과적인 프로그램의 특징

 어떤 특징들이 승계 계획 및 관리 프로그램에 효과적인가? 잠시 시간을 내어 이 질문에 대한 대답을 여러 모로 생각해 보라. 그런 다음 그 질문에 대한 당신의 대답을 아래에 제시되는 특징 목록과 비교해 보라(이 목록은 물론 완전한 것이 아니며 정렬도 중요도 순서가 아니다).

- 특징 1 : 최고경영자의 참여와 지원. 최고경영자의 참여와 지원은 매우 중요하다. 그들의 개인적인 참여 및 기업 이사회의 참여는 구성원들에게 동기를 부여하고 경영팀의 다른 구성원들이 승계 계획 프로그램에 시간과 노력을 쏟도록 한다. CEO의 개인적 관심 없이, 승계 계획 및 관리는 현재 상태에 머무를 수밖에 없다
- 특징 2 : 외부 벤치마킹으로 도출된 필요성에 기반한 추진. 리더들이 승계 문제에 대해 조치를 취하여야 할 필요가 있다고 생각하는 조직에 대해 다른 조직들의 초우량 사례들과 비교하는 노력을 기울여야 한다.
- 특징 3 : 집중된 관심. 조직의 리더들은 승계 계획이 그 자체로 우연히 발생하도록 놔두어서는 안 된다. 명확한 승진 가능성과 더불어 개인 개발을 가속화하는 체계적인 노력이 집중되어야 한다. 특히 주의해야 하는 것은 한 단계의 성공적인 성과가 보다 높은 책임 단계에서의 성공을 보장하거나 그 지표가 된다고 가정해서는 안 된다는 것이다
- 특징 4 : 헌신적인 책임감. 만일 어떤 목적이 주목을 받을 만하다면, 누군가는 반드시 그것을 성취할 의무가 있고 그 결과에 책임을 져야 한다. 이는 다른 모든 것들과 마찬가지로 승계 계획 및 관리에도 적용된다.
- 특징 5 : 승계 계획 및 관리의 모든 단계로의 확장. 승계 계획 및 관리는 모든 조직의 계층에 확장되어야 한다. 어떤 조직에서는 대부분의 직위와 가장 낮은 관리 단계에 초점을 두고 있고, 다른 조직에는 비즈니스의 필요(혹은 퇴직으로 인한 손실 위험)가 가장 높은 관리 단계에 초점을 두곤 한다.
- 특징 6 : 체계적인 접근. 승계 계획에 대한 관심은 지속적인 과정이어야 한다.
- 특징 7 : 현재 성과와 미래 잠재성의 비교. 경영 승계는 개인적 정실, 연차, 심지어 입증된 경력 기록의 함수가 되어서는 안 된다. 그보다 조직은 현재 직무 성과와 미래 잠재성을 비교하는 수단을 가지고 있어야 한다. 조직은 최고 단계의 인재를 위해 개인 개발 필요성을 파악해야 한다.

- 특징 8 : 상위 수준의 대체 니즈 명확화. 조직의 리더들은 핵심 임원들의 은퇴 계획을 결정하기 위한 노력을 해야 한다(이 책에서 핵심 직무 현직자는 현재 핵심 지위에서 일하고 있는 개인을 말한다). 이러한 방법으로, 조직은 특정 핵심 지위의 승계를 위한 후보자 개발 기간을 더 정확히 파악할 수 있다.
- 특징 9 : 승계를 확인하고 준비하는 의무. 각 이사들은 승계를 확인하고 준비할 의무와 책임을 져야 한다.
- 특징 10 : 구체적 개발 프로그램의 확립과 수행. 높은 잠재성을 가졌다고 생각되는 개인들은 반드시 어떤 구체적인 것을 약속받지 않더라도 미래를 위해 계획된 개발 프로그램에 참여해야 한다. 이러한 종류의 프로그램은 종종 큰 기업체에서 적용되며 몇 년 이상 연장될 수도 있다.[1] 이런 프로그램은 조직에서 참여자의 수준에 따라 세 단계로 나눌 수 있다. 1단계에는 비교적 많은 수의 높은 잠재력을 가진 직원들의 큰 풀이 있다. 그들은 거의 경험이 없는 직원에서부터 8년 정도의 경험을 가진 직원들로 구성된다. 그들에게 일반적인 경영 기술을 가르친다. 1단계의 인원 중에서 6퍼센트만이 개인의 개발 경험에 맞춘, 집중적인 on-the-job 개발 프로그램과 특화된 과정에 참여하고 중요한 지위에 오른다. 2단계에 오른 사람 중에서 아주 작은 퍼센트의 사람만이 3단계에 오른다. 3단계에서는 보다 상위의 직책을 위해 세심한 훈련을 받으면서 중요한 직책을 맡는다.
- 특징 11 : 고성과 잠재인력 개발 기간 동안 생산성 있는 과제 수행. 경험을 통한 학습이나 액션 러닝을 배제한 채 전통적 집합 교육이나 온라인 훈련 또는 Off-the-job 개발에만 중점을 두어서는 안 된다.[2] 이러한 이유로, 고성과 잠재인력은 개발 프로그램에 참여하는 동안에도 계속 성과를 창출할 것으로 기대된다.
- 특징 12 : 누가, 무엇을, 언제, 어디서, 어떻게, 왜에 익숙하게 하는 개발 프로그램의 개발. 대기업들은 규모가 큰 만큼 교육 훈련에서의 경험이 미래의 리더들에게 조직의 환경에 익숙해질 수 있도록 체계를 잡는다. 그것은 일부 인력 개발 프

로그램의 핵심 강조점이다. 그 결과 참가자들은 기업 문화에 대해 훨씬 더 잘 알게 된다. 누가 무엇을 하고, 언제 그것을 하며, 어디에서 비즈니스와 관련된 활동들이 수행되는지, 그것들은 왜 할 만한 것인지, 그리고 그것들은 어떻게 이루어지는지를 배운다. 이러한 방식으로 내부 인력개발 프로그램은 더 높은 조직 단계에서 성공적인 성과를 내는 데 필수적이며 조직의 독특한 성과 지식, 기술, 능력을 강조한다.

- 특징 13 : 비판적인 질문을 독려하는 발달적 경험. 고성과 잠재인력들을 다루는 최고 경영진들은 종종 일상적으로 업무를 하는 방식에 대한 비판적 질문에 부딪히곤 한다. 비판적인 질문은 최고경영자뿐만 아니라, 고성과 잠재인력들의 창의적 사고를 촉진한다.

- 특징 14 : 차상위 수준 직무로의 단순한 이동 이상의 것을 강조하는 승계 계획. 모범적인 승계 계획 및 관리 프로그램은 단순히 개인을 조직도 상의 한 '박스'에서 더 높은 다음 '박스'로 이동시키는 것 이상을 의미한다. 단순한 이동보다는 다음 직책 이상의 향상을 주도하는 역량 구축을 강조한다. 따라서 그것은 장기적 전략이며, 기업의 사업 목표 및 가치와 조화를 이루는 역량을 구축하곤 한다.

- 특징 15 : 공식적인 멘토링 강조. 경영학 저서들은 개인 개발이 현장을 떠난(off-the-job) 훈련, 교육, 개인 경험보다는 현장(on-the-job) 업무 환경에 의해 더 큰 영향을 받는다는 사실을 인식하면서, 최근 몇 년 동안 멘토링과 코칭에 대한 관심이 증가되어 왔다[3](실제로 개인 개발의 90퍼센트 정도가 업무 중에 일어난다[4]). 멘토 또는 코칭은 개인적인 문제와 징치적 사안을 포함해 업무 환경이 제시하는 도전들에 대처할 수 있는 조언을 제공한다. 멘토링은 개인을 이해하고 의사소통 능력이 있는 감성적이고 직관적인 상급자와 재능 있는 젊은이가 유대감을 형성할 때 일어난다.[5] 멘토는 교사이다. 그들은 자신의 부하 또는 멘토를 받는 사람에게 권위를 행사하는 위치에 있지 않다. 또한 스폰서들처럼 그들을 옹호하고 격려해 주는 사람들도 아니다. 멘토는 일반적으로 제자 혹은 멘티에 의

해 선택된다. 따라서 대부분의 멘토링은 비공식적으로 일어난다. 그렇지만 어떤 조직에서는 공식적인 멘토링 프로그램을 지원하고 있다. 이러한 프로그램에서는 유망한 젊은 직원을 보다 경험 많고 높은 성과를 내는 고참 직원들과 연결시키기 위해 노력한다.

| 다른 특징들 |

여러분의 목록에서는 아마도 효과적인 승계 계획 및 관리 프로그램의 다른 특징들이 나타날 가능성도 있다. 물론 실제로는 '옳거나' '틀린' 특징은 없다. 사실상 성공을 위한 간단한 공식은 없다. 다만 대부분의 좋은 계획과 승계 과정에 필수적인 요소들이 있을 뿐이다.[6]

- 후보자를 규명하는 (일회적이 아닌) 체계적인 방법
- 부서 간의 인적 자원 및 정보 공유
- 최적의 직원을 (붙들어 놓기보다는) 승진시키는 관리자에게 적극적으로 보상하는 리더십
- 단순히 한 가지 분야의 전문가 경로에서 발전하는 것이 아니라 조직 내 여러 직무를 통해 성장하게 하는 경력 경로
- 직원들이 새로운 도전을 할 수 있는 많은 기회
- 회사의 성공에 관심을 가지고 있으며 자신의 성공을 공유하는 직원에 대한 인정

나는 승계 계획 실무에 관한 조사에서, 효과적인 승계 계획 및 관리 프로그램의 특징에 대해 질문했다. 그 조사 결과는 예시 3-1에 나타나 있다. 나는 그 결과를 이용해 예시 3-2에 있는 설문지를 작성했다. 이 설문지를 이용해 당신의 조직에서 SP&M 프로그램에 대한 문제를 평가할 수 있을 것이다.

예시 3-1 효과적인 승계 계획 및 관리 프로그램의 특징들

	효과적인 승계 계획 프로그램의 특징들	당신 조직의 승계 계획 프로그램에는 아래 특징이 있는가?		이 특징이 효과적인 승계 관리 프로그램이 되는 데 얼마나 중요하다고 생각하는가?
	당신의 조직은			전혀 중요하지않다. 매우 중요하다.
		예	아니오	1 2 3 4 5 6 (평균 반응)
A	승계 계획 프로그램이 조직 전략 계획과 연계되는가?	89%	11%	4.89
B	승계 계획 프로그램이 개인 경력 계획과 연계되는가?	56%	44%	4.00
C	승계 계획 프로그램이 교육 훈련 프로그램과 연계되는가?	67%	33%	3.67
D	프로그램 운영(예컨대 매년 대체되는 직위의 수)을 위해 '측정 가능한' 목표들을 세웠는가?	67%	33%	3.67
E	어떤 집단에 우선적으로 프로그램을 적용할 것인지 파악했는가?	33%	67%	3.44
F	프로그램을 운영하기 위해 명문화된 정책 규정을 만들었는가?	78%	22%	3.78
G	프로그램에 대한 철학을 명문화했는가?	78%	22%	3.67
H	프로그램 활동 계획을 세웠는가?	100%	0%	4.56
I	활동 계획에 기초한 프로그램 행사 스케줄을 마련했는가?	67%	33%	4.22
J	프로그램에 관해 조직의 부주의 및 실수를 누가 책임질지 명확히 하였는가?	89%	11%	4.00
K	프로그램에서 각 참여자가 어떤 책임을 맡을 것인지 명확히 하였는가?	78%	22%	3.78

L	승계 계획 프로그램에서 확인된 후임자에 대한 인센티브/보상을 마련했는가?	11%	89%	3.22
M	확인된 후임자의 관리자를 위한 인센티브/보상을 마련했는가?	11%	89%	3.00
N	승계 계획 프로그램을 위한 예산을 마련했는가?	56%	44%	4.00
O	후임자로 지정된 개인의 기록 유지 방법을 마련했는가?	56%	44%	3.78
P	승계 계획 프로그램에 관해 관리자들을 훈련시킬 워크숍을 마련했는가?	33%	67%	4.00
Q	경력 개발에 관해 개인을 훈련시킬 워크숍을 마련했는가?	56%	44%	4.11
R	현재 직위 책임성을 명확히 하는 방안을 마련했는가?	100%	0%	4.00
S	미래 직위 책임성을 명확히 하는 방안을 마련했는가?	67%	33%	3.89
T	개인 성과의 평가 방안을 마련했는가?	67%	33%	4.00
U	개인 기술을 미래 직위의 요건과 비교하는 방안을 마련했는가?	44%	56%	3.89
V	적어도 매년 조직의 인재를 점검하는 방법을 마련했는가?	67%	33%	4.00
W	미래 인재의 필요를 예측하는 방법을 마련했는가?	67%	33%	3.89
X	개인 개발 계획을 통해 승계 계획 필요성을 충족시키는 계획된 방안을 마련했는가?	56%	44%	3.89
Y	개발 활동을 추적하고 주요 승진 후임자를 준비하는 방안을 마련했는가?	44%	56%	3.89
Z	승계 계획 프로그램의 결과를 평가하는 방안을 마련했는가?	44%	56%	3.89

자료 : William J. Rothwell, Results of a 2004 Survey on Succession Planning and Management Practices. 미출간 조사 결과 (University Park, Penn.: The Pennsylvania State University, 2004).

| 예시 3-2 | **효과적인 승계 계획 및 관리를 위한 평가 설문**

지시 : 당신의 조직이 현재 승계 계획 및 관리를 얼마나 잘 수행하고 있는지 알아보기 위해 다음의 평가 설문지를 작성해 보십시오. 아래 설문지 각각의 항목을 읽고, 각 항목 왼쪽에 있는 줄에서 '예'일 경우 Y, '해당 없음'에는 N/A, '아니오'일 경우 N에 동그라미를 치십시오. 약 15분 정도가 소요될 것입니다. 완료되었으면, 평가 설문서 끝에 나타나는 지시문을 이용해 점수를 매기고 결과를 해석해 보십시오. 그런 다음 완성된 설문지를 조직의 다른 사람과 공유하십시오. 이 설문지는 당신의 조직에서 좀더 체계적인 승계 계획 및 관리 방법의 필요성을 결정하는 출발점으로 활용할 수 있습니다.

평가 설문지

해당 답변에 동그라미를 치십시오.			당신 조직의 SP&M은 어떠합니까?
Y	N/A	N	1. 최고 경영층이 참여하고 지원한다.
Y	N/A	N	2. 조직의 독특한 요구를 충족시킬 수 있도록 짜여 있다.
Y	N/A	N	3. 초우량 사례를 보고한 다른 조직들을 벤치마킹하였다.
Y	N/A	N	4. 최고 경영층의 주요한 관심의 대상이다.
Y	N/A	N	5. 최소한 하나의 고위층 경영자 지위에 집중되어 있다.
Y	N/A	N	6. 최고 직위에만 국한되는 것이 아니라 모든 단계로 확장되어 있다.
Y	N/A	N	7. 체계적으로 수행된다.
Y	N/A	N	8. 현재 성과와 미래 잠재성의 비교에 의해 큰 영향을 받는다.
Y	N/A	N	9. 고위직 대체 필요성에 의해 영향을 받는다.
Y	N/A	N	10. 각각의 이사로 하여금 후임자를 확인하고 준비해야 하는 역할을 상기시킨다.

Y	N/A	N	11. 고성과 잠재인력의 개발 가속화를 위해 특화된 인력 개발 프로그램을 도입하고 실행하게끔 촉구한다.
Y	N/A	N	12. 고성과 잠재인력이 업무 외 경험을 통해 개발되기보다는 업무를 통해 개발되어야 한다는 철학을 가지고 있다.
Y	N/A	N	13. 누가 무엇을 하고, 언제 어디에서 왜 어떻게 그것을 하는지에 대해 고성과 잠재인력들이 이해할 수 있는 인력 개발 프로그램을 가지고 있다.
Y	N/A	N	14. "언제나 해 오던 방식"에 대한 결정적인 문제 제기가 고성과 잠재인력의 인력 개발 프로그램의 주된 초점이 된다.
Y	N/A	N	15. 차상위 단계 직책으로의 이동 이상을 가능하게 하는 필요 우수성 혹은 역량을 강조한다.
Y	N/A	N	16. 공식적인 멘토링을 검토하고 가능하다면 적용할 수 있게끔 한다.
Y	N/A	N	17. 체계적인 방법으로 수행된다.
Y	N/A	N	18. 사람과 정보에 대한 부서 간 공유를 장려한다.
Y	N/A	N	19. 가장 적합한 직원을 (붙들어 놓기보다는) 승진시키는 관리자를 적극적으로 보상할 것을 강조한다.
Y	N/A	N	20. 단순히 전문 분야의 사다리를 오르는 것이 아니라 전문 역량을 가로지르는 경력 경로를 강조한다.
Y	N/A	N	21. 직원들이 새로운 도전을 받아들이도록 빈번한 기회를 제공한다.
Y	N/A	N	22. 부분적으로는, 직원들이 조직과 이해 관계를 갖고, 그 성공을 공유하려는 인식에 의해 추진된다.
Y	N/A	N	23. 내부에서의 승진을 지지하는 명시적인 정책을 촉구한다.

합계 : _____

평가 설문지의 점수와 해석

위의 목록에서 Y에 1점, N 또는 N/A에는 0점을 주십시오. Y행에서 점수를 더해 위의 합계에 적으십시오. 점수에 대한 해석은 다음과 같습니다.

20점 이상 승계 계획 및 관리가 당신의 조직에서 모범적인 방식으로 다루어지는 듯합니다.

18~20점 대체로 당신 조직의 승계 계획 및 관리가 효과적으로 다뤄지고 있긴 하지만, 향상이 필요합니다.

14~17점 당신 조직의 승계 계획 및 관리에 문제가 있습니다. 좀더 주의할 필요가 있습니다.

14점 이하 당신 조직의 승계 계획 및 관리는 위기에 처해 있습니다. 중요한 직위의 후임자들이 확인되지 않고 체계적으로 개발되지도 않을 가능성이 큽니다. 즉각적인 수정이 필요합니다.

승계 계획 및 관리 프로그램의 라이프사이클 : 5세대

컨설팅을 하면서 나는 승계 계획 및 관리 프로그램이 없는 조직에서 많은 의사결정자들이 한 번에 최신의 프로그램을 적용하고 싶어한다는 사실을 발견했다. 그것은 거의 가능하지도 현실적이지도 않다. 그것은 1초 만에 0에서 시속 100마일로 가속하려는 것과 같은 이치이다.

단계적 진행이라는 관점에서 생각하는 것이 훨씬 타당하다. 이러한 진행 방법은, 조직이 승계 계획 및 관리를 이행하면서 개발의 라이프사이클을 겪는다는 나의 견해에 기초하고 있다. 각각의 세대를 거치면서, 승계 계획 및 관리를 위해 무엇을 하고, 어떻게 하며, 어째서 그렇게 할 가치가 있는지를 정교화하게 된다.

승계 계획 및 관리의 첫 번째 세대는 단순한 CEO 대체 계획이다. 만일 조직이 그런 계획을 아예 가지고 있지 않다면 승계 계획 및 관리의 필요성은 받아들여지기가 가장 쉽다. 왜냐하면 대부분의 CEO들은 만일 그들에게 갑자기 유고가 생기면 그들 조직에 무슨 일이 일어날지 알고 있기 때문이다(예시 3-3 참조). 첫 번째 세대에서 승계 계획 및 관리의 대상은 CEO뿐이고, CEO를 참여시킴으로써 최고경영자가 프로그램을 위해 중요한 리더십 역할을 스스로 받아들이도록 하고 인사부서나 다른 집단들에게 섣불리 그것을 위임하지 않게 한다.

나는 의뢰인들에게 CEO가 대부분의 승계 계획 및 관리 노력의 실제 고객이라고 말해 왔다. 그리고 많은 이사회 구성원의 의견은 이러한 나의 견해를 지지한다. 승계 계획 및 관리 노력이 CEO와 함께 시작되면, CEO는 최신의 승계 계획 및 관리 프로그램을 확립하는 데 있어서 무엇을 포함하여야 하는지를 이해하고 비전과 전략에 적합하도록 승계 계획 및 관리 프로그램을 맞추어 나갈 수 있다. 더 나아가 CEO는 모범을 보이고 개인적 헌신의 강력한 메시지를 보내며 다음 세대의 노력을 성공적으로 만들기 위해 필요한 지원을 한다.

인사부서가 중요한 역할을 한다는 것은 주목할 만하다. 하지만 인사부서가 이러한 노력을 '소유'하지 않는다는 사실은 분명히 강조되어야 한다. '소유자'는 CEO이며, 그것은 위임할 수 없는 것이다. 인사부서의 리더들이 확실히 도움이 될 수 있다. 일단 CEO에 의한 리더십이 행사된다면 인사부서는 보다 용이하게 승계 계획 및 관리를 조정할 수 있다. 그들은 무엇을 하고 어째서 그것을 해야 하며 어떻게 해야 하는지에 대한 조언과 심의를 제공할 수 있다.

그러나 중요한 것은 CEO가 승계 계획 및 관리를 주로 이끌어야 하고 개인적으로 헌신해야 한다는 것이다. CEO의 개인적 지원 및 헌신과 참여가 부족하다면, 승계 계획 및 관리는 실패할 것이다.

두 번째 세대는 CEO와 그에게 직접 보고하는 리더들, 즉 조직의 최고 경영진에 대한 단순한 대체 계획이다. 승계 계획 및 관리 노력을 CEO 아래의 경영층으로 확장함으로써, 그리고 그 그룹의 후임자를 확인함으로써, 최고경영자들은 승계의 설계와 실행에 직접적으로 참여하게 된다. 그들 자신이 승계 계획 및 관리의 대상이기 때문에, 그들은 이를 이해하고 정교하게 할 기회를 가지며 그 안에서 주인의식을 갖는다. 그러한 노력에 적극적으로 참여함으로써 그들은 세 번째 세대의 다른 사람들에게 전달할 수 있을 만큼 승계 계획 및 관리를 철저히 이해하게 된다.

최고 경영진을 실험 대상으로 이용하는 주요 이점은 이들이 이미 그들의 위치에서 잘 개발되어 있고 비즈니스, 산업, 기업 문화에서 성공하기 위해 무엇이 필요한지 잘 알고 있다는 점이다. 승계 계획 및 관리 프로그램의 개발에 참여함으로써 그들은 승계 계획 및 관리를 기업 문화에 맞추고 조직의 전략에 부합하게끔 한다. 더욱이 그들은 스스로 모범이 되며, 그렇게 함으로써 조직 내 다른 사람들에게 승계 계획 및 관리 노력은 중요하며 행동, 관심, 참여의 가치가 있다는 메시지를 전달한다.

세 번째 세대는 대체로 최고 경영진에 직접 보고하는 계층인 중간 관리층, 그리고 조직도 상에서 다른 계층의 직원들을 위한 승계 계획 및 관리 프로그램이다. 이 장의 뒷부분에서 설명하는 승계 계획 및 관리 모델(예시 3-5 참조)이 처음으로 폭넓게 이용되는 것이 이 세대이다. 승계 계획 및 관리의 정책과 과정이 이전의 세대들에서 아직 공식적으로 준비되지 않았다면 이 3세대에서는 윤곽이 그려진다. 부서 또는 계층 수준별 역량 모델이 아직 공식적으로 준비되지 않았다면 이 세대에서 처음으로 개발된다. 가치 성명서가 만들어지고, 현재의 승계 계획 및 관리 프로그램의 다른 핵심 요소들도 고안, 개발되며 개량된다.

이 세 번째 세대에서 승계 계획 및 관리는 다른 계층으로 확장되고 각 계층 또는 그룹의 후임자가 확인됨으로써 중간 관리층은 승계 노력의 설계와 실행에 직접적으로 참여한다. 그들은 승계 노력의 대상으로서 승계 계획 및 관리를 이해하게 되고 주인의식을 가지고 참여한다. 그들은 그들 단계 그리고 조직도 상에서 그들 아래에 있는 사람들을 위해 승계 계획 및 관리를 개량하는 데 도움을 준다. 세 번째 세대는 보다 많은 사람들이 관여하고 많은 새로운 정책, 과정, 실행 방안들이 처음으로 수립되고 시험, 이행되기 때문에 가장 위험이 큰 세대라 할 수 있다.

네 번째 세대는 내부 인재 풀의 개발에 초점을 두는 단순한 대체 계획 그 이상이다. 내부 인재 풀은 미래를 위해 개발 중인 조직 내부의 인력 집단이다. 모든 사람들이 핵심 직위의 후임 가능자로 고려되며, 그들에게 스스로의 미래 준비를 돕는 경력 지도(career map)와 같은 도구들이 주어진다. 이 세대에서 승계 문제는 조직도와 멀어진다. 조직의 의사 결정자들은 특정 개인을 후임자로 지정하는 대신에 세 번째 세대에서 만들어 놓은 많은 도구들을 이용한다. 모든 직원이 자신들의 잠재성을 인식할 수 있는 역량 모델, 성과 평가, 개인 개발 계획, 완전한 다면 평가, 그리고 다른 정교한 방법들이 이 세대에서 이용 가능하다.

다섯 번째 세대는 내부는 물론이고 외부 인재 풀의 개발에 초점을 맞춘다. 외부 인재 풀은 미래 가능 인재의 원천인 조직 외부의 인력 그룹이다. 조직의 의사 결정자들은 핵심 직위에 공석이 생기면 이를 대체할 인재를 기다리는 대신에 비정규 직원들, 퇴직 노동자들, 아웃소싱 대행사, 공급사, 컨설턴트, 심지어 다른 조직의 공급 및 배분 채널 담당까지도 그들의 인재 풀에 포함시킨다. 요컨대 의사 결정자들은 조직 내부는 물론이고 조직 외부에 어떠한 인재가 있는지 파악할 수 있도록 조직 외부 환경까지도 꼼꼼히 살피는 것이다. 이런 방식으로 그들은 중요한 직책을 채우는 데 필요한 대상을 찾고 대체하는 시간을 줄인다.

승계 계획 및 관리의 다섯 번째 세대는 지금까지의 세대들 중 가장 정교하다. 한 조직이 승계 계획 및 관리 프로그램이 없는 상태에서 5세대 방법으로 한번에 도약하기란 쉽지 않고 가능하지도 않다. 다섯 번째 세대의 승계 계획 및 관리 프로그램이 제대로 운영되기 위해서는 1세대부터 4세대까지 진행하면서 얻는 교훈 외에도 엄청난 하부 구조와 관리 지원이 필요하다. 따라서 실패의 위험이 매우 크다. 보다 나은 접근법은 한번에 도입하려 하기보다는 점진적인 도입, 조직의 필요성을 만족시키는 세대로의 이동이라는 각도에서 고려하는 것이다. 그러한 도입은 규모가 작고, 시장이 안정되며, 경영 계층의 이탈이 낮은 조직에서 가장 빨리 일어날 수 있다. 규모가 크고, 시장이 역동적이고 경쟁적이며, 관리 계층의 이탈이 높은 조직에서는 좀더 느리게 일어난다.

물론 승계 계획 프로그램의 세대를 다르게 보는 시각도 있다. 사실상 다우 케미컬 컴퍼니 사례(예시 3-4 참조)는 승계 계획 및 관리 프로그램의 라이프사이클에 대한 또 다른 시각을 제시하고 있다.

예시 3-3　승계 계획 및 관리의 필요성을 극적으로 보여주는 간단한 사례

SP&M 프로그램의 필요성을 강조하는 극적이며 생생한 실제 사례를 들기 위해, 당신의 조직에서 CEO나 관리자에게 아래에 제시된 사람들의 공통점에 대해 물어보라.

- 도널드 터너(Donald Terner), 브리징 하우징 사장, 캘리포니아 샌프란시스코
- 로버트 E. 도너번(Robert E. Donovan), 애브 사장 겸 최고경영자, 코네티컷 노워크
- 클라우디오 엘리아(Claudio Elia), 애어 앤 워터 테크놀로지 회장 겸 최고경영자, 뉴저지 소머밀
- 스튜어트 소런(Stuart Tholan), 벡텔 유럽/아프리카/중동/서남 아시아 사장, 캘리포니아 샌프란시스코
- 존 A. 스코빌(John A. Scoville), 하자 엔지니어링 회장, 일리노이 시카고
- 레너드 피에로니(Leonard Pieroni), 파슨스 회장 겸 최고경영자, 캘리포니아 패서디나
- 배리 L. 콘래드(Barry L. Conrad), 배링턴 그룹 회장 겸 최고경영자, 플로리다 마이애미
- 폴 쿠시먼 3세(Paul Cushman III), 리그스 인터내셔널 뱅킹 회장 겸 최고경영자, 워싱턴 D. C.
- 월터 머피(Walter Murphy), AT&T 서브머린 시스템 선임 부사장, 뉴저지 모리스타운

- 로버트 A. 휘태커(Robert A. Whittaker), 포스터 휠러 에너지 인터내셔널 회장 겸 최고경영자, 뉴저지 클리프턴
- 프랭크 마이어(Frank Maier), 인서치 인터내셔널 사장, 텍사스 댈러스
- 데이비드 포드(David Ford), 가디언 인터내셔널 인터가드 사장 겸 최고경영자, 미시간 오번힐스

해답 : 이들은 1996년 비행기가 추락할 때 론 브라운 미국 상무장관과 함께 탑승했던 사람들이다. 조직에서 그들의 후임이 준비되었는지 궁금하지 않은가?

너싱 매니지먼트(Nursing Management, 25:6, June 1994, pp. 50-56) 저작권 사용 허락하에 기재. Springhouse Corporation (www.Springnet.com).

다우 케미컬 컴퍼니의 승계 방식

가장 거대한 미국 아이스크림 전쟁에서 벤앤제리는 하겐다즈에 도전하여 실제로 "나는 당신의 CEO가 되고 싶다."라는 현상 공모를 통해 최고경영자 승계 문제를 검토했다. 멋진 공모작들이 넘쳐났고, 벤앤제리는 이제 경험 많은 이사가 이끌어 가고 있다.

오늘날 비즈니스 기사들의 헤드라인은 기업들의 고민으로 가득 차 있다. 최고경영자들이 너무 오랫동안 재직하여 잠재성 있는 후계자나 경쟁자를 숨 막히게 하는 꼴이 되었고, 양분된 이사회들은 흔히 주주들의 이해와는 멀어져 있으며, 마침내 선택되면 내부의 권력 투쟁으로 능력 있는 사람들이 대거 나가 버린다. 또한 대대적인 CEO 물색으로 조직과 CEO에 대한 신뢰감이 손상되고 원활한 사업 운영이 주춤하면서 기업에 손실을 끼친다.

올바른 후계자의 선정을 돕는 것은 최고경영자의 궁극적인 책임이다. 후계자 선정에 있어 기업의 이사회가 주로 함께 하기는 하지만, 후보자의 자질과 직무에 대한

부분은 현재의 경영과 관계가 깊다. 이사회가 수행하는 핵심 과업 가운데 승계에 대한 문제는 자주 무시되곤 한다. 이것은 이 사안이 상대적으로 드물게 제기되기 때문이다.

대부분 조직들의 승계 전략은 다음의 6가지 측면에서 변화할 필요가 있다.

1. 연간 이벤트로부터 부단하고 지속적인 과정으로. 기업들은 연간 승계 '계획'보다는 계속적으로 승계를 생각하는 '사고'의 환경을 만들 필요가 있다. 더욱 자주 최고 경영진 회의를 가져야 하며, 정기 직원 회의에서 승계 문제에 더 많은 시간을 쏟아야 한다. 비즈니스 계획에서 승계 문제를 더 많이 강조해야 하며, 승계 문제를 성과 평가 관리와 더 많이 결합시켜야 한다. 예를 들어 관리자는 자신의 잠재성 있는 후임으로 최소한 한 사람은 개발해야 한다.

2. 단기 대체 전략으로부터 장기 개발 보존 전략으로. 즉각적인 대체 요구와 준비된 인재의 지속적인 공급 요구가 균형을 이루어야 한다. 직원들은 그들의 개발에 투여된 끊임없는 노력을 분명히 평가할 것이다.

3. 회사가 누구를 택하느냐에 대한 것에서부터 회사가 보유하고 있는 인력, 회사가 필요로 하는 인력으로의 초점 이동. 기업들은 외부 인재가 직무 공개와는 별도로 결정적인 기술 공백을 메우기 위해 채용될 수 있다는 분위기를 창출해야 한다. 다우는 주로 내부 승진에 의존하긴 했지만, 포포프(Popoff)의 말처럼 "확실한 필요에 의해 외부 채용을 했을 때 나타난 이점들과 활력은 직원, 경영자, 또는 주주에게 효과가 없지는 않다."

4. 특정 직무의 핵심 포지션에서 보다 다양한 핵심 포지션으로의 전보. 기업들은 관리 기술의 기술적인 면을 강조하기보다는 인력 관리에 능력 있는 관리자를 승진시키고 보상해 주어야 한다. 만일 기업의 관리자 모두가 사람들을 관리하는 데 뛰어나다면, 그들은 일상적으로 핵심 직위에 앉은 사람들의 잠재력을 평가하고, 적절한 활동 계획을 개발하며, 특정 직무가 있는 사람에 한정하여 관리하는 것을 피

하고 적절한 전보를 함으로써 후보 인력 풀을 평가하고 개발한다.

5. 불충분한 대체 후보 인력군에서 준비된 인재 풀로. 다우는 인력 개발에 대한 공로를 인정하기 위해 제네시스 상을 만들었다. 역량 있는 기술·전문 인력이 매우 많은 회사에서 제네시스 프로그램은 누가 실제로 인력 관리를 훌륭히 실천하고 있는지에 대한 통찰력을 제공했다. 제네시스 상은 다우에서 가장 공을 들여서 결정하는 상이다. 이 상의 수상자들은 연례 주주 회의에서 소개된다.

6. 주관적인 평가에서 결과의 강조로. 다우는 승계 결과를 평가하는 특정한 측정 기준을 확립했다. 측정 기준에는 다음과 같은 내용이 포함된다. 적어도 두 명의 준비된 후임자를 가지는 핵심 직위의 비율, 핵심 직위가 외부에서 채워지는 비율, 개발 활동 계획이 이행되는 비율, 그 과정이 긍정적으로 비즈니스 결과에 기여하는 정도.

다우에서 모든 경영 이사들은 아무리 늦어도 60세 또는 마지막으로 이사진에 승진을 한 지 5년 후에는 그들의 경영 직위를 내놓아야 한다. 그렇지만 그들은 65세가 될 때까지 이사회에 남아 있을 수 있다. 이사회에서 마지막 5년 동안 그들은 직접적인 경영의 책임을 지지 않으며 보수도 매년 줄어들어 65세에 퇴직 급여에 이르게 된다.

포포프는 이들 전임 경영진들이 "가장 뛰어나고 도전적이며 박식하고 목표 지향적이며 가장 열심히 일하는 이사들이란 것을 알게 되었다."라고 말한다. 수년간 기업에 몸담고 있으면 그들이 전임 최고경영자, 연구소장, 국제 영업 본부장 같은 사람들은 어디에 뼈를 묻어야 하는지를 안다. 그들은 회사의 모든 사실과 사실이 아닌 것까지도 훤히 알고 있다. 외부 이사들, 회장과 더불어 그들은 모든 핵심 집행 요직의 인재 풀로부터 적절한 인재를 선택하는 데 있어서 핵심적인 역할을 한다.

다우의 경영자였던 이사회 구성원들은 내부 후계자를 분명하게 가려내는 특별한 능력을 가지고 있으며 그들과 함께 원활한 이행을 확보하거나, 내부의 인재 풀이 부족하다면 객관적인 시작에서 외부 영입을 꾀할 수 있다.

승계 계획은 장기 전략을 추진하고 영속적인 성과를 이루기 위한 기업의 능력에 있어 매우 핵심적인 것이다. 분명한 것은 훌륭한 경영은 저절로 생겨나는 것이 아니며, 승계 계획은 그러한 면에서 매우 중요하다. 바람직한 것은 대부분의 기업이 이제 승계 계획에 크게 주목하고 있다는 사실이다. 반면 아직도 많은 기업들이 승계 계획을 올바르게 이해하지 못하고 있다.

경력 계획과 승계 계획을 분리된 것으로 보던 때는 지났다. 승계 계획은 점차 폭넓고 통합된 시각으로 여겨지고 있는데, 기업들은 이제 예측력이 떨어져 미래를 위해 특정 직무에 특정 후임자를 두는 것이 상대적으로 소용이 없게 되었기 때문이다. 계속적 변화에 대처하기 위한 리스트럭처링과 집행 책임의 재배치는 이제 일상적인 것이 되었다. 이러한 맥락 속에서 기업들은 승계 경영의 전략적 프로세스에 관심을 기울일 필요가 있다. 다우 케미컬 컴퍼니 모델은 이러한 점에서 많은 가치를 지니고 있다.

주석 : 원래 1996년 3/4분기 이것은 「승계에 대한 반성」(Reflections on succession)이라는 제목으로 아서 D. 리틀(Arthur D. Little)의 프리즘(Prism, pp. 109-116)에서 발표된 논문의 요약이다. 이 논문은 프랭크 포포프(Frank Popoff)가 보스턴의 최고경영자 클럽에서 발표한 내용을 기반으로 했다.
출처 : "The Dow Chemical Company's Formula for Succession," Human Resource Management International Digest 5:1(1997), 9-10. Human Resource Management International Digest 저작권 사용 허락하에 기재.

문제점 파악과 해결을 위한 다양한 접근법

기업 사례들을 모아보면 다양한 규모와 업종의 조직들의 승계 계획 및 관리에 대한 몇 가지 모범적 접근법을 요약할 수 있다. 그렇지만 모든 조직들이 승계 계획 및 관리를 효과적으로 다루고 있는 것은 아니다. 실제로 미국 경영 협회 인적 자원 회의에서 연설했던 두 전문가는 한심스럽게도 "대다수의 미국 기업들이 승계 계획의 중요성을 무시하고 있다."[7]고 지적했다.

승계 계획 및 관리에 대한 현재의 접근법을 교란시키는 많은 문제점들이 있다. 예시 3-5는 승계 계획 실태에 관한 2004년 설문조사에서 승계 계획 적용시 주요한 어려움들을 요약하고 있다. 아래에서 승계 계획 및 관리 프로그램에 영향을 끼치는 7가지 흔한 문제점을 살펴본다.

예시 3-5 승계 계획 및 관리 프로그램의 주요 어려움

질문 : 승계 계획 및 관리 프로그램을 운영하면서 당신의 조직이 경험한 주요 어려움은 무엇인가? 아래에서 그것들을 설명해 주십시오.

- 고성과 잠재인력(HiPos)의 파악
- 개인 개발 계획의 준비
- 승계 계획을 보관용 서류가 아닌, 의사 결정시 사람들(관리자들)이 실제로 이용할 수 있도록 프로세스화하기
- 조직의 하부 단위까지 승계 계획 도입
- 낙하산 인사로 선임된 경영진 직책들
- 후보자의 불충분, 부적격한 소양
- 임원진 레벨에서 중간 관리층으로 자연스럽게 승계 관리를 확산하기
- 후임자들의 모니터링과 평가

출처 : William J. Rothwell, Results of a 2004 Survey on Succession Planning and Management Practices. 미출간 조사 결과(University Park, Penn.: The Pennsylvania State University, 2004).

| 문제점 1 : 지원 부족 |

"회사의 승계 계획을 수립할 때 인사 담당자와 부딪히는 주요 장애들 가운데 하나는 회사의 고위 임원들로부터의 지원 부족이다."[8] 실제로 "아주 많은 기업 임원들이 나와는 상관없는 일이라는 태도를 보이고 있다.[9] 최고경영자들의 절박함이 부족하다면, 승계 계획 및 관리 프로그램은 효과적일 수 없다.

최고경영자들이 체계적인 승계 계획을 지원할 생각이 없다면, 승계 계획은 성공할 수 없다. 그런 경우에 가장 좋은 전략은 믿을 만한 아이디어를 많이 내는 인력을 한 명 이상 얻도록 노력하는 것이다. 그러한 역할에 적합한 사람은 최근에 공백으로 인해 결정적으로 중요한 직책을 맡길 후임자가 없어 업무에 어려움을 겪은 적이 있는 조직 내에서 존경받는 최고경영자들이다.

| 문제점 2 : 기업 내 정치 |

승계 계획과 관련한 두 번째 문제점은 그것이 기업의 정치에 의해 영향을 받을 수 있다는 사실이다. 가장 잠재력이 있고 훌륭한 경력을 가진 직원들을 승진시키는 것이 아니라, 최고 경영층이나 관리자들이 능력에 관계 없이 적들을 없애고 협력자들을 승진시키기 위해 승진 제도를 악용할 가능성이 있다.[10] 승진이 별도 검증 없이 처리된다면, 승진의 기준으로서 성과나 잠재성 대신 정치적 입김이 작용할 수 있다.

이러한 문제점을 해결하기 위해, 의사 결정자는 주관적인 판단이 개입되지 않도록 업무의 필요 요건을 확인하고 성과와 잠재력을 평가하는 공식적인 방법을 강조해야 한다(공식적 평가를 수행하는 방법은 다음 장들에서 설명할 것이다). 비공식적 판단이 여러 가지 문제점들을 야기한다는 것은 널리 알려져 있다. 그 가운데에는 최신 편향(최근의 일회적인 성공이나 실패가 지나치게 강조되어 평가되는 것), 피전홀링* 혹은

---

* 피전홀링 : 일반적으로 잘못된 일반화의 오류로 다른 특질의 것들을 한 부류로 간주하는 현상.— 옮긴이

과잉 일반화의 오류(상급자들이 어떤 개인에 대해 가지게 되는 인상은 변하기 어렵다), 후광 효과* 또는 혼 효과**(상급자들이 개인에 대해 판단할 때 단일한 사건의 영향을 많이 받는다), 피그말리온 효과(감독자들은 그들이 보려고 하는 방향으로 본다), 차별(직무 성과와 무관한 오직 성, 인종, 나이, 또는 그 밖의 요인의 기능으로서 사람들을 다르게 취급하는 것) 등이 있다. 또한 객관적인 검증이 없는 비공식적인 판단은 상급자 자신들과 비슷한 후임자를 선택하게끔 한다(자기 동일시 편견).

| 문제점 3 : 일시적인 접근 |

승계 계획에 대한 전통적인 접근법과 관련된 세 번째 문제점은 그것이 눈가림만 하는 일시적 태도를 조장할 수 있다는 것이다. 효율성이 편의성에 희생되는 것이다. 이러한 문제가 미치는 영향은 광범위하다. 왜냐하면 잘못 선택된 리더들은 부하 직원들의 이탈을 조장하고, 직원들의 사기 문제를 일으키며, 그렇지 않으면 튼튼했을 사업을 망칠 수도 있기 때문이다. 리더십은 매우 중요하며, 리더들은 빨리 손쉽게 길러질 수 없다.[11] 뛰어난 리더들을 육성하는 데는 시간이 걸린다.

| 문제점 4 : 낮은 가시성 |

최고경영자와 임원들이 언제나 승계 계획 및 관리의 빠르고 직접적인 이점을 피부로 느낄 수 있는 것은 아니다. 승계 계획 및 관리의 이점이 일상적인 업무와 관련이 없거나, 그들에게 직접 보고를 하는 부하 직원들과 상관이 없다고 생각될수록, 임원들이 승계 계획 및 관리에 두는 가치는 적어진다. 인사 담당자들은 여러 가지

---

* 후광 효과 : 사람이나 사물을 평가할 때 인물이나 사물 등 일정한 대상을 평가하면서 그 대상의 특질이 다른 면의 특질에까지 영향을 미치는 현상.— 옮긴이
** 혼 효과 : 사물을 평가할 때 범하기 쉬운 오류로 대상의 나쁜 점이 눈에 띄면 그것을 그 대상의 전부로 인식하는 현상.— 옮긴이

승계 계획 및 관리 방법들을 제안하고 적용할 것이지만, 최고경영자들이 그로 인해 발생하는 직접적 혜택을 보지 못한다면 승계 계획 및 관리가 자주 바뀌게 되는 결과를 가져온다.[12]

이러한 문제점을 해결하기 위해서, 승계에 관한 사안의 가시성을 높여야 한다. 더 나아가 승계 계획 및 관리는 조직 내 모든 직위의 직원들의 적극적인 지원과 참여를 필요로 한다. 최고경영자들이 적극적인 지원을 보이지 않고 직접적인 참여도 하지 않는다면, 그들은 승계 노력에 대한 오너십을 가지고 있지 못한 것이다.

| 문제점 5 : 조직의 급격한 변화 속도 |

안정적인 환경과 조직 하에서 전통적인 대체 계획만으로도 충분했던 적이 있었다. 그러한 시기에는 공백이 예측될 수 있었고, 후보자들은 대상 직무에 맞게 훈련될 수 있었으며, 유사한 분야로 쉽게 이동하면서 연속성을 확보할 수 있었다.

그러나 조직 변화의 급속한 속도는 대체 중심의 승계 계획이라고 할 수 있는, 전통적인 조직도 상의 자리를 채우는 방식의 접근법에 대해 심각한 의문을 제기하게 하였다. 실제로 한 경영 컨설턴트는 "승계 계획이 가치가 있는가?"[13]라는 의문을 품었다. 그리고 그는 이러한 결론에 도달했다. "간단하게 대답할 수 없다. 끊임없는 변화의 시대에 승계를(예를 들어 3~5년 이상의 미래를) 예측한다는 것은 불가능한 것이 되어 가고 있다."[14]

이 문제를 해결하기 위해 의사 결정자는 직원 배치 요구와 변화에 부합하는 조직 능력의 가속화를 위한 승계 계획 소프트웨어의 사용 같은 단순한 기술적 솔루션 이상의 것을 살펴볼 필요가 있다. 기술적 솔루션이 도움이 될 수는 있지만, 더욱 생동적인 솔루션 또한 필요하다. 예를 들어 업무 요건, 역량, 성공 요소 등에 초점을 맞추는 것이다. 그럼으로써 인력 개발 활동의 가치를 극대화하고, 완전한 다면 평가를 활용하며, 관리자 계층이 보다 더 유연해지도록 직무 순환을 증대시키고, 관리자들이 급속한 변화에 대처할 수 있는 유연성을 갖추도록 하기 위해 액션 러닝과 실시간 교육을 이용하는 것이다. 또한 팀 중심의 관리를 통해 핵심 업무 요건으로 다른 직원들을 개발시키고 직원들 간에 전파되도록 하며, "조직도 상에서 자리를 채우는 것"을 넘어 "혁신적인 수단을 통해 업무 요건을 만족시키는 것"으로 나아갈 수 있을 것이다.[15]

| 문제점 6 : 너무 많은 서류 업무 |

대부분의 조직에서 최고경영자들은 서류 업무에 대해 포용력이 낮다. 나의 동료 한 사람은 우리 조직의 최고경영자는 한 페이지짜리 설문에 응답하지 않거나 문건의 첫 페이지 이상을 읽으려고 하지 않는다."라고 농담을 한다. 이에 대한 한 가지 이유는 최고경영자들이 수많은 곳에서 서류를 받기 때문에 서류 업무에 과도하게 시간을 빼앗긴다는 것이다. 한때 과도한 정보의 해결책으로 보이던 기술은 관리자들이 전자 우편, 휴대 전화, 팩스, 다른 출처들에 의해 갑자기 불어난 메시지를 처리하는데 지쳐 이제는 애물단지가 되어 버린 것 같다.

따라서 승계 계획의 전통적인 접근법과 관련된 한 가지 문제점은 아래 내용을 실행하는데 엄청난 서류 업무가 필요하다는 것이다.

- 현재의 업무 요건이나 역량 평가
- 현재의 개인 성과 평가
- 미래의 업무 요건이나 역량 평가
- 대체 도표 준비
- 경력 경로나 경력 지도 정립
- 대체가 필요한 핵심 직위 파악
- 개인들이 현재의 업무 요건/성과 그리고 미래의 업무 요건/잠재성 간의 차이를 줍히기 위한 개인 개발 계획(IDP)의 수
- 개인 개발 계획의 사후 관리

상근 전문가 혹은 비상근 인사 담당 직원이 서류 작성에 도움을 줄 수 있지만, 그들이 조직에서 모든 인원, 직위, 요건에 대한 세세한 부분까지 작성하기는 어렵다. 가장 좋은 방법은 서류의 양을 최소화하는 것이겠지만, 그것은 쉽지 않다. 그렇지만 가능하다면 승계 계획 진행자, 경영 개발 전문가, 또는 인적 자원 전문가들은 승계 계획 노력에 참가하는 직원들의 직속 상사 외의 출처로부터 쉽게 얻을 수 있는 정보를 제공해야 한다. 그럼으로써 상급자들은 비즈니스 전략을 실행하기 위한 인재의 식별, 중요한 직위와 고성과 잠재인력의 규명 및 개발 계획 수립과 추구 등에 관심을 집중할 수 있다.

| 문제점 7 : 너무 많은 회의들 |

승계 계획의 전통적인 접근법이 지나치게 많은 서류 업무 때문에 저항을 일으킬 수 있는 것과 마찬가지로, 소모적인 회의도 그렇다. 예를 들어 승계 계획 및 관리를 수행하기 위해 관리직 직원들은 다음과 같은 회의에 참여해야 할 것이다.

- 킥오프(시작) 회의. 연례 승계 계획 및 관리 과정이 준비된다면, 관리직 직원들은 승계 계획 및 관리의 중요성을 강조하기 위해 CEO가 주관하는 킥오프 회의에 참석할 필요가 있다.
- 조직별, 사업부별, 사업 기능별, 또는 다른 조직 수준의 회의. 이 회의들은 각각의 직무 영역, 조직 단계, 기능, 또는 직위에서의 승계 계획 및 관리에 초점을 둔다.
- 업무 요건 회의. 만일 조직이 확인 가능한 업무 요건, 역량, 성공 요소, 또는 기타 "객관적인 기준"을 승계의 기본으로 방침을 정한다면, 관리직 직원들은 보통 이러한 기준을 확인하기 위한 회의에 참석해야 할 것이다.
- 성과 평가 회의. 대부분의 조직에서 관리직 직원들은 승계 계획 및 관리 프로그램의 한 부분으로서 그들의 직속 부하의 성과를 평가한다.
- 직무 경로(Career Path) 회의. 만일 조직이 직무 간의 예측 가능한, 바람직한, 또

는 역사적인 관계를 확인하려 한다면, 관리직 직원들은 회의 또는 훈련에 참가해서 그러한 노력에 참여하도록 요청받을 수 있다.

- 직무 경력 계획(Career Planning) 회의. 만일 조직이 가능한 후계자들을 '사실 확인'하기 위해 개인 경력 목표와 관심을 알아보려고 노력한다면, 관리직 직원들은 승계 계획 대상인 직원들과 개별적으로 만나볼 시간을 가져야 한다.
- 잠재성 평가 회의. 개인 잠재성의 평가는 미래 지향적인 것으로 성과 평가를 위한 회의와는 별개의 다른 회의를 필요로 한다.
- 발전 회의. 개인 개발 계획은 개인이 알고 있거나 현재 하고 있는 것과 알아야 하거나 승진 자격을 얻기 위해 해야 하는 것 사이의 간격을 좁히는 수단으로서 각각 승계 후보자와의 개인적인 회의 시간을 필요로 한다.
- 훈련, 교육, 개발 회의. 승계 계획을 실감케 하는 한 가지 수단으로서 훈련, 교육, 개발에 중점을 두는 회의는 상당한 시간을 요구한다.

시간을 절약하기 위해 몇몇 회의를 통합할 수는 있지만, 위에 나열된 각각의 회의들은 그 목적이 다르다. 모든 직위의 직원들은 회의에 참석하는데 상당한 시간을 쏟아야 할 것이다.

전 시스템 변형 변화와
강점 기반 조사법의 통합 : 의미와 가치

이 책의 제2판이 출간 된 이후, 변화관리 분야의 두 가지 새로운 접근법에 많은 관심이 쏟아졌다. 하나는 '전 시스템 변형 변화'(whole system transformation change, WSTC)이고, 다른 하나는 '강점 기반 조사법*'(appreciative inquire, AI)이다. 이들 두 가지는 승계 계획 및 관리와 관련이 있다.

| 전 시스템 변형 변화는 무엇이고,
  어떻게 승계 계획 및 관리와 관련이 있는가? |

전 시스템 변형 변화(WSTC)는 "패러다임의 전환을 가져오는 고객 맞춤형의 지혜 창출 학습 경험이다."[16] 이는 대개 조직의 핵심 의사 결정자들을 불러모아, 며칠에 걸쳐 열리는 사전에 준비된 강도 높은 행사로 진행된다. 이 접근 방법은 조직의 모든 사람들이 참여하는, 현대 비즈니스에서 필요한 빠른 속도의 변화를 주도하는 방법이다. 수백 혹은 수천 명의 사람들이 한데 모여, 동일하거나 관련된 문제를 해결하는 회합에 대해 상상해 보면, 이 접근법이 어떤 것인지 상상할 수 있을 것이다.

전 시스템 변형 변화(WSTC)와 승계 계획 및 관리는 어떤 관련이 있는가? 해답은 흔히 승계 계획 및 관리가 많은 사람들의 참여를 요구한다는 것이다. 또한 인적 자원 시스템은 승계 계획 및 관리 프로그램의 소개 같은 주요 변화를 지원하는 많은 핵심 요소들을 빠뜨리고 있을지 모른다. 예를 들어 역량 모델이나 다면 평가 능력, 개인 계발 계획, 승계 계획 및 관리 프로그램을 지원하는 기술이 전혀 없을 수도 있다. 이것들을 만들어 내는 데에는 많은 시간이 소요되지만 이것들이 없이는 임원이나 다른 사람들에게 승계 계획 및 관리 프로그램에 대한 신뢰를 줄 수 없다. 더욱 안 좋은 것은 조직에서 임원이나 다른 선임 리더들이 승계 계획 및 관리 프로그램의 목적이나 비전을 공유하지 않을 수 있다는 점이다. 일반적 환경에서는 이러한 문제점을 해결하는 손쉬운 방법이 존재하지 않는다. 그러나 전 시스템 변형 변화(WSTC)는 핵심 이해 당사자들을 한자리에 모아서, 핵심적인 것들을 결정하고, 중요한 지원 시스템을 구축하며, 그들 간의 대화를 통해 목적을 공유하는 것을 용이하게 한다.

---

* 강점 기반 조사법(AI)은 David Cooperrider에 의해 제안된 조직 개발(Organization Development, OD)또는 조직 변화를 위한 새로운 패러다임으로 강점 기반 조사법, 감상적 조사법, 감사 질문, 평가 설문 등의 다양한 용어로 번역되고 있다. AI는 기존의 문제점이 무엇인지를 탐색하는 부정적, 비판적인 진단이 아닌 미래에 대한 잠재력 및 긍정적인 사고를 통해 변화와 혁신을 이끌어내는 새로운 접근 방법이다. ― 옮긴이

요컨대 전 시스템 변형 변화(WSTC)는, 비록 철학적이기는 하지만, 승계 계획 및 관리를 지원하기 위해 필요한 급격하고도 거대한 규모의 변화를 가능케 하는 한 수단이다.

| 강점 기반 조사법은 무엇이고,
　어떻게 승계 계획 및 관리와 관련이 있는가? |

유리잔이 반쯤 비어 있는가? 아니면 반쯤 차 있는가? 이 간단한 질문은 실제로 심오한 의미를 지닌다. 그것은 세상을 문제점 중심으로 볼 것인가, 장점을 부각시키는 측면에서 볼 것인가를 의미한다. 대부분의 관리자들은 문제 지향적이다. 그들은 부서진 것을 고치는 방법을 생각한다. 따라서 그들은 무엇이 잘못되었고 문제점은 무엇인지, 그리고 사람들과 함께 그들의 결점 또는 빈틈은 무엇인지 등 부정적인 것에 초점을 두는 경향이 있다. 그러나 부정적인 것에 초점을 두는 것의 문제는 그것이 사람들을 낙담시키거나 의욕을 잃게 한다는 점이다.

강점 기반 조사법(AI)은 패러다임의 전환을 요구한다. 그것은 문자 그대로 무엇이 잘 되고 있는지에 대해 묻는 것이다.

따라서 '호의적 문의'라는 어구는 문자 그대로 '호의적이 될 만한 것에 대해 질문을 하는 것'을 의미한다. 따라서 강점 기반 조사법(AI)은 무엇이 잘 되고 있는지, 장점이 무엇인지, 사람들의 독특한 재능 혹은 능력이 무엇인지에 초점을 둔다.[17]

이러한 아이디어를 승계 계획 및 관리에 어떻게 적용할까? 이 간단한 질문은 여기서 모두 언급할 수 없을 만큼 많은 대답이 있으므로, 다음 정도만 언급해 두고자 한다. 사람들이 어떤 결함이나 빈틈을 가지는지에 초점을 두는 대신, 강점 기반 조사법(AI)은 개인의 장점과 재능을 확인하고, 그러한 장점에 중점을 두거나 그 장점들을 기반으로 더 나아가는 접근 방법을 가리킨다. 이 접근법의 한 가지 목적은 사람들이 무엇을 이룰 수 있는지, 무엇을 잘하는지, 어떤 장점이 있는지에 대한 긍정적인 감정들을 이용하여 사람들에게 활력을 불어넣는 것이다. 또 다른 목적은 자신들의 힘과 재능을 발견하여 활용할 수 있도록 사람들을 격려하는 것이다.

강점 기반 조사법(AI)을 승계 계획 및 관리에 이용할 수 있는 방법은 많지만, 여기서는 한 가지 방법을 제안한다. 다면 평가를 수행할 때 조직은 통상적으로 개인에 대한 점수를 수집해서 그 개인에게 어떤 역량이 부족한지 논의하는 회의를 한다. 그 회의의 목적은 부족 부분을 정확히 찾아내어 트레이닝이나 코칭 같은 개발 경험을 통해 차이를 채울 방법을 논의하는 것이다.

그러나 강점 기반 조사법(AI)을 이용하면 잘못된 것을 찾아내는 것에서 그 사람의 독특한 장점을 피드백하는 것으로 회의의 방향이 전환된다. 다른 사람들이 인식하는 그 사람의 독특한 장점, 재능, 능력을 논의하는 데 주의가 집중된다. 그리고 장점을 개발하는 쪽으로의 멘토링이 권장된다. 또한 개인에게 자신이 가진 장점을 더욱 발전시킬 수 있는 방법에 대해 생각하게끔 독려한다. 결과의 차이는 매우 클 수 있다. 낙심한 채 방을 걸어 나가는 대신, 개인은 격려를 받고 의기양양하게 걸어 나갈 수 있는 것이다.

강점 기반 조사법(AI)은 승계 계획 및 관리에 많은 잠재적 응용 가치가 있다.[18] 우리가 살펴본 것은 피상적인 것일 뿐이다. 그러나 강점 기반 조사법이 사람들을 개발하는 데 얼마나 새롭고 신선하며 적극적인 방법인지 생각해볼 만하다. 여러분이 이 책의 나머지를 읽으면서 그것에 대해 생각해 보길 바란다.

5세대 접근법을 위한 요건

SP&M에 이르는 5세대 접근법을 위한 최소한의 요건은 다음과 같다.

- 승계 계획 및 관리를 좌우하는 명문화된 정책 및 절차 기술서

- 가치 기술서(이것은 정책 및 절차 기술서에 포함될 수 있다.)
- 대상 그룹의 역량 모델.
- 완전한 다면 평가 노력(또는 개인 잠재성을 평가하는 다른 방법들)
- 개인 개발 계획.
- 조직 내·외부의 인재 풀을 위한 기술(Skill) 목록

물론 최고 경영층의 참여와 지원이 필수적 요건임은 말할 필요가 없다. 특히 CEO의 개인적 헌신과 참여는 필수적이다.

5세대 접근법에서의 핵심 단계

조직 환경에서 체계적인 승계 계획 및 관리가 어떻게 수행되어야 하는가? 이 질문에 대한 답변은 국가 문화, 조직 문화, 최고 경영층의 가치 등에 따라 바뀔 수 있지만, 한 가지 방법은 '체계적인 승계 계획 및 관리를 위한 7-pointed Star 모델'을 따르는 것이다(예시 3-6 참조). 이 책의 구성은 많은 초우량 승계 계획 및 관리 사례의 토대가 된, 아래에 요약된 모델을 따르고 있다.

예시 3-6 체계적인 승계 계획 및 관리를 위한 7-Pointed Star 모델

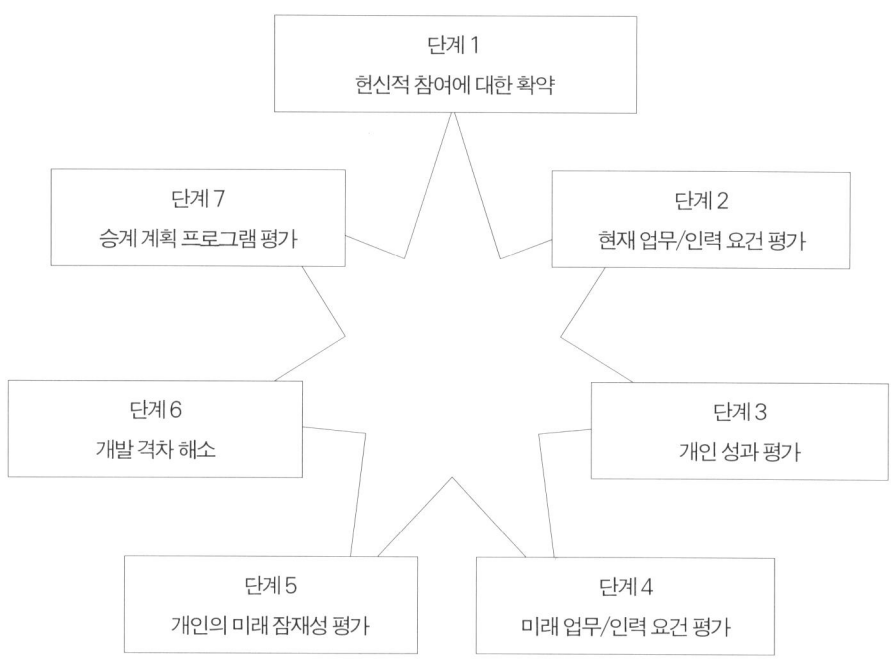

| 단계1 : 헌신적 참여에 대한 확약 |

첫 번째 단계로서 조직의 의사 결정자는 체계적인 승계 계획 및 관리의 도입과 실시를 약속해야 한다. 이는 비계획적인 승계 계획 및 관리에 비하여 계획적 승계 계획 및 관리가 비약적으로 발전된 신뢰 수준의 가치를 갖게끔 한다. 이 단계에서 조직의 의사 결정자들은 다음과 같은 것을 해야 한다.

- 현재의 문제와 실태 평가
- 프로그램 필요성에 대한 평가와 설명
- 조직의 정확한 승계 계획 및 관리 프로그램 필요 조건의 결정

- 조직 및 인사 전략 계획과 승계 계획 및 관리의 직접적 연계
- 다른 조직들의 승계 계획 및 관리 벤치마킹
- 프로그램에서 각 집단의 역할 명시
- 프로그램 사명 성명서 작성
- 프로그램을 가이드할 정책 및 절차 서술
- 대상 그룹의 규명
- 프로그램 우선순위 설정
- 프로그램을 위한 활동 계획 준비
- 활동 계획 전달
- 프로그램을 알리고 계속적인 진행을 점검하기 위해 필요한 승계 계획 및 관리 회의 수행
- 프로그램에 관여하는 사람들에 대한 훈련
- 관리자들 책임 영역에서의 승계 계획 및 관리의 문제점에 대한 조언

| 단계 2 : 현재 업무/인력 요건 평가 |

두 번째 단계에서 의사 결정자들은 핵심 직위에서의 현재 직무 요건을 평가해야 한다. 그러한 방법을 통해서만 개인들은 업무 요건에 확고히 근거를 두고 승진에 대한 준비를 할 수 있다. 이 단계에서 의사 결정자들은 조직에서 핵심 리더십이 어디에 존재하는지 명확히 해야 하고, 업무 또는 역량 요건을 결정하는 한 가지 이상의 방법을 적용해야 한다.

| 단계 3 : 개인 성과 평가 |

개인들은 현재 그들의 직무를 얼마나 잘 수행하고 있는가? 이 질문에 대한 대답은 대부분의 승계 계획 및 관리 프로그램이 승진 자격을 얻기 위해 현재의 직무에서 좋은 성과를 내고 있어야 한다고 가정하기 때문에 매우 중요하다. 이 단계의 한 부

분으로서 조직은 이미 이용 가능한 인적 자산을 확인할 수 있는 인재 목록을 만들기 시작해야 한다.

| 단계 4 : 미래 업무/인력 요건 평가 |

미래 핵심 리더십 직위에서 업무 또는 역량 요건은 무엇이 될 것인가? 이 질문에 대답하기 위해 의사 결정자들은 미래의 업무 요건과 역량을 평가하는 데 노력을 기울여야 한다. 그러한 방식으로 미래의 리더들은 변화하는 요건과 조직의 전략 목표들에 대처할 준비를 할 수 있다.

| 단계 5 : 개인의 미래 잠재성 평가 |

개인들은 승진을 위해 얼마나 잘 준비하고 있는가? 그들은 어떠한 재능을 보유하고, 그 재능들은 미래의 업무 요건에 얼마나 부합하는가? 이 질문에 대답하기 위해 조직은 미래의 개인 잠재성을 평가하는 과정을 도입해야 한다. 이러한 미래 지향적 과정은 과거 또는 현재에 근거한 직원 성과 평가와 혼동해서는 안 된다.

| 단계 6 : 개발 격차 해소 |

직원들을 내부적으로 개발하거나 승계 니즈를 위한 다른 방법들을 통해 승계 계획 및 관리의 필요성을 어떻게 충족시킬 수 있는가? 이 질문에 대답하기 위해 조직은 내부적으로 미래의 리더들을 기르기 위한 리더십 개발 프로그램을 만들어야 한다. 의사 결정자들은 또한 승계 니즈의 충족을 위한 전통적인 내부 승진 방법 외에 또 다른 방법은 없는지 찾아보아야 한다.

| 단계 7 : 승계 계획 프로그램 평가 |

승계 계획 및 관리 프로그램 자체의 개선과 발전을 위해 프로그램이 얼마나 잘 운영되고 있는지를 확인하는 계속적 평가가 필요하다. 이것은 이 모델의 일곱 번째

이자 마지막 단계이다. 평가 결과는 지속적으로 프로그램을 향상시키기 위해, 그리고 체계적인 승계 계획 및 관리에 대한 약속을 유지하는 데 이용되어야 한다.

요약

이 장에서는 모범적인 승계 계획 및 관리 프로그램에서 발견되는 특징들을 열거했다. 그런 다음 승계 계획 및 관리 프로그램의 전형적인 문제점들을 요약했으며, 그에 대한 가능한 해결책을 제시하였다. 또한 체계적인 승계 계획 및 관리를 위한 7-pointed Star 모델을 제시하였다.

04

역량 규명과 가치 명확화 : 승계 계획 및 관리의 핵심

역량 확인과 가치 명확화는 효과적인 승계 계획 및 관리(SP&M) 프로그램의 기반이 되는 것으로 점차 중요성이 강조되고 있는 부분이다. 그렇다면 역량이란 무엇인가? 역량은 SP&M에서 어떻게 활용되는가? 어떻게 역량이 규명되고 SP&M의 실행에 이용되는가? 가치란 무엇이고, 가치 명확화란 무엇인가? 가치는 어떻게 SP&M에서 활용되는가? 가치 명확화 연구는 어떻게 수행되고 SP&M에 이용되는가? 이 장은 이러한 질문들에 대한 해답을 제시한다.

역량이란 무엇인가?

'역량'(competence)이란 용어는 1959년 처음으로 인간 특성(human Trait)과 연관지어졌다.[1] 이를 바탕으로 1973년 데이비드 맥클리랜드(David McClelland)는 역량에 관한 연구 결과를 발표하였다.[2] 그는 표준화된 지능 검사가 직무 성공의 예견자가 아님을 주목하고 그 이유를 궁금해하였다. 오늘날 역량은 표준화된 지능 검사가 어째서 직무 성공을 예견하지 못하는지에 대한 그의 최초의 의문으로부터 시작되었다. 다른 저자들과 연구자들도 물론 오늘날 널리 알려지고 실행되고 있는 역량 확인, 모델링, 평가의 발전에 기여했다.[3]

비록 '직무 역량'(job competence)이란 용어는 여러 가지 의미를 지니고 있지만, "직무에서 효과적이고 우월한 성과를 창출하는 직원의 기본적 특성"을 의미하는 것으로 이해될 수 있다. '역량 규명'(competence identification)은 직무 역량을 발견하는 과정이고,[5] '역량 모델'(competence model)은 역량 규명의 결과이다.[6] '역량 평가'(competence assessment)는 현재의 역량 모델과 특정 개인을 비교하는 과정이며[7], 다면 평가를 포함한 다양한 수단들에 의해 수행될 수 있다.

최근에 많은 조직들이 역량 모델들을 광범위하게 활용하고 있으며, 널리 받아들여지고 있는 추세이다.[8] 그 이유 중 한 가지는 역량 모델이 우수 성과자와 평균적인 성과자 간의 차이를 분명히 하는 데 도움이 될 수 있다는 점으로, 이는 경쟁이 심한 글로벌 비즈니스 환경에서 점점 더 중요성이 증대되는 사안이다. 두 번째 이유는, 역량 모델은 성공하기 위해서는 어떤 사람들이 필요한가를 정확히 지적하는 데 있어서 단지 업무 활동의 서술에만 의존하는 업무 기반 접근법보다 더 뛰어나기 때문이다. 성공적인 성취자에게 업무지식이 필수적인 것처럼, 전통적인 직무 서술 혹은 전통적인 성과 평가에서는 좀처럼 점검되지 않는 알맞은 태도와 동기 역시 성공적 성취에 중요한 부분이다.

승계 계획 및 관리에서 역량은 어떻게 이용되는가?

역량 모델은 SP&M의 실행에 바탕이 되는 기초이다. 이것이 없다면, 아래와 같은 것이 불가능하다.

- 조직의 핵심 역량을 직무 역량에 연결하고 조정한다.
- 고잠재 직원들과 다른 범주의 직원들을 정의한다.
- 조직, 다양한 부서, 직무, 혹은 직업 분야에서 성공하기 위해 필수적인 현재 및 미래 역량이 어떤 것인지 분명히 한다.
- 모든 직원들에게 높은 잠재성을 고무시키는 업무 환경을 창출함으로써 성과 관리의 기반을 제공한다.
- 현재 및 미래의 업무에 대한 기대치를 명확히 확립한다.
- 개별 기업 문화의 독특한 특성에 맞는 '다면 평가'를 창출한다.
- 앞으로 개인이 어떻게 개발될 수 있는지를 설명하는 역량 메뉴를 고안한다.
- 개인 개발 계획(IDP)을 만들어, 개인이 성공하기 위해 필요한 역량(역량 모델 제시)과 현재 그들이 보유하고 있는 역량 간의 다면 평가 또는 접근법으로 현재 성과 및 잠재성 간의 개발 격차를 좁히는 데 도움을 준다.

---

* 다면 평가는 360degree feedback, multirater feedback, multi-source feedback, full-circle appraisal, group performance review 등의 다양한 용어로 사용되고 있으며, 우리 나라에서는 다면 평가로 알려져 있다. 일반적으로 다면 평가란 종래 상사가 부하를 평가하는 기존의 개념에서 탈피하여 피고과자 한 사람에 대해 다양한 각도에서 여러 사람이 평가하는 것을 의미하는 것으로서 '360도 평가'라고도 한다. — 옮긴이

역량 식별 연구의 수행

역량 연구의 목적은 다양하다. 연구 결과가 유용하려면 목적이 명확해야 한다. 역량 연구를 수행하려는 사람들은 그들이 무엇을 하려고 하는지, 왜 그것을 하려고 하는지, 그리고 이해 관계자들(예를 들어 CEO)이 원하는 것이 무엇인지를 명확히 해야 한다. 만일 아무도 연구 목적이 무엇인지 모르고, 아무도 진정으로 연구를 원하지 않고, 혹은 아무도 그것들을 활용하는 방법을 모른다면, 공들인 연구들은 무용지물이 된다.

정의하자면 '현재 역량 연구'는 단일 부서, 직무 분야, 또는 직업 집단에 초점을 둔다. 이러한 종류의 역량 연구를 수행하는 데는 한 부서 또는 연구가 수행되는 단위 집단 내의 우수 성과자들과 평균적인 성과자들로 두 개의 다른 집단을 형성하는 것이 중요하다. 이 연구의 목적은 대체로 동일 집단에서 우수 성과자와 평균 성과자 간의 차이를 발견하는 것이다. 현재 역량 연구에서는 현재의 성공에 필수적인 역량이 무엇인지를 분명하게 한다.

'미래 역량 연구'도 역시 하나의 부서, 직무 구분, 또는 직업 집단에 초점을 맞춘다. 그러나 이러한 종류의 역량 연구를 수행할 때는 조직의 전략적 목적과 목표를 설명하는 것으로 시작하는 것이 중요하다. 조직은 미래에 어떠한 결과들을 추구할 것인가? 이러한 결과들은 왜 추구되는가? 그러한 결과들을 실현하기 위해 어떠한 역량이 필요한가? 이에 답하기 위해서는 현재 역량 연구와는 다른 방법이 필요하다. 미래의 요건과 역량을 비교하고자 할 때 조직 내에 우수 성과자라고 꼽을 수 있는 사람이 없는 경우가 많다. 따라서 미래의 비즈니스 환경에 필요한 역량 규명을 위해 시나리오 플래닝이 필요할 수도 있다. 이러한 시나리오 플래닝을 할 수 있을 정도의 수준을 가진 내부 인력은 거의 없다. 또 있다 하더라도 그들의 역량을 활용할 시간이 거의 없는 경우가 많다.

'탈선 역량 연구'는 단일 부서, 직무 분류, 혹은 직업 집단에 있는 사람들을 대상으로 실패 ― 또는 빠른 궤도에서 벗어나는 것 ― 와 연관되는 특성에 초점을 맞춘다. 탈선 연구를 수행할 때에는 대체로 과업을 제대로 수행하지 못하거나, 고잠재성 목록에서 누락되거나, 경력 정체를 경험하거나, 혹은 성공자 또는 고성과 잠재인력에 해당되지 않는 개인들을 선별하는 것이 중요하다.

이 연구의 목적은 한때는 잠재성이 높다고 생각된 사람들이 어째서 궤도를 이탈하거나 경력 정체에 도달하게 되었는지 알아보는 것이다. 물론 일단 그것이 알려진 다음에라야 그들의 개발과 실패의 극복을 돕고 다른 사람들이 비슷한 문제를 피하는 데 도움이 되는 전략을 세울 수 있다. 탈선의 이유로 도덕성 문제(예를 들어 성적 부주의) 또는 건강과 관련된 문제(예를 들어 알코올 중독이나 마약 관련 질병)가 포함될 수 있다.

이 밖에도 역량 식별을 위해 고안된 다른 접근 방법들이 있다. 여기에서 역량 식별을 위한 모든 접근법들을 검토하기에는 지면이 부족하다. SP&M에 대해 관심이 많은 사람들은 이용 가능한 접근법들에 대한 다른 정보를 찾을 수 있을 것이다. 그러한 노력을 통해 그들은 조직의 기업 문화에 어울리는 접근법을 선택할 수 있을 것이다. 왜냐하면 전에 역량 모델링을 활용하지 않은 조직에 그것을 도입하는 것이야말로 진정한 변화 노력이기 때문이다.

역량 모델링은 우수한 직무 성과와 연관된 특성들을 확인하는 측면에서 전통적인 직무 분석보다 새로운 하나의 방법을 제시한다. 역량 모델링의 장점은 정확성이다. 또 다른 장점은 성공적인 직무 성취자와 직무 성과의 특성을 포착하는 능력이다. 이러한 면 때문에 SP&M이 기초하고 있는 핵심 직위와 고잠재성 직원들에 대한 귀중한 정보를 제공할 수 있다.

불행히도 역량 모델링은 단점도 있다. 그 하나는 용어의 의미가 혼동될 수 있다는 점이다. 좀더 심각한 또 다른 단점은, 역량 모델링에 대한 정확한 접근법이 성공적으로 수행되려면 많은 시간과 돈 그리고 전문가가 필요하다는 점이다. 역량 모델링은 대규모 조직을 제외하고는 내부적으로 실시하기가 어려우며, 빠르게 행동하고 결과를 창출해야 하는 압력이 있을 때 실질적으로 많은 장애가 될 수 있다.

역량 모델의 이용

역량 모델은 최첨단 SP&M 프로그램의 기반이 되고 있다. 그것이 없다면 단순한 대체 계획 이상의 SP&M을 진행할 수 없을 것이다. 역량 모델은 현재 혹은 미래에 필요한 역량 구축을 위한 청사진을 제공하며, 개인 개발 요건을 측정하기 위한 기준 또는 척도를 제공한다. 이는 조직이 인재 풀의 개발에 노력을 기울일 때 특히 중요하다. 왜냐하면 역량 모델이 모든 개개인을 평가하는 기준을 제공하기 때문이다.

역량 식별, 모델링, 평가에서의 새로운 발전

역량 식별, 모델링, 그리고 평가에서 새로운 것은 무엇인가? 한 가지 새로운 발전은 역량 모델링이 자리를 잡아가고 있다는 점이다. 미국의 기업들은 역량 모델을 위해 연간 1억 달러를 지출하는 것으로 추정되고 있다.[9] 그렇지만 아직 많은 업무가 남아 있다. 모든 역량 모델링 노력들이 효과적인 것은 아니다. 한 가지 이유는 인사 전문가와 운영 관리자 같은 사람들이 역량 모델의 목적이 무엇인지, 그것이 조직의 필요와 어떻게 연관되어 있는지에 대해 적절하게 교육받지 못하거나 그것을 이해하지 못하고 있기 때문이다.

또 다른 새로운 발전은 역량 모델에 대한 사고와 철학적 견해의 차이가 점점 더 극명해지고 있다는 점이다. 고려되어야 할 중요한 점은 '역량 모델이 무엇에 초점을 맞추는가?'이다. 물론 '탈선', 즉 실패에 이르게 하는 것을 연구하는 것도 가능하다. 또한 기업의 각 계층에 적합하려면 무엇이 필요한지에 초점을 맞추는 것도 가능하다(많은 조직들에서 이렇게 하고 있다). 그렇지만 가장 중요한 것은, 어떤 직무 분야에서 가장 생산적인 수행자와, 완전한 훈련을 받았지만 가장 생산적이지는 못한 수행자('우수 성과자'라고 불린다) 사이에 어떤 측정 가능한 생산성의 차이가 존재하는가에 초점을 맞추어 보는 것이다.

진정한 부가가치는 우수 성과자와 완전히 성공적인 성과자 사이에 어떤 차이가 있는지 발견하고 그에 따라 조직에서 좀더 많은 우수 성과자를 창출하기 위해 채용, 승계 계획 및 관리, 그리고 경력 개발 노력을 통합하는 데서 창출된다.[10] 이러한 노력의 목적은 동종 산업에서 다른 조직보다 더 많은 우수 성과자들을 보유하여 점차적으로 생산성 우위를 확보함으로써 조직의 경쟁 우위를 높이는 것이다. 또 다른 사안은 무엇에 초점을 맞출 것인가이다. 역량 모델링의 목적이 결함을 보충하는 것인가? 아니면 개인 능력의 개발인가?

세 번째 새로운 발전은 많은 기술 패키지들이 역량 확인과 모델링 노력을 지원하는 데 이용 가능하다는 점이다. 그것들은 흔히 좀더 광범위한 인사 정보 시스템(HR information system, HRIS), 인적 자본 관리(HCM) 슈트의 일부로서 포함되는데, 이러한 시스템에서는 키워드 탐색이 가능하다. 이는 또한 학습 관리 시스템(learning management system, LMS)에서 나타나기도 한다.

불행히도 일부 실무자들은 역량 소프트웨어가 그들의 생각을 제대로 처리해 줄 것이라고 생각하지만, 이것은 사실이 아니다. 효과적인 역량 확인, 평가, 모델링은 어려운 작업이다.[11] 기술은 지름길이 아니며, 때로는 방해가 되기도 한다.

잠재 후보자의 파워를 형성하기 위해 일반적 역량을 활용할지, 특정 문화에 맞게 역량 개발을 할지 확인하기

역량 구축은 어떻게 가능한가? 대답은 역량 개발 전략을 이용하는 것이다. '역량 개발 전략'(competency development strategy)은 개인이 역량을 향상시킬 수 있는 방법으로, 있어야 하는 것과 현재 있는 것(다면 평가 및 평가 센터와 같은 접근법으로 측정된다)의 차이를 줄이는 것이다. 역량 개발 전략의 예로는 다음과 같은 것들이 있다.

- 집합 교육 과정 참가
- 온라인 교육 참가
- 독서
- 논문 탐독
- 오디오테이프 청취
- 비디오테이프 시청

이것들은 단지 예일 뿐이며, 다른 많은 접근법들이 가능하다. 물론 성공하기 위해서 개발 전략은 역량에 초점을 맞추어야 한다. 따라서 만일 개발되어야 할 역량이 '예산을 편성하는 기술'(budgeting skill)이라면, 개발 전략은 그 주제에 초점을 맞추어야 한다. 역량 개발 전략은 (1) 포괄적, (2) 기업의 특정한 문화에 맞는 전략, 두 개 부류로 나눌 수 있다. '포괄적 역량 개발 전략'은 물론 일반적이다. 예산 편성 기술을 익히기 위해서는 해당 주제에 관한 어떠한 책을 읽어도 좋고, 예산에 관한 교육 프로그램도 도움이 될 것이다. 그러나 포괄적 전략에서는 기업 문화에 녹아 있는 독특한 조건과 개발 전략을 연계하려는 노력을 하지 않는다.

다른 한편으로, 기업의 특정 문화에 맞는 개발 전략은 해당 조직에 고유한 것이다. 예산 편성 기술을 익히기 위해서 개인은 다음과 같은 것들을 할 수 있다.

- 예산에 대해 특히 잘 알고 있는 조직 내의 누군가를 따라 한다.
- 조직 내의 누군가와 함께 예산을 편성한다.
- 바람직한 또는 성공적인 예산 수립에 무엇이 필요한지 조직 내 예산 편성에 경험이 많은 사람과 인터뷰를 한다.

포괄적 개발 전략을 파악하기 위한 자료들은 많다.[12] 이것들은 외부 밴더에게 구입하거나 책 또는 웹상에서 구할 수도 있다. 필요한 것은 모든 역량에 연결되는, 일반적이지만 타당한 자료를 파악하는 것이다. 기업의 특정 문화에 맞는 역량 개발 전략은 별도의 조사를 필요로 한다. 그것을 확인하는 한 가지 방법은 우수 성과자들, 다시 말해 특정 역량에 정통한 개인들을 확인하는 것이다. 그들을 인터뷰하여 다음과 같은 질문을 할 수 있다.

- 만일 사람들이 이러한 역량을 구축하기 바란다면, 그들에게 조직의 누구와 대화하라고 조언할 것인가?
- 개인들이 이 조직에서 이러한 역량을 구축하려 한다면, 그들에게 어떠한 종류의 업무 활동 또는 과업이 주어져야 하는가?
- 이 조직에서 이러한 역량의 전문 분야는 어디인가?
- 이 회사에서 이러한 역량을 구축하려는 사람에게 어디서 어떻게 시작하라고 조언할 것인가?

예시 4-1의 인터뷰 가이드를 활용하여 그 결과를 우수 성과자들에게 적용해 보라. 그리고 과업들이 회사에서 목표한 역량을 실제로 개발할 수 있게 하는 것인지 점검하고, 사람들이 개인 개발 계획을 준비하면서 활용할 수 있게 온라인 상에 올려보라.

| 예시 4-1 | **기업의 특정 문화에 맞는 역량 개발 전략을 수집하기 위한 인터뷰 가이드**

지시 : 이 인터뷰 가이드를 이용하여 당신 조직의 독특한 기업 문화 맥락 안에서 역량을 구축하는 방법에 대한 정보를 수집하십시오. 주어진 역량을 성공적으로 발휘하는 우수 성과자 몇 명을 선별하십시오. 해당 역량을 '역량' 항목 옆에 적고, 아래에 나타나는 질문을 이용하여 약 15분 정도 각각의 우수 성과자들을 인터뷰하십시오. 인터뷰가 끝나면, 모든 인터뷰 결과를 아우르는 일반 주제 혹은 패턴을 파악하여 결과를 분석하십시오.

역량 :

이름 : _____   직책 : _____

경력 : _____   날짜 : _____

면담자 : _____

1. 당신이 이러한 역량을 실제로 발휘할 것을 요청받았을 때를 생각하라.
   - 상황은 어떠했는가?
   - 이러한 상황은 언제 일어났는가?
   - 당신은 무엇을 했는가?
   - 당신이 이러한 역량을 실제로 발휘하는 데 앞의 경험이 도움이 되었는가?
   - 만일 당신의 멘티가 이와 같은 경험에 참여한다면, 역량 구축에 도움이 되겠는가?

2. 조직에서 이러한 역량을 뛰어나게 발휘하여 당신의 멘티에게 추천해 줄 수 있는 사람은 누구인가?

3. 조직에서 당신의 멘티가 역량을 개발하거나 제대로 발휘하기 위해 어떤 업무 경험을 할 수 있는가?

4. 납기 혹은 마감과 같은 시간적 압박이 역량 개발이나 발휘에 어떻게 도움이 될 수 있는가?

5. 이러한 역량 개발이나 발휘를 위해 사람들을 어떤 분야와 직위에 보내겠는가? (조직에서 이러한 역량이 특히 잘 발휘되고 있는 곳은 어디이며, 그렇게 생각하는 이유는?)

6. 이러한 역량 개발이나 발휘에 유용한 특정한 과업을 열거하라.

7. 누군가가 조직에서 이러한 역량을 개발하는 방법에 대해 조언해 달라고 요청한다면, 그들에게 어떠한 조언을 해 줄 것인가?

8. 이러한 역량을 개발하는 데 특히 유용한, 미래 혹은 현재의 프로젝트가 있는가? 그것은 무엇이고, 어째서 그것이 역량 개발에 도움이 될 수 있다고 생각하는가?

가치란 무엇이고, 가치 명확화란 무엇인가?

간단히 말해서 '가치'란 좋거나 나쁜 것에 대한 믿음이다. '가치 명확화'(value clarification)는 어떤 가치가 다른 것들과 비교할 때 어느 순위에 있는지, 무엇이 다른 것들보다 더 중요한지를 명확히 하는 과정이다. 역량은 개별 성과자들 간의 차이를 분명히 하는 것이고, 가치는 윤리적 차원이다. 그것은 하나의 기업 문화에서 생활하고 일하는 사람들의 윤리적 기대를 설명해 준다.

조직 환경에서 가치에 대한 관심이 점차 높아지고 있다. 다음을 생각해 보라. 엘리릴리(Eli Lilly) 사의 최근 연례 회의에서, CEO인 랜들 토비아스(Randal Tobias)는 회사의 핵심 가치와 미래 조직에서 그것의 중요성을 논의하기 위해 2시간 이상 회의를 연장했다.[13] 이와 유사하게, Organizational Dynamics와의 최근 인터뷰에서, 사우스웨스트 항공 CEO인 허브 켈러허(Herb Kelleher)는 조직에서 가치의 핵심 역할을 논의했다.[14] 〈포천〉(Fortune) 지는 미국 기업의 50퍼센트 이상이 가치 선언문을 가지고 있다고 보도했는데, 이는 10년 전에 비해 두 배 이상 늘어난 수치이다.

승계 계획 및 관리에서 가치는 어떻게 이용되는가?

가치 선언문과 가치 명확화는 역량 모델과 마찬가지로 승계 계획 및 관리 노력의 기초이다. 그것이 없다면, 여러 부서, 업무 범주, 직무 분야에서 직원들을 개발하는 데 윤리적 차원을 제시할 수 없다. 역량 모델에서와 마찬가지로, 그것은 다음과 같은 도움을 준다.

- 조직의 핵심 가치를 부서와 개인 가치에 연계시킨다.
- 직원들의 높은 잠재성 또는 다른 폭넓은 범주를 정의한다.
- 조직과 여러 부서, 업무, 또는 직무 분야의 성공에 필수적인 현재 및 미래 가치가 무엇인지 확실하게 한다.
- 가치 기반의 성과를 독려하는 업무 환경을 조성해 성과 관리의 토대를 제공한다.
- 현재 및 미래의 업무 기대에 기초가 되는 가치를 확립한다.

- 기업 문화의 고유한 요구에 꼭 맞는 완전한 다면 평가를 창출한다.
- 개인 개발 계획(IDP)을 공식화하는 토대를 제공하며 개인들이 현재 및 미래의 도전에 대응할 수 있도록 스스로 개발하는 것을 돕는다.

가치 명확화 연구의 수행

조직의 가치를 명확히 하는 데 도움이 되는 여러 가지 도구와 기법들이 있다. 어떤 조직은 소그룹 활동을 통해 가치 명확화를 시작한다.[16] 다른 조직들은 자동차 레이싱 교수법과 같은 독특한 접근법을 이용한다.[17] 최소한 두 가지 다른 접근법이 이용될 수 있다. 하나는 단순하고, 다른 하나는 좀더 복잡하지만 보다 의미심장하다.

| 단순한 접근법 : 최고경영자로부터의 가치 명확화 |

조직의 가치를 명확히 하는 간단한 방법은 어떤 가치가 가장 중요한지 최고경영자들에게 묻는 것이다. 이러한 접근법에서는, 가치란 무엇이고 그것이 왜 중요하며 어떻게 이용되는지에 대한 간략한 소개를 마련한다. 그런 다음, 선임 임원들에게 현재와 미래에 조직을 위한 가장 중요한 가치가 무엇이라고 생각하는지 회의 또는 온라인 상에서 묻는다. 개인들로부터 목록이 취합되면, 그것을 그들에게 피드백하여 목록을 논의하도록 하고, 가장 중요한 것에 투표를 하게 한다. 이러한 활동이 완료되면, 각각의 가치를 정의하고 조직과 개인에게 선정된 가치의 중요성에 대해 설명해 달라고 요청한다.

| 좀더 복잡한 접근법 : 최고 성과자로부터의 가치 명확화 |

가치 명확화를 수행하는 보다 복잡한 접근법은 조직에서 최우수 성과자 혹은 잠

재력이 높은 사람에게 그들의 가치를 기술하도록 요청하는 것이다. 이것은 '행동 사건 면접'(behavioral event interviewing)을 통해 할 수 있다. 이는 역량 모델링에서 사용되는 엄격한 방법으로서, 개인들은 그들의 업무에서 부딪혔던 가장 어려운 윤리적 상황을 기술하고, 그들이 직면하는 각각의 상황 단계에서 무엇을 생각하고 느끼고 행동했는지 설명하도록 요청받는다. 가치 선언문은 논의를 거쳐 도출되어야 한다(만일 그렇지 않다면, 면담자는 확실히 우수 성과자가 신봉하는 가치에 대해 설명을 이끌어 내는 심층 질문을 해야 한다). 그런 다음 개별 우수 잠재인력에 의해 확인되는 가치들이 요약될 수 있다. 중요한 것은 한 사람이 말하는 것이 아니라 많은 응답자들로부터 어떠한 비슷한 주제의 패턴이 떠오르는가이다.

일단 가치들이 파악되었다면, 더 많은 논의와 개선을 위해 포커스 그룹 인터뷰에서 우수 성과자에게 피드백할 수 있다. 그러한 과정이 완료되면, 가치 선언문은 최고경영자들에게 승인이나 수정을 위해 제출된다. 이러한 방법으로 조직에 적합한 가치들은 우수 성과자들의 업무 관련 신념과 조화를 이루고, 최고경영자들에 의해 정당성을 부여받는다.

가치 명확화의 이용

가치 명확화는 SP&M에 있어 더욱더 중요해지는 추가적 차원을 제공한다. 그것이 없다면, 개인들은 온전한 역량을 갖추더라도 미래의 리더십에 매우 중요한 윤리적 차원을 결여할 수 있다. 가치는 또한 역량 모델과 통합되어, 앞으로 모든 조직, 부서, 업무 구분, 직업의 단계에서 필수적인 리더십 요건의 성공 도표 혹은 설명을 구성하는 것을 가능케 한다. 그리고 개인들을 비교하는 가치 목록과 평가 도구들을 준비하는 것도 가능하다.[18] 다른 말로 하면, 조직에서 고잠재성과 역량을 구축하기 위한 원동력으로서 가치를 이용하는 것이 가능하다는 것이다. 그러면 역량과 마찬가지로, 가치는 SP&M 프로그램의 모든 핵심 측면들을 결합시키는 접착제가 될 수 있다.

모든 것을 불러 모으기 : 역량과 가치

오늘날 조직은 역량과 가치 모두를 필요로 한다. 사람들을 고성과자로 만드는 것으로는 충분치 않다. 그들은 윤리적이어야 하며, 조직이 전달하기를 바라는 이미지와 부합하는 도덕적 차원을 지니고 있어야 한다. 가치가 없다면, 우수 잠재인력은 장기적으로 성공을 거둘 수 없으며, 조직의 신뢰도를 높일 수도 없다.

요약

이 장에서 강조한 것처럼, 역량과 가치는 효과적인 승계 계획 및 관리 프로그램에서 더욱더 그 중요성이 강조되고 있는 기반이다. 이 장은 역량을 정의하고 그것이 승계 계획 및 관리에서 어떻게 이용되는지 설명하였다. 그런 다음 가치를 정의하고 그것이 승계 계획 및 관리에서 이용되는 방법을 설명했다. 이 장의 주요 핵심은 역량과 가치가 없다면 최신 승계 계획 및 관리 프로그램의 창출이 어렵다는 것이다. 왜냐하면 그것들이 인재들에게 청사진을 제공하기 때문이다.

다음 장에서는 조직 무대 또는 기업 문화에서 성공할 수 있는 프로그램을 계획하고 실천하는 지속적인 방안을 통해 승계 계획 및 관리 프로그램의 기초를 어떻게 쌓을 수 있는지 설명한다.

제2부

승계 계획 및 관리를 위한 기초

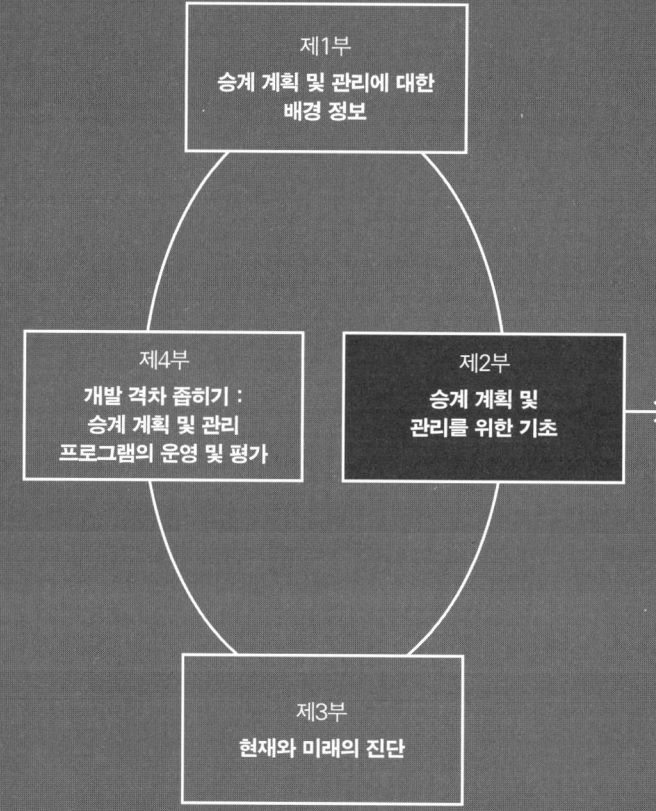

- 현재의 문제점과 실태 평가
- 승계 계획 및 관리의 필요성 증명
- 조직 차원에서의 프로그램 요건 결정
- 승계 계획 및 관리 활동과 조직 및 인적 자원 전략의 연계
- 다른 조직의 승계 계획 및 관리 사례 벤치마킹
- 체계적 승계 계획 및 관리에 대한 경영진의 헌신적 참여 확보
- 프로그램 역할 결정
- 사명 선언문 작성
- 정책과 절차 작성
- 표적 집단의 규명
- 프로그램 우선순위 설정
- 승계 계획 및 관리 프로그램 실행을 위한 전략 수립
- 프로그램 액션 플랜 준비
- 액션 플랜의 공유
- 승계 계획 및 관리 회의의 수행
- 승계 계획 및 관리에 대한 훈련
- 해당 영역에서의 승계 계획 문제점들에 대한 관리자 카운슬링

05

주요 변화를 위한 상황 만들기

오랫동안 경영상의 변화 도입과 강화는 경영의 주된 논제가 되어 왔다. 많은 사람들이 경영이라는 직무의 본질은 발전적인 변화를 위한 도구가 되거나, 또는 최소한 변화에 적합한 환경을 창출하는 것이라고 믿고 있다.

체계적인 승계 계획 및 관리(SP&M) 프로그램이 없었던 조직이 이 프로그램을 도입하는 것은 주요한 변화 노력이다. 그것은 현 상태로부터의 엄청난 도약을 의미하는데, 혹자는 그것을 '변혁적 변화'(transformational change)라고 부른다. 이것의 성공 여부는 초기에 변화의 필요성을 증명하는 데 달려 있다. 유일한 예외는, 매우 드문 경우로, 의사 결정자들이 과거의 관행으로부터 벗어나 급격한 변화를 도입하기로 이미 합의한 경우뿐이다.

승계 계획 및 관리에서 변화를 위한 상황을 만들기 위해, 대체로 다음과 같은 것들이 필요하다.

- 현재의 문제점과 실태 평가
- 필요성 증명
- 조직 차원에서의 프로그램 요건 결정
- 승계 계획 및 관리를 전략 계획과 인적 자원 계획에 연계
- 다른 조직의 승계 계획 및 관리 과정 벤치마킹
- 체계적인 승계 계획 및 관리에 대한 경영진의 헌신적 참여 확보와 구축

이 장에서는 이러한 이슈들을 중점적으로 다룬다. 위의 이슈들이 형식적인 것으로 보일 수도 있으나, 체계적인 승계 계획 및 관리 구축을 위한 기반을 다지는 데 필수적인 것들이다.

현재의 문제점과 실태 평가

변화를 위한 설득력 있는 상황을 만들기 위해서는 현재의 문제점과 실태 파악이 필요하다. 과거와 현재에 대한 파악 없이는 미래를 위한 계획이 불가능하다.

| 현재의 문제점 평가 |

위기는 변화의 동력이다. 문제점이 발생하여 주목을 끌게 되면, 사람들은 자연히 해결책을 찾는다. 문제의 비중과 심각성이 커짐에 따라, 해결책에 대한 탐색 노력도 강화된다.

동일한 원리가 승계 계획 및 관리에도 적용된다. 만일 조직이 훌륭한 후임자를 찾고, 재능 있는 사람들을 보유하거나, 리더십 연속성을 유지하고, 또는 개인의 발전을 촉진하는 데 있어서 아무런 위기를 느끼지 못한다면, 의사 결정자들은 이러한 사안

에 직접적인 관심을 쏟을 다급한 필요성을 느끼지 못할 것이다. 다른 한편으로, 승계 계획 및 관리는 다음과 같은 문제점이 표면으로 떠오를 때 더 큰 관심을 끌게 된다.

- 핵심 직위를 채우는 데 오랜 시간이 걸린다.
- 핵심 직위가 부 이동이나 승진보다는 외부 고용으로 채워진다.
- 핵심 직위를 지금 당장 맡을 수 있는 사람들이 거의 없다[이것은 '허약한 대체 후보 인력군'(weak bench strength)이라고 불린다].
- 핵심 직위의 공석을 자신 있게 채울 수 없다.
- 핵심 직위의 전직이 잦거나 갑작스럽게 이루어진다.
- 핵심 직위를 맡은 사람이 새로운 임무를 성공적으로 수행하지 못하는 경우가 많다.
- 고성과자 혹은 고잠재 직원들이 조직을 떠나고 있다.
- 직원들이 전문적인 향상이나 그들의 경력 목표를 이루기 위해 조직을 떠나는 것이 일상화되어 있다.
- 의사 결정자들이 허약한 대체 후보 인력군에 대해 불만을 토로한다.
- 누가 승진하는지에 대한 결정이 능력이 아니라 일관성 없는 기준, 연고, 개인적 편애에 따른다며 직원들이 불평한다.
- 직원들과 의사 결정자들은 누가 핵심 직위에 오르는지에 대한 결정이 차별이나 편의주의에 좌우된다고 불평한다.

승계 계획 및 관리의 체계적 접근법을 위한 환경을 만들기 위해, 의사 결정자들이 위에 열거한 문제점들에 직면해 있는지 물어본다. 덧붙여, 조직이 직면하고 있는 가장 중요한 문제점들을 파악하고 그러한 문제점들이 기존의 승계 계획 및 관리에 기인한 것인지 점검하는 데 관심을 집중한다. 가능하다면 과거의 실제 승계 문제점들을 문서로 작성한다. 무서운 이야기(주요 문제 상황들에 대한 일화) 또는 투쟁 이야기

(부정적인 경험에 대한 일화)를 포함시킨다. 비록 일화들이 현재 상황들에 대한 정확한 모습을 보여주지는 못하더라도, 그것은 큰 설득력이 있을 수 있으며, 문제 자체가 조사의 정당한 사유가 된다며 회의적인 의사 결정자를 납득시키는 데 도움이 될 수 있다. 조직의 현재 승계 계획 및 관리 실태에 대한 관심을 끄는 데 이러한 사례를 이용한다. 그리고 적절한 때에 그것들을 비공식적인 것에서 체계적인 것으로 변화시키는 필요성에 관심을 모아라. 또한 승계 계획 및 관리 프로그램에 대한 반대를 파악하고 극복하는 방법의 활용을 고려하라(예시 5-1 참조).

2004년 연구 조사에서 나는 승계 계획 및 관리가 과거 몇 년 동안 그들의 조직에서 더욱 중요해졌는지에 대한 의견을 요청했다. 그들의 답변은 승계 계획 및 관리에 점차 높은 관심을 필요로 하는 많은 현재의 문제점들이 등장했다는 지적으로 나타났다(예시 5-2 참조).

예시 5-1 승계 계획 및 관리의 실행에 대한 저항을 다루는 전략

경영자 또는 직원들이 생각하는 승계 계획 및 관리 프로그램에 대한 저항 사유	그 사유를 다루는 전략
승계 계획 및 관리 프로그램은 그들이 무엇인가를 포기해야 한다는 것을 의미한다(이를테면 누가 승진하는지에 대한 결정권).	• 프로그램에 관련된 문제들에 대해 조언하는 위원회 설립을 고려한다. • 모든 직원의 상급자들이 의사결정에 참여할 수 있으며, 또 참여할 것임을 강조한다.
아무 이유 없이 일을 요구한다(필요성을 느끼지 못한다).	• 다른 조직이 승계 계획을 어떻게, 왜 이용하는지를 설명함으로써 시작한다. • 프로그램이 단순한 대체 계획을 넘어서고 개인 개발을 포함하고 있다는 근거들을 보여준다.

얻는 것 보다는 잃는 게 많다.	• 경영자와 직원들이 왜 이러한 식으로 느끼는지 알아보고, 프로그램 남용을 방지하기 위한 방법에 대해 그들의 조언을 구한다.
신뢰할 수 없는 사람들이 관리하거나 비윤리적으로 관리된다.	• 외부 컨설턴트를 고용해 프로그램의 골격을 짜고, 가능한 문제점들을 배제한다.
너무 많은 시간, 노력, 그리고 자원을 필요로 한다.	• 승계 계획 및 관리를 유용하게 하려면 어떠한 정보가 필요한지 설명하고, 그러한 정보를 얻는 가장 좋은 방법에 대해 프로그램에 저항하는 사람들의 조언을 요청한다.
	• 승계 계획 및 관리 프로그램을 점진적으로 이행하기보다는 급하게 가동하려 하고 있지는 않은지 재확인한다.

예시 5-2 승계 계획 및 관리의 중요성

질문 : 지난 몇 년 동안 승계 계획은 당신의 조직에서 중요성이 더욱더 증대되었습니까? 그렇다면, 혹은 그렇지 않다면 그 이유를 간략히 설명해 주십시오.

모든 응답자들은 '그렇다'고 대답했고, 다음의 이유를 제시했다.

- 리더십은 어려운 비즈니스 환경에서 건전한 비즈니스에 이르는 열쇠이다.
- 사장의 경영 의제에 추가되었다.
- 이사회의 요구 사항이다. 그것은 이제 기업 지배와 관련된 이슈이다. 투자자들이 그것을 기대한다.
- 3분의 1 이상의 직원이 앞으로 몇 년 안에 퇴직 대상자가 될 것이기 때문이다.
- 시장이 변화했고, 승계 계획으로 인해 우리는 계속해서 성장할 수 있다.

- 임원 자리를 감축하려는 정책으로 인해 승계 계획에 참여하는 임원들이 이탈하고 있다.
- 많은 직원들이 5년 안에 은퇴하게 된다.

출처 : William J. Rothwell, Results of a 2004 Survey on Succession Planning and Management Practices. 미출간 조사 결과(University Park, Penn.: The Pennsylvania State University, 2004).

| 현재의 실태 평가 |

비공식적으로 승계 계획 및 관리를 활용하는 대규모 조직에서는, 아무도 조직 내에서 활용되는 방법들에 대해 알지 못한다. 그리고 알아서도 안 된다. 이런 경우 관리자들이 각각의 상황에서 승계 계획 및 관리에 다른 방법을 적용하거나, 승계 계획 및 관리가 전혀 이루어지지 않을 수 있다. 결과적으로 조직의 승계 계획 및 관리 방법에 대해 아는 사람이 아무도 없다는 것이다.

따라서 현재 조직에서 어떤 방법들이 이용되고 있는지 찾아내는 것이 한 가지 좋은 방법이 될 수 있다. 비록 겉으로 드러나지는 않지만 모범적인 방법이 이미 이용되고 있을지도 모르며, 그것은 체계적인 접근법을 시작하는 훌륭한 출발점이 될 수 있다. 이러한 접근법은 조직에서 이미 그것이 시험되었고 그것을 지지하는 경영자가 한 명 이상 있을 것이라는 이점을 가지고 있다.

이 접근법의 장점을 살펴보기 위해 비공식적 방법을 사용하는 포천 500대 기업 중 하나를 살펴보자. 경영자들은 문제의식 없이 자신만의 승계 계획 및 관리 방법을 만드는데, 그러한 활동들은 각각 다르다. 대부분의 경영자들은 승계 계획 및 관리를 수행하는 데 아무 노력도 기울이지 않는다. 공석이 생기면, 그때 가서 정신없이 후임을 찾는다. 핵심 직위의 충원은 위기 관리 활동이다(이것은 2004년 조사에서 나타난 바와 같이 체계적인 승계 계획 및 관리가 없는 조직에 흔히 적용된다. 예시 5-3 참조).

그렇지만 이러한 조직에서도 주요한 한 운영 부서는 매년 비밀 문건을 돌려 부서 관리자에게 그들 자신의 후임에 대한 지명을 요청하였다. 후보자가 승진에 적합한 필수적인 지식과 기술을 가지고 있는지, 새로운 임무를 기꺼이 받아들이려고 하는지 확인하는 어떠한 시도도 없다. 필요할 경우 후임자들을 활용할 수 있는지를 확인하거나, 후임자들이 승진에 준비할 수 있도록 하는 아무런 시도도 없다. 그렇지만 문건을 돌리는 것 자체만으로도 승계 계획 및 관리에 대한 체계적인 접근법의 훌륭한 시작 지점에 있는 것이다. 그것은 해당 사안, 그리고 체계적 접근법을 채택하는 필요성에 관심을 돌리는 데 초점이 될 수 있다.

조직의 현재 승계 계획 및 관리 상태를 평가하는 데에는 (1) 비공식적인 면담, (2) 이메일을 활용한 조사, (3) 서면 조사의 수행 등 세 가지 접근법이 이용된다.

예시 5-3 승계에 대한 결정(체계적인 승계 계획 및 관리가 없는 조직에서)

질문 : 당신의 조직에서 후임자에 대한 결정은 어떻게 이루어집니까? 해당되는 모든 항목에 동그라미를 치십시오.

	반응비율
우리는 공석이 생길 때까지 기다린 다음, 급히 서둘러서 후임자를 찾는다.	21%
우리는 비밀리에 후임자를 준비한다.	32%
우리는 공석이 생겼을 때, 형편에 따라 충원 가능한 후임자를 파악하고, 그것이 최선이기를 기대한다.	37%
다른 방법들	11%
합계	100%

출처 : William J. Rothwell, Results of a 2004 Survey on Succession Planning and Management Practices. 미출간 조사 결과(University Park, Penn.: The Pennsylvania State University, 2004).

비공식적 면담

핵심 의사 결정자에게 승계 계획 및 관리를 어떻게 하고 있는지 물어본다. 가능하다면 회장이나 최고경영자와 이야기하는 것에서 시작한다. 왜냐하면 이들은 다른 사람들보다 그 과정들에 대해 더 잘 알고 있을 것이기 때문이다. 그런 다음 그 문제에 대해 다른 고위 경영자와 논의를 한다. 다음과 같은 질문을 제기하라.

- 조직은 현재 승계 계획 및 관리를 어떻게 다루고 있는가? 최고 직급에서 무엇이 수행되고 있는가? 가장 낮은 단계에서는? 다른 사업부에서는? 다른 지역에서는?
- 당신은 조직이 승계 계획 및 관리를 위해 무엇을 해야 한다고 생각하는가? 왜 그렇게 생각하는가?
- 당신의 책임 영역에서 핵심 인원의 어떤 예측 가능한 손실이 예상되는가? 예를 들어, 당신은 대기 중인 은퇴를 얼마나 알고 있는가? 대기 중인 승진은 도미노 효과로 이어질 것인가? 핵심 직위의 공석이 내부 승진에 의해 채워진다. 다른 많은 자리에서 공석의 연속으로 이어지는 연쇄 반응으로 나타날 것인가?
- 당신의 사업부, 직능(function), 부서, 또는 지역에서의 지속적인 성공적 운영을 위해 어떤 사람들이나 직책들이 절대적으로 중요한가? 당신은 핵심 인원의 갑작스럽고 기대하지 못한 손실을 어떻게 다루겠는가? 그것이 여러 명이라면?
- 지난 1~2년 동안 핵심 인원의 손실을 경험한 적이 있는가? 당신은 그것을 어떻게 처리했는가? 만일 그런 일이 다시 생긴다면, 동일한 방법으로 처리할 것인가? 그렇다면 그 이유는? 그렇지 않다면 그 이유는?
- 당신의 조직에서는 핵심 인물이나 핵심 직위의 대체 가능한 인력을 파악하기 위해 어떠한 정기적인 노력을 기울이는가? 예를 들어 경영 성과 평가의 일부인 경영 전략 회의 때, 또는 다른 경우에 이러한 사안을 논의하는가?
- 현재의 위치를 넘어 성장 잠재성이 있는 개인들을 파악하기 위해 당신은 어떤

노력을 기울이고 있는가?
- 잠재성이 있는 직원을 발견했을 때 당신은 그들의 성장을 어떻게 준비시키는가? 미래의 승진을 위해 그들을 훈련, 교육, 혹은 개발시키는 데 어떤 체계적인 노력을 기울이는가?
- 승계 계획 및 관리에 대한 당신은 신념은 어떠한가? 예를 들어 당신은 조직이 예상 승계자에게 그들의 현재 상황(status)에 대해 알려야 한다고 생각하는가?(그러면 황태자 계승 문제를 일으킬 위험이 있다.) 아니면 그러한 정보를 감추어야 한다고 생각하는가?(그러면 다른 조직이나 경쟁사의 좋은 성장 전망에 유혹을 받아 잠재성이 높은 직원을 놓칠 위험이 있다.) 당신은 정체된 직원들, 더 이상 성장하지 않는 직원들과 그들 위에 정체된 직원들이 가로막고 있어서 현재의 직위 이상으로 승진할 수 없는 사람들을 어떻게 다루어야 한다고 생각하는가?

의사 결정자들과의 면담을 끝내면, 조직의 승계 계획 및 관리 실태들에 대한 요약 보고서를 준비한다. 보고서에는 분명한 허락을 받은 개인들의 이름만 언급한다. 외부에서(예를 들어 이 책과 같은 자료로부터) 얻어지는 효과적인 승계 계획 및 관리 실태들에 대한 현재 정보의 요약을 포함시키고, 그 주제에 보다 많은 관심을 기울일 수 있는지 물어본다. 면담 결과는 핵심 의사 결정자들 사이에서 승계 계획 및 관리에 대한 체계적인 접근법을 탐색하기 위해 얼마나 많은 관심과 지원이 존재하는지에 대한 귀중한 단서를 제공할 것이다.

이메일 조사

어느 대기업의 고위 경영자는 단순히 동료들에게 이메일 메시지를 보냄으로써 체계적인 승계 계획 및 관리에 대해 관심을 모았다. 그는 이러한 질문을 제기했다. "사망이나 상해로 인해 당장 핵심 부서의 관리자를 잃었다고 가정해 보자. 누가 그 직책을 맡을 준비가 되어 있는가? 이름을 대 보라."

이 질문은 엄청난 반향을 불러일으켰다. 단순히 이러한 질문을 제기함으로써 그는 변화의 전도사로서 중요한 역할을 수행했고, 조직 경영 관리층의 허약한 대체 후보 인력군에 관심을 모았다. 동일한 방법을 당신의 조직에 한번 적용해 보라. 동료에게 이메일로 비슷한 질문을 제기할 수 있는 한 명의 고위 경영자를 찾아보라. 틀림없이 그 사안에 관심을 모을 수 있을 것이다. 이는 논의의 문을 열고 변화의 동력을 창출할 것이다.

서면 조사의 수행

서면 조사는 비공식적인 논의의 한 가지 방법으로 사용될 수도 있지만, 일반적으로 비공식적 논의와는 달리, 한 단계 위의 보다 명확한 노력이다. 아마도 많은 사람들이 서면 조사지를 보게 될 것이다. 그러한 이유 때문에, 서면 조사를 할 때에는 조직의 양식에 따라야 한다. 이는 질문지의 배포에 앞서 CEO, 인사 담당 부사장, 혹은 관련된 다른 사람들과의 사전 논의가 필요함을 의미한다. 조사 실시에 대해 그들의 승인을 요청하고, 관심 있는 질문을 포함할 것을 요청한다. 일부 조직에서는 조사지의 서문을 작성하길 요청할 수도 있을 것이다. 이는 바람직한 일이다. 왜냐하면 그것은 그들의 인식과 지원을 증명하고, 따라서 응답률을 높일 수 있기 때문이다.

원한다면 예시 5-4에 제시된 조사지를 이용하라. 그것은 조직의 니즈에 꼭 맞는 조사를 개발하는 데 필요한 시간을 아껴줄 것이다.

일단 조사가 완료되면 그 결과를 의사 결정자들에게 피드백한다. 그러한 방식으로 의사 결정자들은 조직의 현행 승계 계획 및 관리 방법에 관해 그들의 동료들이 무엇을 말하고자 하는지 스스로 읽어볼 수 있을 것이다. 이를 통해 해결해야 할 특정 문제점에, 그리고 의사 결정자들 사이의 합의 도출에 초점을 맞출 수 있다. 그렇지만 서면 조사의 수행이 위험이 없는 것은 아니다. 예를 들어 이 방법은 체계적인 승계 계획 및 관리 프로그램에 영향을 미치는 표면적인 반대를 야기하기도 한다. 그것은 앞으로 승계 계획 및 관리를 시행하기 위한 상황 구축을 더욱 어렵게 할 수 있다.

예시 5-4 조직에서 승계 계획 및 관리 상황을 평가하기 위한 설문지

표지 문안

수신 : _____ 기업의 고위 경영자들

발신 : _____

주제 : 승계 계획 및 관리 실태에 관한 조사

날짜 : _____

승계 계획 및 관리는 '시간에 따라 핵심 인물들의 개발, 대체, 전략적 지원 등을 제공함으로써 조직, 사업부, 부서, 혹은 업무 그룹의 지속적인 성과를 보장하기 위해 설계된 노력'이라고 이해될 수 있습니다. 이는 체계적일 수도 있고 비공식적일 수도 있습니다. 체계적인 승계 계획 및 관리는 조직의 경영자들이 핵심 직위의 후임자를 준비하는 것입니다. 반면 비공식적 승계 계획은 후임자의 준비에 아무 노력도 기울이지 않는 것입니다. 따라서 비공식적 승계 계획의 경우 핵심 위치에 공석이 발생하면 경영자가 즉시 중대 국면에 대처하게 됩니다.

잠시 시간을 들여 아래의 질문에 응답해 주시기 바랍니다. 응답을 마치면 조사지를 (날짜)까지 (장소)의 (이름)에게 회신해 주십시오. 질문이 있으면, 저에게 (전화 번호)로 문의해 주시기 바랍니다.

조사

지시 : 잠시 시간을 내서 아래에 제시된 각각의 질문에 당신의 의견을 적으십시오. 이 질문서는 원한다면 이름을 적을 수 있지만, 익명으로 작성하시도록 되어 있습니다. 조사가 끝나면 모든 응답자들의 응답을 요약하고 실행 방향을 제시하는 보고서를 받게 될 것입니다.

1. 당신 생각에, 이 조직은 현재 승계 계획 및 관리를 얼마나 잘 수행하고 있습니까?

   (왼쪽 행 응답에 동그라미를 치십시오.)

   매우 좋다.   당신이 그렇게 느끼는 이유를 간략히 설명하십시오.

   적절하다.

   부적절하다.

   매우 형편없다.

2. 이 조직은 승계 계획 및 관리에 대한 접근법을 도입/개선해야 한다고 생각하십니까?

   예   당신이 그렇게 생각하는 이유를 간략히 설명해 주십시오.

   아니오

3. 당신의 책임 영역에서 아래 사항을 도입했습니까?

   (아래 응답에 제시된 '예', '아니오' 중 하나에 동그라미를 치십시오.)

질문	응답		당신의 의견
	예	아니오	
A 정년퇴직 또는 다른 예측 가능한 인원 손실에서 기인하는 대체 요구를 파악하기 위한 체계적 수단들			
B 각 개인의 현재 성과를 명백히 하기 위한 성과 평가의 체계적 방법들			
C 현 위치에서 한 단계 이상 승진할 잠재성이 있는 개인들을 파악하는 체계적 방법들			
D 현 위치에서 한 단계 이상 승진할 잠재성이 있는 개인들의 개발을 촉진할 체계적 방법들			
E 핵심 직위를 대체할 가능 인력에 대한 정보를 확보하는 방법들			

4. 조직에서 설계되거나 도입된 체계적인 승계 계획 및 관리 프로그램의 전달시 주의해야 할 특별한 사안은 어떤 것이라고 생각합니까?

5. 체계적인 승계 계획 및 관리 프로그램에 대하여 당신이 추천하는 다른 것은 어떤 것들이 있습니까?

작성된 조사지를 (날짜)까지 (장소)의 (이름)에게 되돌려 주십시오. 질문이 있으면, 저에게 (전화 번호)로 문의해 주시기 바랍니다. 당신은 (날짜)까지 익명의 조사 결과에 대한 요약을 받게 될 것입니다.
협조해 주셔서 감사합니다.

필요성의 증명

의사 결정사들은 소득이 없는 일에 시간, 돈, 또는 노력을 투자하려고 하지 않는다. 따라서 승계 계획 및 관리 쟁점을 시급한 조직 문제점과 조직의 핵심 사명에 연결짓는 것이 필수적이다. 어떻게 그것을 할 수 있을까?

이 질문에 대한 해답은 조직에 따라 다를 수 있다. 각각의 조직은 독특하며, 독특한 문화와 역사, 그리고 리더십을 가지고 있다. 일반적으로 체계적인 승계 계획 및 관리 프로그램의 필요성을 증명하는 몇 가지 가능한 방법들이 있다.

| 위기에 편승한다 |

필요성을 증명하는 첫 번째 방법은 위기에 편승하는 것이다. 핵심 직위가 공석이 되거나 핵심 인원이 예기치 못하게 떠났을 때, 이를 의사 결정자의 관심을 끄는 비

공식적 기회로 삼는다. 현재 상황과 만일 체계적인 승계 계획 및 관리 프로그램이 이용되었다면 일어날 수 있었던 상황을 비교한다. 가능하다면 제대로 되지 않은 승계 계획 및 관리가 고객들과 직원들에게 끼칠 수 있는 악영향에 대해 설명한다. 그런 다음 가능한 미래 상황, 특히 최근의 다운사이징, 조기 퇴직, 혹은 비정규직 활용으로 인해 일어날 수 있는 미래의 인력 니즈에 대해 설명한다. 의사 결정자들에게 지금이 승계의 니즈에 부합하는 체계적인 방법을 알아볼 때라고 생각하는지 묻는다. 그리고 나서 다음 단계를 위한 구체적인 제안을 제시할 준비를 한다.

| 기회를 포착한다 |

필요성을 증명하는 두 번째 방법은 기회를 포착하는 것이다. 예를 들어보자. 한 조직에서 인사 부서가 최고경영자들의 연령을 조사해서 퇴임 일자를 산정했다. 결과는 놀라웠다. 모든 최고경영자들이 5년 내에 은퇴가 예정되어 있었으나, 그들의 후임이 파악되거나 개진되지는 않았다. 인사 부서는 일어날 위기를 감지했고 위기의 극복을 도왔다. 조직은 곧바로 강력한 지원을 받는 승계 계획 및 관리 프로그램을 도입했고, 큰 성공을 거두었다. 이처럼 어떤 주요한 전략적 변화는 일반적으로 기회를 창출한다. 예를 들어 위기상황이 발생하면, 의사 결정자들은 조직의 미래 성공(그리고 생존까지)이 경쟁적인 시장 주도의 환경에서 살아남을 수 있는 새로운 리더들을 파악하고 개발하는 데 달려 있음을 깨닫게 된다. 이것은 평상시에 후임자들의 개발 필요성을 제기하며, 미래 리더들의 시장 지향적 기술을 높이는 개발 활동들을 촉진한다.

예시 5-5의 워크시트를 이용하여 위기에 편승해서 기회를 포착하는 방법들에 관심을 모아라.

| 예시 5-5 | **승계 계획 및 관리의 필요성을 증명하기 위한 워크시트** |

지시 : 당신의 조직에서 어떻게 체계적인 승계 계획 및 관리 프로그램의 필요성을 증명할 수 있습니까? 아래의 질문을 이용하여 당신의 생각을 정리하십시오. 질문 아래의 여백에 각각의 질문에 대한 답변을 적으십시오. 그런 다음 당신의 응답과 조직 내 다른 사람의 응답을 비교해 보십시오.

---

1. 최근 몇 년 동안 잠재성 높은 개인들의 임명과 핵심 직위의 충원에 있어서 어떤 '위기'가 있었습니까? 그 당시 상황과 함께 조직이 어떻게 대응했는지 설명하십시오. 그런 다음 무엇이 일어났는지(그러한 전략의 결과물)를 기술하십시오.

   위기 목록을 작성하고, 간략히 설명하십시오.

---

2. 미래에 당신 조직의 직원들이 필요로 할 지식, 기술, 능력에 영향을 미칠 수 있는 전략적 변화가 있습니까? (전략적 변화를 열거하고 지식, 기술, 능력에 대해 그것이 갖는 함축적 의미에 대해 결론을 도출하십시오.)

   | 전략적 변화 목록을 작성하십시오. | 이러한 전략적 변화가 미래 조직에서 직원들이 필요로 하는 지식, 기술, 능력에 어떻게 영향을 미칠 것인지 설명하십시오. |

| 현실적인 가치를 보여준다 |

체계적인 승계 계획 및 관리의 필요성을 증명하는 세 번째 방법은 '현실적인 가치를 보이는 것'(showing the bottom-line value)이라고 말할 수 있다. 승계 계획 및 관리를 위한 상황 만들기는 실행이 어려울 수 있다. 자크 피츠엔즈(Jac Fitz-Enz)는 이렇게 말한다.

> 계획자의 업무를 측정하는 어려움 중의 하나는 산출물이 주로 미래의 계획이라는 점이다. 계획의 정의에서 나타나듯이, 우리는 그들의 예측이 얼마나 정확한지 1년, 3년, 혹은 아마도 5년 동안 측정할 수 없을 것이다. 게다가 아무도 미래의 사건을 예견할 수는 없으며, 따라서 볼 수 없는 사건에 대해 계획자를 비난하는 것은 공평치 못하다. 단기간에 장기 계획의 가치를 측정하는 것은 불가능하다. 따라서 계획자는 그들의 업무 가치를 증명할 수 있는 결과물을 보여줄 수 없기 때문에 종종 좌절감을 느낀다.[1]

승계 계획 및 관리와 관련된 업무를 하는 사람들은 피츠엔즈의 언급과 아주 유사한 좌절을 직면하고 있을지도 모른다. 그렇지만 그는 다음과 같은 측정 방법을 제시했다.

- 업무 부하(얼마나 많은 자리가 채워질 필요가 있는가?)
- 충원 속도(충원에는 어느 정도의 시간이 소요되는가?)
- 결과(주어진 시간 동안 얼마나 많은 자리가 채워졌는가?)

따라서 승계 계획 및 관리는 채워져야 할 핵심 직위의 수, 충원에 소요되는 시간의 정도, 주어진 시간 동안 채워진 핵심 직위의 수로 측정될 수 있다. 물론 이러한 측정은 주가 수익, 투자 수익, 비용 편익 분석처럼 조직의 본질적인 결과에 직접 연결되지는 않는다. 그러나 이러한 방법들은 시발점으로 적절한 것들이다.

피츠앤즈는 프로그램의 결과들을 정량화할 때 다음과 같은 질문들을 고려할 것을 제안한다.[2]

- 어떠한 변수들이 조직에 정말로 중요한가?
- 승계 계획 및 관리/활동으로 인해 영향을 받아 나타나는 결과들에는 어떤 것이 있는가?

이러한 질문에 대해 직접적으로 답을 구해 보면 정량화된 결과들을 얻을 수 있다. 이를 위해 의사 결정자들에게 조직이 취할 수 있는 가장 중요한 변수들과 행동들은 무엇이라고 생각하는지 물어보아야 한다. 이러한 정보는 승계 계획 및 관리 프로그램의 재무적인 성과를 측정하기 위한 기초가 될 수 있다.

승계 계획 및 관리 결과를 산출할 때, 의사 결정자들은 다음과 같은 사안에 초점을 맞출 수도 있다.

- 핵심 직위를 채우는 데 얼마나 오랜 시간이 필요한가? (공석 1개마다 평균 충원 경과 일자를 측정한다.)
- 실제 내부에서 채워지는 핵심 직위의 비율은 어느 정도인가? (내부로부터 채워지는 핵심 직위의 수를 총 핵심 직위의 수로 나눈다.)
- 내부에서 채워질 것으로 예상되는 핵심 직위의 비율은 어느 정도인가? (이용 가능한 고잠재 직원들의 수를 매년 예상되는 핵심 공석의 수로 나눈다.)
- 모든 대체인력 가운데에서 성공적인 교체 비율은 얼마인가? (핵심 직위에서 성공적인 교체의 수를 핵심 직위에 이루어진 모든 교체로 나눈다.)

물론 최고경영자들에게 중요한 쟁점, 그리고 현실적 결과들의 정확한 측정은 조직에 따라 다를 것이다. 중요한 것은 적절한 기준 설정과 현실적인 측정이 시작되기 전에 이러한 쟁점들이 파악되어야 한다는 것이다. 사실상 승계 계획 및 관리 결과들을 측정하는 가장 좋은 방법은 승계 계획 및 관리 프로그램의 도입 목적과 목표를 기준으로 하는 것이다.

승계 계획 및 관리 프로그램의 현실적인 측정을 점검하는 또 다른 방법은 프로그램의 운영 비용을 그로부터 일어나는 편익과 비교하는 것이다. 이것은 어려울 수는 있지만, 불가능한 것은 아니다. 첫 단계로서 직접 및 간접 프로그램 비용을 파악한다. 직접 비용은 승계 계획 및 관리 프로그램 운영을 위한 비용이다. 정규 또는 비정규 프로그램 운영자의 급여가 한 가지 예가 될 수 있다. 간접 비용은 프로그램 운영과 부분적으로 관련된 비용이다. 미래의 리더들을 개발하는 데 관계하는 관리자들의 부분적인 급여 비용, 고잠재성 직원들을 개발하는 자료 비용이 포함될 수 있다.

두 번째 단계로서, 직접 및 간접 프로그램 편익을 파악한다(이 단계의 성공을 위한 핵심은 의사 결정자들의 참여이다. 이를 통해 핵심 의사 결정자들이 프로그램의 편익에 대해 주인의식을 가지도록 하는 것이 초점이 될 수 있다). 직접적인 편익은 정량화가 가능하며 재무 지향적이다. 여기에는 헤드 헌터의 수임료 절약이 포함될 수 있다. 간접적인 편익은 핵심 직위에 공석이 발생할 때, 일시적 혹은 영구적으로, 즉시 준비된 후임자를 임명함으로써 얻을 수 있는 신뢰성 등이 포함될 수 있다.

세 번째 단계로서, 비용과 편익을 비교한다. 승계 계획 및 관리에 대한 체계적인 방법이 채택되면, 조직은 재무적으로 이득을 볼 것인가? 어떤 방법으로? 프로그램의 상대적인 효율성이 조직의 긴급한 비즈니스 사안과 핵심 사명에 어떻게 직접적으로 관련되는가?

비용 편익 분석에 대한 추가적인 정보에 관해서는 훈련 프로그램의 실질적인 가치 평가를 위한 다양한 접근법들을 참고하는 것이 바람직하다.[3] 이러한 접근법들을 이용하여 체계적인 승계 계획 및 관리 프로그램의 비용과 편익을 명확히 할 수 있다.

물론, 위기 편승, 기회 포착, 프로그램 운영에서 비용 편익 비율 표시 외에 다른 방법들이 승계 계획 및 관리의 체계적인 접근법에 대한 필요성을 증명하는 데 이용될 수 있다. 다음을 고려해 보라. 도입에 성공했던 다른 프로그램들은 어떠한 방법으로 그 필요성을 증명하였는가? 비슷한 접근법이 체계적인 승계 계획 및 관리 프로그램의 필요성을 증명하는 데에도 이용될 수 있는가?

조직 차원에서의 프로그램 요건 결정

모든 조직의 승계 계획 및 관리 프로그램 필요성이 동일한 것은 아니다. 조직의 산업 분야, 규모, 성숙 단계, 경영 가치, 내부적으로 이용 가능한 전문가, 비용, 시간, 그리고 다른 고려 사항들에 따라 그 필요성은 각기 다르다. 과거의 조사들을 보면 이러한 문제들이 승계 계획 및 관리 프로그램의 적절한 설계에 영향을 미칠 수 있다는 사실을 뒷받침하고 있다.[4]

그렇지만 최고경영자의 의도가 언제나 핵심적인 고려 대상이다. 최고경영자는 승계 계획 및 관리 프로그램을 위해 무엇이 필수적이라고 생각하는가? 관심을 집중해야 할 가장 중요한 질문에는 다음과 같은 것들이 포함될 수 있다.

- 최고경영자와 다른 의사 결정자들은 조직의 승계 계획 및 관리 프로세스를 체계화하는 데 얼마나 열성적인가?
- 의사 결정자들은 핵심 직위의 요건을 평가하는 데 얼마나 많은 시간과 주의를 쏟으려 하는가? 리더십 역량을 파악하는 데는? 조직의 성과 향상을 위한 성공 요인을 확인하는 데는? 다면 평가를 수행하는 데는? 개인의 성과를 평가하는 데는? 개인을 핵심 직위로 승진시킬 있도록 효과적으로 개발하여 준비시키기 위한 개인 개발 계획(IDP)을 준비하고 실행하는 데는?
- 현재의 조직 구조는 얼마나 안정적인가? 업무 프로세스는? 리더십 연속성 혹

은 교체를 계획할 때 조직 구조나 업무 프로세스가 신뢰를 보장하는가?
- 의사 결정자들은 내부에서 인재를 양성하는 데 기꺼이 자원을 쏟으려고 하는가?
- 의사 결정자들은 조직 외부보다는 내부로부터 핵심 직위 충원을 얼마나 더 선호하는가?
- 의사 결정자들은 내부에서의 단순한 교체에 대해 다른 혁신적인 방법을 이용하려고 하는가?

최고 경영진들과의 면담을 통해 승계 계획 및 관리 프로그램에 대한 필수적인 요건을 결정하기 시작하라. 면담시 위의 질문들을 제기하라. 부가적으로 조직에 관계 있는 다른 것들을 추가하라(예시 5-6 참조). 그런 다음, 핵심 의사 결정자들의 합의된 의견에 부합하는 승계 계획 및 관리 프로그램의 서면 제안서를 준비하여 배포한다.

예시 5-6 승계 계획 및 관리 프로그램의 요건을 결정하기 위한 인터뷰 가이드

지시 : 이 인터뷰 가이드를 이용하여 조직의 체계적인 승계 계획 및 관리 프로그램을 위한 요건을 공식화하는 데 도움을 얻을 수 있습니다. 당신의 조직에서 최고경영자들과의 인터뷰 시간을 정하십시오. 인터뷰에서 아래 왼쪽 행에 제시되어 있는 질문들을 제기하십시오. 아래의 오른쪽 행에 인터뷰 내용을 기록하십시오. 그런 다음, 인터뷰 결과를 활용하여 조직의 체계적인 승계 계획 및 관리 프로그램을 위한 제안을 준비하십시오. (원한다면 왼쪽 행에 다른 질문을 추가하십시오).

질문	반응에 대한 기록
1. 승계 계획 및 관리를 위한 계획된 방법들에 대해 어떻게 생각합니까?	

2. 핵심 직위를 어떻게 정의해야 합니까?

3. 핵심 직위에 적합한 요건을 어떻게 설명해야 합니까?
(이는 역량 — 우수 성과자의 특성 — 이라고도 불림.)

4. 현재의 개인 업무 성과를 어떻게 평가해야 합니까?

5. 현재의 조직 구조가 얼마나 안정적이라고 생각합니까? 그것은 미래의 승계자를 필요로 하는 핵심 직위를 파악하는 기초로서 충분할까요?

6. 미래의 각 핵심 직위에 대한 자격 혹은 요건(역량)을 어떻게 결정합니까?

7. 당신은 우리가 미래의 핵심 직위 요건에 맞는 잠재성이 있는 개인들을 파악할 수 있다고 생각합니까?

8. 고잠재 직원들의 개발을 촉진하기 위해 조직이 제공해야 하는 필수적인 자원은 무엇이라고 생각합니까?

9. 고잠재 직원들에 대한 정보를 어떻게 추적해야 합니까?

10. 효과적인 승계 계획 및 관리 프로그램을 위한 필수적인 요건에 대해 어떤 다른 생각을 가지고 있습니까? 또, 그것이 필수적이라고 생각하는 이유는 무엇입니까?

조직 및 인적 자원 전략과의 연계

승계 계획 및 관리는 반드시 조직 및 인적 자원 전략과 연계되어야 한다. 그렇지만 그러한 연계는 쉽지 않을 수 있다.

| 조직 전략과 승계 계획 및 관리의 연계 |

'조직 전략'(Organizational Strategy)은 사업체가 경쟁하기 위해 선택하는 방식을 의미한다. 그 과정에서 중요한 단계들은 다음과 같다. (1) 조직의 존재 이유, 목적, 목표를 결정한다. (2) 미래의 위협과 기회를 파악하기 위해 외부적 환경을 점검한다. (3) 조직이 가진 현재의 강점과 약점을 평가한다. (4) 전략의 범위를 검토한다. (5) 조직 역량을 강화함으로써 미래의 기회로부터 최대한의 이점을 얻을 수 있는 전략을 선택한다. (6) 특히 조직 구조, 정책, 리더십, 보상 등의 변화를 통해 전략을 실행한다. (7) 주기적으로 전략을 평가하여 조직의 전략 목적과 목표를 이루는 데 전략이 얼마나 도움이 되는지 알아본다.

조직 전략과 승계 계획 및 관리 간의 효과적인 연계를 어렵게 하는 세 가지 주된 이유들을 살펴보자. 첫째, 효과적인 전략의 실행은 적시에 요건에 적합한 사람을 보유하는가에 달려 있지만, 적합한 사람이 누구이고 적합한 직위는 어떤 것이고 그러한 사람들이 언제 필요한지가 항상 명확한 것은 아니다. 둘째, 흔히 전략은 승계 계획 및 관리를 위한 실제 액션 플랜을 개발하는 데 적합하지 않은 방식으로 표현된다. 예를 들어 의사 결정자들은 '시장 점유의 증가' 또는 '투자 수익의 증가'에 관심을 집중하지만, 그러한 야심찬 목적을 이루는 데 필요할 리더십이 어떤 것인지에 대해 구체적으로 기술하지는 않는다. 셋째, 이론적인 조직 전략과 실제 운영되는 조직 전략이 다를 수 있는데, 이는 리더십과 조직 전략에 맞추는 과정을 어렵게 한다.[5] 이는 일상적인 의사 결정이 문서화된 조직 전략과 맞지 않을 때 발생한다.

이러한 문제점들을 극복하기 위해, 의사 결정자들은 승계 계획 및 관리 쟁점들이 전략적 계획에 녹아들 수 있도록 적극적인 조치를 강구해야 한다. 예를 들어 조직의 장단점을 점검하는 과정에서 의사 결정자들은 조직의 리더십 인재를 고려해야 한다. 현재 어떤 종류의 전문가가 이용 가능한가? 의사 결정자는 전략적 선택과 실행을 하는 동안에도 '실제로 그것들을 구현할 수 있는' 올바른 인재들이 있는지 생각해 보아야 한다. 누가 그 전략을 실제로 추진하는데 가장 효과적으로 기여할 지식과 기술을 가지고 있는가? 그러한 지식과 기술을 습득할 수 있도록 개발하는데 누가 어떻게 도움을 줄 수 있는가? 재무 자산처럼 효과적으로 인적 자원을 관리하기 위해 어떤 액션 플랜을 수립할 수 있는가? 이러한 질문에 대한 답변을 강구하고, 이용 가능한 인재와 필요한 인재 사이의 차이를 좁히는 적극적인 방도를 강구해야만 조직의 전략과 승계 계획 및 관리를 연계시킬 수 있다.

| 인사 전략과 승계 계획 및 관리의 연계 |

인적 자원 전략은 조직의 니즈를 충족시키는 활동들과 HR 프로그램들을 가장 효과적으로 이용하기 위해 조직이 선택하는 수단이다. 인적 자원 전략 수립의 중요한 단계들은 조직 전략 구축을 위한 단계들과 유사하다. (1) HR 직무의 존재 이유, 목적, 목표를 결정한다. (2) 조직의 내·외부에서 HR에 영향을 주는 미래의 위협과 기회를 파악하기 위해 외부적 환경을 점검한다. (3) 조직이 가진 현재의 HR 강점과 약점을 평가한다. (4) HR 전략의 이용 가능 범위를 검토한다. (5) 조직 전략을 지원하는 HR 전략을 선택한다. (6) 훈련, 선발, 보상, 수당, 노사 관계 등과 같은 프로그램에서의 변화를 통해 HR 전략을 실행한다. (7) HR 전략이 얼마나 조직의 전략을 강화하는지 알아보기 위해 주기적으로 평가한다.

불행하게도, HR 전략과 조직 전략을 통합하려는 노력이 항상 성공적인 것은 아니다. 골든(Golden)과 라마누잠(Ramanujam)이 쓴 것처럼, "인적 자원 관리(HRM)와 전략적 비즈니스 계획(strategic business planning, SBP) 프로세스의 통합 부재가 운영 실패의 주요한 원인으로 점점 더 인정되고 있다. 기업은 엄청난 마케팅 및 재무 자료를 바탕으로 전략적 계획을 개발하지만 그것을 성공적으로 실행하는 데 필요한 인적 자원의 요건은 무시하곤 한다."[6] 지난 수 년 동안 조직 전략과 HR 전략을 연결시키는 방법을 알아내기 위해 수많은 이론들이 개발되었다.[7] 그렇지만 이에 대한 큰 진보가 있었음을 보여주는 증거는 거의 존재하지 않는다.[8]

HR 계획과 승계 계획 및 관리를 연계하기 위해 의사 결정자들은 HR 정책과 실행이 리더십 연속성, 개인 향상, 그리고 내부 인재의 양성에 얼마나 도움이 되는지, 혹은 걸림돌이 되는지 살펴봐야 한다. 좀더 구체적으로 말하면 다음과 같다.

- 채용, 선발, 그리고 배치를 어떻게 수행하는가? 이 과정에서 직원의 개발과 장기 근속에 얼마나 많은 배려를 하는가?
- 훈련, 교육, 그리고 개발을 어떻게 수행하는가? 개인의 즉각적 니즈에 따른 교육 훈련에 비해, 직원의 장기적 능력 양성을 위해 얼마나 많은 관심을 쏟고 있는가?
- 기존의 보상과 수당 체계가 내부 인력 배치를 얼마나 잘 지원하는가? 이동은? 승진은? 직원들이 승진을 받아들이거나 리더십 역할을 맡는 데 있어서 의욕을 상실하게 할 만한 요인은 없는가?
- 기존의 노사 관계 협약은 조직의 승진, 순환, 이동, 그리고 다른 고용 실태에 어떻게 영향을 미치는가?

HR 전략과 승계 계획 및 관리를 통합시키려면, 승계 계획 및 관리의 필요성과 연계하여 선발, 훈련, 보상, 수당과 같은 기존의 HR 프로그램 실태를 살펴보라. 효과적인 승계 계획 및 관리를 촉진할 수 있는 프로그램들과, 장애가 되는 HR 프로그램들을 파악하라. 그리고 HR 실태가 장기적으로 내부로부터 인재를 양성하는 노력을 방해하지 않고 촉진하도록 적극적인 조치를 취하라.

다른 조직의 우수 사례
벤치마킹

승계 계획 및 관리를 통해 충족하고자 하는 조직의 니즈는 최고경영자들과 다른 핵심 의사 결정자들과의 논의에서 도출할 수 있다. 그렇지만 그것은 다른 조직의 승계 계획 및 관리 사례를 벤치마킹함으로써 보완될 수도 있다. 또한 벤치마킹을 통해 더 나은 효과적인 방법들을 활용하는 다른 조직들을 보여줌으로써 승계 계획 및 관리에 대한 핵심 의사 결정자들의 관심을 이끌어낼 수도 있다. 로버트 C. 캠프(Robert C. Camp)의 설명처럼, "업계의 초우량 사례들에 기초한 운영 목표와 생산성 증대 프로그램을 도입하는 접근법만이 뛰어난 성과를 낼 수 있다. 미국의 업계에서 점점 더 많이 이용되고 있는 이 프로세스는 벤치마킹이라고 알려져 있다."[9]

또한 최근 벤치마킹은 조직의 업무 프로세스를 증진시키는 강력한 도구로 부각되었는데, 흔히 품질 경영(total quality management, TQM)과 연관되곤 한다. 벤치마킹의 일차적인 가치는 다른 조직과의 비교에 의한 신선한 관점과 비교점을 제공한다는 것이다. 따라서 이를 통해 조직의 기존 현상과 타조직에서 이용되는 초우량 사례를 비교함으로써 최신 프로그램을 도입하는 과정을 촉진시킬 수 있다.

벤치마킹을 수행하는 데에는 여러 가지 방법들이 있지만 캠프는 다음과 같은 방법을 제안하였다.[10]

1. 벤치마킹 대상(업무, 프로그램 등) 규명
2. 벤치마킹 대상 기업들 규명
3. 자료 수집 방법의 결정 및 자료 수집
4. 현재의 성과 격차 규명
5. 미래의 성과 수준 예측
6. 벤치마킹 결과 공유 및 승인 획득

7. 벤치마킹 연구 결과에 따른 기능적 목적 수립

8. 벤치마킹 연구 결과에 따른 액션 플랜 수립

9. 특정 활동 실행 및 진행 상황 모니터링

10. 벤치마크(기준) 재측정

따라서 통상적으로 벤치마킹은 의사 결정자들의 헌신적인 참여 약속으로 시작된다. 그들은 목표를 명확히 하고, 어떤 것을 알고자 하는지 제시한다. 벤치마킹 대상 조직들은 언제나 그런 것은 아니지만 일반적으로 동일한 업계에서 선정된다. 알맞은 자료 수집 방법이 선택되는데 서면 질문지와 인터뷰 가이드가 주로 이용된다. 직접 방문할 기업은 '업종 최고'로서 인정된 하나 이상의 조직들이 선택된다.

벤치마킹은 비계획적인 여행이 되어서는 안 되며, 특별한 목표와 질문들을 갖고 진행되어야 한다. 참가자들이 예를 들어 승계 계획 및 관리와 같은 벤치마킹을 하고자 하는 프로세스에 어느 정도 익숙해진 후에 시작해야 한다(그것은 방문에 앞서 사전 브리핑이 필요함을 의미할 수도 있다). 다른 조직과 자신의 조직을 비교할 수 있도록 핵심 의사 결정자들이 방문을 해야 한다. 이는 또한 회의적인 사람들을 설득하고, 우리가 언제나 해 왔던 방식이 최선의 접근법이 아닐 수 있음을 증명하는 훌륭한 방식이다.

대부분의 포천 500대 기업들은 효과적인 승계 계획 및 관리를 하고 있는 것으로 알려져 있다. 모토롤라, 제록스, IBM, AT&T, 제너럴일렉트릭, 코카콜라, 제너럴모터스 같은 우량 기업들은 효과적인 승계 계획 및 관리를 수행하고 있는 것으로 인정받고 있다. 그들을 업종 최고 기업들이다. 이러한 조직들과 접촉하는 적절한 방법은 인적 자원 계획 학회(Human Resource Planning Society, P.O. Box 2553, Grand Central Station, New York, NY 10163), 미국 경영 협회(American Management Association, 1601 Broadway, New York, NY 10019), 미국 훈련 개발 학회(American Society for Training and Development, 1640 King Street, Alexandria, VA 22313), 또는 인적 자원 경영 학회(Society for Human Resource Management, 606 N. Washington Street, Alexandria, VA 22314) 등과 같은 전문 학회들을 통하는 것이다.

벤치마킹 대상 기업을 방문하기 전에 항상 질문들을 사전에 작성하라(예시 5-7에 있는 벤치마킹 질문들의 목록 참조). 그런 다음 두세 개 정도의 조직과 접촉하여 그들의 벤치마킹 방문이 가능한지 문의한다. 승낙을 얻으면, 방문에 앞서 그들이 응답을 준비할 시간을 갖도록 미리 질문을 보낸다. 때로는 대상 기업들이 방문 약속을 하기 전에 질문을 미리 검토하고자 할 수도 있다.

승계 계획 및 관리에 관한 벤치마킹 방문 약속을 잡는 것은 어려울 수도 있다. 많은 조직들은 승계 계획 및 관리가 조직 운영에 민감한 사안이며, 기업 전략을 노출하게 될 것이라고 생각하기 때문이다. 따라서 한 가지 접근법은 당신 또는 조직의 어떤 사람이 개인적으로 알고 있는 조직에 접촉하는 것이다. 필요하다면, 성공적으로 승계 계획 및 관리 프로그램을 운영하는 조직을 찾는 것에서 시작할 수 있다. 그러한 조직들은 미국 훈련 개발 학회(ASTD), 인적 자원 경영 학회(SHRM), 또는 다른 전문 학회 지역 지부에서의 활동을 통해 파악할 수 있을 것이다.

예시 5-7 | 승계 계획 및 관리를 벤치마킹하기 위한 인터뷰 가이드

지시 : 이 인터뷰 가이드는 벤치마킹 방문을 하기 전에 질문을 준비하는 데 도움을 주기 위한 것입니다. 효과적인 승계 계획 및 관리를 한다고 알려져 있는 조직들을 방문하기 전, 이 질문을 미리 보여 주십시오(당신의 조직에 적합한 질문을 추가하십시오). 아래의 왼쪽 행에 있는 항목들을 질문하십시오. 그런 다음 아래의 오른쪽 행에 내용을 기록하십시오. 당신의 조직에서 승계 계획 및 관리를 향상시키기 위한 제안을 하는데 이 인터뷰 결과를 활용하십시오.

질문	반응에 대한 기록
1. 당신의 조직에서 승계 계획 및 관리를 위한 사명 선언문은 어떤 내용입니까?	
2. 당신의 조직에서 승계 계획 및 관리를 위한 목적과 목표는 무엇입니까?	
3. 당신의 조직에서 승계 계획 및 관리를 위한 정책 및 철학 선언문은 어떤 것입니까?	
4. 당신의 조직에서는 핵심 직위를 어떻게 정의합니까? 승계 계획 프로그램에서 특별히 관심을 쏟는 직위가 있다면 어떤 것입니까? 그것에 관심을 쏟는 이유는 무엇입니까?	
5. 당신의 조직에서는 핵심 직위를 어떻게 확인하고 설명하고 명료화합니까? 예를 들어 당신의 조직에서는 직무 책임, 역량, 또는 단계별 성공 요인을 파악하는데 어떤 노력을 기울이고 있습니까?	
6. 당신의 조직에서는 승계 계획 및 관리를 위해 현재의 직무 성과를 어떻게 평가합니까? 기존의 성과 평가 시스템 또는 다른 것들을 이용합니까?	
7. 당신의 조직에서는 현재 조직도를 기초로 하는 교체도를 이용합니까? 그렇지 않다면, 그 이유는 무엇입니까?	
8. 당신의 조직에서는 미래의 각 핵심 직위에 대한 자격, 요건, 또는 역량을 어떻게 결정합니까?	

9. 당신의 조직에서는 승계 계획 및 관리를 조직 전략과 어떻게 통합하려고 합니까? 인적 자원 전략과는?

10. 당신의 조직에서는 핵심 직위의 승계자를 어떻게 파악합니까?

11. 당신의 조직에서는 (현재의 배치보다 두세 단계 상위로의 승진 가능성이 있는) 잠재성이 높은 직원을 어떻게 파악합니까?

12. 당신의 조직에서는 고잠재 직원의 개발을 계획하고 지도하고 촉진시키기 위해 개인 개발 계획(IDP)을 어떤 식으로 운영하고 있습니까?

13. 당신의 조직에 고성과 잠재인력의 개발을 촉진하기 위해 도입한 특별 프로그램이 있다면 무엇입니까?

14. 당신의 조직에 승계 계획 및 관리 활동시 이용하는 특별한 컴퓨터 소프트웨어가 있다면 무엇입니까?

15. 당신의 조직에서는 승계 계획 및 관리 활동의 결과를 어떻게 평가합니까?

16. 승계 계획 및 관리를 하면서 발생한 특별한 문제점이 있습니까?

경영진의
헌신적 참여 확보

체계적인 승계 계획 및 관리에 경영진의 헌신적 참여를 확보하는 데는 시간이 걸릴 수 있다. 회의적인 사람들을 설득하는 것은 쉽지 않다. 그들을 설득하는 데는 시간이 소요되며 성공을 입증할 명백한 증거가 필요할 수도 있다.

| 승계 계획 및 관리에 대한 의견들 |

승계 계획 및 관리 실태에 관한 2004년 조사는 체계적인 승계 계획 및 관리 프로그램에 대한 극명한 불일치를 보여주었다. 예시 5-8을 검토한 후 조직의 최고경영자들의 의견을 묻는 질문에 당신은 어떻게 답할 것인지 생각해 보라. 그런 다음 예시 5-9를 보고, 체계적인 승계 계획 및 관리에 대해 당신 자신의 의견을 어떻게 설명할 것인지 생각하라.

예시 5-8 승계 계획 및 관리에 대한 최고경영자들의 의견들

질문 : 당신은 조직의 최고경영자들이 승계 및 관리 프로그램에 대해 어떤 의견을 갖고 있다고 생각하십니까? 아래에서 해당하는 모든 응답 항목에 동그라미를 치십시오.

최고경영자들의 의견	응답 비율
그들은 승계 계획이 그에 상응하는 시간을 들일 가치가 없다고 생각한다.	9%
그들은 왜 그런 프로그램이 가치가 있는지 전혀 알지 못한다.	9%
그들은 승계 계획 프로그램이 가치가 있다고 생각하지만, 어떻게 하면 그것을 효율적이고 효과적으로 관리할지에 대해 알지 못한다.	55%

그들은 승계 계획 프로그램이 가치가 있으며, 공식적인 프로그램이 비공식적인 프로그램보다 낫다고 생각한다.	27%
그들이 승계 계획 프로그램에 대해 무엇을 생각하는지 모르겠다.	-0-
다른 언급들	없음
합계	100%

출처 : William J. Rothwell, Results of a 2004 Survey on Succession Planning and Management Practices. 미출간 조사 결과(University Park, Penn.: The Pennsylvania State University, 2004).

예시 5-9 | 승계 계획 및 관리에 대한 인사 전문가들의 의견

질문 : 승계 및 관리 프로그램에 대한 당신의 의견은 어떠합니까? 아래에서 해당하는 모든 응답 항목에 동그라미를 치십시오.

당신의 의견	응답비율
그런 프로그램이 중요하다고 생각지 않는다.	-0-
가능한 후임자를 파악하고 준비하는 데 다른 방법이 낫다고 생각한다.	-0-
승계 계획 프로그램이 가치는 있지만 이 조직을 위해 당장에는 다른 프로그램이 더 중요하다고 생각한다.	-0-
승계 계획 프로그램이 중요하다고 생각한다.	36%
지금 우리 조직에게는 승계 계획이 매우 중요하다고 생각한다.	64%
다른 의견들	없음
합계	100%

출처 : William J. Rothwell, Results of a 2004 Survey on Succession Planning and Management Practices. 미출간 조사 결과(University Park, Penn.: The Pennsylvania State University, 2004).

| 경영진의 헌신적 참여 확보 방법에 대한 이해 |

경영진의 헌신적 참여를 확보하는 방법을 이해하기 위해서는, 다이안 도맨트(Diane Dormant)의 고전적인 ABCD 모델이 여전히 도움이 된다.[11] 도맨트의 모델은, 체계적인 승계 계획 및 관리 프로그램의 도입과 같은 대규모 조직 변화는 수용자(adopter, 누가 변화에 영향을 받는가?), 블랙박스(blackbox, 변화 과정은 무엇인가?), 변화 담당자(change agent, 누가 변화를 일으키고 있는가?), 범위(domain, 변화의 맥락)를 점검함으로써 이해될 수 있다고 제시한다.[12]

도맨트의 모델의 가장 가치 있는 측면은, 변화가 도입될 때 각각의 다른 단계에 각기 다른 전략들이 적합하다는 시각이다. 따라서 변화를 촉진하기 위해 변화 담당자는 혁신을 받아들이는 수용자에 맞추어 조치를 취해야 한다.

도맨트는 수용자가 혁신을 받아들일 때 5가지 단계를 거친다고 생각했다.[13] 첫 번째 단계는 인식 단계로 이 단계에서 수용자는 혁신에 대해 거의 알지 못한다. 그들은 수동적이며, 일반적으로 정보를 구하려고 하지 않는다. 이 단계에서 변화 담당자는 관심을 불러일으키고 긍정적인 정보를 제시하는 노력을 기울여야 한다.

두 번째 단계인 자기 걱정(self-concern) 단계에서는 수용자가 좀더 적극적이 된다. 수용자는 변화가 개인에게 미치는 영향에 대한 걱정을 드러내며, 혁신의 결과에 대한 질문을 한다. 이 단계에서 변화 담당자는 카운슬러 역할을 하는데, 변화에 관련된 질문에 답하고 정보를 제공한다.

세 번째 단계인 정신적 실험(시연) 단계에서 수용자는 적극적인 태도를 유지하면서, 스스로 혁신을 적용하는데 관련된 구체적인 질문을 한다. 변화 담당자는 관련 사례를 제공하고 수용자들이 그들의 독특한 상황에 혁신을 어떻게 적용할지를 증명하는 역할을 수행해야 한다.

네 번째 단계는 실제 시행 단계이다. 이 단계에서 수용자는 자신의 상황에 혁신을 적용하는 방법을 배우는 데 관심을 기울인다. 개인적 경험을 통해 혁신에 대한 의견을 만들어 가게 된다. 변화 담당자는 훈련과 함께, 실제 혁신이 잘 적용되고 있는지에 대한 구체적인 피드백을 제공해야 한다. 이 단계에서는 성공 사례의 공유를 통해 수용자들이 혁신 결과를 받아들이는 것을 고무할 수 있다.

다섯 번째 단계는 채택 단계이다. 이 단계에 이르러서는 혁신이 수용자들의 업무로 녹아들게 되며, 수용자들은 스스로 혁신의 적용과 관련된 구체적인 문제를 해결하는데 관심을 갖게 된다. 변화 담당자는 개인적 지원을 제공하고, 수용자들이 효과적 수행에 필요한 자원을 찾는 데 도움을 주며, 성공적인 이행에 보상을 해야 한다.

체계적인 승계 계획 및 관리에 대한 경영진의 지원 확보를 위해 이러한 모델을 적용할 때는 가시적으로 분명하게 적용하여야 한다. 변화 담당자가 사용해야 하는 적절한 전략들은 수용의 단계에 달려 있다(예시 5-10 참조).

명심해야 할 것은, 승계 계획 프로그램은 이해 관계자들의 지원이 있을 때만 효율적으로 운영될 수 있다는 것이다. 사실상 책임자들이 승계 계획 및 관리가 실제로 운영 가능하도록 실행해야 한다. 요컨대 이해 관계자들이 프로세스를 주도해야 한다. 따라서 승계 계획 및 관리에 경영진의 헌신적 참여를 확보하고 구축하는 것은 체계적 프로그램이 기능하도록 하는 데 있어 핵심이 된다.

예시 5-10 승계 계획 및 관리에 경영진의 헌신적 참여를 구축하기 위한 활동들

수용의 단계	적절한 활동들
인식	• 관리직 직원들에게 승계 계획 및 관리 홍보 • 승계 계획 및 관리에 대한 일반적 정보 제공
자기 걱정	• 질문에 답변 • 관련 정보 제공
정신적 실험(시연)	• 승계 계획 및 관리 정책 실태를 조직 내부의 특정 직무 또는 활동에 적용한 실제 사례 제공 • 조직 각 영역에서 승계 계획 및 관리가 어떻게 이용될 수 있는지 보여주기

실제 시행	• 승계 계획 및 관리에 대한 교육 훈련 제공 • 해당 영역에서 승계 계획 및 관리를 논의하기 위해 개별적으로 최고경영자들과 면담 • 성공 사례 수집 및 유포
채택	• 체계적인 승계 계획 및 관리의 적용을 위해 최고 경영진에게 개인적 지원 제공 • 개별화된 피드백과 카운슬링을 통해 프로그램 사용자들의 효과적 수행 보조 • 승계 계획 및 관리에 대한 적절한 보상 방법 규명

승계 노력에서 CEO의 핵심 역할

사기업의 승계 계획 및 관리 프로세스에서 CEO의 역할은 성공 또는 실패의 열쇠이다. 다시 말하면 성패를 좌우하는 역할을 한다는 것이다. CEO가 모든 것에 '관여하게끔' 요구하는 것으로 보일 수도 있다. 속된 말로 말로만 해놓고 떠넘기기로 해석되는 경우도 있다. 그러나 승계 계획 및 관리는 그러한 영역에 해당되지 않는다. 직설적으로 말하면, 만일 CEO가 승계 노력을 주도하고 실제로 참여하지 않으면 실패하게 될 것이라는 얘기다. 승계 계획 및 관리를 인사 부서에 맡겨 놓아서는 안 된다. 왜냐하면 인사 부서는 CEO가 하듯이 임원들에게 인재 개발의 책임을 물을 수는 없기 때문이다. GE의 전 회장인 잭 웰치 같은 유명한 CEO들은 승계 문제를 생각하고 처리하는 데에 많은 시간을 쏟았다.[14]

다행스럽게도 승계 계획 및 관리를 CEO의 책임 영역으로 간주하게 하는 몇 가지 요인들이 있다. 한 가지 요인은 승계 문제에 대한 이사회의 관여가 증대되고 있다는 것이다. 다음을 생각해 보라.

승계 계획은 이사회가 논의하는 두 번째로 중요한 주제가 되었다(가장 중요한 주제는 올바른 최고경영자를 뽑는 것이다). 최고경영자들의 임기는 점점 짧아지고 있는데, 평균 재임 기간은 지난 10년 동안 8년에서 5년 미만으로 줄어들었다. 그래서 다음 세대를 양성할 시간이 거의 없다. 대기업들은 대부분 최고 경영진을 내부에서 충원하고 있다. 이는 일반적으로 문제가 있다는 신호이다. 이사회에게 승계 계획의 도입은 미래에 발생할 수 있는 문제점을 발견하는 좋은 방법이다. 이는 또한 조직의 총수에게 주는 이점도 있다. 결국 일종의 불멸성을 확보하는 한 가지 방법은 자기 자신의 후계자를 선발하는 것이다. 대부분의 기업들에서 승계 계획은 주로 최고경영자에 의해 조정된다. 그렇지만 여전히 많은 CEO들이 비협조적인데, 그 이유 중의 하나가 퇴임이란 생각을 꺼리기 때문이다.

심지어 디즈니도 피해갈 수 없는 문제이다. 로비 집단인 기관 투자가 위원회의 전무 이사 사라 테스릭(Sarah Teslik)의 말에 따르면, 그녀는 수 년 동안 디즈니가 승계 계획을 도입해야 한다고 주장해 왔다. 그러나 회사의 거만한 CEO인 마이클 아이스너(Michael Eisner)는 그것을 허락하지 않았다. 그녀가 두 달 전 디즈니의 선임 이사들과 이야기를 나누었을 때, 그들은 비록 무엇인지 구체적으로 말하진 않았지만 승계 계획이 이제 존재한다고 자신 있게 이야기했다. 테스릭은 사베인스-옥슬리 법 때문에 변화가 일어났다고 생각했다. 사베인스-옥슬리 법에 의하면 이사회는 '비밀 회의', 즉 임원들이 참석하지 않은 채 열려야 하기 때문이다. 사라 테스릭은 그러한 목적을 위해 "개인적으로 사베인스 씨에게 이 조항을 요청했어요."라고 말하고 있다. "당신이 회의실에 있는데 어떻게 당신의 후임에 대해 이야기하겠어요?"[15]

또 다른 헤드헌트 컨설턴트인 콘페리 인터내셔널에 의해 수행된 이사회 관행에 대한 2001년 조사를 보면 이사회의 33퍼센트만이 경영 승계 위원회 또는 프로세스를 가지고 있다고 한다. 2004년에는 77퍼센트까지 뛰어올랐다.

두 번째 요인은 나이 든 최고 경영진들이 CEO들에게 승계에 관심을 가지라고 개인적으로 압력을 행사한다는 사실이다. 코너에 몰린 인사 부서의 직원들이 적합한 후임을 찾으려고 허둥대는 동안, 퇴직한 최고 경영진의 업무가 그들에게 부과되지 않게 하기 위해서이다. 세 번째 요인은 테러리즘으로 인해 승계가 중대한 위기 관리 문제가 되었다는 사실이다. 이는 분명히 주의를 요하는 감시 대상이다.

그렇지만 정확히 CEO들은 무엇을 해야 하는가? 여기 몇 가지 실질적인 제안이 있다.

1. 이사회, 측근들 및 인사 담당 부사장의 논의를 통해 어떤 승계 프로그램이 조직에 가장 바람직할 것인가를 결정한다. 물론 외부 컨설턴트를 고용하여 정보를 수집하고, 제안서를 작성하여 CEO에게 보고할 수도 있다.
2. 주제에 관해 논의할 수 있도록 승계에 관련된 사안을 충분히 숙지한다. 그렇지 않으면 그것은 역량 모델링과 같이, 적어도 CEO에게는 애매한 토픽이 될 것이다.
3. 임원들이 함께 추진할 수 있는 액션 플랜을 만든다.
4. 임원들에게 그들의 사업부와 부서에서 인재 양성 책임을 지운다. 인재 개발과 관련된 목표를 달성했는지 아닌지에 따라 보너스의 비율이 결정되는 임원 보너스 계획을 활용할 수도 있을 것이다.
5. 정기 임원 회의를 통해 임원들이 그들의 영역에서 어떻게 인재, 특히 고성과 잠재인력들을 양성하고 있는지 논의한다.

물론 CEO가 할 수 있는 일은 훨씬 더 많다. 그러나 무엇인가를 하기 위해서는 CEO들이 먼저 승계 계획 및 관리의 중요성에 대해 확신을 가져야 한다. 예시 5-11에 있는 간단한 평가지를 이용하여 당신의 CEO가 승계 계획 및 관리에 어느 정도 대처하고 있는지 평가해 보라.

승계 계획 및 관리에서 CEO의 역할 평가

지시 : 당신 조직의 CEO가 적극적으로 대처하고 있는지 표시하여 보십시오. 아래 왼쪽 행에 나열된 각각의 항목에 대한 적절한 응답을 오른쪽 행의 박스에 체크하십시오.

우리 조직의 CEO	예	아니오
승계 문제에 대해 실질적으로 접근한다.		
자신의 후임자를 선택함으로써 긍정적인 사례를 구축한다.		
자신의 후임자를 개발함으로써 긍정적인 사례를 구축한다.		
전략적 수입과 같은 사업상의 결정을 할 때마다 승계 문제를 고려한다.		
승계 문제에 대한 자신의 생각을 다른 사람과 이야기한다.		
관리자들에게 승계 문제에 대한 책임을 부과한다.		
관리자들에게 인재 개발에 대한 책임을 부과한다.		
인재 개발에 대해 관리자에게 보상한다.		
'인재 대회'를 주재하여, 촉망받는 사람들의 개발 니즈에 대해 논의하고, 선임 관리자에게 인력 개발의 책임을 부과한다.		
총 점수 ('예', '아니오'를 더해 오른쪽에 합계를 써 넣으십시오. 예가 많을수록 CEO가 승계 계획 및 관리에 더욱 밀접하게 관여하고 있는 것입니다.)	'예' 개수 ____	'아니오' 개수 ____

요약

체계적인 승계 계획 프로그램의 도입을 준비할 때, 조직의 현재 승계 계획 및 관리 문제점들과 실태 평가, 승계 계획 및 관리의 필요성 증명, 조직의 고유한 승계 계획 및 관리 요소 결정, 승계 계획 및 관리 프로그램을 조직 전략 및 HR 전략과 연계, 다른 조직의 승계 계획 및 관리 프로세스 벤치마킹, 경영진의 헌신적 참여 확보 등이 선행되어야 한다.

이 장에서는 이러한 단계들을 살펴보았다. 또한 단계에 따른 변화 상황을 만들기 위한 방법들을 제시하였다. 다음 장에서는 승계 계획 및 관리 프로그램에서 각 단계별 역할 명확화, 프로그램 사명 선언문, 정책, 철학의 개발, 표적 집단의 파악, 프로그램 우선순위 설정 등을 다룬다.

06

체계적인 프로그램 시작하기

일단 체계적인 승계 계획 및 관리(SP&M) 프로그램이 필요하다는 설득력 있는 상황이 만들어지면, 시작할 준비를 해야 한다. 체계적인 SP&M 프로그램의 시작은 다음과 같이 진행된다. 위험 분석 수행, 변화를 위한 책임감 있는 참여의 확보, SP&M 프로그램에서의 역할 결정, 절차의 명확화, 프로그램 표적 집단 규명, SP&M 프로그램에서 CEO 선임 관리자들과 다른 사람들의 역할 정의, 프로그램 우선순위 설정 등 이러한 문제에 초점을 둔다.

위험 분석 수행과 변화 노력에 대한 참여 확보

조직의 리더들은 위험 분석을 어디부터 시작하는가? 변화에 위한 헌신적인 참여를 확보할 때에는 어떤가? 이들 질문들은 서로 연관되어 있다.

'위험 분석'(risk analysis)은 핵심 인력의 손실이 있을 때 조직이 어떤 위험에 노출되는지를 단순하게 평가하는 것이다(핵심 인력은 최고경영자뿐 아니라 조직의 모든 직위에 존재한다). 위험 분석 방법은 여러 가지가 있는데, 이 책의 앞부분에서 한 가지 방법이 언급되었다. 첫째, 조직의 급여 시스템을 이용하여 전체 직원의 퇴직 추정 일자를 예측한다. 둘째, 3년 주기로 전체 조직의 퇴직 가능자들의 비율을 평가한다. 셋째, 동일한 분석을 직무 코드, 지리적 위치, 기능 분야 혹은 부서, 계층 단계에 따라 수행한다.

이러한 분석의 목적은, 전체 회계 부서 또는 특정 지역의 지점처럼, 주어진 3년이라는 기간 동안 조직의 전체 집단 중 퇴직 비율이 높은 대상을 찾아내는 것이다. 단일 회계 연도의 분석만으로는 분명하지 않을 수도 있기 때문에 3년 주기를 이용한다. 그렇지만 3년 동안 퇴직 예상 직원의 누적 비율이 50퍼센트 이상이라면 그것 자체가 위험 요소가 될 수 있다.

이러한 분석의 목적은 조직에서 인력 유실의 위험이 가장 높은 부분을 찾아내는 것이다. 회의적인 경영자들은 전체 조직에 대한 승계 프로그램의 필요성에 동의하지 않을지도 모르지만, 만일 전체 조직 또는 한 영역에서 높은 위험 요인이 있다는 것을 알게 되면 뭔가를 해야 한다고 납득할 수 있다.

위험 분석을 수행하는 다른 방법들도 있다. 때로는 아래 방법들이 의사 결정자들을 설득하는데 효과적일 수도 있다. 예를 들면 다음과 같다.

- 가상의 시나리오 수행. 의사 결정자들에게 질문을 제기한다. 핵심 인력의 갑작스러운 죽음, 상해, 또는 사임이 있을 경우 이에 대체하는 데 얼마나 시간이 걸릴 것인가? 그리고 그 동안의 업무 공백을 방지하기 위해서는 어떻게 해야 하는가? 의사 결정자에게 어떤 직급에서든 핵심 인력의 갑작스러운 손실로 초래될 경제적 혹은 다른 충격을 추정하도록 요청한다.

- 역사적 연구 수행. 과거를 되돌아본다. 과거에 어떤 핵심 인력의 손실을 경험했고 그것이 어떻게 다루어졌는지 묻는다(나는 CEO 직무를 위해 뽑은 후임자의 갑작스러운 손실이 때때로 SP&M 프로그램을 시작하기 위한 가장 설득력 있는 방법이 된다는 사실을 알게 되었다. 왜냐하면 CEO는 오랫동안 혼자 고민하면서 침묵하려고 하지 않기 때문이다).
- 인식 구축. 퇴직으로 인해 손실 위기에 놓인 인력들의 비율을 붉은색으로 보여주는 조직도를 준비한다. 그리고 핵심 부서에서 손실 위기에 놓인 실제 남은 기간(the years of experience)을 시각적으로 보여주는 또 다른 자료를 준비한다.

설득력 있는 환경을 구축하는 다른 접근법들도 가능하다. 자료와 측정이 도움이 될 수 있다. 어떤 자료가 승계 프로그램의 도입 필요성에 대해 의사 결정자들을 납득시키는데 가장 유용할지, 그리고 그 자료를 어떻게 모을지 생각해 보라. 그런 다음 그 정보들을 모으고 분석해서 그것을 의사 결정자들에게 전달한다. 그렇지만 의사 결정자가 일단 행동의 필요성에 대해 납득하면, SP&M 프로그램의 도입 방법에 대한 행동 계획이나 일련의 해법을 당신이 가지고 있을 것으로 기대한다는 사실을 잊어서는 안 된다.

프로그램 역할 결정

역할이란 무엇인가? SP&M 프로젝트에서 어떻게 역할을 명확하게 규명해야 조직 구성원이 SP&M 프로그램을 지원하기 위해 무엇을 해야 하는지 제대로 알게 할 수 있을까? 이 절에서는 이 질문에 대해 답한다.

| 역할이란 무엇인가? |

'역할'(role)은 기대되는 행동 패턴이며, 대체로 직무와 연결된다. 대부분의 조직들은 직무 기술서(Job Descriptions)에 책무를 기술하고 있지만, 직무 기술서에 현직자들이 어떻게 그들의 직무를 수행하고 또는 다른 사람들과 어떻게 서로 작용하는지 충분히 자세하게 설명해 놓은 경우는 드물다. 그렇지만 역할은 이러한 부분의 명확화를 가능하게 한다. 사실상 "역할은 특정한 종류의 행위는 물론이고 태도와 가치까지 포함할 수 있다. 역할은 어떤 구체적인 직위에의 정당성을 입증하기 위해 개인이 해야 하는 것들이다."[1]

역할 이론은 경영과 조직에 관한 저서들의 주된 관심사 중의 하나이다. 역할의 내재화는 커뮤니케이션 프로세스와 자주 비교되어 왔다(예시 6-1 참조). '역할 발송자'(role sender, 현재 역할을 맡은 자)는 그들이 무엇을 해야 하고, 어떻게 해야 하고, 다른 사람과 어떻게 상호 작용해야 하는지에 대한 역할 기대를 설정한다. 그들의 기대는 과거의 교육, 경험, 가치, 배경에 영향을 받는다. 그들은 또한 채용, 훈련, 선별 과정 동안 역할에 대해 들었던 것에 의해서도 영향을 받는다.

'역할 수신자'(role receiver, 조직에서 역할 발송자와 상호 작용하는 다른 사람들)는 이러한 행동을 관찰하고 그것으로부터 그들 자신의 기대에 바탕을 둔 결론을 이끌어낸다. 그들은 행동이 기대했던 것과 맞는지를 나타내는 피드백을 제공한다. 이 피드백은 다시 역할 발송자의 기대와 행동에 영향을 미칠 수 있다.

개인의 조직에서 하나 이상의 역할을 수행한다는 점은 역할 이론을 복잡하게 한다. 예를 들어 그들은 상급자, 동료, 하급자로서 근무할 수 있다. 그들은 또한 조직 밖에서, 이를테면 배우자, 부모, 자식, 시민, 교인, 또는 전문가로서 역할을 수행할 수도 있다. 각각의 역할에는 문화적으로 결합된 나름의 행동 기대가 있다.

다중 역할의 수행은 역할 충돌로 이어질 수 있다. 예를 들어 고용주들은 관리자들이 조직의 이익을 최우선시하며 행동할 것을 기대한다. 그것은 그들이 종종 가혹한 결정을 해야 한다는 것을 의미한다. 다른 한편으로 부하직원들은 관리자들이 그들

| 예시 6-1 | **역할 이론의 개념화를 위한 모델**

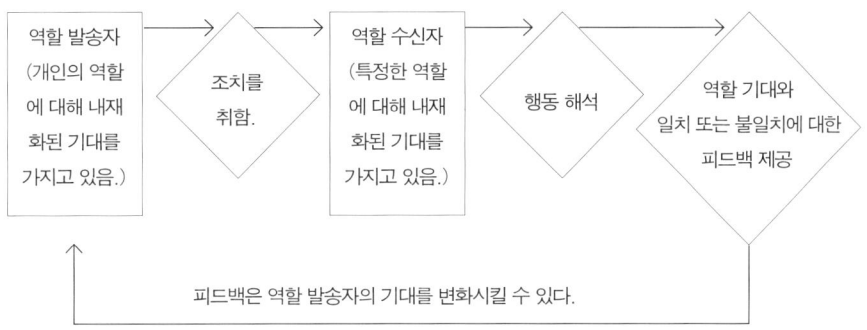

의 이익과 근심을 고용주에게 표현해 줄 것을 기대한다. 또 다른 예를 들자면, 인사 담당자는 그들의 역할을 퍼실리데이션으로 인식하고 관리자에게 인사에 대한 문제를 결정할 때 조언을 해야 한다고 생각한다. 그러나 관리자들은 인사 담당자들이 독자적으로 행동하며, 새로운 것을 발의하고, 미래 HR 문제점에 대응 조치를 취하기를 기대한다.

두 사례에서 기대의 충돌로 인해 현직자들은 압박과 좌절을 경험할지도 모른다. 효과적인 성과는 역할 기대에서의 조화에 영향을 받는다. 역할 발송자들은 역할 수신자들의 기대가 명확할 때, 그들이 무엇을 하기를 기대받고 있는지를 알 때에 바람직한 결과를 낼 수 있다.

| 승계 계획 및 관리에 역할 이론 적용 |

역할 이론에서 나타나는 것처럼, 성과는 공유된 역할 기대에 영향을 받는다. 체계적인 SP&M의 도입을 위한 하나의 단계는 조직 전체의 개인들에게 무엇을 기대하는지, 어떻게 행동하기를 기대하는지 알게끔 프로그램 역할을 명확하게 하는 것이다.

처음에는 세 가지 중요 그룹, 즉 (1) 관리 직원들 (2) 프로그램 촉진자들 (3) 프로그램 참가자들의 수행 역할에 초점을 둔다. 이러한 역할은 중복될 수도 있지만, 설사 그렇더라도 그룹의 구성원들이 SP&M에서 그들의 역할에 대해 어떻게 생각하고 있는지를 파악하고, 이를 그들에게 다시 알려주며, 다른 역할들에 대한 정보를 제공하고, 바람직한 역할에 대한 합의를 도모하는 것이 중요하다.

'관리 직원'(management employee)의 역할은 능동적에서 수동적까지 하나의 연속성을 따라, 그리고 지지자부터 반대자까지 또 다른 연속성을 따라 분포하는 것으로 간주하라(예시 6-2 참조). 능동적인 역할을 취하는 관리 직원들은 SP&M에 많은 시간을 할애해야 한다고 생각한다. 그들은 현재의 업무 요구를 정의하고, 미래의 업무 요구를 계획하며, 개인 성과를 평가하고, 개인 잠재성을 평가하며, 개발 활동들에 참여하고자 한다.

다른 한편으로 수동적인 역할을 취하는 관리 직원들은 SP&M이 아닌 다른 사안들에 더 많은 시간을 할애해야 한다고 생각한다. 지지자는 체계적인 SP&M을 가치 있는 활동으로 여기고, 반대자들은 그에 대해 주저한다.

'퍼실리테이터의 역할'(faciliator's role)은 지시적에서 비지시적까지의 연속성을 따라 분포한다고 생각하라. 지시적인 역할을 취하는 퍼실리테이터는 체계적인 SP&M 프로그램의 참여를 통해 무엇을 기대하는지 표현한다. 그런 다음 그들이 무엇을 하는지 다른 사람들이 알 수 있도록 상황 설명, 교육 훈련, 또는 안내 문서를 제공하면서 이러한 기대를 강제하려고 한다. 많은 사람들이 무엇을 해야 하는지 혼란스러워 하게 되는 시작 단계에서 SP&M 진행자로 선정된 운영 관리자와 최고경영자들이 이런 퍼실리테이터의 역할을 하곤 한다.

다른 한편으로 비지시적 역할을 취하는 진행자들은 이해 관계자들이 프로그램으로부터 바라는 것이 무엇인지, 이해 관계자들이 어떤 행동들을 바람직한 결과물로 생각하는지를 파악하려고 한다. 그들은 이해 관계자들로부터 정보를 모으고, 그것을 그들에게 피드백하며, 그들이 자신의 역할과 행동 계획을 세우는 데 도움을 준다. 각기 다른 직위에 있는 관리자와 직원들에게 그들의 역할이 무엇인지를 이해시키기 위해 개개인들과 많은 시간을 보낼 것이다.

| 예시 6-2 | 승계 계획 및 관리에서 관리자의 역할 |

		지지자	반대자
노력의 정도	능동적	• 승계 계획 노력을 열렬히 옹호한다. • 관리자의 역할이 사람들을 개발하고 그들에게 동기를 부여하는 것으로 본다.	• 승계 계획을 열렬히 반대한다. • 관리자의 역할이 이익을 내는 것으로 본다. 심지어 그것이 사람들의 의욕을 꺾는 경우에도.
	수동적	• 다른 방법은 유보한 채, 승계 계획에 일반적인 지지를 표한다. • 더 많은 연구와 분석이 수행되기를 바란다.	• 시간을 다른 활동에 할애하는 것을 선호한다.

지원 정도

'참가자 역할'(participant role)은 인식에서 비인식까지 하나의 연속성을 따라, 그리고 조직적인 초점에서 개인적/개별적 초점까지 또 하나의 연속성을 따라 분포한다. 참가자는 SP&M 프로세스에 참여하기 위해 조직이 선발한 사람들로 정의된다. 그들은 대체로 하나 이상의 미래 직책을 맡기 위해 개발되어야 할 핵심 인력으로 지명된 사람들이다. 그들은 자신이 가능한 후임자로서 조직에 의해 지명되었다는 사실을 알 수도 있고 모를 수도 있다. 그들은 미래의 개인적 요구를 만족시키는 데 집중할 수도 있고(개인적 초점), 조직의 필요성을 만족시키는 데 집중할 수도 있다(조직적 초점).

역할을 명확히 하기 위해 관리자, 퍼실리테이터, 참가자에게 다음의 질문에 답하도록 요청하라.

• 조직의 미래 승계 니즈 충족을 돕기 위해 당신은 현재 무엇을 하고 있는가?

- 조직의 미래 승계 니즈 충족을 위해 체계적인 SP&M 프로그램을 도입할 때 당신은 무엇을 해야 하는가?
- 조직에서 효과적인 SP&M 프로그램을 지원하기 위한 관리자와 직원의 역할은 무엇이라고 생각하는가?

그룹 또는 직원 회의에서 이러한 질문을 제기하거나 설문조사를 해 보라(만일 SP&M 프로그램을 '비밀로' 유지하기 위해 제시된 방법을 사용할 수 없다면, 이 질문을 최고경영자들에게 묻고, SP&M을 지원하는 역할이 조직의 다른 단계들에서 어떻게 명확하게 될 수 있는지 물어보라).

사명 선언문 작성

왜 체계적인 승계 프로그램을 도입하는가? 이해 관계자들이 체계적인 승계 프로그램에서 바라는 것은 무엇인가? 이 질문은 프로그램의 목적과 결과에 대한 이해 관계자들 사이의 합의를 도출하기 위해 프로그램 시작 단계에서 다루어져야 한다. 사명 선언문의 부재는 SP&M 프로그램의 아킬레스건으로 불려 왔다. 월터 R. 말러(Walter R. Mahler)와 스티븐 J. 드로터(Stephen J. Drotter)가 몇 년 전에 지적했듯이, "많은 프로그램들이 목적 또는 바람직한 성과에 대한 숙고 없이 도입되어 왔다. 기업들은 프로그램 기법에만 관심을 쏟았다. 시간은 흘러갔고, 환상이 깨졌다. 프로그램이 생각했던 것처럼 되지 않았다."[2] 이는 처음부터 프로그램의 사명을 명확하게 하지 않았기 때문이라고 그들은 생각했다.

| 사명 선언문이란 무엇인가? |

사명 선언문은 프로그램의 목적 또는 존재 이유를 설명한다. 때때로 그것은 '목적 선언문'(purpose statement)이라고도 불린다. 여기서 '사명'(mission)과 '목적'(purpose)은 동의어로 볼 수 있다.

사명 선언문 작성은 계획의 첫 단계이다. 『조직적 전략』(Organizational Strategy)의 저자들은 조직 사명의 작성이 전략의 작성보다 선행되어야 한다고 제안한다. 조직의 사명 선언문은 다음과 같은 질문에 답해야 한다. 조직은 왜 사업을 하는가? 어떠한 결과를 이루고자 하는가? 어떤 시장에서 활동하는가? 어떠한 제품이나 서비스를 제공하는가?

사명 선언문은 또한 조직의 직무(예를 들어 운영, 재무, 마케팅, 또는 인사), 사업부, 직위, 또는 활동을 위해 작성될 수도 있다. 전체 조직의 하위 직무, 사업부, 직위, 또는 활동을 위한 사명 선언문은 다음과 같은 질문에 답해야 한다.

- 직무, 사업부, 직위, 또는 활동은 왜 존재하는가?
- 기업의 사명을 달성하는 데 어떻게 기여하는가? 전략 계획은?
- 어떠한 성과 혹은 결과가 기대되는가?

사명 선언문은 또한 철학적 선언(우리는 무엇을 믿는가?), 제품이나 서비스의 설명(무엇을 만들거나 판매하는가?), 고객 설명(누구의 필요를 위해 봉사하는가?), 그리고 정당화(어째서 사명이 실행할 가치가 있는가?)를 제공하기도 한다.

| 사명 선언문은 어떤 질문에 답해야 하는가? |

조직의 다른 모든 노력과 마찬가지로, SP&M 프로그램은 그것이 왜 존재하는지, 그것으로부터 어떤 성과를 바라는지, 왜 그러한 성과가 가치가 있는지, 어떤 제품이나 서비스가 제공될 것인지, 프로그램이 누구에게 혜택을 줄 것인지, 그리고 다른

중요한 사안들을 설명하는 사명 선언문을 가지고 있어야 한다. SP&M 프로그램을 위한 사명 선언문은 조직에 따라 다를 것이다. 모든 프로그램이 동일한 목적을 만족시키고, 동일한 결과를 이루고, 혹은 동일한 제품이나 서비스를 제공하도록 설계된 것은 아니기 때문이다. 그러면 SP&M 프로그램을 위한 사명 선언문에서는 어떠한 사안들이 포함되어야 하는가?

이 질문에 답할 수 있는 한 가지 방법은 조직에 특별히 중요한 사안에 초점을 집중하는 것이다. 그런 방법으로 의사 결정자들은 프로그램의 사명 선언문을 작성할 수 있을 것이다. 사안들에는 다음과 같은 것이 포함될 수 있다.

1. 핵심 직위는 무엇인가?
2. 고성과 잠재인력(HiPo)의 정의는 무엇인가?
3. HiPo를 파악할 때 조직의 책임은 무엇인가?
4. 우수 성과자의 정의는 무엇인가?
5. 우수 성과자를 파악하고 보상하는 데 있어 조직의 책임은 무엇인가?
6. 조직은 핵심 직위를 어떻게 채워야 하는가?
7. 핵심 직위에서 얼마의 공석 비율이 내부로부터 채워져야 하는가? 외부로부터는? 다른 수단을 통해 처리할 수 있는 방법 및 비율은?
8. 최소한 하나의 확인 가능한 예비(후임자) 인력을 가지고 있어야 하는 핵심 직위의 비율은 어느 정도인가?
9. 얼마나 많은 비율의 핵심 직위에 '공백'(즉 지명된 후임자가 없음)이 있을 수 있는가?
10. 우수 성과자가 그들의 직위에서 보내야 하는 최대 시간은 얼마인가?
11. 고성과 잠재인력 가운데 이탈의 최대 허용 가능한 비율은 얼마이어야 하는가? 우수 성과자는? 그것을 줄이기 위해서는 무엇을 해야 하는가?
12. 개인 승진 이후 핵심 직위에서 실패를 허용할 수 있는 최대 비율은 얼마이어

야 하는가?

13. 핵심 직위에 법적으로 보호되는 노동 집단(예를 들어 여성, 소수 민족, 장애인)이 어느 정도의 비율로 채워져야 하는가?

14. 지명된 후임자들을 위한 국제적 임무 부여는 얼마나 바람직한가?

15. HiPos는 승진에 어떻게 대비해야 하는가?

16. HiPos를 개발하는 과정에서 각 직원과 HR 부서의 역할과 책임은 무엇이어야 하는가?

17. 승계 계획에서 개인 개발 목적을 어느 정도 드러내고 고려하고 추적해야 하는가?

18. 조직은 HiPos라고 확인된 개인들과 그들의 지위에 대해 얼마나 공개해야 하는가?

물론 프로그램 목적의 명확화를 돕기 위해, 질문을 추가할 수 있다. SP&M의 사명을 분명히 하기 위해 예시 6-3에 나타나는 워크시트를 이용하라.

예시 6-3 승계 계획 및 관리의 사명 선언문 작성을 위한 워크시트

지시 : 당신의 조직에서 승계 계획 및 관리(SP&M) 프로그램의 사명을 작성하는 데 이 워크시트를 이용하십시오. 왼쪽 행에 제시된 각각의 질문에 대해 오른쪽 행에 답변을 적으십시오. 작성된 워크시트를 의사 결정자들이 열람하도록 하십시오. 그들의 반응을 모아 조직에서 승계 계획 및 관리의 사명 선언문에 대한 후속 의사 결정을 위한 촉매로서 그것을 피드백하십시오. 그리고 필요하다면 당신의 조직에 맞는 자료 혹은 질문을 추가하십시오.

질문	답변
1. 핵심 직위는 무엇인가?	
2. 고성과 잠재인력(HiPo)의 정의는 무엇인가?	
3. HiPo를 파악할 때 조직의 책임은 무엇인가?	
4. 우수 성과자의 정의는 무엇인가?	
5. 우수 성과자를 파악하고 보상하는 데 있어 조직의 책임은 무엇인가?	
6. 조직은 핵심 직위를 어떻게 채워야 하는가?	
7. 핵심 직위에서 얼마의 공석 비율이 내부로부터 채워져야 하는가? 외부로부터는? 다른 수단을 통해 처리할 수 있는 방법 및 비율은?	
8. 최소한 하나의 확인 가능한 예비(후임자) 인력을 가지고 있어야 하는 핵심 직위의 비율은 어느 정도인가?	
9. 얼마나 많은 비율의 핵심 직위에 '공백'(즉 지명된 후임자가 없음)이 있을 수 있는가?	
10. 우수 성과자가 그들의 직위에서 보내야 하는 최대 시간은 얼마인가?	

11. 고성과 잠재인력 가운데 이탈의 최대 허용 가능한 비율은 얼마이어야 하는가? 우수 성과자는? 그것을 줄이기 위해서는 무엇을 해야 하는가?

12. 개인 승진 이후 핵심 직위에서 실패를 허용할 수 있는 최대 비율은 얼마이어야 하는가?

13. 핵심 직위에 법적으로 보호되는 노동 집단(예를 들어 여성, 소수 민족, 장애인)이 어느 정도의 비율로 채워져야 하는가?

14. 지명된 후임자들을 위한 국제적 임무 부여는 얼마나 바람직한가?

15. HiPos는 승진에 어떻게 대비해야 하는가?

16. HiPos를 개발하는 과정에서 각 직원과 HR 부서의 역할과 책임은 무엇이어야 하는가?

17. 승계 계획에서 개인 개발 목적을 어느 정도 드러내고 고려하고 추적해야 하는가?

18. 조직은 HiPos라고 확인된 개인들과 그들의 지위에 대해 얼마나 공개해야 하는가?

19. 여백에 승계 계획 및 관리 프로그램을 위한 사명 선언문 초안을 적으십시오. 작성시 아래의 질문에 확실히 답하도록 하십시오. (1) 프로그램이 왜 존재하는가? (2) 조직의 사명과 전략 계획을 세우는 데 얼마나 기여하는가? (3) 어떤 측정 가능한 성과 또는 결과가 기대되는가?

| 사명 선언문은 어떻게 준비하는가? |

사명 선언문 작성을 위해 다음의 세 가지 가능한 접근법 가운데 하나를 이용할 수 있다. '묻고 작성하고 도입한다', '권고하고 경청한다', '상호 작용적 논쟁을 촉진한다'. '묻고 작성하고 도입하는' 방법은 누군가가 조직의 승계 계획에 대해 묻는 것으로 시작하는데, 이는 프로그램 사명을 제정하기 위한 대화로 시작된다. 비록 CEO, 인사 담당 부사장, 혹은 전문적으로 임명된 SP&M 코디네이터와 같은 사람들이 변화 요구에 관심을 집중시키는 변화의 대변인 역할을 할 수 있겠지만, 그러한 임무는 흔히 인사 관리 담당자, 인력 개발 전문가, 혹은 경영 개발 전문가에게 할당된다. 두 번째 단계에서 변화의 대변인은 다양한 의사 결정자에게서 받은 답변들을 모아야 한다. 그런 다음 그들은 모아진 답변을 기초로 제안서를 '작성하고' 공람해야 한다. 세 번째, 마지막 단계에서 의사 결정자들은 그 제안서를 활용하여 자신들의 의견을 조정한다. 그렇게 함으로써 SP&M 프로그램을 위한 사명 선언문을 도입한다.

이러한 접근법의 주된 장점은 초기에 바쁜 최고경영자들에게 부담을 주지 않는다는 것이다. 다른 사람들이 SP&M에 대한 정보를 수집하고 취합하며 그것에 대한 기본적인 제안서를 작성하는 착공 작업을 맡는다(이것은 군대에서 장교들이 '스태프 업무'라고 부르는 것이다). 반면 이 접근법의 단점은 임원들이 정보 획득 과정에 참여하지 않기 때문에 그 결과에 대한 책임감을 갖지 못한다는 점이다. 따라서 후속 단계는 그들의 지원을 확보하고, 착수에 필요한 활동에 대해 합의를 도출하는 것이다.

'권고하고 경청하는' 접근법은 다르다. 이 접근법은 인사 담당자, 인력 개발 전문가, 혹은 경영 및 리더십 개발 전문가의 전문적 지식에 의존한다. 이 방법을 이용하기 위해서는 조직 문화, 최고 경영층의 요구와 가치, 최근 SP&M 실태에 대한 철저한 파악이 선행되어야 한다. 이러한 전문적인 지식에 근거하여 예시 6-3에 나열된 프로그램 사명을 위한 핵심 질문의 초기 답변을 제공하면서 어떻게 프로그램을 시작할지를 권고한다. 대체로 제안서 형식으로 체계적인 SP&M 프로그램에 대한 그들의 권고안을 준비해서 배포한다. 그런 다음 논쟁과 토론을 유발하는 촉매로서 제안서를 이용하면서 핵심 의사 결정자들의 반응을 경청한다.

이 접근법의 장점은 그것이 '묻고 작성하고 도입하는' 것보다 더 빠르게 진행된다는 것이다. 또한 외부의 최신 SP&M 사례들에 대한 전문 정보에 크게 의존하기 때문에, 무(無)에서 유(有)를 창조하는 과정을 피할 수 있다. 그러나 이러한 장점은 이 접근법을 이용하는 사람들이 조직의 현재 SP&M 문제점 및 실태, 문화, 의사 결정자들의 선호, 최신 사례 등에 대해 철저하게 파악하고 있을 때만 나타난다. 그렇지 않다면, 그것은 의사 결정자들 사이에서 시간 소모적인 분쟁을 일으킬 수 있으며, 최상위 레벨에서의 합의를 이끌어내기 위한 수고만 더할 뿐이다.

가장 복잡한 접근법은 '상호 작용적 논쟁을 촉진하는 것'이다. 인사 관리 담당자, 인력 개발 전문가, 경영 및 리더십 개발 전문가들이 전문 컨설턴트보다는 그룹 퍼실리테이터의 역할을 한다. 이 접근법의 첫 단계는 핵심 의사 결정자들이 SP&M 프로그램에 대해 '상호 논쟁'할 수 있도록 토론회를 갖는 것이다. 토론회의 내용은 CEO나 이사회 구성원이 결정할 수 있으며, 인사 전문가들이 논쟁 과정을 준비한다('내용'은 토론의 중심 사안을, '과정'은 이러한 사안을 검토할 수단을 의미한다). 그것은 가장 중요한 승계 계획 및 관리 문제들에 대한 탐색 방안을 계획하는 데 있어 CEO와 HR 전문가, 또는 CEO와 외부 촉진자가 긴밀하게 협동해야 함을 의미한다. 이러한 논쟁은 며칠 동안 지속되는 사외 워크숍이나 몇 달 동안 계속해서 여러 번에 걸쳐 진행되는 회의 형태가 될 수도 있다. 논쟁을 하는 동안에 최고 의사 결정자들은 SP&M 프로그램의 지배적인 사명, 철학, 절차 등을 명백히 하기 위해 많은 소규모 활동을 담당한다.

두 번째 단계는 결과물을 요약하는 것이다. 누군가가 반드시 워크숍 혹은 회의에서 합의의 핵심을 담은 문서화된 선언문을 준비해야 한다. 그러한 작업은 대체로 HR 전문가나 전문 퍼실리테이터가 담당하게 되는데, 이들이 프리젠테이션 혹은 공식 발표문을 준비한다. 그러나 핵심적인 피드백을 제공하는 사람은 CEO 또는 다른 최고 의사 결정자들이 되어야 한다.

세 번째이자 마지막 단계는 합의를 보장하는 후속 활동들을 수행하는 것이다. 후속 활동들은 몇 가지 방법으로 수행될 수 있다. 한 가지 방법은 혼동이나 의견 차이를 표면화하기 위해 참가자들과 후속 회의를 갖는 것이다. 이것은 소그룹에서 다루어질 수도 있고(워크숍의 마지막에), 참가자들과 개별적으로 처리할 수도 있다(워크숍 이후에). 또 다른 방법은 조직에서 그리고 조직의 다양한 단계 또는 직위에서 SP&M을 다루는 최고 위원회를 설립하는 것이다.

상호 작용적 논쟁의 최초 관심은 명확한 프로그램 사명 선언문을 작성하는 데 초점을 둬야 한다. 이것이 이 접근법의 장점이다. 그러나 이를 위해서는 CEO와 다른 사람들이 많은 시간을 할애해야 하며, 적극적으로 참여해야 한다. 이것이 이 접근법의 가장 큰 단점이다.

정책 및 절차 작성

조직은 왜 SP&M 프로그램을 도입하는가? 어떤 결과가 기대되는가? 어떻게 프로그램 운영상의 일관성을 확보할 수 있는가? 의사 결정자들은 문서화된 프로그램 정책 및 절차를 준비함으로써 이러한 질문에 답할 수 있다.

| 승계 계획 및 관리 정책과 절차란 무엇인가? |

정책은 사명의 자연스러운 부산물이다. 통상적으로 문서로 작성되며, 행동 방법을 지지하거나 반대하는 내용을 기록에 담는다. 절차는 정책으로부터 나오며, 정책을 실행하는 가이드를 제공한다. SP&M에 대한 정책의 작성은 조직이 무엇을 추구하는지를 명확히 하는 것이고, 절차의 작성은 정책이 어떻게 실행될 것인지를 분명하게 하는 것이다. SP&M 정책의 일반적인 구성 요소는 사명 선언문, 철학적 선언문, 그리고 절차를 포함한다. SP&M 정책의 견본은 예시 6-4에 나타나 있다.

예시 6-4 | 승계 계획 및 관리 정책의 견본

사명 선언문

[회사 또는 조직의 이름]에서 승계 계획 및 관리 프로그램의 목적은 언제든지 핵심 직위에 맞는 내부 인재의 준비된 공급을 확보하는 것이다. 이 조직은 인종, 종교, 성별, 출신 국가, 성적 성향, 혹은 장애 여부에 상관없이 모든 구성원에게 평등한 고용 기회의 제공을 약속한다.

정책 및 철학

직원들의 잠재성 개발을 최대한으로 돕고, 가능하다면 그들이 개인과 조직의 필요성을 모두 만족시키는 실질적 커리어 목표를 이루는 데 도움을 주는 것이 [회사 또는 조직의 이름]의 정책이다.

우리 조직에 핵심 직위에 맞는 우수한 인재가 있다면 내부로부터의 승진을 우선시 한다. 조직은 또한 직원들이 개인적인 커리어 목표와 조직 요구에 부합하는 직위에 오를 수 있도록 준비하고, 자격을 갖추기 위한 개인 잠재성 개발에 도움을 줄 것을 약속한다.

절차

조직은 적어도 일 년에 한 번 아래 사항을 지원한다.

- 승진이나 다른 내부로부터의 인사 이동에 의한 교체 요구를 조직이 얼마나 잘 충족할 수 있는가를 평가할 수 있는 '대체 계획 활동'
- 개인이 현재의 직무 요건을 얼마나 잘 충족하고 있는가를 평가하는 '개인 성과 평가'

- 개인이 미래의 승진을 위해 얼마나 잘 준비되어 있는지를 평가하는 '개인 잠재성 평가'. 일반적으로 과거 또는 현재의 성과에 초점을 맞추는 성과 평가와 달리, 개인 잠재성 평가는 미래의 성과에 초점을 맞춘다.
- 개인이 이미 알고 있는 것이나 할 수 있는 것, 그리고 알아야만 하는 것이나 승진 자격을 얻기 위해 해야 하는 것 사이의 개발 격차를 줄이는 데 도움이 되는 액션 플랜 및 수단을 제공하는 '개인 개발 계획'

승계 계획 및 관리 프로그램은 승진에 적합한 개인들을 파악하기 위해 위에 열거된 프로세스에 크게 의존할 것이다. 프로그램은 내부의 커리어플랜 프로그램과 긴밀히 연계되어 운영하는데, 이를 통해 개인들이 자신의 커리어 목표를 파악하고 이를 성취하기 위해 적극적인 노력을 하는 데 도움이 되도록 설계된다.

| 정책과 절차는 어떻게 작성되는가? |

승계 계획 및 관리의 정책과 절차는 일반적으로 프로그램의 사명과 목적에 대해 의사 결정자들의 의견이 일치한 후에 작성되어야 한다. 위기, 문제점, 또는 중요한 사안들은 그 정책과 절차에 무엇이 포함되어야 하는지에 대해 단서를 제공하며, 그것들은 보통 사명에 내포되어 있을 것이다. 의사 결정자들이 사명 선언문을 준비할 때, 그들은 통상적으로 작성된 프로그램 정책과 절차에 무엇이 당연히 포함될 수 있는지를 고려할 것이다.

많은 경우, 정책과 절차를 작성하는 데 활용되는 적절한 방법은 사명 선언문을 준비하는 데 이용된 접근법과 유사하다. 예를 들어 사명 선언문을 작성하는 데 '묻고 작성하는' 방법이 사용되었다면, 임원들에게 제출된 제안에 덧붙이는 SP&M 정책과 절차의 초고를 준비하라. 만일 '권고하고 경청하는' 접근법이 선택되었다면, SP&M 정책과 절차의 초고는 경영층에 초기 제안으로 사명 선언문과 함께 제출된다. 만일 선택된 접근법이 '상호 작용하는 논쟁을 촉진하는 것'이라면, 조직의 위원회는 일반적으로 정책과 절차를 작성하고, 미세한 점을 점검하며, 정책과 절차에 보완과 수정을 더하는 수단이 될 것이다.

표적 집단의 규명

SP&M 프로그램의 초점은 누가 되어야 하는가? 최고 임원진들에 초점을 두어야 하는가? 다른 그룹, 직위, 혹은 조직 부분을 포함해야 하는가? 이러한 질문에 대답하기 위해서 의사 결정자들은 표적 집단을 규명해야 한다.

SP&M 프로그램에 대한 대다수의 저서들은 최고 경영진의 대체에 관한 것들이었다. SP&M에 대한 상당수의 연구들이 CEO에 관한 것이거나,[3] CEO에게 직접 보고하는 참모진 임원들을 대상으로 한 것이었다. 많은 전문가들이 CEO 및 CEO 참모진 아래 더 낮은 직위에서의 승계 계획 및 관리의 필요성이 그 어느 때보다도 부각되고 있다는 것에 동의하고 있음에도 불구하고, 다른 집단의 SP&M에 대한 연구는 거의 없는 상태이다.

사실상 다기능, 팀 기반 경영과 교차 훈련에 대한 관심은 조직의 모든 그룹을 통틀어 모든 직위에서의 직원 능력을 체계적으로 개발하는 데 더욱 많은 시간, 자원, 관심을 쏟아야 한다는 인식으로부터 나온다.

SP&M 실태에 대한 2004년 조사 결과는 응답자들의 조직이 대체적으로 후임자를 파악하여 개발하고 있지 못한다는 것을 보여주었다(예시 6-5 참조).

예시 6-5 승계 계획 및 관리에 대한 표적 집단

승계 계획이 조직의 모든 집단에 적용되지 않을 수도 있습니다. 아래에 열거된 각 집단에 대해, 당신의 조직이 후임자의 파악과 개발에 상당한 노력을 기울이는지 표시하여 주십시오.

	집단	당신의 조직은 이 집단에서 후임자를 파악하는 데 상당한 노력을 기울이고 있습니까? (응답 퍼센트)		당신의 조직은 이 집단에서 후임자를 개발하는 데 상당한 노력을 기울이고 있습니까? (응답 퍼센트)	
		예	아니오	예	아니오
A	임원들	89%	11%	100%	0%
B	중간 관리층	67%	33%	56%	44%
C	감독자들	44%	56%	56%	44%
D	전문가들	33%	67%	22%	78%
E	기술직 직원들(엔지니어, 컴퓨터 전문가)	11%	89%	11%	89%
F	판매 직원들	22%	78%	22%	78%
G	사무 및 비서 직원들	11%	89%	22%	78%
H	시간제 생산직 및 서비스 직원들	22%	78%	33%	67%

출처 : William J. Rothwell, Results of a 2004 Survey on Succession Planning and Management Practices. 미출간 조사 결과(University Park, Penn.: The Pennsylvania State University, 2004).

| 초기 표적 집단 선정 |

조직에서 대체 인력층이 가장 약한 곳이 어디인가? 이 질문에 대답하기 위해서는

승계 계획 및 관리를 위한 초기 표적 집단을 선정해야 한다(예시 6-6의 활동 참조. 필요하다면 최고경영자들에게 공람하거나, 킥오프 회의 또는 사명 선언문 워크숍에서 작성을 요청하라).

가장 흔히 문제가 되는 세 영역, 즉 최고 경영진의 후임자들, 최일선 감독직의 후임자들, 고유하며 충원이 어려운 기술직 혹은 전문직의 후임자들에 먼저 관심을 집중한다. '최고 경영진'은 절대적 수에 있어서는 가장 적지만, 조직의 전략을 수립하고 실행하기 위해 가장 중요한 계층이다. 강제 퇴직, 종업원 인수, 또는 조기 퇴직의 결과로 중간 관리층에서 상당한 직원 감축을 경험한 조직에서는 이 계층의 대체 인력층이 약화되어 있을 수 있다.

'감독직'은 절대적인 수가 가장 많으며, 따라서 계속되는 이직과 인사 이동 때문에 대체 필요성이 가장 큰 계층이다. 감독직은 또한 경영 관리층으로의 진입점으로서 매우 중요하다. 왜냐하면 많은 중간 관리층과 임원들이 감독 계층에서 시작하기 때문이다. 감독직은 관리 경험이 없는 비정규직 계층에서 승진하기도 하거나, 조직 외부로부터 고용되기도 한다. 감독직은 계획된 경영 개발 프로그램이 없거나 감독직으로의 이동에 인센티브를 거의 또는 전혀 제공하지 않는 조직의 경우 취약한 계층이다. 예를 들어 비정규직 노동자가 감독자보다 실질적으로 더 많은 돈을 버는 조직 같은 경우이다. 감독자는 초과 업무 수당을 받을 수 없지만, 초과 시간 노동을 해야 한다.

충원이 힘든 '기술직 또는 전문직'은 흔히 수적인 면에서 제한된다. 관리자들은 이 집단의 직원을 잃을까 봐 노심초사하는데, 왜냐하면 당장에 후임자를 모집하거나 훈련시키는 것이 어렵거나 거의 불가능하기 때문이다. 만일 예시 6-6 결과에서 필요성이 있다고 나타난다면, 이들 중 하나의 집단, 또는 세 집단 모두를 SP&M 프로그램 도입을 위한 초기 표적 집단으로 선정하라. 그게 아니라면 예시 6-6을 이용하여 프로그램 도입을 위한 초기 표적 집단을 규명하고 의사 결정자들과 함께 선택된 집단을 점검하라.

| 예시 6-6 | **승계 계획 및 관리를 위한 초기 표적 집단 선정을 위한 활동** |

지시 : 다음을 이용하여 SP&M 프로그램의 도입을 위한 초기 표적 집단을 선정하십시오. 아래 왼쪽 행에 나열된 각각의 직무 구분에 대해 가운데 행에 우선순위(1 = 가장 높은 우선순위)를 적으십시오. 그런 다음 오른쪽 행에 해당 직무 구분에 우선순위를 부여한 이유를 간략하게 설명하십시오. 이 표를 의사 결정자들에게 배포하고, 작성하도록 하십시오. 결과를 분석하여, 어떤 직무군이 SP&M 프로그램을 위한 표적 집단으로 나타났는지 의사 결정자들에게 알려주십시오. (직무군의 리스트가 당신 조직의 직책에 맞도록 수정하십시오.)

직무 구분	우선순위에 따라 열거 (1 = 가장 높다.)	추론의 근거는 무엇인가?
1. 임원들		
2. 임원 직위를 준비하는 개인들		
3. 중간 관리층		
4. 중간 관리층을 준비하는 개인들		
5. 감독자들		
6. 감독자를 준비하는 개인들		
7. 전문가들		
8. 전문가가 될 준비를 하는 개인들		
9. 기술직 직원들		
10. 기술직 직원을 준비하는 개인들		
11. 영업직		
12. 영업직을 준비하는 개인들		
13. 사무직		
14. 사무직을 준비하는 개인들		

15. 시간제 생산직 또는 서비스직
16. 시간제 생산직 또는 서비스직을
    준비하는 개인들
17. 다른 직무 구분들

| 다른 집단으로의 승계 계획 및 관리 대상 확장 |

비록 현재의 조직이 모든 사람들과 직위를 포괄하는 체계적인 SP&M 프로그램을 도입할 시간이나 자원이 없을 수도 있지만, 의사 결정자들은 언젠가는 조직 전체를 포괄하는 승계 계획 및 관리 프로그램을 도입할 만한 가치가 있다는 데 동의할 것이다. 그런 이유로 예시 6-6을 의사 결정자들에게 정기적으로 제시하여, 어떤 집단이 포함되어야 하고 우선순위는 어떠한지를 평가받아야 한다.

물론 의사 결정자들은 직무 구분이 아닌, 다른 방법으로 특정한 집단에 우선순위를 부여하고자 할 수 있다. 예를 들어 다음의 영역 가운데 하나에서 대체 인력층이 가장 허약하다고 생각할 수도 있다.

- 지리적 위치
- 생산 및 서비스 라인
- 조직 운영의 기능
- 특정 관련 산업 또는 관련 제품 서비스 문제에 대한 경험
- 국제 시장에 대한 경험

의사 결정자에게 조직의 대체 후보 인력군이 약하다고 생각하는 곳이 어디인지 질문하라. 처음에는 그 계층의 대체 후보 인력군을 높이는 데 중점을 두어 SP&M 프로그램을 시작하라. 그 계층의 승계 계획 및 관리에 노력을 계속 기울이면서, 점차적으로 다른 집단을 포함할 수 있도록 승계 계획 및 관리를 확장하라.

CEO, 선임 관리자들 및 다른 사람들의 역할 명확화

SP&M 프로그램에서 CEO, 선임 관리자들, HR 부서, 개인들, 그리고 다른 집단들은 어떠한 역할을 수행해야 하는가?

| CEO와 다른 선임 관리자들의 역할 |

제5장에서 지적한 바와 같이, 효과적인 승계 계획 및 관리의 성공에 있어서 CEO의 역할은 성패를 결정하는 요건이다. 만일 CEO가 기꺼이 실질적인 참여를 하고자 한다면, 그 프로그램은 뛰어난 성공 가능성을 안고 시작한다. 반면에, CEO가 승계 계획 및 관리를 자신이 아닌 다른 모든 사람들이 해야 하는 어떤 것으로 생각한다면, 그 프로그램은 이미 재난의 징표를 안고 시작하는 셈이다. 왜냐하면 오직 CEO만이 다른 선임 임원들에게 인재 양성에 책임을 지라고 다그칠 수 있으며, 그 결과물에 대해 포상하거나 징계를 할 수 있기 때문이다. 인사 담당 부사장은 그러한 것을 할 수 없다.

훌륭한 출발점은 CEO와 함께 앉아 "승계 계획 및 관리에서 어떤 역할을 수행하기를 원하며, 그 이유는 무엇입니까?"라고 묻는 것이다. 또한 "승계 계획 및 관리 프로그램을 통해 어떤 결과를 원하고, 당신이 어떤 역할을 해야만 그 결과를 성취하는 데 도움이 될 것이라고 생각합니까?"라고 묻는 것도 도움이 된다. 이러한 질문들에 대한 답변을 토대로 인사 담당자들은 CEO가 기꺼이 맡기를 원하는 부분에 대한 역할 기술서를 준비할 수 있다. 똑같은 접근법이 다른 선임 관리자들에게도 적용될 수 있으며, 기대되는 역할과 그와 관계되는 행동들을 명확히 함으로써 책무를 정할 수 있다.

| 인사 부서의 역할 |

승계 계획 및 관리에서 인사 부서의 역할은 무엇이어야 하는가? 현실적으로는 많은 역할들이 가능하다. 만일 인사 부서의 역할이 분명해지지 않으면, 기대가 현실과 충돌하면서 노력 자체를 엉망진창으로 만들 수 있다.

초우량 사례 기업들을 포함한 대부분의 조직에서 인사 부서의 역할은 조정이다. '조정된'(coordinative)이라는 용어는 과장된 것일 수도 있지만, 이는 기본적으로 다음과 같은 것을 의미한다. (1) 인사 부서 내에 승계 계획 및 관리를 위해 정보를 수집하고 계속적으로 정보를 모으는 책임자가 있다. (2) 인사 부서의 기능은 개인, 조직 요구, 현재 및 미래 역량, 현재 성과와 미래 가능성, 개인 개발 계획, 역량 개발 전략 등에 대한 자료 수집을 지원하는 테크놀로지를 제공하는 것이다.

승계 계획 및 관리 프로그램을 시작할 때 흔히 일어나는 문제점 중의 하나는 인사 부서에 승계 계획 및 관리를 담당할 수 있거나, 하다못해 충분히 믿을 만한 직원이 없다는 사실이다. 또 다른 문제점은 인사 관리 기능에 승계 프로그램을 지원할 이른바 인프라가 없다는 것이다. 인프라가 없다는 것은 승계 노력을 지원할 어떤 것도 없다는 의미이다. 테크놀로지도 없고, 역량 모델도 없으며, 제대로 운영되는 성과관리 시스템도 없고, 다면 평가(잠재성을 평가하는 나른 방법들)도 없으며, 개인 개발 계획(IDP)도 없고, 좋은 승계 계획 및 관리 노력을 위해 필요한 다른 어떤 것도 없다는 것이다.

이러한 문제점에는 단순한 해결책이 없다. 누군가에게 — 인사 분야에서 우수 성과자인, 아마도 HiPo인 사람에게 — 반드시 책임이 부여되어야 한다. 왜냐하면 그 사람은 CEO, 선임 관리자들, 이사회 구성원들에게까지 신임을 받고 있을 것이기 때문이다. 그 인사 담당자는 반드시 승계에 관해 교육을 받아야 한다. 많은 인사 담당자가 승계 계획 및 관리에 관해 독학을 하곤 하는데, 어떤 것이든 승계에 관한 교육이 있다면 그 임명된 사람을 보내는 것이 크게 도움이 된다.

| 개인들의 역할 |

물론 물어보아야 할 다른 유용한 질문들도 있다(이것은 SP&M 프로그램의 도입과 시행에 대해 생각하는 와중에 흔히 잊어버리는 것들이다). "개인이 미래를 위해 자신을 개발할 때 어떤 역할들을 수행해야 하는가?" 그리고 "사람들이 미래를 위해 스스로 어떤 경력 목표들을 세우고 있는지 어떻게 알아낼 것인가?"이다. 물론 모든 사람들이 승진을 바란다고 가정해서는 안 된다. 어떤 사람들은 그들의 상사가 고초를 겪는 것을 보고는 "고맙지만, 싫다."라고 말한다. 의사 결정자들은 점점 관심이 커지는 주제인 일과 삶의 균형에 대한 니즈에 민감해질 필요성이 있다. 경력 개발 프로그램은 물론 이러한 점에서 SP&M 프로그램과 유용하게 통합될 수 있다.

| 다른 이해 관계자들의 역할 |

이사회가 조직의 승계 노력에서 특정 역할을 수행하고 싶어할 수 있다. 만일 그렇다면, 이사회 구성원들에게 어떤 역할을 맡고 싶은지 물어보아야 한다. 이사회 내에 승계를 감독하는 위원회가 설치될 수도 있다. 이는 CEO와 다른 선임 리더들의 관심을 그 사안에 집중하게 하면서 책임감을 확보할 수 있으므로 추천되는 방법이다. 그리고 또한 적어도 주식회사에서 CEO와 다른 선임 리더들과 같은 핵심 인물들의 갑작스러운 손실로 인해 발생할 수 있는, 회사에 미치는 끔직한 영향으로부터 주주들의 이익을 보호하는 데에도 도움이 될 수 있다.[4]

프로그램 우선순위 설정

체계적인 SP&M 프로그램을 도입하기 위해 많은 업무가 처리되어야 한다. 그렇지만 한번에 모든 업무를 처리하는 것은 거의 불가능하다. 누군가는 단기와 장기에 걸쳐 프로그램의 우선순위를 정해야 한다. 그것은 최고 의사 결정자, 상근 혹은 비상근 SP&M 담당자, 또는 조직 내에서 다른 집단이나 기능을 대표하는 위원회에 의해 설정될 수 있다.

조직의 가장 당면한 문제점을 해결하고 대체 인력층이 가장 취약한 부분을 바로잡기 위해서는 최우선 순위를 두어야 한다. 그 다음으로 조직의 체계적인 승계 계획 및 관리를 위한 장기 계획을 반영하여 우선순위를 선정하여야 한다.

이 장에서 이미 설명한 활동들, 이를테면 역할 명확화, 사명 선언문 작성, 프로그램 정책 작성, 프로그램 절차 명확화, 그리고 프로그램 표적 집단 파악에 덧붙여, 다른 행동들이 취해져야 할 것이다. 조직의 니즈에 따라서 어떤 활동이 필요한지 그리고 언제 그러한 활동이 필요한지 우선순위를 설정하여야 한다. 활동들은 다음과 같다.

- 프로그램의 실행을 가이드할 액션 플랜을 준비한다.
- 액션 플랜을 전달한다.
- 체계적인 SP&M 프로그램에서의 역할에 맞게 경영자와 직원들을 교육한다.
- 프로그램을 논의하기 위한 킥오프 회의와 정기적인 보고 회의를 계획한다.
- 저성과자 처리, 고성과자 관리, 고성과 잠재인력 양성과 코칭, 성과가 정체된 직원에 관한 특별한 문제 해결, 직장에서의 다양성 관리 등과 같은 독특한 승계 계획 문제점들의 처리에 관해 관리자에게 카운슬링을 제공한다.
- 현재 및 미래의 업무 요구, 프로세스, 활동들, 책임, 성공 요인, 그리고 역량을 정의한다.
- 개인의 현재 성과를 평가한다.
- 개인의 미래 잠재성을 평가한다.
- 조직 내 개인들의 커리어 플랜을 위한 수단을 제공한다.
- 성과와 잠재성을 추적한다.

- 현재 사람들이 알고 있거나 행하는 것과, 사람들이 리더십 연속성의 확보나 승진 자격을 갖추기 위해 미래에 알아야 하거나 행해야 하는 것 사이의 격차를 좁히는 데 도움을 주는 개인 개발 계획(IDP)을 준비하고 계속적으로 추진한다.
- 대체 니즈 충족을 위한 혁신적 노력을 추적한다.
- 체계적인 SP&M의 성과를 측정하기 위한 효과적인 접근법을 도입한다.
- 특별한 집단(예를 들어 고성과 잠재인력, 정체된 직원, 고성과자, 또는 저성과자)에 맞추거나, 또는 특별한 요구(예를 들어 다운사이징 이후 핵심 직원의 자발적 이탈 감축, 문화적 다양성 처리, 익명의 업무 팀에서 승계 계획 이용, 품질 또는 고객 서비스 조직에서의 다른 결정들과 SP&M 통합)를 만족시키기 위한 프로그램을 설계하거나 실행한다.

그렇지만 조직의 특수한 니즈에 따라 어떤 사안들은 즉각적인 관심과 행동을 요구하기도 한다.

이러한 기회를 활용하여 조직에서 프로그램 우선순위를 고려하라. 예시 6-7에 제시된 활동을 이용하여 조직의 초기 프로그램 우선순위를 설정하라. 만일 당신이 SP&M 프로그램 담당자라면, 핵심 의사 결정자에게 그들의 의견을 수렴하고 그 결과를 피드백하며, 그들의 반응을 프로그램 우선순위 설정을 위한 출발점으로 이용할 수 있을 것이다. 방법을 달리해서, 조직 내 SP&M에 관한 상설위원회가 있다면, 위원회와 활동을 공유하라. 위원회 구성원들에게 의견을 채우도록 요청하고, 그런 다음 초기 프로그램 우선 순위 설정을 위한 기초로서 그 결과를 이용하라. 최소한 매년 우선순위를 다시 조사하라. 설정된 프로그램 우선순위에 따라 행동 계획을 조정하라.

| 예시 6-7 | **승계 계획 및 관리에서 프로그램 우선순위 설정을 위한 활동**

지시 : 다음 활동은 당신의 조직 승계 계획 및 관리 프로그램의 우선순위 설정을 돕기 위한 것입니다. 아래의 왼쪽 행에 나열된 각 활동에 대해 오른쪽 행의 해당 숫자에 동그라미를 쳐서 우선순위를 매기십시오.

1 = 지금 당장 시행해야 하는 최고 우선순위

2 = 중요하지만 잠시 행동을 유보할 수 있는 두 번째 우선순위

3 = 1 또는 2와의 우선 항목이 시행되고 난 이후에 시행되어야 하는 세 번째 우선순위

필요한 경우 이 질문지를 의사 결정자들에게 배포하십시오. 질문지를 취합한 후 그 결과를 피드백하며 의사 결정의 촉매가 될 수 있도록 하십시오. (다른 관심 활동을 추가할 수 있습니다.)

활동	우선순위		
	최고	두번째	세번째
	1	2	3
1. 프로그램의 시작을 가이드할 액션 플랜을 준비한다.			
2. 액션 플랜을 전달한다.			
3. 체계적인 SP&M 프로그램에서의 역할에 맞추어 경영자와 직원들을 교육한다.			
4. 프로그램을 논의하기 위한 킥오프 회의와 정기적인 보고 회의를 계획한다.			
5. 특별한 승계 계획 문제점들의 처리에 관해 관리자에게 카운슬링을 제공한다.			
6. 현재 및 미래의 업무 요구, 프로세스, 활동들, 책무, 성공 요인, 그리고 역량을 정의한다.			

7. 개인의 현재 성과를 평가한다.
8. 개인의 미래 잠재성을 평가한다.
9. 조직 내 개인들의 커리어 플랜을 위한 수단을 제공한다.
10. 성과와 잠재성을 추적한다.
11. 개인 개발 계획(IDP)을 준비하고 계속적으로 추진한다.
12. 대체 니즈 충족을 위한 혁신적 노력을 추적한다.
13. 체계적인 SP&M 성과를 측정하기 위한 효과적인 접근법을 도입한다.
14. 특별한 요구를 만족시키기 위한 프로그램을 설계하거나 실행한다.
15. 다른(특정) 활동

프로그램 실행을 위한 전략 수립

점점 많은 고용주들이 SP&M 프로그램을 도입하기 시작함에 따라, 그것을 어떻게 실행할지 딜레머에 직면한다. 그것은 이 분야를 전문으로 하는 컨설턴트에게는 빈번히 일어나는 문제이다. 나는 고객에게 CEO와 함께 조직의 Top에서부터 시작하라고 조언한다. CEO는 만족시켜야 하는 진정한 '고객'이며, 실행 전략에서 '승계 계획 및 관리의 세대를 따르는' 것이 현명한 방법이기 때문이다. CEO와 함께 그의 후임자를 선택하는 단순한 대체 전략에서 시작하는 것이 가장 좋은 방법이라는 뜻이다. CEO와 CEO에게 직접 보고를 하는 임원들, 즉 선임 임원진이 그 다음이다. 이것도 역시 단순한 대체 계획이다. 그렇지만 HR 출신의 내부 컨설턴트 또는 외부 컨설턴트들과 함께 일하면서 임원진들은 승계 계획 및 관리 프로그램에서 어떤 사안이 중요한지 이해하기 시작하고 직접 경험한다. 그들은 참여를 통해 주인의식을 가지게 되고 프로그램에 대해 이해하게 된다. 다음으로 중간 관리층이 포함되는데, 이는 제3세대 계획이다. 중간 관리층이 포함됨에 따라, 선임 임원들에 의해 고안된 프로그램이 중간 관리층에 본격적으로 시험된다. 그것은 4세대와 5세대 계획을 특징짓는 인재 풀과 기술 목록을 위한 배경이 된다.

중요한 것은 커뮤니케이션 전략이다. 흔히 그것은 액션 플랜과 별도로 처리해야 하는 사안이다. CEO와 선임 임원들은 SP&M 프로그램이 중간 관리층과 다른 이해관계자들에게 어떻게 설명되어야 하는지에 세심한 주의를 기울여야 한다. 만일 그들이 커뮤니케이션 전략에 특별한 주의를 기울이지 않으면, 그래서 사업의 목적과 정책, 절차를 명확하게 만들지 못하면, 실패하게 될 것이다. 인사 담당자들이 모든 것을 할 수는 없다. 인사 담당자들은 승계 계획 및 관리 프로그램이 어떻게 기능하고, 왜 그것이 존재해야 하는지 설명하는 커뮤니케이션 전략을 세우기 위해 CEO와 선임 임원 팀, 때로는 외부 컨설턴트와 함께 일할 필요가 있다.

요약

체계적인 SP&M 프로그램의 시작은 일반적으로 조직의 의사 결정자에게 다음과 같은 것을 요구한다.

- 위험 분석을 수행하고, 변화 약속을 담보한다.
- 프로그램을 위한 경영진, 직원, 참여자의 바람직한 역할을 명확히 한다.
- 프로그램 사명 선언문을 준비한다.
- 프로그램 정책과 절차를 작성한다.
- 프로그램 도입과 그 이후의 표적 집단을 규명한다.
- CEO, 선임 관리자, 그리고 다른 사람들의 역할을 명확히 한다.

- 프로그램의 우선순위를 설정한다.
- 승계 계획 및 관리의 법률적 구조를 전달한다.
- 승계 계획 및 관리 프로그램을 실행하기 위한 전략을 계획한다.

다음 장에서는 프로그램 액션 플랜 준비 및 전달, 프로그램에서의 역할 수행을 위한 경영진과 직원들의 교육 훈련, 킥오프 회의, 프로그램 보고 회합, 카운슬링을 운영하는 방법을 다룬다.

07

프로그램의 개량

승계 계획 및 관리 프로그램의 시작 이후, 프로그램의 본격적 운영에 앞서 추가적인 조치들을 취할 필요가 있을 것이다. 그 조치들은 다음과 같다.

- 프로그램 액션 플랜을 준비한다.
- 액션 플랜을 전달한다.
- SP&M 회의를 수행한다.
- SP&M에 관해 교육한다.
- 관리자들이 그들의 업무 영역에 특별히 영향을 미치는 SP&M 문제들을 처리할 수 있도록 카운슬링을 제공한다.

이 장에서는 초기 단계에서 SP&M 프로그램을 효과적으로 개량하는 팁을 제공하며, 위에 열거된 각각의 주제들을 간략히 검토한다.

프로그램 액션 플랜 준비

초기 프로그램 우선순위의 설정은 프로그램 도입의 시발점이다. 우선순위를 현실에 맞게 조정하려면 헌신, 노력, 효과적인 전략이 필요하다. 프로그램을 위한 액션 플랜 준비는 조직에서 체계적인 SP&M 실행을 위한 전략 개념화에 도움을 준다.

액션 플랜은 SP&M 프로그램을 활성화하고 활력을 불어넣는다. 액션 플랜은 프로그램의 도입을 위한 우선순위들이 실제로 어떻게 실행될 것인지를 나타내는 것이므로 자연히 프로그램 우선순위 설정 바로 다음 단계가 된다.

| 효과적인 액션 플랜의 요소 |

액션 플랜은 프로젝트 계획과 유사하다. 이는 모든 저널리즘의 6하 원칙과 유사하다.

- 누가 행동을 취해야 하는가?
- 그들은 어떤 행동을 취해야 하는가?
- 언제 그러한 행동이 취해져야 하는가?
- 어디에서 그러한 행동이 취해져야 하는가?
- 왜 그러한 행동이 취해져야 하는가?
- 어떻게 그러한 행동이 취해져야 하는가?

이러한 6하 원칙에 따라서, 액션 플랜은 프로그램의 기반을 제공한다.

| 액션 플랜의 도입 방법 |

액션 플랜의 도입에는 몇 가지 단계가 있다. 첫째, 우선순위를 열거한다. 둘째, 각

각의 우선순위 항목에 어떤 행동이 취해져야 하는지 명시한다. 셋째, 각각의 활동에 책임을 부여한다. 넷째, 어디에서 행동이 수행되어야 하는지 명시한다. 다섯째이자 마지막으로 언제 행동이 완료되어야 하는지, 또는 언제 각각의 완료 단계에 도달해야 하는지를 나타내는 최종 기한 또는 시간 지표를 설정한다. 각 단계의 결과물은 SP&M 프로그램 도입을 위한 구체적인 액션 플랜이어야 한다(프로그램 액션 플랜을 명확히 하기 위해 예시 7-1에 있는 워크시트를 활용하라).

예시 7-1 | 승계 계획 및 관리 프로그램 도입을 위한 액션 플랜 준비 워크시트

지시 : 당신의 조직에 SP&M 프로그램 도입을 위한 액션 플랜을 수립하는 데 아래의 워크시트를 활용하십시오. 칼럼 1에는 프로그램 우선순위를 열거하고(처음으로 무엇을 해야 하는가? 두 번째, 세 번째 등은?) 논리적 근거를 기술하십시오(왜 이러한 우선순위가 설정되었는가?). 칼럼 2에는 우선순위를 현실화하기 위해 어떤 업무를 수행해야 하는지 열거하십시오(어떻게 우선순위를 달성할 것인가?). 칼럼 3에는 각각의 업무에 책임을 부여하십시오. 칼럼 4에는 (해당된다면) 특별한 위치를 지적하십시오(어디에서 업무나 우선순위들이 이루어져야 하는가?). 칼럼 5에는 최종 기한 또는 시간 지표를 설정하십시오.

이 워크시트를 의사 결정자들, 즉 SP&M 위원회에 참여하고 있는 최고경영자들이 회람하도록 하십시오. 각각의 의사 결정자에게 개별적으로 워크시트를 작성할 것을 요청하십시오. 그런 다음 그 의견을 모아 그들에게 피드백하고, 이 자세한 액션 플랜에 대해 합의하도록 하십시오.

칼럼 1	칼럼 2	칼럼 3	칼럼 4	칼럼 5
프로그램 우선순위와 논리적 근거	작업	책임	장소	최종 기한/시간 지표
각각의 작업은 언제까지 완료되어야 하는가? 중요도 순으로 무엇을 해야 하며, 이러한 우선순위의 이유는?	우선순위에 있는 것들을 어떻게 실행할 것인가?	누가 각각의 업무에 책임을 맡을 것인가?	(만일 해당된다면) 어디에서 업무를 완료해야 하는가?	최종 기한 또는 시간 지표를 설정하라.

액션 플랜의 공유

액션 플랜을 마련하더라도 이를 비밀로 한다면 아무런 결과도 얻지 못할 것이다. 액션 플랜에 영향을 받는 사람들, 그리고 이행에 참여하여 책임을 맡을 예정인 사람들에게 액션 플랜을 전달하는 노력을 기울여야 한다.

| 의사소통에서의 문제점들 |

SP&M 프로그램에 대해 이야기하는 것은 조직 운영의 다른 영역에서는 거의 찾아볼 수 없는 특별한 문제점을 야기한다. 그 이유는 많은 최고경영자들이 조직 내부 또는 외부를 막론하고 그들의 승계 계획 및 관리 프로그램에 대한 정보 공유를 꺼리기 때문이다. 그들은 승계 계획이 조직의 전략을 너무 많이 노출시킬 것을 우려하여

외부와의 정보 공유를 꺼린다. 만일 SP&M 프로그램이 전략 계획과 긴밀히 연계되고 있다면 — 그리고 이것은 바람직하다 — 그에 대한 정보를 노출시키는 것은 눈치 빠른 경쟁자에게 조직이 무엇을 하려고 하는지 누설할 수도 있다.

또한 최고경영자들은 승계 계획 및 관리의 부정적인 영향을 염려하여 조직 내부에서조차 정보 공유를 꺼린다. 자신들이 핵심 직위의 후임자로 정해졌다는 사실을 아는 고성과 또는 고잠재 직원들은 다음과 같은 행태를 보일 수도 있다.

- 승진이 보장되었다고 생각하기 때문에 자기만족에 빠진다. 이는 황태자 현상이라고 불린다.
- 만일 조직 환경이 변하거나 후임자로서 그들의 위상이 더 이상 보장되지 않는다면 환멸을 느끼게 된다.
- 현격한 임금 인상 또는 승진 기회가 제공되지 않으면 떠나겠다고 위협하여 높은 몸값을 요구한다.

물론 반대 상황이 일어날 수도 있다. 만일 잠재성 높은 사람이 그들의 위상에 대해 알지 못한다면, 다른 곳에서 승진 기회를 찾을지도 모른다. 동일하게, 핵심 직위의 후임자로 현재 인정되지 못한 고성과자는 현재 잠재성이 있다는 것을 이미 보여주고 있을지라도 조직에 대해 환멸을 느끼고 의욕이 꺾일 수도 있다. 잘못된 커뮤니케이션 전략은 피할 수 있었던 핵심 직위의 이직을 증가시켜, 귀중한 인재를 잃게 하고 훈련 비용을 상승시킨다.

| 효과적인 접근법의 선택 |

SP&M 프로그램의 일부로써 의사 결정자는 승계 문제에 대해 과거에 어떻게 의사 전달이 되어 왔는지를 점검하고, 향후 어떻게 해야 할지 생각해 두어야 한다. 일관된 커뮤니케이션 전략을 수립하는 것은 매우 중요하다.

조직 내에서의 과거 커뮤니케이션 전략은 핵심 직무의 현직자가 과거에 어떻게 대우받았고 임금이나 대우 문제가 어떻게 처리되었는지에서 그 실마리를 찾을 수 있다. 만일 핵심 직무의 현직자가 승진 자격을 갖추기 전에 후임자로 지명되었다는 사실을 몰랐거나, 조직의 관행이 봉급 스케줄을 공표하지 않는 것이라면, '닫힌' 커뮤니케이션 전략이 선호된다고 볼 수 있다. 이는 정보가 비밀로 유지되고 후임자는 그들의 위상에 촉각을 곤두세우고 있지 않음을 의미한다. 다른 한편으로, 만일 핵심 직무의 현직자가 승진하기 전에 후임자로 지명되었다는 사실을 알았거나 봉급 스케줄이 공표된다면, '열린' 커뮤니케이션이 선호되는 것이다. 이는 조직이 허심탄회하게 승계 문제를 다루고 있음을 의미한다.

의사 결정자들이 선호하는 커뮤니케이션 접근법을 선택하라. 만일 그들의 선호가 불확실하다면, 다음의 질문들을 활용하여 알아보라.

- 만일 직원들이 SP&M 프로그램에 대한 정보를 얻을 수 있다면, 어떻게 얻어야 하는가?(예를 들어 SP&M의 사명 선언문, 또는 정책 및 절차가 공람되어야 하는가?)
- 조직에서 직원 성과 평가, 개인 잠재성 평가, 그리고 개인 개발 계획을 승계 계획과 어떻게 연계시키고 있는가?
- 직원의 문의가 있을 경우 개인 선발, 승진, 강등, 이동, 또는 개발에 대한 결정을 어떻게 설명해야 하는가?
- 개별 직원에게 승계 계획에서의 그들의 위상에 대한 정보를 전달할 경우 발생할 수 있는 문제점은 무엇인가? 정보를 전달하지 않을 때 발생할 수 있는 문제점은 무엇인가?
- 조직 내의 전체 직원에게 SP&M 프로그램에 대해 알려줌으로써 어떤 문제점들이 야기될 것인가? 그들에게 정보를 알려주지 않을 때는 어떤 문제점들이 야기될 것인가?

궁극적으로 조직은 위의 모든 질문에 일관된 답변을 할 수 있는 커뮤니케이션 정책을 선택해야 한다. 흔히 가장 좋은 접근법은 SP&M 프로그램 자체에 대해서는 공개하지만, 기업법과 개인 사생활 보호법에 맞추어 개인 인사 조치에 대해서는 비공개로 하는 것이다. 개인들은 미래를 위해 스스로를 개발하도록 고무되어야 하지만, 동시에 아무것도 '보장된' 것은 없으며, 자격을 갖추는 것은 승진을 보상하는 게 아니라 그 자체가 승진을 위한 첫 단계라는 것을 이해하여야 한다.

승계 계획 및 관리 회의의 수행

체계적인 승계 계획 및 관리 기반을 위한 회의 없이 프로그램을 도입하는 것은 불가능하다. 일반적으로, 초기 도입 단계 동안에는 네 번의 회의가 필요하다. (1)먼저 최고 의사 결정자들이 프로그램의 필요성을 확인하는 회의, (2)주요 이해 관계자들의 의견을 듣기 위한 좀더 큰 회의, (3)프로그램 시작을 가이드할 제안 도출을 위한 조직 변화 또는 혁신 담당자들로 구성된 작은 규모의 위원회 회의, (4)모든 직위의 미래 지도자들을 기르고 보살피며 지도하고 준비시키는 데 결정적인 역할을 담당할 관리직 직원들에게 체계적인 승계 계획 및 관리를 소개하고 중요성을 강조하기 위한 회의가 그것이다. 이러한 도입 단계의 회의 후에는 프로그램 진행을 점검하고 지속적인 개량을 위해 정기적인 회의가 필요하다.

| 회의1 : 필요성 확인 |

첫 회의는 대체로 '조직의 고위급'에 해당하는 엄선된 집단이 모여 더 체계적인 승계 계획 및 관리 프로그램을 위한 진정한 니즈가 무엇인지를 확인한다. 일반적으로 이 회의에서는 비공식적인 승계 계획 및 관리로 인해 발생하는 현재 실태와 문제

점들을 살펴본다. 이 회의는 대체로 위기 상황이 있었거나, 승계 계획 및 관리를 위한 새로운 방안을 소개하고자 하는 사람의 발의로 이루어진다.

| 회의2 : 의견 수렴 |

두 번째 회의에서는 대체로 좀더 큰 집단의 핵심 의사 결정자들이 SP&M 문제점들을 부각시키고 행동을 촉구하기 위해 모이게 된다. 이 회의는 임원 워크숍 형태를 취할 수 있다. 도입시의 표적 집단과 프로그램 우선순위와 상관없이 임원들이 프로그램 형성 과정에 관계해야 하는데, 왜냐하면 그러한 프로그램은 중요한 전략적 함의를 갖고 있기 때문이다. 최근 조직의 의사 결정에 직원들이 참여하는 쪽으로 바뀌고 있음에도 불구하고, 임원들이 조직의 전략 형성에 주요한 책임이 있다는 사실은 오랫동안 인정되어 왔다.[1] 그것은 또한 새로운 발의를 시작할 때 누군가 리더 역할을 해야 한다는 상식적인 견해와도 부합된다.[2]

SP&M에 초점을 맞춘 임원 워크숍의 계획은 대체로 CEO와 지명된 SP&M 프로그램 담당자 공동의 몫이 되어야 한다(담당자는 인사 또는 인적 자원 담당 부사장, HR 출신의 고위급 스태프, 교육 훈련 책임자, 조직 개발 책임자, 또는 경영 개발 책임자가 될 수도 있다). 승계 계획 및 관리가 제대로 운영되려면 CEO의 적극적인 개인적 참여가 매우 중요한 반면, 바쁜 CEO가 일상적인 프로그램 운영을 감독하는 데 필요한 시간을 좀처럼 내기 어렵기 때문에 별도의 담당자가 필요하다. 누군가가 책임을 맡지 않으면 일상의 업무 속에 묻혀 버리고 말 것이다. 따라서 프로그램 진행자를 임명하는 것은 대체로 권장할 만한 사항이다.

지명된 담당자는 라인(운영) 관리 계층의 고위급에서 선발될 수 있다. 이는 HR 기능이 없는 소규모 조직에서는 필수적인 것이다. 이러한 책임을 위해 선발된 개인은 SP&M에 헌신해야 한다. 조직의 HR 정책과 절차는 물론이고 해당 HR 법률에 대해서도 상당한 지식을 가져야 하고, 최신의 경영 및 리더십 개발과 인적 자원 개발 실태에 대한 전문 지식이 있어야 하며, 조직 문화에 대해서도 깊이 있는 시식이 있어야 하고, 조직에서 높은 신뢰를 받는 사람이어야 한다.

CEO와 SP&M 담당자가 만나, 의견 수렴을 위한 임원 워크숍의 액션 플랜을 짜야 한다. 워크숍은 CEO가 체계적인 SP&M 프로그램을 위한 필요성을 선언하고 프로그램 담당자를 임명한 직후에 열려야 한다. 그리고 CEO의 직속 관리자까지 참가 대상이 확대되어야 한다. 워크숍은 방해를 최소화하기 위해 일반적으로 사외의 조용한 외딴 장소에서 열려야 한다. 워크숍의 초점은 일반적으로 다음과 같다.

- 체계적인 승계 계획 및 관리 접근법에 대한 필요성 설명
- 프로그램 사명 선언문(초고) 작성
- 프로그램의 대상이 될 최초의 표적 집단 파악
- 프로그램 우선순위 설정

임원 워크숍은 조직의 전략 계획 활동에서 핵심 관계자들의 관심과 참여를 모으는데 그 의의가 있으며, 그에 따라 SP&M과 조직의 전략 계획 간에 자연스러운 연계를 창출한다. 워크숍 의제는 프로그램의 바람직한 결과를 반영해야 한다. 프리젠테이션은 CEO, SP&M 담당자, 그리고 HR 담당 부사장이 수행할 수 있다. SP&M에 대한 정보 공유를 위해 외부 인사를 초빙할 수도 있다. 다른 조직에서의 승계 프로그램에 대한 사례, SP&M이 무시되었을 때 발생할 수 있는 문제점들에 대한 이야기, 최신 SP&M 프로그램에 대한 설명 등이 포함될 수 있다. 어떤 워크숍에서든 문제점들을 부각시키고 합의를 도출하기 위한 소그룹 활동이 하나의 중요한 부분이 되어야 한다(이 책에 제시된 많은 활동들과 워크숍은 그러한 목적을 위해 바뀌어질 수 있다. 대부분의 워크숍은 CEO가 승계 계획 담당자와 함께 일하는 상설 위원회를 지명해서 구체적인 프로그램 제안을 조사해서 보고하라고 하면서 끝나게 될 것이다).

어떤 조직에서는 제3자인 외부 컨설턴트가 퍼실리테이팅하는 워크숍을 선호할 수도 있다. 실제 워크숍을 진행할 수 있는 컨설턴트가 있고, 그 컨설턴트가 승계 계

획 및 관리와 그룹 퍼실리테이션에 상당한 전문 지식을 가지고 있다면, 그것은 바람직하다. 또한 외부 컨설턴트가 신뢰성을 높이고 프로그램의 중요성을 강조할 것이라고 판단된다면, 그들을 활용하는 것이 바람직하다.

| 회의 3 : 제안 도출 |

상설 SP&M 위원회는 임원 워크숍에서 시작된 프로그램 도입 과정을 실행하기 위해 설치되어야 한다. 위원회 형태는 (1) 고위 레벨의 헌신과 지원을 유지하기 위해, (2) 위원회 조사 결과를 점검하는 데 필요한 시간을 절약하기 위해, (2) SP&M에 최고 경영층의 참여를 위한 수단을 제공하기 위해 가장 좋은 접근법이다. SP&M 담당자는 반드시 위원회 의장일 필요는 없지만, 위원회 구성원으로 자동적으로 임명되어야 한다. 만일 CEO가 개인적으로 참여할 수 있다면, 그가 의장이 되어야 한다. 위원회 위원들은 SP&M에 대한 관심, 우수 성과에 대한 경력 기록, 인력 개발에 대한 검증된 능력, 그리고 조직 문화에 대한 날카로운 통찰력의 여부로 선정되어야 한다.

대부분의 조직에서 이러한 종류의 위원회는 프로그램 도입 단계에서 자주 정기적인 모임을 가져야 한다. 도입 단계의 회의는 SP&M 필요성 조사, 다른 조직의 승계 계획 및 관리 실태들에 대한 벤치마킹, 그리고 SP&M 프로그램을 위한 자세한 제안서 작성에 중점을 두어야 한다.

| 회의 4 : 킥오프 회의 |

네 번째 회의에서는, 이전에 두 번째 회의에 참석한 사람들 그리고 다른 적절한 사람들에게 프로그램을 소개한다. 이것은 통상적으로 킥오프 회의(kickoff meeting)라고 불린다. 대부분의 경우, 이러한 회의는 프로그램의 세부 항목, 그리고 회의 참석자들이 프로그램 성공을 확보하기 위해 수행해야 하는 부분에 초점을 맞추어야 한다. 요컨대 킥오프 회의를 통해 다음 두 가지 질문에 답변해야 한다. (1) SP&M 프로그램이란 무엇인가? (2) 프로그램을 성공적으로 운영하기 위해 참석자들은 무엇

을 해야 하는가? 킥오프 회의를 조직할 때에는, 다음의 질문에 중점을 둔다.

1. 누구를 초대할 것인가?
2. 회의가 끝난 후 참석자들은 무엇을 알아야 하며, 무엇을 할 수 있어야 하는가?
3. 언제 회의가 열려야 하는가? 예를 들어 전략 계획 워크숍에 이어서 하는 것이 바람직한가?
4. 어디에서 회의가 열려야 하는가? 최대한의 기밀 유지를 원한다면, 사외에서 열리는 것이 좋다.
5. 왜 회의를 개최하는가? 만일 새로운 노력에 대한 중요성을 강조하고자 하는 것이 목적이라면, CEO가 기조 연설자가 되어야 한다.
6. 회의를 어떻게 수행할 것인가?

위의 질문들이 먼저 해결되고 난 후, 업무 요건 확립, 현재의 개인 성과 평가, 미래의 개인 잠재성 평가, 경력 목표 확립, 개인 개발 계획(IDP) 수립, 그리고 승계 필요성의 이해를 돕기 위해 교육 훈련, 개발 프로그램의 세부 항목에 대한 특정 교육 훈련이 제시될 수 있다.

| 회의 5 : 정기적인 점검 회의 |

승계 계획 프로그램이 도입된 후 정기적인 점검 회의를 실시한다. 이러한 회의는 다음과 같은 문제에 초점을 맞추어야 한다.

- SP&M과 (전략 계획 워크숍 동안에 다뤄질 수 있는) 조직 전략 계획의 연계
- SP&M 프로그램을 통해 이루어진 성과
- 정책과 절차, 표적 집단, 우선순위, 액션 플랜, 커뮤니케이션 전략, 그리고 승계 계획 프로그램과 관련된 훈련 등을 결정하는 프로그램 사명 선언문의 개정에

대한 필요성
- CEO와 선임 임원들 간의 정기적인 회의를 포함하여, 각 조직의 구성 요소에서 승계 문제에 대한 현재의 위상

이 중에서 마지막 현재의 위상에 대한 부분은 대부분의 주요 기업의 임원들이라면 이미 잘 알고 있어야 하는 것이다. 분기당 한 번씩 기업 각 부문의 선임 임원들이 기업 담당 부분의 SP&M 위상을 점검하기 위해 CEO, 최고 수뇌부 위원회와 회의를 하게 된다. 그러한 회의에서 흔히 볼 수 있는 주제는 다음과 같다. (1) 직원의 성과 점검 (2) 고잠재성의 파악과 논의 (3) 개인 개발 계획에서 이루어진 진전 논의 (4) 개인 개발과 관련된 중요한 강점과 약점 제출. 이 회의는 SP&M 프로그램을 표적에 맞추도록 하며, '시장 개발' 또는 '재무 개발'만큼이나 '인력 개발'에 대해 책임을 지녀야 하는 선임 임원들에게 그 중요성을 강조한다.

승계 계획 및 관리에 대한 훈련

체계적인 승계 계획 및 관리의 실행을 위해서는 조직 내부의 인재 양성을 담당하는 사람들에게 새로운 지식과 기술이 있어야 한다. 그들에게 새로운 역할을 효율적이고 효과적으로 수행할 수 있도록 교육 훈련을 제공하여야 한다.

| 프로그램 계획과 교육 훈련의 접목 |

SP&M을 지원하는 교육 훈련은 프로그램 우선순위에 맞게 설계되어야 한다. 실제로 SP&M에 대한 훈련을 계획하기 전에, 먼저 프로그램 우선순위들을 점검하고, 도입 단계의 교육 훈련을 개발하기 위한 단서로 삼는다. 대부분의 경우, 조직이 체계

적인 SP&M을 도입할 때, 교육 훈련을 통해 다음과 같은 질문에 답할 수 있어야 한다.

- 조직의 SP&M 프로그램은 무엇인가? 그것의 사명, 정책, 절차, 그리고 활동들은 무엇인가?
- SP&M 프로그램에서 경영 관리 직원들, 퍼실리테이터들, 개별 직원들의 바람직한 역할은 무엇인가?
- 현재 및 미래의 업무 요건을 명확히 하기 위해 조직이 선호하는 접근법은 무엇인가? 그것은 핵심 직위에서의 활동, 직무, 책임, 역량, 성공 요인에 대한 정보로서 SP&M과 어떻게 연관되는가?
- 조직의 성과 평가 시스템은 무엇이며, 그것은 개인 직무 성과에 대한 정보로서 승계와 어떻게 연결되어야 하는가?
- 조직에서 공식적으로 제시된 개인 경력 계획은 무엇이며, 그것은 개인 경력 목표와 포부에 대한 정보로서 어떻게 승계와 관련되는가?
- 조직의 잠재성 평가 프로그램은 무엇이며, 그것은 미래의 개인 잠재성에 대한 정보의 원천으로서 어떻게 승계와 관련되는가?
- 조직의 훈련, 교육, 개발 프로그램은 개인의 승계 및 향상의 준비와 어떻게 연관되는가?
- 개인 개발 계획은 무엇인가? 왜 개인 개발 계획이 중요한가? 개인 개발을 위한 프로그램은 어떻게 설계되어야 하는가? 실행은? 추적 관리는?
- 조직은 인재를 어떻게 추적 관리하는가?
- 조직은 어떻게 SP&M 프로그램을 평가하고 이를 통해 지속적으로 프로그램을 개선해야 하는가?
- 조직은 SP&M의 특별한 사안, 예를 들어 고성과자, 고성과 잠재인력, 정체된 노동자를 어떻게 처리해야 하는가?
- SP&M 프로그램은 조직의 전략과 어떻게 연결되어야 하는가? HR 전략과는?

적합한 다른 계획과는?

예시 7-2에 나타난 개략적인 훈련 개요를 SP&M의 사내 훈련 과정을 개발하는 출발점으로 참고하라. 승계 계획 및 관리를 위한 훈련은 각 조직의 필요성을 만족시킬 수 있도록 맞춰져야 한다.

하나의 대안으로서 의사 결정자들은 조직의 SP&M에 대한 훈련을 설계하거나 전달하기 위해 적합한 외부 컨설턴트의 활용을 선호할 수도 있다. 그런 컨설턴트들은 다른 조직의 실무자들에게 구두로 추천을 받거나, 승계 계획 및 관리의 저자들, 또는 관련 전문 단체를 통해 파악할 수 있다. 이는 사내 전문 지식이 제한적일 때, 외부 컨설턴트들이 프로그램 도입부에 신뢰성을 더해 줄 수 있을 때, 빠른 결과에 대한 압력이 있을 때, 또는 사내 직원이 이용 가능하지 않을 때 특히 적합하다. 만일 의사 결정자들이 외부의 도움을 활용하기로 했다면, 하루나 이틀 정도 컨설턴트들을 불러 그들이 어떠한 도움을 제공할 수 있는지 논의해야 하며, 과거에 함께 일했던 조직들로부터 참고할 점을 알려 달라고 요청해야 한다. 아울러 그들이 도착하기 전에, 조직과 기존의 SP&M 프로그램 및 문제점에 대한 자세한 배경 정보를 제공해야 한다.

대부분의 외부 컨설턴트들은 핵심 의사 결정자들과 개별적인 회의를 하고 난 후, 그룹 회의에서 SP&M 사안에 대한 간략한 발표를 할 것이다. 두 가지 모두에는 중요한 목적이 있다. 개별 회의를 통해 사안의 중요성을 강조할 수 있고, 그룹 회의를 통해 조직 외부의 최신 사례들에 대해 참가자들을 비공식적으로 교육시킬 수 있으며, 이는 변화에 대한 자극을 형성할 수 있다.

| 교육 훈련에의 참여 확보 : 핵심 사안 |

SP&M에 대한 교육에 있어 가장 어려운 문제는 아마도 조직 전체에 일관된 접근법을 적용하기 위해 필요한 임계 규모를 확보하는 일일 것이다. 핵심 관리자들은 SP&M 사안에 가장 중요한 영향력을 행사하기 때문에 그들의 참석은 매우 중요한데,

실제 이들의 교육 참여를 확보하는 것은 특히 어렵다. 어떤 방법을 쓰던 간에, 일부 핵심 관리자들은 해야 할 일이 너무나 많아 업무를 떠나 교육 참석에 소중한 시간을 허비할 수 없다고 주장할 것이다. 다른 사람들은 아무런 설명도 없이 불참할 것이다. 따라서 그들을 정해진 집단 교육 일정에 맞추는 것은 불가능할 듯싶다. 어떠한 마법의 영약도 이러한 문제점을 해결하지 못할 것이다. 그것은 헌신의 문제이다. 만일 이사회 구성원과 CEO가 진정으로 효과적인 승계 계획의 확보에 주력한다면, 그들은 필요한 교육 참가자들 참석 확보에 개인적으로 관여하게 될 것이다. 그들 스스로가 참석할 것이고, 그에 따라 실질적인 관심과 지원을 보여줄 것이다. 그들의 참석과 관여는 강력하고 미묘하게 다른 사람들의 참여를 유도할 것이다. 그러나 그들이 관여하지 않으려 한다면, 어떠한 감언이설이나 위협도 효과적일 수 없다. CEO와 이사진들이 모범이 되어야 하며 수립된 정책을 따라야 한다.

다음은 적절한 최고 경영진의 헌신이 있다는 가정하에, SP&M에 대한 교육 참가를 확보하기 위한 몇 가지 팁이다.

- 회장이나 CEO가 서명한, 교육 참가를 독려하는 문안을 작성한다. 누가 참석하고, 어떠한 사안이 논의될 것이며, 왜 그러한 교육이 중요한지를 강조한다.
- 적절한 시기를 선택한다. 교육을 위해 선택된 날짜가 다른 예정된 날짜와 중복되지 않도록 확인한다.
- 가능하다면 대상자들이 이미 참석하기로 되어 있는 다른 일정(예를 들어 전략 회의)과 승계 계획에 대한 교육을 연결시킨다.
- 승계 계획 및 관리를 지지하는 선정된 소규모 그룹에게 교육 자료들을 실제 테스트한다. 시간이 효과적으로 사용되고 모든 교육 활동이 조직의 SP&M 사례들과 직접적으로 관련되도록 한다.
- 가능하다면 비디오로 녹화하여 실제 교육 전에 회장, CEO, 또는 다른 핵심 경영진과 이를 검토하고, 사전에 수정 제안을 요청한다.

승계 계획 및 관리에 관한 사내 교육 개요 샘플

목적

성과 평가, 잠재성 평가 및 개인 개발 계획을 위한 역량 구축 기회를 제공한다.

참가 대상자

승계 계획 프로그램을 위한 액션 플랜의 실행에 중요한 역할을 담당하는 핵심 직위의 현직자와 고성과 잠재인력의 상급자

목표

참석자들은 본 교육을 통해 다음과 같은 것들을 할 수 있다.

1. SP&M 프로그램을 도입하는 조직의 사업적 이유, 그리고 SP&M과 전략적 계획, 인적 자원 계획 사이의 관계를 설명한다.
2. SP&M 프로그램의 사명, 정책, 절차, 활동을 기술한다.
3. 조직에서 핵심 직위에 적합하도록 직원들을 준비시키는 데 있어서 관리자의 역할과 책임을 검토한다.
4. 조직이 어떻게 업무 요구를 명확히 하고 핵심 직위를 파악하는지 설명한다.
5. SP&M에서 직원 성과 평가의 역할을 설명하고 조직의 성과 평가 절차를 기술한다.
6. 효과적인 직원 성과 평가 면담을 수행한다.
7. SP&M에서 직원 잠재성 평가의 역할을 설명하고 조직의 가능성 평가에 대한 절차를 기술한다.
8. 효과적인 직원 잠재성 평가를 수행한다.
9. SP&M에서 개인 개발 계획의 역할을 설명하고 조직의 개인 개발 계획에 대한 절차를 기술한다.
10. 적절한 내부 개발 접근법을 선택하고 감독한다.

11. 핵심 공석을 채우는 데 내부 승진이 적합한 — 그리고 적합하지 않은 — 경우를 설명한다.

12. 인재 관리를 위한 조직의 접근법을 검토한다.

개괄 — 교육 1

'승계 계획 및 관리 소개'

I. 도입

　A. 교육의 목적

　B. 교육의 목표

　C. 교육의 구성

II. 승계 계획 및 관리의 정의

　A. 승계 계획 및 관리란 무엇인가?

　B. 승계 계획 및 관리가 왜 중요한가?

III. 조직과 SP&M의 관계

　A. 현재 조직의 상황은 어떠한가?

　B. 조직의 전략 계획/목적은 무엇인가?

　C. 조직의 인적 자원 계획/목표는 무엇인가?

　D. 현재의 조직 전략과 인적 자원 계획하에서 SP&M의 필요성은 무엇인가?

IV. SP&M의 목적

　A. 사명

　B. 정책

　C. 절차

　D. 활동

V. SP&M의 역할

    A. 직속상사의 역할은 무엇이어야 하는가?

    B. SP&M에서 조직의 역할은 무엇이어야 하는가?

VI. 업무 요건 정의

    A. 직무 분석/역량 모델

    B. 직무 기술서 및 직무 명세서/역량 모델

    C. 다른 접근법

VII. 핵심 직위의 파악

    A. 핵심 직위는 어떻게 정의되는가?

    B. 핵심 직위는 무엇인가?

    C. 미래에 핵심 직위는 어떻게 변화할 것인가? 그리고 그 이유는?

VIII. 결론

    A. 요약

    B. 실제 행동을 위한 액션 플랜

    C. 평가

개괄 — 교육 2

'승계 계획 및 관리를 위한 효과적인 직원 성과 평가 수행'

I. 도입

    A. 교육의 목적

    B. 교육의 목표

    C. 교육의 구성

II. 직원 성과 평가의 정의

    A. 성과 평가는 무엇인가?

B. 성과 평가는 왜 중요한가?

III. 직원 성과 평가와 SP&M의 관계

    A. 접근법

    B. 현재의 방법

    C. 평가와 SP&M의 관계

IV. 조직의 성과 평가 절차에 대한 점검

    A. 개관

    B. 절차의 단계별 설명

V. 효과적인 성과 평가 면담의 수행

    A. 개관

    B. 구조화된 면담을 위한 양식의 이용

VI. 역할 수행(평가 면담 실습)

VII. 결론

    A. 요약

    B. 실제 행동을 위한 액션 플랜

    C. 평가

개괄 — 교육 3

'승계 계획 및 관리를 위한 효과적인 잠재성 평가 수행'

I. 도입

    A. 교육의 목적

    B. 교육의 목표

    C. 교육의 구성

II. 직원 잠재성 평가의 정의

  A. 잠재성 평가란 무엇인가?

  B. 잠재성 평가는 왜 중요한가?

III. 직원 잠재성 평가와 SP&M의 관계

  A. 접근법

  B. 현재의 방법

  C. 잠재성 평가와 SP&M의 관계

IV. 조직의 잠재성 평가 절차에 대한 점검

  A. 개관

  B. 절차의 단계별 설명

V. 효과적인 잠재성 평가 수행

  A. 개관

  B. 현재의 형식과 절차 이용

  C. 잠재성 평가를 이용하기 위한 개인 경력 계획 정보의 수집

VI. (선택적) 역할 수행(잠재성 평가 면담 실습)

VII. 결론

  A. 요약

  B. 실제 행동을 위한 액션 플랜

  C. 요약

개괄 — 교육 4

'효과적인 개인 개발 계획 수행'

I. 도입

  A. 교육의 목적

  B. 교육의 목표

C. 교육의 구성

II. 개인 개발 계획의 정의

　　A. 개인 개발 계획이란 무엇인가?

　　B. 개인 개발 계획은 왜 중요한가?

III. 개인 개발 계획과 SP&M의 관계

　　A. 접근법

　　B. 현재의 방법

　　C. 개인 개발 계획과 SP&M의 관계

IV. 개인 개발 계획에 대한 접근법 검토

　　A. 개관

　　B. 단계별 접근법 설명

V. 효과적인 개인 개발 계획 촉진

　　A. 개관

　　B. 개인 개발 계획에 대한 접근법

　　C. 개인 경력 계획과 개인 개발 계획의 관계

VI. 결론

　　A. 요약

　　B. 실제 행동을 위한 액션 플랜

　　C. 평가

| 관리자 직원들의 교육을 위한 접근법 |

참석을 확보하기 위한 어떤 강력한 조치가 취해지더라도 교육에 참가할 수 없는 직원들이 언제든 있기 마련이다. 그들이 참석하지 못하는 타당한 이유가 있겠지만 그것이 그들이 훈련에 빠졌다는 사실을 바꾸지는 못한다. 교육에 불참한 관리자들은 직접 배울 기회를 놓쳤기 때문에, 조직 정책에 반하게 움직이기 쉽다.

이러한 사람들에게는 '게릴라 전쟁' 형식으로 대처할 수 있다. 먼저 그들이 누구인지 확실히 파악한 후, 아래의 전술을 이용해 그들을 교육한다.

- 만일 그들이 소수이고 지리적으로 흩어져 있지 않아서 이동 경비가 크게 들지 않는다면 개별적으로 만나서 개별적으로 훈련한다.
- 교육 내용을 비디오로 촬영하여 참석할 수 없는 사람들에게 보낸다. 그런 다음, 질문과 반응을 살핀다.
- 참석한 또 다른 관리자(예를 들어 CEO)에게 교육의 핵심 내용을 전달하게 한다. 그것은 메시지의 중요성에 강조를 두어야 할 것이다.

| 승계 계획 및 관리 참가자의 교육 |

SP&M 참가자 교육은 조직의 커뮤니케이션 전략에 의해 큰 영향을 받게 될 것이다. 만일 의사 결정자가 조직의 SP&M 실태에 대해 개인들에게 알리고 싶어하지 않는다면, 일반적으로 아무런 교육도 하지 않을 것이다. 다른 한편으로 조직이 공개 정책을 채택한다면, SP&M에 대한 교육을 제공할 수 있다.

교육 훈련에는 일반적으로 (1) 직접 교육 (2) 다른 사안들과 통합된 교육 (3) 경력 계획과 연계된 교육 등 세 가지 방법이 있다.

직접 교육

직접 교육을 통해 직원들은 조직의 SP&M 정책과 절차에 대한 정보를 얻게 된다. 일반적으로 승계 계획 및 관리 프로그램이 어떻게 현존하는 조직 전략과 연계되는지에 대한 구체적인 설명보다는 일반적인 용어를 설명한다. 참석자들은 SP&M 프로그램이 어떻게 직무 요건과 직무 역량의 정의, 현재의 직원 성과 평가, 미래의 개인 잠재성 평가, 개인 개발 계획의 도입 등과 연계되는지 배운다.

다른 사안들과 통합된 교육

SP&M에 관한 교육이 다른 사안들과 통합되는 경우, 직원들은 일반적으로 훈련, 교육, 개발 노력 등이 어떻게 승진 자격과 연계되는지에 대한 정보를 듣는다. 이러한 활동들은 승진에 대한 보장이 아닌, 리더의 자격을 얻기 위한 적극적인 활동으로서 계획된 학습 활동이라는 것에 가치가 있다는 것이 강조된다.

경력 계획과 연계된 교육

조직의 승계 계획과 개인 경력 계획은 동일한 사안이다. 승계 계획 및 관리는 조직이 생존과 성공에 필요한 인재를 조직 스스로 갖추도록 함으로써 조직의 인적 니즈의 충족을 돕는다. 다른 한편으로, 개인 경력 계획은 조직 내부 또는 외부에서 개인이 경력 목표를 수립하고 이를 달성할 수 있도록 돕는다.

SP&M에 관한 교육이 경력 계획에 대한 교육과 연계될 때, 개인은 다른 계층과 다른 기능 혹은 직위에 대한 직무 요건 정보를 제공받는다. 또한 다른 직무 영역에서 성과 요건에 대해, 그리고 미래의 성공 요소에 대해 배운다. 이러한 정보를 가지고 그들은 자신의 경력 목표를 세울 수 있으며, 적절한 훈련, 교육, 개발 경험 등을 추구하여 스스로 승진을 준비하는 적극적인 조치를 취할 수 있다.

해당 영역에서의 승계 계획 문제점들에 대한 관리자 카운슬링

승계 계획 및 관리 담당자들은 그들의 업무 영역에서 SP&M 사안들을 논의하기 위해, 그리고 그러한 문제점들을 처리하는 방법에 관한 상담을 제공하기 위해 관리자들과 정기적으로 회의를 해야 한다. 만일 카운슬링을 의뢰받았다면, 그것은 임원들이 SP&M을 받아들였고, 그들이 인력 관리 사안들에 대한 조언을 존중하며, 조직의

SP&M 필요성을 만족시키기 위해 솔직한 노력을 기울이고 있다는 것을 보여준다.

| 개별적 카운슬링의 필요성 |

임원들은 때때로 제3자의 조언을 필요로 한다. 때때로 그들은 자신이 다루기 힘든 경영 상황에 대처하지 못한다고 비춰질까 우려하여, CEO를 포함한 어느 누구와도 문제점을 공유하기를 꺼린다. 이러한 임원들에게 SP&M 담당자의 개별적 카운슬링은 SP&M의 향상을 위한 매우 귀중한 목적을 제공할 수 있다. 이러한 이유로 CEO와 다른 의사 결정자들은 카운슬링 회의를 적극 권장해야 한다.

| 누가 회의를 수행해야 하는가? |

SP&M 담당자는 선임 임원진과의 정기적인 개별 카운슬링 회의를 준비해야 한다. 승계 계획 및 관리 담당자에게 임원들이 도움을 청하게 될 정도의 충분한 신뢰성을 얻을 때까지는, 담당자가 먼저 나서서 만날 약속을 잡아야 한다.

SP&M 진행자는 선임 임원들에게 주기적으로 전화를 걸어 언제 만날 수 있는지 물어야 한다. 이러한 개별적 만남이 소모적일 수는 있지만, 그것은 승계 계획 및 관리 노력에 적극적으로 헌신하고 있음을 보여줌과 동시에 그로부터 실질적인 이익을 얻는 가장 좋은 방법이다. 개별적 만남은 대체로 많은 기업에서 분기마다 열리는 정기 SP&M 회의 이전 즈음으로 잡는 것이 좋다. 시간을 두고 만남을 가짐으로써 SP&M 진행자와 그 업무 영역의 책임을 맡은 임원은 그룹 회의에서 논의하거나 전화 또는 편지로도 공유하기를 꺼리는 민감한 인사 문제들에 대해서 논의할 수 있다.

| 효과적인 카운슬링을 위한 필수 요건 |

효과적인 카운슬링을 위해 다음과 같은 일반적인 지침에 따른다.

1. 미리 질문들을 보내 회합의 목적을 분명하게 한다.
2. 미리 예정된 CEO와의 정기 그룹 회의에서 다루어질 사안들에 질문들을 맞춘다.

그래야 그것들의 즉각적인 관련성이 분명해진다.

3. 특정한 사안들에 대해 조언을 요청하지 않는다면, 회의는 짧게 예정된 내용을 그대로 유지한다.
4. 회의 동안의 모든 상담 내용에 대한 엄중한 기밀 유지를 전제한다.
5. 문제점이 있음을 암시하는 언급이나 질문에 주의한다. 필요하다면 추가적인 질문으로 자세한 내용을 알아본다.

| 일반적인 승계 계획 및 관리의 문제점과 가능한 해결책 |

관리자들만의 영역에서 '사람 문제'에 관해 카운슬링을 하는 승계 계획 및 관리 담당자는 특유의 복잡한 문제점에 대처할 수 있도록 준비해야 한다. SP&M 진행자는 잠재성이 높았을 직원의 행보를 좌절시키지 않기 위해 미리 무엇을 해야 할지에 관해 조언할 준비를 갖추어야 한다. 고잠재 직원들이 좌절하지 않도록 하는 것은 중요한 역할인데, SP&M 담당자에게 흔히 비공식적으로 부여되는 역할이다.

지난 몇 년 동안 나는 다음과 같은 문제들을 경험하고 있는 고성과 잠재인력들에게 어떻게 카운슬링해야 하는지에 대해 조언을 해달라는 임원들의 요청을 받아 왔다.

- 부하직원과 혼외 정사를 나누는 임원
- 성희롱으로 비난받는 임원. 하지만 그러한 비난은 입증될 수 없었다.
- CEO의 자리에 오를 예정이지만, 자기 자신을 제외한 모든 사람들에게 알코올 중독자로 낙인찍힌 임원
- 여성인 상사에게 철저하게 반항하는 남성 임원
- 기술적 지식은 우수하지만 동료들과 사이좋게 지내지 못하는 임원
- 직속상사와 심각한 성격 차이를 겪고 있는 임원

이것들은 SP&M 담당자에게 요구되는 조언의 단순한 예일 뿐이다.

비록 SP&M 담당자가 심리학자 또는 정신과 의사로서의 훈련을 받지는 않았다고 해도, 그들은 다음의 단계를 이용할 수 있어야 한다. 이것은 내가 발견한 것으로 임원들에게 '사람 문제'에 관해 조언을 할 때 도움이 되는 팁이다.

단계 1 : 현재 상황에 대한 정보를 요청한다. 지금 어떤 일이 벌어지고 있는가? 임원은 정보를 어디에서 얻고 있는가? 언제 그리고 어떻게 이러한 정보가 드러났는가? 직접 얻은 정보였는가? 아니면 전해들은 것이나 소문 또는 추론에 의존했는가? 사실과 상상을 구별하기 위해 어떤 조치들을 취했는가?

단계 2 : 이미 시도했던 개선 행동에 대한 정보를 요청한다. 문제를 바로잡기 위해 노력했다면 어떤 노력을 했는가? 그러한 행동의 결과는 무엇인가? 영향을 받은 개인에게 그러한 문제를 경고하기 위해, 또는 바라는 행동이나 수행을 명확히 하기 위해 어떤 노력을 기울였는가?

단계 3 : 문제의 원인을 알아보고 그것이 해결될 수 있는지 평가한다. 임원은 문제의 원인이 무엇이라고 생각하는가? 그 문제를 경험하고 있는 사람은 무엇을 해야 할지 아는가? (만일 아니라면, 그것은 교육의 필요성을 나타낸다.) 그 사람은 바람직스럽지 못한 행동에 의도적 그리고 악의적으로 관여했는가? (만일 그렇다면, 그것은 규율의 문제일 수 있다.) 문제를 겪고 있는 사람에게 그 원인과 가능한 해결책들을 파악하라고 요구했는가? 개인은 그의 경력이 망가지는 것을 피할 수 있는가? 아니면 다른 사람들이 승진에 대해 모두 신뢰하지 않을 만큼 상황이 이미 물 건너 가버렸는가?

단계 4 : 액션 플랜의 수립. 카운슬링을 받고 있는 임원에게 조직의 인적 자원을 적절히 관리하는 것에 대한 중요성을 강조한다. 그 문제를 해결하는 임원의 능력에 강한 신임을 표하고, 가능한 모든 방법으로 도움을 주겠다고 제안한다. 그리고 다음과 같은 조치를 제시한다. (1) 가능한 한 상황이 분명해지도록 문제를 서면으로 작성하여 문제가 있는 사람과 만난다. (2) 임원으로 하여금 서면으로 어떤 요구가 행해져야 하는지, 어떻게 그것을 할 것인지, 그리고 그것이 행해지지 않으면 어떤 일이 일어날지 명확히 하라고 권장한다.

단계 5 : 사후 점검. SP&M 진행자는 문제가 있는 임원과 만난 후에 반드시 나중에 문제가 어떻게 해결되었는지, 또는 어떻게 관리되고 있는지 알아보는 사후 점검을 해야 한다.

위에서 개괄한 5가지 단계에 따름으로써, SP&M 진행자는 대부분의 '대인 문제들'을 확인하고 해결할 수 있어야 한다. 이것은 조직에 나름대로 가치 있는 서비스이며, 그것은 '정상 궤도'에서 벗어날 위험에 처한 사람들을 도울 수 있다.

요약

이 장에서는 승계 계획 및 관리 프로그램을 수정·보완하는 방법에 초점을 두었다. 프로그램 액션 플랜을 준비하고, 액션 플랜에 대해 공유하고, 고유한 승계 계획 및 관리 문제점, 특히 '사람에 대한 문제'와 관계된 사람들에 대해 관리자들에게 카운슬링을 하는 데 무엇이 필요한지 요약했다.

그렇지만 성공을 거두기 위해 모든 승계 계획 및 관리 프로그램은 현재 직무 필요나 역량, 미래 직무 요건이나 역량, 현재 개인 성과, 그리고 미래 개인 잠재성에 관한 체계적인 분석에 바탕을 두어야 한다. 그러한 분석 수행은 소심하거나 준비가 되어 있지 않거나, 혹은 어정쩡한 사람들에게는 적합하지 않다. 이러한 과정은 이 책의 다음 부분에서 보여주는 것처럼 힘든 업무와 부단한 노력을 요구한다.

제3부

현재와 미래의
진단

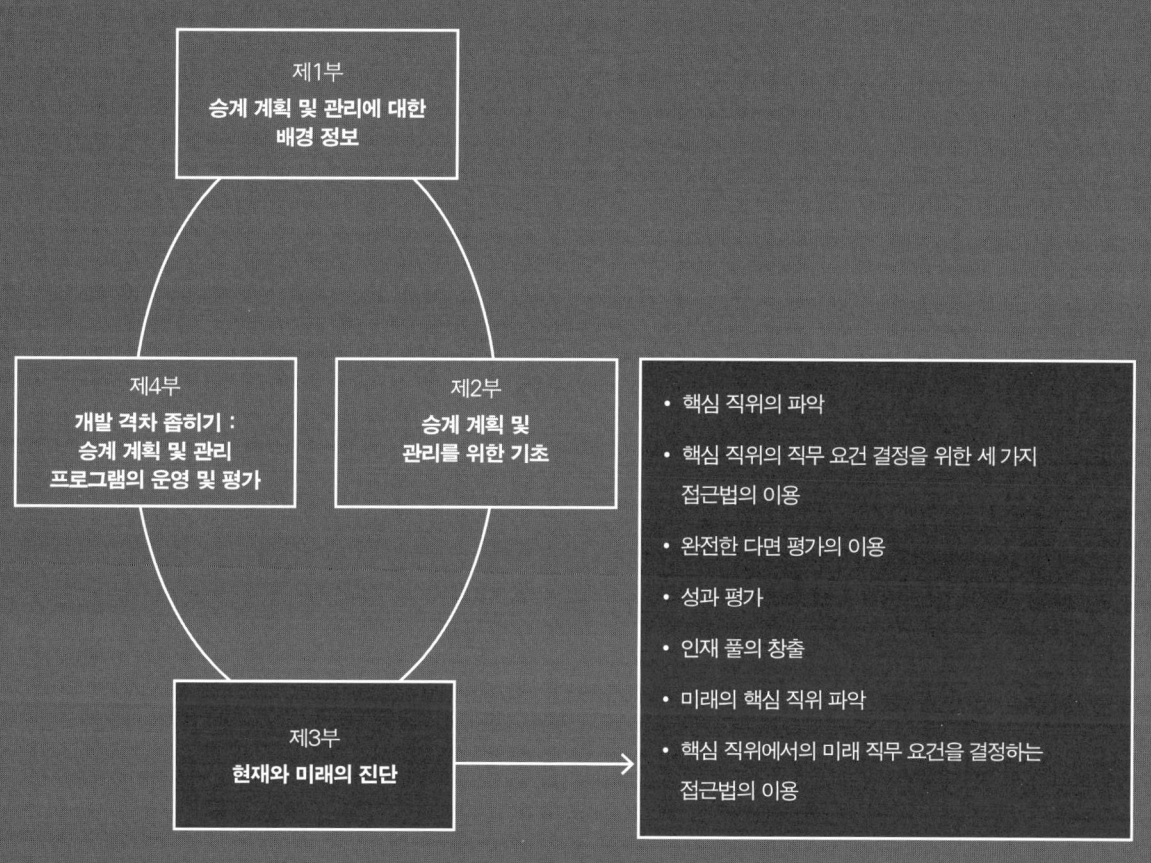

08

현재 직무 요건과 개인 직무 성과의 평가

리더는 미래를 계획하기에 앞서 현재를 알아야 한다.[1] 리더는 미래의 외부적 위기를 간파하고 기회를 포착하는 것에 앞서 조직의 강점과 약점을 현실적으로 보아야 한다. 리더는 편향된 관찰자이며 조직의 강점과 약점에 대해 상당 부분 책임이 있기 때문에, 그것은 쉽지 않을 수 있다. 따라서 그들은 약점을 간과하기 쉽다. 왜냐하면 그러한 약점의 원인은 그들 자신의 과거 결정에 근거한 것일 수도 있기 때문이다. 리더는 장점을 당연하게 받아들이기 때문에 약점을 간과하기 쉽다. 한 연구에서 경영자들이 잘못된 행동들을 계속한다는 것이 입증되었는데,[2] 왜냐하면 그들은 "더 많은 노력은 큰 이익을 가져온다."라는 '도박사의 오류'(gambler's fallacy)에 빠지곤 하기 때문이다. 어떤 노력은 성과가 없다. 오히려 그것은 손실의 누적으로 이어진다. 되풀이된 실패의 연속 이후 조직이 리더를 바꾸는 것은 바로 그 때문이다.

많은 비슷한 기본 원리가 승계 계획 및 관리(SP&M)에도 적용된다. 리더는 효과적인 승계를 효과적으로 계획할 수 있기에 앞서, 조직의 직무 요건과 리더십의 강점 및 약점에 대해 알아야 한다. 사실상 적시에 인력을 적재 적소에 배치한다는 것은 중요한 전략적 이슈로 오랫동안 최고경영자들에게 주된 숙제가 되어 왔다. 그러나 그러한 사람이 누구이며 그들이 무엇을 해야 하는지를 알기 위해, 조직은 먼저 다음과 같은 질문에 대답할 수 있어야 한다.

- 조직의 핵심 직위(Position)는 무엇인가?
- 핵심 직위에 요구되는 직무 요건이나 역량은 무엇인가?
- 개인 성과는 어떻게 평가되어야 하는가?

이 장에서는 이러한 질문의 해답에 초점을 맞춘다. 따라서 현재의 상황을 강조한다. 다음 장에서는 미래 조건을 예측하는 데 초점을 맞춘다. 이들을 모으면, 그것은 장기 및 체계적인 SP&M을 위한 출발점이 된다.

핵심 직위의 파악

체계적인 승계 계획 프로그램 활용을 위해서는 핵심 직위의 파악이 우선되어야 한다. 이는 핵심 직위들이 반드시 수행해야 하는 중요한 업무 과정과 지속적으로 달성되어야 하는 결과를 강조하기 때문이다. 핵심 직위는 조직의 성공에 영향을 주는 전략적으로 중요한 지렛대를 의미하기 때문에 관심의 대상이 된다. 핵심 직위가 공석이 될 때, 또는 이유를 불문하고 업무가 수행되지 않을 때 조직은 고객의 기대를 만족시키거나 넘어설 수 없고, 성공적으로 경쟁에 대처할 수 없으며, 결정적으로 중요한 장기적 노력을 계속해서 추진할 수 없다.

| 핵심 직위의 파악 |

'핵심 직위'(key position)는 조직 활동에 — 운영상, 전략상, 또는 둘 다 — 결정적인 영향을 미친다. 핵심 직위는 전통적으로 조직의 명령 계통에서 정점에 있는 사람들로 간주되어 왔다. 가장 명백한 이유는 중요한 의사 결정이 대부분의 조직들 꼭대기에서 이루어져 아래로 강제되기 때문이다. 그러나 직원 참여의 증대와 고참여 업무 조직과 연관된 원칙의 적용으로 의사 결정이 더욱더 분권화됨에 따라, 핵심 직위는 조직 전체에 걸쳐 분산되었다. 따라서 그것은 조직도 상의 많은 지점에 자리할 수도 있다.

핵심 직위는 조직에 따라 다르다. 거기에는 몇 가지 이유가 있다. 한 가지 이유는 모든 조직이 정확히 동일한 방식으로 업무를 배분하지 않는다는 점이다. 같은 직책이라 하더라도 조직에 따라서 반드시 동일한 직무를 수행하지는 않는다. 두 번째 이유는 조직에 따라 최고경영자들이 상이한 가치를 가진다는 점이다. 따라서 그들은 어떤 활동이 가장 중요한지에 관한 그들의 직관과 가치에 따라서 현직을 맡은 사람들에게 더 많은 책임을 부여하기도, 더 적은 책임을 부여하기도 한다. 세 번째 이유는 조직들이 동일한 강점과 약점을 가지고 있지 않거나 동일한 환경의 위협과 기회에 직면하지 않기 때문이다. 따라서 한 조직에서의 핵심 직위가 다른 조직에서는 핵심 직위가 아닐 수도 있다. 이와 같이 핵심 직위는 각각의 조직에 고유한 것이다.

핵심 직위를 파악하는 6가지 방법을 살펴보자

현재 또는 발생할 공석의 영향을 파악하는 방법

조직의 핵심 직위에 현직자 — 모든 계층, 기능, 지역에서 핵심 직위를 차지하고 있는 누군가로 정의된다 — 가 없을 때 중요한 결정이 이루어질 수 없기 때문에 명령을 전달할 수 없거나, 생산이 진행될 수 없거나, 고객의 요구가 만족될 수 없거나, 또는 청구서가 지급되지 못하는 일이 일어난다. 요컨대 핵심 직위의 공석은 적절한 결정, 과정의 완료, 또는 결과의 획득을 위한 올바른 인재가 확보될 때까지 중요한 활동이 '보류'되기 때문에 문제를 일으키게 된다. 이러한 지체는 불리한 조건에 처하지 않은 경쟁자에 비해 조직을 위험에 빠뜨리면서 많은 희생을 수반할 수 있다. 고객의 이탈, 시장 점유율의 추락, 그리고 (가장 좋지 않은 경우) 파산 등이 그러한 결과에 포함된다.

따라서 핵심 직위를 알아보는 한 가지 방법은 그의 공석으로 인해 야기되는 현재 혹은 미래의 예측 가능한 결과, 또는 그에 의해 야기되는 소동을 통해서이다. 나는 이것을 핵심 직위를 파악하는 '소동 방법'(uproar method)이라고 부른다. 일반적으로 현재 또는 미래의 공석에 의한 소동이 클수록, 핵심 직위와 그것이 영향을 미치는 업무 과정들의 중요성이 커진다.

조직도에 의한 방법

조직도를 준비하고, 조직도 내의 모든 조직 기능을 살펴본다. 만일 조직이 소규모라서 각 기능에서 리더의 이름을 열거할 수 있다면, 그것을 적는다. 그런 다음 그 기능을 수행하는 임무가 부여된 사람들의 수를 기입한 후 다음과 같은 질문을 한다. (1) "이 기능은 조직의 사명에 독자적으로 기여하는 바가 무엇인가?" (2) "만일 리더가 떠난다면, 이 기능은 효율적으로 작동될 수 있는가?"

첫 번째 질문에 대한 답변은 조직의 프로세스에 대한 단서를 제공한다. 그것은 조직의 업무와 관련된 해당 기능의 투입, 변형 프로세스, 산출의 측면에서 표현되어야 한다. 그것은 해당 기능이 왜 중요한지, 그리고 그것이 바라는 결과를 얻기 위해 무엇을 하는지 말해 준다.

두 번째 질문에 대한 답변은 핵심 직위에 대한 단서를 제공한다. 만일 대답이 '아니오'라면, 다음과 같이 질문한다. "어째서 그 리더가 그렇게 중요한가? 무엇이 그를 중요하게 만들고 다른 이로의 대체를 힘들게 하는가? 그는 특별한 전문 지식을 가지고 있는가? 아니면 특별한 직무를 수행하는가?" 만일 그렇다면, 그것은 핵심 직무이다. "해당 기능을 공동으로 맡은 부서원들은 리더가 없다면 결과를 도출할 만한 능력이 부족한가?" 만일 그렇다면, 반드시 지향되어야 할 가능한 대체 요구가 파악된 것이다.

만일 대답이 '예'라면, 다음과 같이 질문한다. "어째서 리더 없이도 그 기능은 작동하는가? 그것의 운영에 특히 핵심적인 다른 것이 있는가?" 만일 그렇다면, 리더는 핵심 직위를 점유하지 않으며, 한 사람 이상의 부서원이 점유한 것이다.

만일 이러한 활동이 수행되어 자연스러운 결론에 이르게 된다면, 핵심 직위는 조직도 상에서 쉽게 파악될 것이다. 각각의 핵심 직무는 결정적으로 중요한 조직의 기능, 결과, 업무 프로세스에 연결되어 있다. 어떤 핵심 직무에서든 결원은 조직의 요구와 그 요구를 만족시키는 데 필요한 인적 재능 사이의 간격, 즉 '구멍'(hole)을 나타낼 것이다.

질문에 의한 방법

대부분의 선임 임원들은 그들의 책임 영역에 대해 훤히 꿰뚫고 있다. 다음과 같은 질문을 제기함으로써 그들 자신의 영역 내부에서 핵심 직위라고 생각하는 것에 대해 물어본다. "당신의 책임 영역에서 어떤 직위가 중요한가? 갑자기 공석이 된다면, 성과를 달성하는 데 있어 당신의 부문이 주요한 문제점에 부딪히게 되는가?" 그들에게 현직자의 이름이 아니라 거론될 직책을 물어본다. 그런 다음 "어째서 그 직위가 그렇게 중요한가?"라고 묻는다. 실마리를 제공하지 말라. 오히려 임원들이 자신의 논리적 근거를 마련하도록 해야 한다(이 방법은 아마도 가장 좋은 정보를 유도할 것이다).

역사적 증거에 의한 방법

과거에 핵심 직무의 현직자가 불시에 퇴사함으로써 야기된 위기 또는 소동을 경험한 적이 있는가? 과거 소동의 증거를 핵심 직위가 어디에 위치하는지에 대한 지표로 활용한다. 인사 기록을 살펴보고 과거 몇 년 동안 퇴사한 사람들의 이름과 직책을 알아본다. 그런 다음 조직에서 그들의 전 상급자에게 연락해서 어떤 것이 조직에 가장 큰 문제점을 일으켰는지, 왜 그것이 문제점을 일으켰는지 알아본다. 그것은 충원이 힘든 직위였는가? 그들은 대체가 어려운, 독자적인 지식과 기술을 가졌는가? 이러한 손실을 그렇게 중요하게 만든 것은 정확히 무엇이었는가? 소동은 어떻게 처리되었는가? 만일 동일한 직책에 다시 결원이 생긴다면, 그것은 여전히 소동을 야기할 것인가? 그 이유는 무엇인가? 핵심 직위의 증거로서 이러한 질문들에 대한 답변을 수집한다.

네트워크 도표에 의한 방법

네트워크 도표는 고용 차별을 확인하는 데 사용되어온 커뮤니케이션 분석 기법이다.[3] 그러나 이 기법은 조직의 의사 결정 과정을 그려내는 데 잠재적으로 훨씬 더 강력한 기법이다. 아이디어는 단순하다. 하나 이상의 결정을 하는 동안에 커뮤니케이션 흐름의 경로를 추적하여 "누가 포함되는가?", "누가 배제되는가?", 그리고 "어떤 개인이 포함되고 배제되는 이유는 무엇인가?"와 같은 질문에 대답하는 것이다.

네트워크 도표의 주된 가정은 의사 결정자들이 중요한 직위를 차지하는 개인 그리고 사안에 대해 확실하고 믿을 만하며 박식하다고 여겨지는 사람에게서만 정보를 구한다는 점이다. 의미심장하게도, 의사 결정자들은 의사 결정 과정에서 그들과 비슷한 사람들을 포함하고 그들과 다른 사람들을 배제하기를 좋아한다는 점이 또한 증명되었다. 따라서 커뮤니케이션은 승계 결정이 흔히 이루어지는 것과 동일한 방식으로 흐른다. 그것은 동류적 재생산[4]을 통해 자신들과 비슷한 사람들을 후원함으로써 자기 자신을 영속하게 하는 리더들의 경향인 것이다. 로사베스 모스 칸터(Rosabeth Moss Kanter)가 그 과정을 설명했듯이, "경영자들이 활동하는 상황 때문에, 기업 구조에서 경영자들의 지위 때문에, 사회적 유사성이 그들에게 극단적으로 중요해지는 경향이 있다. 그 구조는 비슷한 종류의 사회적 개인으로서 경영자들의 복제로 이어진다. 따라서 경영하는 사람들은 비슷한 자신을 재생산한다."[5]

네트워크 도표는 사람들을 면담하거나 또는 커뮤니케이션 흐름을 주의 깊게 살핌으로써 작성될 수 있다. 시간이 좀더 드는 다른 방법은 의사 결정을 하는 데 있어 어떤 직위와 어떤 개인이 포함되는지, 그리고 왜 그들이 포함되는지 직접 판단하는 핵심 의사 결정자를 따라가 보는 것이다. 승계 계획 및 관리를 위한 네트워크 도표의 이러한 응용 목적은 고용 차별을 밝히는 것이 아니다. 그보다는 어떤 직위가 조직 각 부문의 결정에서 핵심이라고 생각되는지 알아보는 것이다. 그 결과는 조직 내부에서 핵심 직위, 그리고 조직 전체에서 업무 프로세스의 경로에 대한 귀중한 정보를 줄 것이다.

복합적 방법

여섯 번째이자 마지막 접근법은 위에서 언급한 두 개 이상의 다른 접근법을 결합하는 것이다. 학계 연구자들은 이것을 '삼각 측량'(triangulation)[6]이라고 부르는데, 다중 자료로부터 그것을 재점검하는 정보 검증을 포함하고 있기 때문이다. 전파와 음파 탐지기 조작자가 물체의 정확한 위치를 알아보는 방법으로서 이 접근법을 시작했다고 생각한다. 그렇지만 실제적 견지에서 말하자면, 많은 조직들은 핵심 직위를 재점검할 시간이나 자원이 없다. 흔히 하나의 방법만이 사용될 뿐이다.

| 핵심 직위에 대해 조직은 어떤 정보를 보유해야 하는가? |

일단 핵심 직위가 파악되면, 추가적인 질문이 저절로 나타날 것이다. 예를 들어 다음과 같다.

- 누가 현재 그러한 핵심 직위에 있는가? 그들의 자격 요건은 무엇인가? 그들은 어떤 배경, 교육, 경험, 또는 다른 전문 지식을 가지고 있는가?
- 핵심 직위에서의 직무 요건은 무엇인가?
- 핵심 직위가 언제 공석이 될 것 같은가? 발표된 퇴임 또는 핵심 직위 현직자의

경력 계획을 바탕으로 일부 중요한 결원이 예측될 수 있는가?
- 핵심 직위는 조직에서 어디에 위치하는가? (조직의 구조, 직무 구분, 지리적 위치를 바탕으로 이 질문에 대답한다.)
- 조직에서 성과는 어떻게 평가되는가? 성과 평가가 직위에 따른 직무 요건 또는 역량에 대한 정보와 얼마나 잘 맞춰지는가?
- 핵심 직위 현직자는 현재 얼마나 잘 수행하고 있는가? 그들의 배경, 교육, 그리고 경험은 업무 실행에 적절한 도움을 주었는가? 그렇지 않다면 그들은 무엇이 부족한가?
- 핵심 직위 현직자는 그들의 직위를 어떻게 확보했는가? 그들은 직위를 맡기 위해 육성되었는가, 외부로부터 충원되었는가, 내부에서 발탁되었는가, 아니면 다른 방법을 통해 그들의 직위에 도달했는가?

이러한 질문들에 답함으로써 조직은 핵심 직위, 핵심 직위 현직자, 그리고 개인 성과 추적을 위한 정보 시스템의 토대를 마련할 수 있다.

핵심 직위의 직무 요건 결정을 위한 세 가지 접근법

일단 핵심 직위가 파악되었다면, 그러한 직위의 직무 요건이 무엇인지에 초점을 맞춘다. 결국 핵심 직위의 대체자로서 개인을 준비할 수 있는 유일한 방법은 우선 핵심 직위 현직자가 무엇을 하고, 그들이 어떠한 특징을 가지고 있는지 명확히 하는 것이다. 이를 규명하는 방법은 최소 3가지 방법이 있다.

1. 직무와 과업 분석의 수행

'직무 분석'(job analysis)은 직무의 활동, 책임, 임무, 또는 필수 기능을 요약하거나 개괄한다. '과업 분석'(task analysis)은 직무 분석에서 한 단계 나아가 각각의 활동을 수행하거나 각각의 책임, 임무, 또는 필수 기능을 만족시키기 위해 무엇을 해야 하는지 결정한다. 직무 분석의 결과는 '직무 기술서'(job description)라고 부르며, 과업 분석의 결과는 '과업 목록'(task inventory)이라고 부른다. 어떤 저자들은 직무(job)와 직위(position)를 다음과 같이 구별한다.

> 직무는 일단의 관련 활동과 임무들로 구성된다. 한 직무의 임무들은 비슷하거나 관련된 업무의 자연적 단위로 구성되는 것이 이상적이다. 그것들은 직원들 사이에서 오해와 충돌을 최소화하고, 직원들이 그것들에 대해 기대되는 것을 알게끔 하기 위해 다른 직무의 임무들과 명확히 구분되어야 한다. 일부 직무에 대해서는 몇 명의 직원들이 필요할 수 있는데, 그들은 각각 구별된 직위를 차지하고 있다. 직위는 오직 한 명의 직원이 수행하는 다른 임무들과 책임들로 구성된다.[7]

따라서 '직무 기술서'와 '직위 기술서'(position description)를 구별히는 것이 중요하다. 직무 기술서는 전체 직무 구분(예를 들어 감독자, 경영자, 또는 임원)에 대한 정보를 제공하고, 직위 기술서는 한 직원에 대한 고유한 정보를 제공한다. 대부분의 경우, SP&M의 직무 요건을 결정하는 초점은 직위에 관해서이다. 왜냐하면 그 목적이 핵심 직위에 고유한 직무 요건을 파악하는 것이기 때문이다.

직위 기술서는 무엇인가?

직위 기술서는 한 직위의 임무, 활동, 또는 책임을 요약한다. 따라서 그것은 문자 그대로 한 조직 내에서의 하나의 직위를 설명한다. 직위 기술서는 다음과 같은 질문에 답한다. "그 직위에 있는 현직자에게 조직이 기대하는 바는 무엇인가?"

직무 기술서나 직위 기술서에 대해서는 보편적 기준이 존재하지 않는다.[8] 그렇지만 대부분의 조직에서 직위 기술서는 최소한 직책, 봉급이나 임금 수준, 조직에서의 위치, 그리고 필수적 직무 기능을 열거한다. 미국의 장애 법률에서 사용되는 법률 용어인 '필수 직무 기능'(essential job function)은 직위의 현직자에 의해 수행되어야 하는 활동이다. 구체적으로 말하자면, 그것은 "한계 직무 기능(marginal job function)에 반대되는 것으로서, 직무의 성공적인 수행에 기본이 되는 직무 활동들이다. 한계 직무 기능은 특별한 시기에 특별한 현직자에 의해 수행될 수 있지만, 직무의 주요 목적에는 부수적이다. 만일 하나의 직무 기능 수행이 단지 편의의 문제일 뿐이고 필수적이 아니라면, 그것은 한계 기능이다."[9]

일부 조직에서는 직무 기술서에 다른 특징들을 더하기도 하며, 동일한 특징들이 직무 기술서에 더해질 수도 있다. 예를 들어 각각의 필수 직무 기능에 할애되는 대략의 시간, 한 직위에서 각각의 필수 직무 기능에 할애되는 시간 비율, 성공적인 수행에 대한 각각의 필수 직무 기능의 상대적 중요성, 선택에 필요한 최소 자격 요건을 열거하는 직무 명세 등이 포함될 수 있다.

직위 분석은 어떻게 수행되는가?

직위 분석은 직무 및 과업 분석과 동일한 방식으로 수행된다. 카리슬(Carlisle)의 지적처럼, "직무와 과업을 분석하는 과정은 세 가지 핵심 단계를 포함한다. 첫째, 직무 또는 과업을 각 구성 요소들로 분해한다. 둘째, 각 부분 사이의 관계를 검토하고, 그것을 성과의 올바른 기준과 비교한다. 셋째, 향상된 직무 또는 과업을 형성하기 위해 각 부분을 변화해 가며, 학습 요소를 명기한다."[10]

핵심 직위 기술서를 작성하는 지침으로서 예시 8-1에 나타나는 워크시트를 이용한다. 필수 직무 기능을 열거하기 위해 『직업명 사전』(The Dictionary of Occupational Titles, 미국 노동부 발간), 장애 법률과 관련된 미국인에 대한 연구,[11] 관리 직무 기술서를 참고할 수 있다.[12]

| 예시 8-1 | **핵심 직위 기술서를 작성하기 위한 워크시트**

지시 : 이 직위 기술서를 신중하게 작성하여 주십시오. 이것은 핵심 직위의 현직자 모집, 선발, 적응, 훈련, 평가, 개발에 있어서 중요한 자료입니다. 가장 좋은 방법은 핵심 직위 현직자에게 기술하도록 하고 몇 단계 계층의 위아래 그리고 조직 전체에서 그것을 검토하는 것입니다. (이런 방식으로 현재 이 직위에 필요한, 원하는 결과에 대해서 소중한 정보를 얻는 것이 가능할 것입니다. 그들 중 일부는 현재 직위 현직자까지도 인식하지 못할 수 있습니다.) 지금 당장은 직위에 있는 현직자가 '현재 무엇을 하고 있는지' 그리고 조직에서 다른 사람들이 핵심 직위 현직자가 '앞으로 무엇을 하기를' 원하는지에 집중해 주십시오. 필요하다면 용지를 추가하십시오.

직책 : 직위 직책을 써 주십시오.

봉급 수준 : 현재의 급료 등급을 적어 주십시오.

조직의 단위/부서 : 조직 구조에서 직위가 현재 배치된 소속을 적어 주십시오.

직속상사 : 직위 현직자가 조직도 상에서 어떤 직책자에게 보고하는지 적어 주십시오.

직위 요약 : 이 직위의 목적, 또는 사명 선언문을 한두 문장으로 요약해 주십시오. 왜 그것이 존재하는지 설명해 주십시오.

직위 임무 / 책임 / 활동 / 핵심 결과 / 역량 / 필수 기능 : 아래의 왼쪽 행에서 가장 중요한 직위 의무, 책임, 활동, 핵심 결과, 역량, 또는 필수 기능에 대해 목록을 작성하십시오. 필요하다면 별도의 용지에 목록을 작성하고, 우선순위에 따라 생각의 결과를 기록하십시오. 가장 중요한 임무, 책임, 활동, 핵심 결과, 또는 필수 기능을 먼저 적으십시오. 각 문장을 행동을 나타내는 동사로 끝내도록 하십시오. 그런 다음 오른쪽 행에 그 활동에 소요되는 대략적인 시간을 비율로 표시해 주십시오.

직위 임무 / 책임성 / 활동 /핵심 결과 /　　　각각에 대해 소요되는
필수 기능 에 대한 목록　　　　　　　　　　대략의 시간 비율

직위 기술서의 장점과 단점

직무 요건의 파악을 위해 직위 기술서를 활용하는 데는 세 가지 장점이 있다. 첫째, 대부분의 조직들이 직무 기술서를 가지고 있으며, 그것은 더욱 세분화된 개별적인 직위 기술서의 기초가 되는 중요한 출발점이 될 수 있다. 둘째, 직위 기술서는 승계 계획 및 관리에 연관된 결정만이 아니라 많은 인사 결정, 즉 선발, 평가, 훈련을 수행하고 정당화하는 기준이 될 수 있다. 셋째, 법률, 특히 장애 법률과 관련된 미국인은 업무 수행에 무엇이 필요한지에 대한 법적 증거로서 직무 요건에 대한 명문화된 표현을 중요시한다.[13]

그렇지만 직위 기술서가 장점만을 가진 것은 아니다. 첫째, 결과가 아니라 활동에 초점을 맞추는 경향이 있다. 둘째, 성공적인 직무 수행에 결정적인 중요한 개인 특성을 무시할 수 있다. 셋째, 빠르게 낙후된다. 직위 기술서를 최신으로 유지하는 것은 소모적인 일이 될 수 있다.

| 2. 역량 규명과 역량 모델 개발 |

역량 규명은 핵심 직위 요건을 명확히 하는 수단으로서 직무 및 과업 분석을 넘어선 단계이다. 이러한 맥락에서, '역량'(competence)은 직무에서 효과적인 또는 성과

로 이어지는 직원의 기본적인 특성(즉 동기, 성격, 자화상의 모양, 사회적 역할, 지식 체계 등)을 가리킨다.[14] '역량 규명'(competency identification)은 역량을 알아내는 것이며, '역량 모델'(competency model)은 한 사람의 직무 역할, 책임, 조직과 내/외부적 환경에서의 관계라는 맥락 안에서 만족스럽고 모범적인 직무 성과를 위해 필요한 역량들을 포함한다.[15]

역량 모델은 많은 조직에서 인적 자원 관리의 모든 측면을 통합하는 데 이용하는 주류의 방법으로 떠올랐다. 역량 규명은 제4장에서 더욱 자세하게 논의되었다. 대부분의 잘 알려진 기업들은 승계 프로그램을 역량 모델에 바탕을 두고 있으며, 그것은 개발할 인재의 청사진이 된다.

3. 빠른 결과 평가

전통적인 접근법의 강점을 최대화하고 약점을 최소화하기 위해서는 역량 모델링에 대한 새로운 접근법이 필요하다. 새로운 접근법에는 맥레이건(McLagan)의 유연한 접근법(Flexible Approach)[16]처럼, 역량 평가에 대한 전통적인 접근법과 DACUM 방식의 결합이 포함된다. DACUM은 커리큘럼 개발(Developing A Curriculum)[17]의 축약어이며, 기술직에 대한 직무 및 과업 분석, 그리고 지역 대학에서 직업 교과 과정을 설계할 때 널리 이용되었다. 그렇지만 경영 또는 전문직에서 직무 요건을 결정하는 수단으로서 설명되지는 않았다.

전통적인 의미에서 DACUM을 이용하기 위해 그 접근법에 대해 훈련받은 퍼실리테이터를 선발한다. 그리고 해당 직무에서 8~12명의 전문가들로 구성된 패널(Panel)을 소집한다. 그러고 나서 다음의 단계에 따른다.[18]

1. 패널들에게 DACUM을 소개한다.
2. 관련 직무나 업무 영역을 검토한다.
3. 직무 책임의 일반적 영역을 파악한다.

4. 각각의 직무 영역에서 수행되는 특정한 과업을 파악한다.

5. 직무 및 임무 진술을 검토한다.

6. 직무 및 임무 진술을 정리한다.

7. 초급 단계의 과업을 확인한다.

전형적인 DACUM 패널을 통해 업무 활동을 나타내는 상세표가 도출된다. 그것은 가장 간단한 활동에서 가장 복잡한 활동까지 난이도 순으로 배열된다. DACUM의 전통적인 방법에서는 패널 구성원들이 추가적인 활동으로서 '개인적 특성'에 대해 기술한다. 예를 들어 DACUM 회의의 결론에서 위원회 구성원들은 "어떤 개인적 특성이 현직자를 효과적으로 설명하는가?"와 같은 질문을 제기할 수 있다. 그 질문은 '시간 엄수', '근속', '동료와 조화롭게 일하는 능력', 또는 '적절한 옷차림' 등과 같이 위원회 구성원들로부터 반응을 이끌어내야 한다. 그러한 특성들이 성공적인 직무 수행에 결정적일 수 있지만, 측정 가능한 특정 행동과 연결되지는 않는다.

DACUM 패널은 대체로 하루 또는 이틀 정도 회의를 한다. 퍼실리테이터는 특별한 순서 없이 위원들을 순회하면서 업무 활동의 열거를 요청한다. 각각의 활동은 매직펜으로 종이 위에 적어 방 앞의 빈 벽에 붙인다. 위원들이 빠르게 활동들을 적을 수 있기 때문에, 대부분의 DACUM 퍼실리테이터는 활동들을 적어 벽에 붙이는 일을 돕는 한두 명의 보조가 필요하다. 활동에 대해 생각하지 못하는 위원은 건너뛴다. 이 과정은 모든 위원들이 더 이상 활동을 열거할 수 없을 때까지 계속된다.

이 지점에서 퍼실리테이터는 잠시 휴식을 요청한다. 퍼실리테이터는 보조자들과 한 명 이상의 위원 또는 다른 전문가들의 도움으로 활동들과 그 활동들에 관계된 그룹에 대한 구분을 만들어낸다. 이 작업이 완료되었을 때, 퍼실리테이터는 위원회를 재소집한다. 위원회는 구분들을 더하고 빼거나 수정하여 활동들을 점검한다. 마지막으로 가장 단순한 것에서 가장 복잡한 것까지 구분들과 활동들을 배열한다. 이러한 단계들은 고전적인 브레인스토밍과 닮았는데, 아이디어 생성과 아이디어 평가라

는 두 가지 단계로 이루어져 있다.[19]

DACUM을 역량 평가의 수단으로 이용하기 위해, 퍼실리테이터는 추가적인 조치를 취해야 한다. 일단 DACUM 직무표가 완성되고 확인되었다면, 퍼실리테이터는 위원회를 휴회하고 다른 시간에 소집할 준비를 해야 한다. 일단 위원회가 재소집되면, 퍼실리테이터는 DACUM 직무표를 프린트물이나 커다란 벽 도표의 형태로 위원에게 제시해야 한다. 그런 다음 퍼실리테이터는 직무표 각각의 활동 칸들에 대해 (1) 그 활동을 수행하기 위해 우수한 현직자가 나타내는 기본적인 동기, 성격, 자화상의 형태, 사회적 역할, 지식 체계, (2) 각각의 활동으로부터 발생한 업무 산출 또는 결과를 열거할 것을 위원들에게 요청한다. 대답은 각각의 칸에 적는다.

다시 한 번 위원회를 짧게 정회한다. 첫 번째 위원회에서처럼, 퍼실리테이터는 중복 사항을 빼고, 각각의 활동에 대한 개인적 특성과 업무 결과를 축약한다. 작업을 마치면 다시 위원회를 소집하여 결과에 대해 검증과 합의를 도출한다. 위원회가 너무 길어지면, 퍼실리테이터는 정회를 선언하고 서면 조사를 계속할 수 있는데, 그러면 전통적인 브레인스토밍이 수정된 델파이 과정으로 바뀌게 된다.[20]

이러한 접근법의 가치는 분명하다. 첫째, 전통적인 역량 모델링보다 훨씬 빠르다. 둘째, 전통적인 DACUM처럼 높은 안면 타당도가 있다. 왜냐하면 경험 있는 현직자나 다른 지식 있는 사람들을 이용하기 때문이다. 셋째, 핵심 의사 결정자들의 개인적 참여를 허용함으로써 참여에서 생기는 주인 의식을 형성할 수 있다. 넷째, 수정된 DACUM이 기본적인 특성 또는 결과의 설명을 포함하는 업무 활동이나 과업에 대한 전통적인 초점을 넘어섰다는 점에서 역량 기반 접근법의 핵심적인 장점을 가지고 있다.

물론 이러한 새로운 접근법 — 나는 이것을 '빠른 결과 평가'(rapid result assessment)라고 명명하였다 — 은 단점도 가지고 있다. 그 결과는 다른 역량 평가 접근법과 같은 엄격함은 없다. 따라서 엄격함이 속도를 위해 희생되는 것이다. 둘째, 이 접근법의 결과는 개별 위원의 신뢰성에 크게 좌우될 것이다. 만일 경험이 없는 사람들이나 저성과자들이 참가한다면 그 결과를 의심해 보아야 한다.

빠른 결과 평가는 승계 계획 및 관리에 귀중한 정보를 제공할 수 있다. 만일 평가 과정이 핵심 직위에 초점을 두고 있다면 — DACUM 위원은 직속상사, 동료, 현직자, 그리고 하급자까지 포함한다 — 그것은 이러한 직위에서 현직자의 기대 역할에 대한 강력한 정보를 제공할 수 있다. 또한 DACUM에서처럼 핵심 직위를 위해 육성되고 있는 사람들을 선발, 평가, 훈련, 개발하는 기준을 제공할 수 있다.

완전한 다면 평가의 이용

1994년 이 책의 초판이 출간된 이래, 많은 조직들은 완전한 다면 평가를 개인의 현재 성과와 미래 잠재성을 평가하는 수단으로 이용하기 시작했다.[21] (현재와 미래의 성과는 서로 다르다. 현재 직위에서의 성공적인 성과는 더 높은 직위에서의 성공을 보장하지 않는다. 그 이유는 계층에 따라 요건이 다르기 때문이다.) 다면 평가 — 개인을 완전히 한 바퀴 살펴보기 때문에 360도 평가라고도 불린다 — 는 조직의 상사, 부하직원, 친구나 동료, 그리고 고객, 공급자, 가족들에게서까지 많은 자료를 수집하는 유용한 방법이다. 다면 평가는 대체로 역량 모델이나 직무 요건과 비교하여 개인이 얼마나 잘 수행하고 있는지, 혹은 수행할 잠재성을 가지고 있는지를 나타낸다. 많은 완전한 다면 평가 설문지는 상업적 공급자 또는 온라인을 통해 구입할 수 있지만, 규격화된 솔루션은 기업 문화에 맞춘 것이 아니기 때문에 주의해서 사용해야 한다.

| 고려해야 할 문제점들 |

의사 결정자들이 완전한 다면 평가의 이용을 계획할 때 많은 문제점들이 제기된다. 다음과 같은 것들이 있다.

1. 평가 대상자와 평가자는 누구인가?
2. 무엇을 평가할 것인가? 현재 성과, 미래 가능성, 아니면 둘 다인가?
3. 언제 평가할 것인가?
4. 평가는 왜 수행되고 있는가? 완전한 다면 평가는 비용이 많이 드는데, 결과의 정확성과 신뢰성으로 인한 이득이 비용보다 많은가?
5. 평가는 어떻게 수행할 것인가? (온라인, 서류, 아니면 병행하여 수행할 것인가?)
6. 결과는 어디에 활용되며, 어떻게 해석되고, 개인들에게 피드백될 것인가?

조직이 완전한 다면 평가를 하기 전에 위의 질문에 답할 수 있어야 한다. 예시 8-2의 워크시트를 이용하여 이러한 문제점들을 생각해 보라.

예시 8-2 완전한 다면 평가에서 핵심 사안들을 고려하기 위한 워크시트

지시 : 의사 결정자들이 완전한 다면 평가의 도입 이전에 고려해야 할 여러 가지 사안들이 있습니다.

이 워크시트를 이용하여 의사 결정자들을 돕게 됩니다. 아래 왼쪽 행의 각 질문에 대한 답변을 오른쪽 행에 적으십시오. 물론, 절대적으로 '옳고 그름'은 없지만 질문들에 명확히 답변해야 합니다.

질문	답변
1. 평가 대상자와 평가자는 누구인가?	
2. 무엇을 평가할 것인가? 현재 성과, 미래 가능성, 아니면 둘 다인가?	

3. 언제 평가할 것인가?

4. 평가는 왜 수행되고 있는가?

5. 평가는 어떻게 수행할 것인가? (온라인, 서류, 아니면 병행하여 수행할 것인가?)

6. 결과는 어디에 활용되며, 어떻게 해석되고 개인들에게 피드백될 것인가?

| 완전한 다면 평가의 장점과 단점 |

완전한 다면 평가에는 많은 장점들이 있다. 한 개인의 현재 성과 또는 미래 가능성에 대해 그를 둘러싼 많은 사람들로부터의 피드백을 통합할 수 있다. 그 피드백만으로도 변화와 개인 개발을 위한 자극이 된다. 게다가 평가를 통해 다각적인 조망을 할 수 있다. 옛말에도 있듯이 "자리가 생각을 만들기 때문이다."

그러나 완전한 다면 평가는 단점도 가지고 있는데, 단점들은 경비를 지출하기 전에 고려되어야 한다. 첫째, 비용이 많이 들 수 있으며, 따라서 의사 결정자가 그들이 무엇을 원하고, 왜 원하는지 알고 있을 때에만 가치가 있다. 둘째, 만일 개인들이 고유한 기업 문화를 반영하지 않은 역량이나 업무 요구 같은 기준에 따라 평가된다면 (규격화되거나 온라인 도구가 수정 없이 사용된다면 그렇다), 결과는 유용하거나 의미가 없을 수 있다. 사실, 결과가 잘못될지도 모른다. 결국 성과와 잠재성은 개인들이 수행하는 기업의 문화적 상황에 영향을 받는다. 셋째, 많은 사람들이 다면 평가를 받을 때, 자료 분석 작업이 엄청날 수 있다(한 사람당 12명의 평가자가 있을 수도 있다. 만일 100명이 평가를 받는다면, 1200개의 평가가 수집되고 개별적으로 피드백되어야 한다).

| 완전한 다면 평가의 결과 피드백 |

이 책의 제2판이 출간된 이래, 나는 컨설팅을 하면서 완전한 다면 평가를 실시할 기회가 많았다. 내가 경험으로부터 얻은 한 가지 통찰은, 평가의 초기 설계가 아니라 평가 이후의 피드백 회의가 중요하다는 점이다. 개인의 완전한 다면 평가가 끝나면, 그것을 가지고 무엇을 할 것인가? 이것이 핵심적인 질문이며, 중요하게 고려해야 할 사항이다.

완전한 다면 평가는 현재 성과의 격차 또는 미래 개발의 격차를 지적하는 데 도움이 될 수 있다. 피드백 회의 — 이는 직속상사, HR 전문가, 외부 컨설턴트, 또는 이들의 결합에 의해 수행된 회의에서 일어날 수 있다 — 는 잘 계획되어야 한다. 완전한 다면 평가의 목적은 향상(회의가 현재 성과에 초점을 맞춘다면), 개인 학습 계획(회의가 미래 잠재성에 초점을 맞춘다면), 또는 양자 모두를 위한 계획을 수립하는 것이어야 한다.

평가 결과를 제시함으로써 회의를 시작한다. 신변잡기에 대한 질문으로 시작해서 피평가자를 안정시킨다(원한다면, 회의 전에 피평가자에게 평가 결과를 제시하여 그것을 연구할 시간을 갖게 한다). 그런 다음 정곡을 찌르면서 피드백을 제공한다. 피평가자에게 결과를 제공하고 설명을 덧붙인다. 이때, 약점은 물론이고 강점도 언급해야 한다. 또한 결과가 무엇을 의미하고 그에 대해 무엇이 행해질 수 있으며, 어떤 행동이 취해져야 한다고 생각하는지 묻는다.

개인이 미래의 자신을 개발하는 데 가장 좋은 전략들을 직접 파악할 필요가 있는 것은 아니다. 그것은 직속상사가 제공해야 할 부분이며, 완전한 다면 평가가 HR 전문가나 외부 컨설턴트에 의해 제공된다면, 그 자리에 직속상사가 함께 있어야 하는 이유이다. 직속상사는 필수 역량을 구축할 수 있는 기업의 특정한 문화적 개발 임무에 대해 의견을 제시할 수 있으며, 개인의 평가 결과를 설명할 수 있는 특정한 상황을 가장 잘 알고 있다. 회의가 끝나면, 반드시 개발 계획에 대해 합의해야 한다. 그래야만 차후 검토를 위해 온라인 시스템 상에 정리하거나 보관할 수 있다.

| 완전한 다면 평가의 미래 |

완전한 다면 평가는 미래에 더욱 자주 사용되어질 것이다. 그런 이유 때문에 SP&M 프로그램을 관리하는 사람들은 완전한 다면 평가를 도입하고 이용하는 방법을 설명하는 데 정통해야 한다.[22]

성과 평가와 성과 관리의 적용

효과적인 SP&M 프로그램이 되려면 핵심 직위에서의 직무 요건, 그리고 현재와 미래 후임자의 성과에 대한 정보에 바탕을 두어야 한다. 따라서 직원 성과 평가는 SP&M 정보의 중요한 원천이 되어야 한다. 그런데 성과 평가는 무엇이며, 어떻게 SP&M과 연결되어야 하는가?

| 성과 평가의 정의 |

'성과 평가'(performance appraisal)는 개인들이 그들의 직무에 대한 업무 요구를 얼마나 잘 만족시키고 있는지를 결정하는 과정이다. 대부분의 조직들이 "사람들은 무엇을 하고 있는가?"라는 질문에 답하기 위해 직무 기술서를 준비하고 있는 것과 마찬가지로, 대부분의 조직들은 "사람들은 얼마나 잘 하고 있는가?"라는 질문에 답하기 위해 성과 평가를 준비한다. 성과 평가는 '성과 관리'(performance management)[23]라는 맥락 안에서 적절하게 보여진다는 점을 강조하는 것이 중요하다. 성과 관리는 사람들이 능력을 최대한 발휘하게 하는 것이며, 미래를 위해 스스로의 개발을 장려

하는 업무 환경을 창출하는 과정이다(예시 8-3 참조).

HR 분야의 수많은 다른 용어들처럼, '성과 관리' 역시 아직 그 의미가 명확히 공유되지 않은 용어로, 사후 성과 평가, 사전 성과 계획, 성과를 계획하는 모든 과정 및 성과의 장애물을 파악하고 극복하도록 수행 중 피드백을 제공하고, 수행 완료시에 피드백을 주는 여러 가지를 의미할 수 있다. 성과 평가는 흔히 급여 인상, 승진, 그리고 다른 고용 결정을 정당화하는 데 이용되며, SP&M에 결정적으로 중요하다. 왜냐하면 조직은 개인이 현재의 직무를 적절히 수행하지 못할 때 핵심 직위로 승진시키지 않기 때문이다.

조직이 존재하는 동안은 직원 성과 평가에 대한 비판을 면할 수 없다. 사실상 조직의 성과 평가를 열성적으로 옹호하는 경영자들을 찾기란 쉽지 않다. 최근 몇 년 동안 평가와 관련된 소송이 증가하고 있다.[24] 더욱이 평가는 종합적 품질 경영(TQM)에서 절약의 귀재인 고(故) W. 에드워즈 데밍(W. Edwards Deming)에 의해 공격을 받기도 했다. 데밍은 두 가지 주요 이유 때문에 성과 평가를 비난했다. 첫째, 성과 평가는 공포에 의한 경영을 초래한다. 둘째, 성과 평가는 "장기 계획의 희생으로 단기 성과를 권장한다."[25] 그것은 잠재적으로 조직의 장기 효과를 황폐화시키면서 단기적으로 보도록 사람들을 자극한다.

데밍이 주장한 포인트는, 사람들은 그들의 상사들이 그들에 대해 품고 있는 기대에 따라 산다는 것이다. 그것이 '피그말리온 효과'(Pygmalion effect)인데, 이는 자신이 만든 칼라테이아라는 여인의 조각상과 사랑에 빠진 고대 예술가로부터 그 이름이 유래했다. 피그말리온 효과는, 자신의 직원들이 효과적으로 수행하고 있다고 경영자들이 믿을 경우 스스로 달성하게끔 된다는 예언을 말한다. 따라서 기본적인 가정은 세계는 보는 이의 신념에 영향을 받는다는 것이다.

성과 평가가 크게 비난받는 방법으로 수행될 때, 사람들의 의욕을 떨어뜨리고 용기를 잃게 할 가능성이 있다. 사실상 "어떤 사람들이 잘못하고 있는가"에 초점을 맞춘 성과 평가 인터뷰는 실제로 더 나쁜 성과로 이어질 수 있다는 연구 결과도 있다.

| 예시 8-3 | **성과 관리와 성과 평가의 관계**

성과 관리는 다음의 질문에 대한 해답을 제시한다. 현재 그리고 미래의 성과를 진작시키기 위해 무엇이 필요한가?

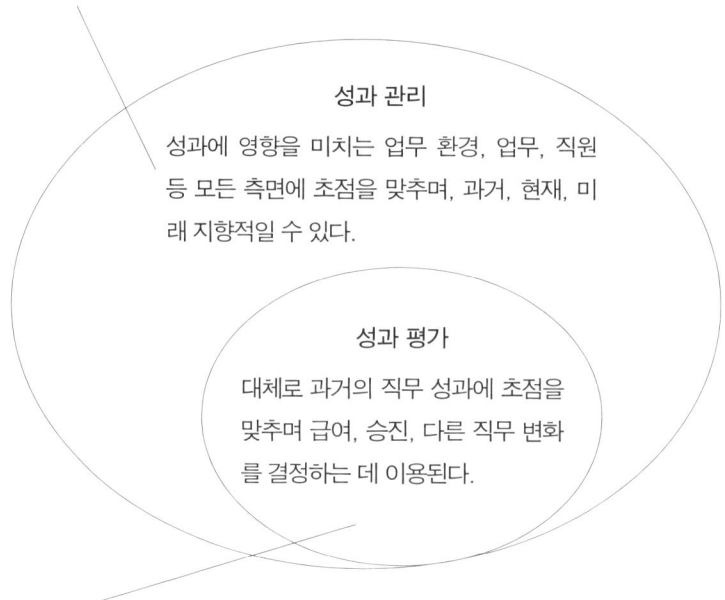

성과 평가는 이러한 질문에 대한 해답을 제시한다. 사람들은 그들의 직무를 얼마나 잘 수행하고 있는가?

| 성과 평가는 어떻게 승계 계획 및 관리와 연결되어야 하는가? |

비평가로부터 혹평을 받고 있음에도 불구하고, 기업이 존재하는 한 성과 평가는 계속될 것 같다. 그 이유는 많은 결점에도 불구하고 직원들이 점점 소송에 의존하는 이때에 비공식적이고 주관적인 평가보다 직무 관련 성과 기준에 기초한 문서 평가가 더 낫기 때문이다. 문서 형식의 공식적인 절차가 없더라도, 관리자들은 직원들에 대한 평가를 멈추지 않는다. 오히려 그들은 더욱 구조적이지 못한 방법으로 직원

들을 평가한다. 더욱 좋지 않은 것은, 관리자들은 직원들에게 피드백을 제공할 필요성에도 직면하지 않으며, 그 결과 직원들의 향상도 없다는 점이다. 사실상, 직원들이 자신들이 어떻게 하고 있고, 무엇을 향상시켜야 하는지에 관해 알맞은 시기에 구체적인 피드백을 받지 못한다면 성과를 향상시킬 수 없으며, 승계 계획에 맞게 개발하지도 못한다는 점은 논란의 여지가 없다. 연간 성과 평가는 일상의 피드백을 대체하지 못하며, 직원들의 개발을 돕는 데 함께 이용되어야 한다.[26] 그렇지 않을 경우, 조직은 직원 성과에 관해 상사와 다른 직원들의 잘못된 기억과 분명치 못한 인상 외에는 아무런 기록도 얻지 못하며, 급여, 승진, 이동, 또는 다른 결정들이 잘못된 평가를 기반으로 이루어질 수 있다.

성과 평가에는 많은 접근법들이 있으며, 그 주제에 관해 쓰여진 많은 것들이 있다[27](상이한 평가 유형들이 예시 8-4에 요약되어 있다). 무엇보다 효율적인 평가가 되려면, 성과 평가는 가능한 한 밀접하게 직원들이 하는 업무를 기반으로 해야 한다. 개인 잠재성 평가 — 이것은 미래 업무 부여 가능성 또는 미래 역량에 개인들을 비교한다 — 와 결합하여, 그것들은 직원 향상과 발전에 강력한 수단이 될 수 있다. 이러한 이유 때문에, 가장 좋은 평가는 현재 역량의 책임을 알려주는 직원 성과를 하나하나 살펴보는 것이다.

그렇게 하는 한 가지 방법은 직위 기술서로 시작하는 것이다. 그래서 직원들은 각각의 활동에 대해 평가되어야 한다. 이러한 방법으로 조직은 개인 직무의 각 측면에서 정확하고 자세한 직원 성과 기록을 유지할 수 있다. 그리고 개인들은 그들이 얼마나 잘 실행하고 있는지에 대해 구체적인 피드백을 받는다. 문제는 그러한 평가가 작성이나 실행에 시간이 많이 들 수 있다는 점이다. 그리고 성과가 좋지 않은 개인들의 경우에는, 그들의 직속상사가 시간을 내서 무엇이 향상될 필요가 있고, 어떻게 향상되어야 하는지 설명해야 한다. 일부 조직에서는 시간을 절약하고 상사들의 서류 작업 부담을 줄이기 위해 단순하고 기입하기 편한 평가 개발을 시도하고 있다. 하지만 평가 기입이 쉬우면 쉬울수록, 직원들에게 피드백을 제공하는 데 있어서 유용성은 줄어든다.

이러한 문제를 해결하려면, 평가 기준으로서 직무 기술서 자체, 또는 역량을 이용하는 자유로운 형식의 평가 개발을 시도하라(그러한 평가 준비를 돕는 워크시트에 대해서는 예시 8-5 참조). 또 다른 접근법은 그것이 과거 성과보다는 미래의 향상에 맞춰질 수 있는 평가를 개발하는 것이다. 그런 방법으로, 그것은 직원들이 잘못하고 있는 것보다는 잘할 수 있는 것에 더욱 초점을 맞춘다. 만약 이 방법이 일관되게 추진된다면, 그것은 미래를 위해 자기 자신을 준비하고 승계 자격을 얻기 위해 무엇을 해야 하는지 유용한 정보를 제공할 수 있다.

예시 8-4 직원 성과 평가를 수행하는 접근법들

접근법	초점	간략한 설명
포괄적 평정 (Global Rating)	개인의 전반적인 직무 수행에 초점을 둔다.	평가자는 개인의 전반적인 직무 성과를 하나의 척도 또는 하나의 서면 반응으로 나타내도록 요청받는다.
		주요 장점 : 평가자가 빨리 평가를 할 수 있다.
		주요 단점 : 평가는 하나의 척도로 제시할 수 있는 것보다 훨씬 복잡하다.
특성 평정 (Trait Rating)	개인의 성과와 관련된 특성에 초점을 둔다. 특성의 예는 '진취성' 또는 '적시성'을 포함할 수 있다.	평가자는 특정한 기간 동안 일련의 특성을 이용하여 개인의 직무 성과를 나타내도록 요청받는다. 특성 평정은 흔히 '훌륭함'으로부터 '받아들일 수 없음'까지 분포한다. 평가자는 척도 상에 적절한 지점을 표시하도록 요청된다. 특성은 또한 서면 반응으로 평가할 수 있는데, 거기에서 평가자는 특성과 관련된 개인 성과에 대해 이야기를 기술하도록 요청된다.
		주요 장점 : 평가자가 빨리 평가를 할 수 있다.

		주요 단점 : 특성은 다른 의미를 가질 수 있으며, 따라서 특성에 대한 일관된 평정과 직무 관련성을 처리하는 데에 있어서 매우 중요한 사인일 수 있다.
차원/활동 평정 (Dimensions/ Activity Rating)	각각의 직무 활동, 의무, 책임, 핵심 기능에 초점을 둔다.	차원 평점을 '성과 평가를 위한 척도가 주어진 직무 기술서'라고 생각한다. 평가자는 '각각의' 직무 활동, 책임, 또는 필수 직무 기능에 따라 개인 성과에 점수를 주도록 요구받는다. 척도에 표시하거나 서면으로 작성하여 제시한다.
		주요 장점 : 평가에 대한 이러한 접근법은 성과 평가를 직무 의무, 따라서 직무 관련 성과에 연계시키기 위해 의도적인 노력을 기울이도록 한다.
		주요 단점 : 효율적으로 작동하기 위해, 평가자와 성취자는 모두 의무에 대해 미리 동의해야 한다. 이것은 직무 기술서가 정기적으로 보완되어야 하고 시간이 많이 들 수 있음을 의미한다.
행위 기준평정 척도 (Behaviorally Anchored Rating Scales, BARS)	모범적인 우수 성과자와 평균적인 성과자를 구분하면서 직무 행위, 즉 관찰 가능한 활동들에 초점을 둔다.	BARS 성과 평가는 통상적으로 우수 성과자를 보통의 성과자와 구별하는 중요한 사건 과정을 통해 개발된 5~10개의 수직적 척도로 구성된다. 각각의 척도는 실제 성과를 나타낸다. BARS 평정 시스템은 흔히 역량 기준 접근법과 양립한다.
		주요 장점 : BARS는 직무 활동과 직접 연계되기 때문에, 성과 평가에 대한 이러한 접근법은 높은 표면 유효성을 갖는다. 그것은 또한 정확히 어떤 행동이 바람직하고 바람직스럽지 못한지 성취자에게 명확히 함으로써 직무 성과의 향상으로 나아갈 수 있다.

		주요 단점 : 효과적으로 작동하기 위해, BARS는 고안하는 데 상당한 시간과 노력이 요구된다. 그것은 많은 조직의 자원 또는 헌신을 초과할 수 있다.
목표 관리 (Management by Objective, MBO)	결과를 얻는 과정보다는 직무 성과의 결과에 초점을 둔다.	평가 기간이 시작되기 전에, 평가자와 수행자는 함께 원하는 직무 결과 목표에 대해 합의한다. 평가 기간이 종료될 때, 그 결과는 평가 기간의 시작에서 설정해 둔 목표들과 비교한다. 주요 장점 : 결과를 얻는 방법보다는 결과에 초점을 둔다. 평가자와 성취자는 성과 목표를 설정하는 데 관여한다. 주요 단점 : 평가자와 성과자(피평가자)가 합의에 도달하기 위해 많은 시간이 요구될 수 있다. 성과 목표 작성은 프로세스를 '제지 공장'으로 바꿀 수도 있다.

예시 8-5 직원 성과 평가 개발을 직위 기술서와 연결시키기 위한 워크시트

지시 : 다음 워크시트를 이용하여 특히 직위 기술서에 기초한 '자유로운 형태의' 직위 성과 평가를 개발하십시오. 아래의 왼쪽 행에는 직위 기술서에 나타난 임무, 활동, 책임, 핵심 결과 영역, 역량, 또는 필수 직무 기능을 적어 주십시오. 그런 다음 오른쪽 행에는 그 직위에서 성과가 어떻게 측정될 수 있는지 적어 주십시오.

직위의 활동, 임무, 책임은 무엇인가? (보완된 직위 기술서로부터 그것들을 열거하라.)	각각의 활동, 임무, 또는 책임에 대해 어떻게 성과가 측정되어야 하는가? (성공적인 성과를 측정하기 위한 적절한 방법을 적어 주십시오.)

인재 풀의 창출 : 기법과 접근법

'인재 풀'(talent pool)이란 수직적 또는 수평적 향상을 위해 준비되고 있는 사원들의 집단이다. '수직적 향상'(vertical advancement)은 대체로 조직의 명령 사슬 체계에서 승진하는 것을 의미한다. 물론, 최근 몇 년 동안 승진은 그 수가 줄어들고 있다. '수평적 향상'(horizontal advancement)은 대체로 개인의 역량이 강화되어 조직의 방향 또는 그의 직업과 발맞추어 개인이 더 넓은 범위의 지식, 기술, 그리고 능력을 가지는 것을 의미한다.

인재 풀의 이용은 SP&M이 대체 계획과 다르다는 근거가 된다. 대체 계획에서 일반적인, 핵심 직위를 위한 하나 또는 몇 개의 대비책을 파악하는 대신에, 인재 풀의 아이디어는 스스로 개발할 의향이 있는 사람들 가운데 가능한 한 많은 대비책을 창출하려는 것이다(물론, 인재 풀에 관심을 돌리는 데에는 비용 편익적인 함의가 있다. 조직의 리더들은 그들에게 지불할 의향이 없다면 약속을 하지 말아야 한다).

인재 풀을 창출하기 위해 조직은 부서, 직무 구분, 계층 단계, 또는 직업에 따른 역량 모델을 가지고 있어야 한다. 역량 모델은 현재 역량 또는 바라는 미래 역량을 설명할 수 있다. 또한 제4장에서 설명했듯이, 바라는 기업 가치 또는 바라는 윤리적 행위를 나타내는 가치 선언문이 중요하다.

표적 그룹을 명확히 함으로써 인재 풀의 창출 과정을 시작하라. 우선 다음과 같은 질문에 대답한다.

- 누가 포함되는가?
- 인재 풀은 무엇이고, 조직에서 얼마나 많은 인재 풀이 존재해야 하는가?
- 각각의 인재 풀은 언제 형성되는가?
- 각각의 인재 풀은 어디에 위치해야 하는가? (인재 풀의 지리적 범위는 무엇인가?)

- 각각의 인재 풀은 왜 바람직한가?
- 현재의 대체 후보 인력군과 바라는 미래의 대체 후보 인력군을 위해 인재 풀은 어떻게 분리 구성할 것이며, 각 인재 풀의 위상은 어떻게 추적되고 평가될 것인가?
- 인재 풀에서 개인들은 미래를 위해 어떻게 개발될 것인가?

인재 풀을 정의하는 방법은 역량 모델을 정의하는 방법만큼이나 다양하다. 달리 말해, 부서나 조직의 명령 계통에서 계층 단계, 직무 구분, 지역, 직업, 그리고 다른 기준에 따른 인재 풀을 갖는 것이 가능하다.

만일 인재 풀이 형성된다면 아무도 핵심 직위의 후임자로 지정되어서는 안 된다는 사실을 강조할 필요가 있다. 그 대신 인재 풀에 있는 모든 사람들이 현재 및 미래의 조직과 개인의 필요에 맞추어 개발될 것이라는 논리이다. 인재 풀이 효과를 거두려면 역량 모델, 개인 개발과 성과를 진작시키기 위한 적절한 성과 관리 습관, 그리고 적절한 개인 개발 노력이 함께 이루어져야 한다. 공석이 발생하면 개인들이 경쟁을 한다. 그리고 알맞은 위치에 가장 오랫동안 있던 사람이나 직속상사가 개인적으로 좋아하는 사람에게 직무를 주는 대신에, 개인들은 업무 수행과 자기 개발에서 증명된 경력 기록을 토대로 경쟁할 준비를 하게 된다.

인재 풀을 넘어선 사고

"무엇이 인재 풀을 넘어서는가?"라는 질문은 흥미롭다. 결국, 몇몇 기업의 리더들은 개발될 의향을 가진 모든 사람들을 개발시키려고 하지 않으며, 이것이 인재 풀을 떠받치는 기본 철학이다. 그러나 인재 풀을 구성하는 데 매진하고 인재 풀링 작업에 경험이 있는 조직들에게는, 그러한 개념을 더욱 발전시키고 실행할 수 있는 기회가 존재한다.

그것을 하는 한 가지 방법은 직책의 최소한의 요구를 맞추기 위해 사람들을 개발시킨다는 사고로부터 벗어나는 것이다.[28] 그보다는 우수 성과자의 수준으로 사람들을 개발함으로써 조직의 인재 기준을 높이는 것이 목적이 될 수 있다(물론, 그것은 조직의 리더들이 편향된 인식이 아니라 객관적인 성과 측정을 바탕으로 우수 성과자가 누구인지 알고 있다는 것을 전제로 한다). 이 점을 명확히 하기 위해 조직이 현장 감독자를 부서 경영자로 개발하려고 한다고 가정해 보자. 그러한 목적을 위한 프로그램에 참여하기를 원하는 모든 감독자들이 인재 풀 노력에 참여하고 있다. 그러나 조직의 리더들은 고려 자격에 필요한 가장 낮은 단계에 '최소 기준을 설정하기'를 바라지 않으며, 오히려 가장 높은 단계에 놓고자 한다. 그러한 목적을 위해 그들은 무엇이 최고(우수) 부서 경영자와 보통 사람들을 구분짓는지 알 필요가 있다.

조직의 리더들은 왜 이것을 하려고 하는가? 대답은 명확하다. 우수 성과자는 일반 직원들보다 20배 이상 생산적일 수 있다. 만일 더 많은 우수 성과자를 얻을 수 있다면, 조직은 더욱 경쟁적이고 효율적이며 효과적이 될 것이다.

그렇지만 인재 풀을 넘어서는 또 다른 가능한 방법들이 있다. 인재 풀을 위한 많은 노력들은 직무 역량의 구축에만 초점을 둔다. 그러나 그러한 개념이 심리학적 평가, 개인 경력 계획, 가치 모델링 노력 등을 포함하는 것으로 확장된다면, '개발'이라는 개념은 한 사람으로서 개인의 업무 향상을 위한 준비 이상으로 나아갈 수 있다.

심리학적 평가는 특히 많은 주목을 받고 있다. "심리학자 로버트 호건(Robert Hogan)은 지난 30년 동안 100만 명 이상의 사람들에게 인성 검사를 실시했으며, 미국 기업에서 최소한 55퍼센트의 경영자들이 그들의 직무에 부적합한 것으로 나타났다."라고 카일라(Kaihla)는 적고 있다. "이 같은 사실은 그의 기업인 호건 평가 시스템과 많은 주요 검사 회사들이 작년에 비해 올해에 두 자릿수의 성장을 기록하고 있는 이유를 설명해 줄 것이다. 정신 의학자들의 사업은 호황을 누리고 있다."[29]

사람이 행해야 하는 업무만큼이나 직무를 맡고 있는 사람이 중요하다는 인식이 널리 확산되고 있으며, 그것은 역량 발달로부터의 사고에 의해 지지되고 있다. 그로 인해 조직은 점점 많은 심리학적 평가에 의존해서 승계 결정을 포함한 고용 결정을 하거나 지원하는 데 도움을 받고 있다.[30] 물론 심리학적 평가 또는 마이어 브리그스 유형 지표(Myers Briggs Type Indicator, MBTI) 같은 평가가 잘못 훈련받은 사람들에 의해 부적절하게 사용될 것이라는 점, 또는 승진을 위해 '사람들을 배제하는' 유일한 근거로 사용될 것이라는 점이 위험 요소가 될 수 있다. 그렇지 않았다면 그들은 훌륭한 승진 자격을 갖추었을지도 모른다.

좋은 전략은 호건이나 네오의 지적처럼, 5대 인성 특성을 기반으로 하는 수단을 찾는 것이다. 그러한 평가는 자신들이 하고 있는 일을 아는 사람들에 의해서만 처리되고 해석되어야 한다. 그리고 HR 실무자들은 경영자들에게 미래 직위에서의 성공에 대한 개인의 가능성을 점검하기 위해 다른 평가 방법들과 결합하여 인성 평가를 어떻게 이용할 것인지 훈련시켜야 한다.

비약적인 증진을 위해 인재 풀을 넘어서려면 무엇을 해야 하는가? 나는 몇 가지 아이디어를 가지고 있다. 아마 여러분도 그러할 것이다.

요약

이 장은 현재의 조건을 강조했다. 더욱 구체적으로 말하자면, 그것은 다음과 같은 질문을 제기했다.

- 조직의 핵심 직위는 무엇인가?
- 핵심 직위에서 요구되는 직무 요건 또는 역량은 무엇인가?
- 개인 성과는 어떻게 평가되어야 하는가?

- 조직의 직무 요건과 개인 성과를 추적하는 데 이용되는 방법은 무엇인가?

다음 장은 승계 계획 및 관리에 필수적인 미래 조건의 예측에 초점을 둔다. 따라서 그것은 미래의 직무 요건을 어떻게 파악하고, 개인의 잠재성을 어떻게 평가하는지에 대해 논의한다.

09

미래 업무 요건과 개인 잠재성 평가

현재 업무 요건이나 역량, 그리고 개인 직무 성과에 대한 정보는 일차원적인 그림만을 제공한다. 그림을 완전하게 만들기 위해 — 따라서 체계적인 승계 계획 및 관리(SP&M)를 위한 토대를 제공하기 위해 — 미래 업무 요건과 개인 잠재성에 대한 정보도 필요하다.[1] 그러므로 이 장은 미래 업무 요건과 개인 잠재성을 평가하는 데 초점을 둔다. 보다 구체적으로, 이 장은 다음과 같은 질문을 제기한다.

- 조직의 미래에 어떤 핵심 직위와 인재 요건이 등장할 것인가?
- 그러한 직위에서 업무 요건은 무엇이 될 것인가?
- 개인 잠재성은 무엇이며, 어떻게 평가해야 하는가?

미래의 핵심 직위와
인재 요건 파악

핵심 직위나 그것의 업무 요건은 끊임없이 변화한다. 그 이유는 조직이 내외부적인 상황에 반응하여 끊임없이 변화하고 있기 때문이다. 따라서 SP&M 담당자들이 개인의 핵심 직위 승계를 성공적으로 준비하기 위해서는 미래의 핵심 직위를 파악하고, 미래 업무 요건을 결정할 필요가 있다. 어떤 의미에서 그들은 업무 요건, 핵심 직위, 그리고 고잠재 직원들까지도 변화하고 움직이는 SP&M 목표에 대처하도록 해야 한다.[2]

그렇지만 SP&M 담당자들은 어떤 직위가 미래 조직에 핵심이 될지 어떻게 확신할 수 있을까? 불행하게도, 정립된 이론은 아니지만 핵심 직위를 예측하기 위한 간단한 방법은 존재하지 않는다. 우리가 할 수 있는 최선의 방법은 업무와 인력에서의 변화를 주의 깊게 살펴보고, 변화로 인해 일어날 수 있는 결과에 대해 어떤 결론을 이끌어내는 것이다.

| 외부 환경의 조사 |

미래의 핵심 직위를 예측하기 위한 첫 번째 단계는 외부 환경을 조사하는 것이다. 이것은 외부적 트렌드를 점검하는 체계적인 과정으로 이해될 수 있다.[3] 경제적, 정보/법률적, 기술적, 사회적, 지리적, 그리고 조직의 외부 환경에 영향을 미치는 다른 문제들이나 트렌드를 살펴본다(예시 9-1 참조). 최선의 결과를 위해 의사 결정자들이 이 과정에 참여해야 한다. 왜냐하면 미래의 핵심 직위는 조직의 전략 계획과 업무 프로세스의 변화를 반영하는 것이어야 하기 때문이다.

예시 9-1	**외부 환경 조사를 위한 워크시트**

지시 : 외부 환경의 어떤 트렌드가 미래의 조직에 영향을 끼칠 것인가? 이 질문에 대한 대답은 전략적 비즈니스 계획, 인적 자원 계획, 그리고 승계 계획에서 유용하게 활용될 것이다. 환경 조사는 그러한 트렌드를 파악하고 보다 중요한 효과의 예측을 가능하게 한다.

다음의 간단한 워크시트를 이용하여 미래에 당신의 조직에 영향을 미칠 트렌드와 그 효과가 어떠할 것인지에 대한 당신을 생각을 정리하여 보십시오. 아래 워크시트의 각각의 항목에 대답하여 주십시오. 당신의 반응을 다른 의사 결정자들이 제시한 것과 비교하여 보십시오.

1. 앞으로 1~5년 내에 조직 외부의 어떤 트렌드가 조직에 영향을 미칠 것 같은가? 경제 상황, 시장 상황, 재무 상황, 규제적/법적 상황, 기술적 상황, 사회적 상황, 그리고 독자적으로 조직에 영향을 미칠 다른 트렌드를 생각해 보십시오. 또한 조직에 영향을 미칠 것 같은 트렌드들을 열거하여 주십시오.

2. 질문 1에서 당신이 열거한 트렌트에 대해, 그 트렌드가 조직에 어떻게 영향을 미칠 것인지 적으십시오. 트렌드의 가능한 결론, 산출물, 결과를 설명하고(확신할 수는 없지만, 트렌드의 결과로서 무엇이 일어날지 예측), 그 효과와 결과를 열거하여 주십시오.

| 조직 분석의 응용 |

미래의 핵심 직위를 예측하는 두 번째 단계로서, 조직 분석을 실행한다. 이것은 조직이 미래의 도전을 해결하기 위해 자신의 위치를 어떻게 정하는지를 살펴보는 체계적인 과정이다.[4] 조직 분석은 또한 조직의 강점과 약점을 평가하는 어떤 노력으로 이해될 수 있다. 다음 질문들에 대해 생각해 보라.

- 조직은 미래 트렌드의 영향에 대응하기 위해 현재 얼마나 잘 포지셔닝되어 있는가?
- 조직은 미래 트렌드에 의해 제기되는 위협과 기회를 만족시키기 위해 어떤 행동 조치를 취할 수 있는가?
- 미래에 조직은 어떻게 강점을 최대화하고 약점을 최소화할 수 있는가?

이러한 질문이 완료되면, (1) '조직 구조'(보고 관계는 무엇이 될 것인가? 사업부, 부서, 업무 단위, 그리고 직무는 어떻게 설계될 것인가?) (2) '업무 프로세스'(업무는 조직의 각 부문에 어떻게 흐르게 될 것인가? 업무와 함께 무엇이 행해질 것인가? 업무는 어디로 흐를 것인가?)에 특히 관심을 기울여 살펴본다.

구조와 프로세스는 매우 중요한 문제인데, 왜냐하면 책임을 구조화하고 업무 프로세스를 조직화하는 방법의 결정에서 핵심 직위가 비롯되기 때문이다.[5] 따라서 미래에 있을 법한 핵심 직위를 파악하기 위해, 의사 결정자들은 책임의 구조화와 업무 프로세스의 조직화를 통해 조직이 외부의 압력에 어떻게 반응할 것인지 점검해야 한다. 조직이 환경적 요구에 대응하기 위해 선택하는 방법을 기반으로 핵심 직위가 나타날 것이며 옛것은 사라질 것이다. 의사 결정자가 이러한 문제를 처리하는 것을 돕기 위해 예시 9-2의 활동을 이용하라.

예시 9-2	**조직 분석에 대한 활동**

지시 : 미래 조직에 영향을 미칠 외부적 환경의 트렌드에 조직은 어떻게 반응할 것인가? 이 워크시트를 이용하여 외부 환경적 트렌드가 조직의 업무에 어떻게 영향을 미칠지에 대한 당신의 생각을 정리하여 보십시오.

예시 9-1에서 얻은 답변을 활용하십시오. 그런 다음 아래 워크시트의 각각의 질문에 답하여 주십시오. 마지막으로 다른 의사 결정자들이 쓴 것과 당신의 반응을 비교해 보십시오. 이 반응들을 이용하여 조직의 미래 업무 요건을 생각해 볼 수 있습니다.

1. 예시 9-1의 질문 2에 당신이 열거한 각각의 결론, 산출물, 결과에 대해 '조직에서 어떤 기능/직위가 가장 영향을 받을 것인지' 그리고 당신은 그러한 기능/직위가 '어떻게' 영향을 받을 것이라고 생각하는지 적으십시오. 각각의 결론, 산출물, 또는 결과를 열거하여 주십시오. 어떤 기능/직위가 가장 영향을 받을 것 같으며, 당신의 생각에 그것들이 어떻게 영향을 받을 것인지 적으십시오.

2. 조직은 미래의 트렌드에 어떻게 반응해야 하는가? 업무 흐름이 변해야 하는가? 업무 방법이 변해야 하는가? 조직의 구조가 변해야 하는가? 증가하는 외부 경쟁 압력으로 인해 모든 변화가 일어날 것 같은가? 조직의 전략 계획은 그러한 도전을 어떻게 충족시킬 것이라 생각하는가? 조직 전략에 대한 변화의 결과로서 새로운 핵심 직위가 나타날 것인가? 새로운 것이 더욱 중요해지는 반면, 낡은 핵심 직위는 중요성이 퇴색할 것인가? 새로운 역량이 필요할 것인가? 그렇다면 그것들은 무엇이고, 어디에서 보여질 필요가 있는가? 당신의 생각을 적으십시오.

| 현실적 미래 시나리오 준비 |

　미래의 핵심 직위를 예측하는 세 번째 단계로서, 외부 환경 조사와 조직 분석으로부터 얻은 결과들을 비교한다. 의사 결정자들이 미래에 나타나리라고 생각하는 것을 조직도로 그린다. 그리고 조직도 상에서 각 조직 기능의 예측되는 미래 사명을 적는다(여러 가지 미래 시간적 간격, 이를테면 앞으로 1년, 3년, 5년, 10년으로 도표의 다양한 버전을 만든다). 그런 다음 가능한 리더들과 그들의 후임자의 이름을 적는다.

　이러한 과정은 '현실적 미래 시나리오 준비'라고 불리는 시나리오 분석 과정에 기초하는데, 시나리오 분석은 미래 연구 및 전략 계획에 폭넓게 응용되어 왔다.[6] 의사 결정자들이 미래의 핵심 직위를 파악하기 위해 현실적 시나리오를 준비할 때 예시 9-3의 활동들을 활용할 수 있다. 이러한 접근법은 목표를 유도하기 위해 SP&M에 대한 전통적인 사고를 넘어서는 한 가지 방법이다.

예시 9-3　미래의 핵심 직위를 파악하기 위해 실제적 시나리오 준비를 위한 활동

　지시 : 미래에 대한 예측이 막연한 상태라면, 미래는 상상하기 어려운 것처럼 보일 수 있습니다. 이 활동을 통해 미래를 더욱더 피부에 와 닿도록 예측할 수 있을 것입니다. 예시 9-1과 9-2에 나타나는 질문의 대답을 이용하여, 지금으로부터 5년 후 당신 조직에 있음직한 미래 상황에 대한 자세한 설명을 만들어 보십시오. 그리고 아래의 질문에 대한 대답을 적어 보십시오. 질문에 대한 답변을 마치면, 다른 핵심 의사 결정자들이나 전략가들이 적은 것과 당신이 적은 것을 비교하여 보십시오. 앞으로 조직에서 나타날 방식의 '최상의 추측 상황'을 설명하는 전체적인 시나리오를 전개하여 보십시오.

---

1. 앞으로 1~5년 내에 조직이 어떻게 움직일지에 대한 외부 환경 조사 또는 조직 진단을 바탕으로 하는 당신의 '최상의 추측'은 무엇인가? 조직의 상황, 경쟁, 수익,

구조를 설명하십시오.

2. 당신은 앞으로 1~5년 내에 어떤 직위가 핵심이 된다고 생각하는가? 아래에 직책을 적어 보십시오. 현 직무 수행자가 그 직위를 성공적으로 유지하거나, 이를 증명하기 위해서 어떤 역량이 필요한가?

| 핵심 직위에서 미래 업무 요건을 결정하는 세 가지 접근법 |

미래 업무 요건의 결정은 미래 핵심 직위에서 가능한 또는 있을 법한 업무 활동, 임무, 책임의 예측을 의미한다. 일단 그럴듯한 미래의 핵심 직위가 파악되었다면, 그 직위에 맞는 업무나 역량 요건을 규명해야 한다. 핵심 직위에서 미래 업무나 역량 요건을 판단하기 위해 과거 또는 현재 지향적 설명을 지양해야 한다. 아래에서 설명하는 세 가지 접근법 중 하나 이상을 적용할 수 있다.

1. 미래 지향적 직무 및 과업 분석

핵심 직위에 대한 미래 지향적 직무 및 과업 분석을 수행하기 위해, 기대되는 미래 활동, 책임, 임무, 또는 필수 기능을 요약한다.[7] 그리고 나서 그러한 활동, 책임, 임무, 또는 필수 직무 기능에 연결된 미래 과업을 점검하는 것으로 분석을 확장한다. 조직이 직면할 경쟁과 도전에 성공적으로 대처할 수 있도록 미래에 있어야 할 직위에 대한 직위 기술서를 작성한다. 이러한 방식으로 핵심 직위에 대한 조직의 전략적 계획이 직위 기술서와 업무 목록으로 반영되고, 그에 따라 이들을 관리할 수 있다. 현재와 미래의 직책 설명을 비교함으로써, 의사 결정자들은 결정적인 불균형, 즉 개인 육성을 위한 바람직한 개발 기회에 대한 정보를 밝혀낼 수 있어야 한다. 예시 9-4에 나타나는 활동을 활용하여 미래 지향적인 핵심 직위 기술서를 준비할 수 있다.

그렇지만 미래 지향적인 직위 설명이 만병 통치약이 될 수는 없다. 미래 지향적 직위 기술서에는 전통적(현재 지향적) 직위 설명과 비슷한 다음과 같은 단점이 있다. (1) 결과가 아닌 활동들에 초점을 맞춘다. (2) 개인적 특성과 태도를 포함하여 직무 성공에 필수적인 모든 요소를 설명하는 상세함이 부족하다. (3) 매우 빠르게 시대에 뒤처지기 때문에 계속적이며 시간 소모적인 수정이 필요하다. 덧붙여서, 미래 지향적인 직위 기술서는 미래에 대한 부정확한 가정을 바탕으로 할 수 있다. 그렇지만 그러한 단점들은 그것의 특이성, 개인들과 그들의 조직이 향하는 미래를 그려보게 하는 장점과 견주어 보면 매우 중요한 것이다.

예시 9-4 미래 지향적 직위 설명을 준비하기 위한 활동

지시 : 조직의 전략 계획은 그것이 특정한 직무에 맞춰지기 전에는 직원들은 물론이고 전략가들에게까지 모호해 보일 수 있습니다. 이 활동을 통해 조직이 전략적 목표를 이해하고 전략적 사업 계획을 실행하도록 하기 위해 핵심 직위가 어떻게 변화해야 하는지 명확히 해 보십시오.

아래의 왼쪽 행에는 각각의 핵심 직위에 대한 현재 직무 활동들을 열거하십시오. 그런 다음, 예시 9-1, 9-2, 9-3의 결과를 이용하여, 현재 직무 수행자가 예상되는 환경적 트렌드와 그에 대처하기 위한 조직의 변화에 발맞추기 위해서는 그러한 직무 활동들이 현재와 앞으로 1~5년 사이에 어떻게 변화해야 할 것인지 열거하십시오. 각각의 핵심 현재 직무 수행자에게 자신의 현 직위 차원에서 이 워크시트를 작성해 달라고 요청하십시오. 그런 다음 전략가들에게 조직에서 각 핵심 직위에 대한 활동 결과를 검토하고 필요한 역량을 파악해 달라고 요청하십시오. 그 결과를 미래 지향적 승계 계획을 위한 기준으로 이용할 수 있습니다.

각각의 핵심 직위에 대한 현재 직무 활동	이러한 활동들은 1~5년 내에 어떻게 수행되어야 하며, 현재 직무 수행자는 어떠한 역량을 보유하거나 증명해야 하는가?

2. 미래 역량 모델

역량 모델은 다른 어떤 접근법보다 미래 지향적이다.[8] 미래 역량 모델은 단순히 현재나 과거가 아닌 미래에 관심을 돌리면 된다. 조직의 전략가들에게 동기, 성격, 기술, 자화상, 사회적 역할, 또는 지식 체계를 포함하여 미래에 초점을 두고 직위별 현 직원들에 대한 기본적인 특성을 검토해 달라고 요청한다. 만일 미래에 대한 가정이 올바르다면 이는 바로 조직의 전략에 부합하는 뛰어난 성과와 행동으로 나타날 것이다. 과거나 현재가 아닌 미래 역량에 중점을 두고 역량 모델링 접근법을 적용한다. 그 후 새롭게 도출된 역량 모델을 핵심 직위로의 승진을 위해 개인들을 준비시키는 데 길잡이로 활용한다.

그렇지만 안타깝게도 미래 역량은 현재 및 과거 역량과 동일하지 않을 수도 있다. 사실상 미래의 역량과 현재 및 과거의 역량이 충돌하는 경우도 있다. 예를 들어 다운사이징 이후의 IBM, 규제 완화 이후의 AT&T에 대해 생각해 보라. 각각의 경우, 미래의 성공을 위해 필요한 것은 조직이 역사적으로 필요로 했던 것이 아니었다. 이것은 딜레마를 불러왔다. 옛 상황하에서 성공한 경영자는 갑자기 시대에 뒤떨어졌으며, 성공을 거두기 위해 필요한 것을 새로운 세대에게 권고하는 것조차 버거워졌다. 그러한 상황에서 조직이 살아남으려면, 경영자들은 그들 자신과는 완전히 다른 인재를 파악하고 육성해야 했다. 따라서 이상적인 미래 역량은 움직이는 목표물, 이상, 미래에 대한 막연한 불안감 속에서 성공적으로 수행하기 위해 사람들이 알고 행

동하고 느껴야 할 것에 대한 설명이다.[9]

미래 지향적 역량 모델은 미래 지향적 직위 설명과 마찬가지로 전통적인 방법과 동일한 강점과 약점을 가지고 있다. 역량 모델은 직무 분석보다는 훨씬 강력하지만, 현재 어떠한지에 대해 확실히 이해하지 못하는 사람들에게는 혼란스러울 수 있다. 더욱이 미래 지향적 역량 모델이 성공적으로 수행되기 위해서는 상당한 시간과 전문 지식을 필요로 한다. 전략가들이 중요한 시간과 자원을 투자해야 하는데 어쩌면 전략가들은 그것을 꺼릴지도 모른다.

3. 미래 지향적 빠른 성과 평가

이 역량 확인 접근법은 핵심 직위의 미래 업무 요건에 대한 의사 결정자들의 계획을 돕는 데 매우 현실적인 잠재성을 가지고 있다. 이 접근법을 실행하는 데에는 전문 지식, 시간, 또는 자원이 소모되지 않는다. 이를 실행하려면, 단순히 바람직한 미래 역량에 관심을 집중하면 된다. 예시 9-5에서 설명하는 단계에 따르면 된다. 그런 다음, 조직의 각 핵심 직위에서 역량을 확인하기 위해 각각의 단계를 이용한다. 개인 개발과 조직의 SP&M을 계획하기 위한 기초로 그 결과들을 이용한다.[10]

빠른 성과 평가는 중요한 장점을 가지고 있다. 이는 빠르게 수행될 수 있으며, 높은 안면 타당도를 가지고 있다. 왜냐하면 이는 특정 직위에 대한 고유한 정보를 가지고 있는 경험 있고 우수한 현재 직무 수행자 또는 다른 지식 있는 사람들을 활용하기 때문이다. 또한 빠른 성과 평가는 핵심 의사 결정자들의 개인적 참여를 도모하고 그 결과에 대해 주인 의식을 형성한다. 그리고 기본적 특성 또는 업무 산출에 대한 설명을 포함하는 단순한 업무 활동과 과업 이상으로 확장하는 데 이용될 수 있다. 그렇지만 전통적인 방법의 단점이 마찬가지로 적용된다. 그 결과들은 다른 역량 모델링 방법들처럼 엄격하지도 완벽하지도 않으며, 결과가 개인 토론자들의 신뢰성에 크게 의존한다. 더욱이 다른 미래 지향적 접근법에서처럼, 그것이 기반으로 하는 미래에 대한 가정에 충실할 뿐이다.

| 예시 9-5 | **미래 지향적 빠른 성과 평가를 수행하는 단계들**

단계 1
위원회에 빠른 성과 평가 과정의 방향을 오리엔테이션한다.
- 모범적인 현재의 우수 직무수행자와 그들의 직속상사를 포함하여 5~13명의 전문적인 개인 그룹을 소집한다.
- 그룹 구성원들에게 변화하는 업무 요건 예측의 필요성을 브리핑한다.

단계 2
직무/직업/기능에 대한 현재의 정보를 확인한다.
- 조직에서 하나 이상의 특정 핵심 직무/직위에 대한 정보를 수집한다.
- 이 단계에서는 '현재 직무 수행자가 지금 하고 있는 것'에 관심을 집중한다.

단계 3
조직에 영향을 미치는 외부 환경 요인과 조직이 그에 대응할 가능성 있는 방법들을 점검한다.
- 직무 임무, 활동, 책임, 과업, 역량, 또는 필수 직무 기능에서의 변화를 유발하고 변화가 필요한 외부적 환경 요인과 조직에서의 트렌드에 대해 그룹 구성원들에게 설명한다.

단계 4
핵심 직위에서 미래에 수행될 것 같은 특정 활동들을 파악한다.
- 핵심 직위가 변화하는 외부 환경 조건에 어떠한 영향을 받게 될 것인지 그룹 구성원들에게 생각해 보라고 요청한다.
- 회의실로 가서 그룹 구성원 각각에게 미래에 수행될 것이라고 생각하는 활동들을 적어 보라고 요청한다. 그룹 구성원들의 아이디어가 고갈될 때까지 이러한 과정을 계속한다.

단계 5
미래 지향적 과업 및 활동 진술을 점검하고 다듬는다.
- 그룹 구성원들에게 앞 단계에서 정의한 활동들을 점검하라고 요청한다. 중복된 것을 제거하고 분류한 후 명칭을 부여한다.

단계	설명
단계 6 미래 지향적 과업 및 활동 진술을 정리한다.	• 그룹 구성원들에게 앞 단계에서 확인한 미래 지향적 과업 및 활동 진술을 정리해서 가장 배우기 쉬운 것부터 어려운 것까지 배열하라고 요청한다.
단계 7 '미래 지향적 과업 및 활동' 표를 작성한다.	• 한 장의 종이에 미래 지향적 과업 및 활동을 설명하는 도표를 만든다. 이를 쉬운 것부터 어려운 것 순으로 배열한다.
단계 8 각각의 미래 지향적 과업 및 활동 진술에 대해 '감성적 영역'을 검토한다.	• 행렬에 있는 '각각의' 과업/활동을 검토하고, 그룹 구성원들에게 각각의 과업/활동과 적절하게 연결되는 타당한 역량/감정/가치 방향성을 확인하라고 요청한다.
단계 9 표에 있는 각각의 미래 지향적 과업 및 활동 진술에 대해 타당한 성과 기준을 검토한다.	• 표에 있는 '각각의' 과업/활동을 검토하고, 그룹 구성원들에게 미래 지향적 과업 및 활동과 관계된 성과의 측정/평가/감정의 타당한 방법을 확인해 달라고 요청한다.
단계 10 절차를 만들어 잠재성과 다른 중요 활동들을 확인, 평가, 감정하는 데 이용한다.	• 빠른 성과 평가의 결과를 이용하여, 현재 또는 과거 지향적이 아닌 미래 지향적 승계 계획의 위치를 잡는다.

개인 잠재성 평가 : 전통적 접근법

대부분의 SP&M 프로그램의 주된 특징은 개인 잠재성을 평가하는 수단이라는 점이다. 이는 조직의 인적 자산을 최대한 이용하는 방법을 찾고자 하는 노력이다. 그러나 미래 잠재성 평가를 현재 직무 성과 평가와 혼동해서는 안 된다. 성과 평가는 현재 직무와 관련이 있고, 잠재성 산정은 미래의 향상 가능성과 관련이 있다. 잠재성 평가는 매우 중요한 활동인데, 의사 결정자들이 개인의 잠재성 평가 결과, 조직의 핵심 리더십 직위의 3분의 1을 현재 직무 수행자로 채울 수 없는 경우 특히 그러하다.[11]

| 개인 잠재성 평가란 무엇인가? |

'개인 잠재성 평가'(individual potential assessment)는 직무 변화 또는 이동에 대한 개인들의 가능성을 점검하는 체계적인 과정이다. 그것은 일반적으로 더 높은 관리 책임의 위치, 더 많은 기술적 지식을 요구하는 위치로 승진시키기 위해 개인이 '필요한 것들을 가지고 있는지'를 평가하는 것이다. 개인 잠재성 평가는 승진을 위한 개인 자격을 갖추도록 하는 수단인 직원 교육 훈련, 개발 활동과 연계되어야 하며, 의사 결정의 단일 기준이 되어야 한다.[12] 또한 폭넓은 다운사이징과 리스트럭처링 때문에 최근 몇 년 동안 덜 중요하게 인식되어 온 개인 경력 개발 활동과도 연계되어야 한다.

| 고잠재성이란 무엇인가? |

'고잠재성'(high potential)이란 용어는 여러 가지 의미가 있다. 고성과 잠재인력들은 개인의 잠재성 평가 과정을 통해서 파악되어야 하는데, 이들은 조직의 미래 리더를 나타내는 인재 목록에 포함된다.

고성과 잠재인력들은 대체로 현재의 위치에서 두 단계 이상 향상할 수 있는 개인, 핵심 직위를 맡을 예정인 개인, 또는 경력 정체에 도달하지 않은 사람들이다(다른 정의도 역시 가능하다)[13]. 중요한 것은 각각의 조직에 맞는 방식으로 용어를 정의하는 것이다. 실제로 한 조직이 고성과 잠재인력에 대한 몇 가지 정의를 가지고 있을 수도 있다.

| 우수 성과자와 고성과 잠재인력의 구별 |

고성과 잠재인력은 거의 항상 성과 평가 과정을 통해 인정받고 최소 직무 기대치를 넘어서는 모범적인 성취자들이다. 현재 직무에서의 이례적인 성과는 대체로 승진을 향한 필수 전제 조건이다.[14] 그렇지만 모든 우수 성과자가 고성과 잠재인력은 아니다. 왜냐하면 잠재성의 기준은 현재 성과와 다르기 때문이다.

어떤 조직이나 조직 단위에서든 개인은 그들의 성과와 잠재성을 기준으로 네 가지 그룹으로 분류될 수 있다. 이 분류 작업을 위해, 두 축이 있는 표를 생각해 보자[15] (예시 9-6 참조). 한 축은 현재 성과를 나타내며, 높은 성과와 낮은 성과로 나뉜다. 다른 한 축은 미래 잠재성을 나타내며, 높은 잠재성과 낮은 잠재성으로 나뉜다. 이러한 성과/잠재성 표를 통해 나타나는 결과는 전략 계획에서 폭넓게 이용되는 보스턴 컨설팅 그룹의 포트폴리오 분석 기법과 상당히 유사하다. 이것은 또한 투자 결정을 위한 방법이기도 하다.

예시 9-6을 살펴보자. '스타'(star, 성과/잠재성 표에서 왼쪽 위칸)는 현재 직위에서 우수 성과자이다. 그들은 미래 향상에서도 높은 잠재성을 가지고 있는 것으로 인식된다.[16] 스타는 기업의 주요 자산으로 고성과 잠재인력으로서 간주되며, 핵심 직위의 대체 인력 후보가 된다. 스타를 위한 효과적인 HR 전략은 현재 성과를 최대한 이용하면서 향상을 위해 체계적으로 준비시키고 개발을 가속화하는 이중의 노력을 포함한다. 무엇보다 조직은 스타의 이탈을 최소화하면서 그들을 모집하고 유지하는 데 모든 노력을 기울여야 한다.

예시 9-6 성과와 잠재성에 의한 개인들의 분류 방법

성과/잠재성 표

미래 잠재성

	높다	낮다
현재 성과 높다	스타 HR 전략 • 이탈을 낮게 유지한다. • 개발을 촉진하는 행동을 취한다.	일꾼 • 이탈을 낮게 유지한다. • 현재 위치에서 동기를 부여하고 생산성을 유지한다.
낮다	물음표 HR 전략 • 스타로 탈바꿈시킨다. • 개발을 촉진하기 위해 면담을 실시한다.	무용지물 • 일꾼으로 탈바꿈시킨다. • 나아지지 않으면 내보낸다.

출처 : George S. Odiorne, Strategic Management of Human Resources: A Portfolio Approach (San Francisco: Jossey-Bass, 1984), p. 305. 저작권 사용 허락하에 기재.

'일꾼'(workhorse, 성과/잠재성 표에서 오른쪽 위칸)은 현재 직무에서는 우수 성과자이지만 미래 잠재성이 낮은 사람들이다.[17] 이들은 현재의 위치에서 매우 생산적이기 때문에, 생산성이 유지되어야 한다. 일꾼을 위한 효과적인 전략은 그들에게 동기를 부여하고 생산성을 유지하면서 그들의 기술을 이용하는 것이다. 일꾼의 이탈은 '스타'와 마찬가지로 최소화해야 한다.

'물음표'(question marks, 성과/잠재성 표에서 왼쪽 아래칸)는 높은 미래 잠재성을 가지고 있다고 인식되지만 현재 직무에서는 성과가 안 좋은 사람들이다.[18] 이들을 다루는 최선의 HR 전략은 현재 성과를 증진시키는 데 초점을 두어 스타로 탈바꿈시키는 것이다. '물음표'의 직속상사들은 이들을 더욱 생산적으로 만들기 위한 적절한 기법(예를 들어 코칭, 멘토링, 그리고 교정 행동 단계)을 적용할 수 있도록 훈련을 받아야 한다.

마지막으로 '무용지물'(deadwood, 성과/잠재성 표에서 오른쪽 아래칸)은 현재 직무에서도 좋은 성과자가 아니며 미래 향상 잠재성을 가지고 있다고 인식되지도 않는 사람들이다.[19] 이들은 다운사이징과 인력 감축으로 1990년대에 급속하게 줄어들었지만, 성과나 결과보다는 사장과 직원들 사이의 좋은 관계를 강조하는 문화권 국가의 일부 국제적 자회사에서는 오히려 증가했다.

이중의 HR 전략이 이 부류의 사람들에게 가장 효과적이다. 우선, 조직에서 이들의 직속상사들은 이들의 현재 성과 증진을 돕는 데 모든 노력을 기울여야 한다. 만일 성공한다면, 이러한 전략을 통해 '무용지물'은 '일꾼'으로 바뀔 것이다. 반대로 성공하지 못할 경우, 조직의 정책과 규율에 부합하는 공정하고 공평한 방법으로 그들을 직무와 조직에서 물러나게 해야 한다.

| 고성과 잠재인력의 확인 |

어떻게 고성과 잠재인력을 파악할 수 있을까? 개인 잠재성을 평가하는 접근법은 개인 성과 평가처럼 다양하고 때때로 서로 비슷하기 때문에, 이 질문에 대한 답변에는 몇 가지 방법들이 있다.

글로벌 평가

잠재성을 평가하는 한 가지 방법은 선임 임원들에게 조직에서 정한 정의에 따라 자신의 책임 영역에서 높은 잠재성을 가지고 있다고 생각하는 개인들의 이름을 제시하라고 요청하는 것이다. 이것은 '글로벌 평가'(global assessment)라고 불린다(종합적/포괄적 평가인 글로벌 평가에 이용되는 샘플 워크시트에 관해서는 예시 9-7 참조).

이는 단순한 접근법으로, 다음의 몇 가지 이유에서 비효과적이다. 첫째, 선임 임원들이 매우 작은 조직에 있는 사람들을 제외하면 그들의 책임 영역에 있는 사람을 모두 아는 것은 아니다. 둘째, '높은 잠재성'의 정의가 확실하지 않은 경우, 선임 임원들은 그들의 직관을 바탕으로 고성과 잠재인력을 선택하기 쉽다. 개인들에 대한 직관은 최근 사건('최근 편향'), 극단적으로 안 좋은 사건('뿔 효과'), 극단적으로 좋은 사건('후광 효과')에 의해 영향을 받는다. 직관은 개인적 편애, 차별, 또는 배제 등으로 이어질 수도 있는데, 그럴 경우 이미 한 번 평가된 개인 잠재성은 바꾸기 어렵다.

예시 9-7 포괄적/종합적 평가를 위한 워크시트

지시 : 다음의 워크시트를 이용하여 당신이 책임을 지는 조직의 영역에서 '고성과 잠재인력'이 될 것이라고 생각하는 개인들을 열거하여 주십시오. 고성과 잠재인력은 두 단계 이상 승진할 능력을 가진 직원을 말합니다. 아래에 이름을 열거하고, 현재 직책과 그들이 현재 직위에 재직한 기간을 적으십시오. 그리고 미래에 왜 이 개인들이 두 단계 이상 승진할 능력을 가졌다고 생각하는지 설명하기 위한 준비를 하십시오. 가능하다면, 잠재성에 따라 — 1 = 가장 높은 잠재성 — 순위를 매겨 주십시오(현재 직위에서의 순위를 기준으로 하지 말고, 더 높은 단계의 직무를 수행할 수 있는 개인적 능력에 대한 당신의 판단을 적어 주십시오).

이름	직책	현재 직위의 재직 기간

성공 요인 분석

개인 잠재성 평가의 두 번째 접근법은 성공 요인 분석이다. 이는 조직의 성공 또는 향상을 가져온 관찰 가능한 성격이나 다른 특성을 점검하는 과정이다. 예를 들어 한 연구에서, 성공적인 여성들은 공통적으로 훌륭한 학업 성적, 힘든 업무에서 좋은 성과를 보인 경력, 협력적인 멘토링 관계, 효과적인 대인 기술, 그리고 직업과 업무에서의 도전을 기꺼이 받아들이려는 적극성과 같은 특성들을 공유하고 있음을 보여주었다.[20]

성공 요인은 여러 가지 수단을 통해 파악될 수 있다. 한 가지 방법은 임원들에게 어떤 특성이 조직을 성공적으로 이끌 것이라 생각하는지 물어보는 것이다. 이러한 특성은 예시 9-8에 제시된 방법으로 수집될 수 있다. 임원들에게 그러한 특성이 무엇인지 뽑아 달라고 요청할 수도 있다. 여러 임원들이 함께 작성한 목록들이 수집되면 이를 개인 잠재성 평가 양식을 개발하는 기준으로 활용할 수 있다(예시 9-9 참조).

또 다른 방법은 조직 전략가들과 함께 결정적인 사건 인터뷰(Critical Incident Interview)를 실시하는 것이다. 이 접근법은 결정적 사건 분석(Critical Incident Analysis)을 기반으로 하는데, 이것은 교육 니즈 분석에 이용되어 온 방법이다. 결정적인 사건은 제2차 세계 대전 때 조종사들을 교육하기 위해 처음으로 활용된 접근법이다. 조종사들은 만일 어떤 상황이 무시된다면 심각한 결과로 이어질 것인지에 대해 질문을 받았다.

이 접근법을 활용하기 위해서는 예시 9-8에 나타나는 것과 같은 구조화된 인터뷰 가이드를 활용하여 전략가들과 함께 개인 인터뷰를 실시해야 한다. 그리고 나서 그 결과를 분석하고, 이를 성공 요인을 도출하기 위한 기준으로 활용해야 한다. 이러한 방법으로 성공 요인 분석 결과는 개인의 잠재성을 평가하고 개발 기회를 파악하는 데 이용될 수 있다.

| 예시 9-8 | **성공 요인을 확인하기 위한 워크시트** |

지시 : 이 워크시트를 이용하여 성공 요인들을 파악해 보십시오. '성공 요인'은 조직에서 성공적인 향상과 연결되거나 상관 관계가 있는 과거의 경험 또는 개인적 특성을 말합니다. 이미 성공을 거둔 개인들에게 그들의 가장 중요한 개발 경험과 그러한 경험들 속에서 그들이 행한 것(그들이 보인 기술들)에 관해 질문함으로써 성공 요인을 확인할 수 있습니다.

핵심 직위의 현재 직무 수행자들에게 다음과 같은 질문을 하십시오. 그런 다음 결과를 모아 비교해 보십시오. 조직의 다른 핵심 직위 현재 직무 수행자들에게 결과를 검토하도록 요청하십시오.

1. 당신의 경력에서 당신이 겪었던 가장 어려운 경험은 무엇이었습니까? 아래에 상황을 설명하십시오.

2. 질문 1의 당신이 설명한 상황에서 당신은 무엇을 했습니까? 당신이 취한 행동과 그 결과 당신이 어떤 성과를 거두었는지 가능한 한 자세히 설명하십시오.

3. 질문 2의 대답을 생각해 보십시오. 당신이 취한 행동에서 당신은 어떤 개인적 특성을 보이거나 증명했다고 생각하십니까? 그것들이 당신의 현재 성공에 어떻게 기여했다고 생각하십니까?

| 예시 9-9 | **개인 잠재성 평가 양식** |

지시 : 개인 잠재성은 많은 다른 접근법들을 통해 평가할 수 있습니다. 한 가지 접근법은 좀더 상위 책임 단계에서의 미래 성공과 상관 관계가 있다고 여겨지는 여러 가지 성공 요인, 기술, 역량, 가치관, 또는 능력 등에 대해 조직의 직속상사들로 하여금 직원들, 특히 잠재성이 높은 사람들을 평가해 달라고 요청하는 것입니다.

다음의 일반적인 각각의 성공 요인에 대해 핵심 직위의 현재 직무 수행자들로 하여금 그들의 부하직원을 평가해 달라고 요청하십시오(독특한 조직 문화가 반영된 성공 요인들로 평가하는 것이 유용합니다). 각각의 고성과 잠재인력에 대해서 별도의 양식을 작성하십시오. 완료된 양식은 개인의 강점/약점에 대한 정보로 이용될 수 있습니다.

왼쪽 행에 열거된 성공 요인별로 오른쪽 행의 적절한 위치에 V표를 하도록 요청하십시오. 그런 다음, 완료된 양식을 HR 부서나 조직의 승계 계획 담당자에게 보내십시오. 절대적인 의미에서 '옳음' 또는 '그름'이란 답변은 없습니다. 그렇지만 평점자들이 자신의 성공 요인과 평점 척도를 어떻게 해석하느냐에 따라 잠재성 평가가 달라질 수 있습니다.

성공 요인 (또는 목표 단계에서 필요한 역량)	척도								
	향상이 필요함.			적합함.			필요 요건을 초과함.		
	1	2	3	4	5	6	7	8	9
평가 수행									
예산 계획									
커뮤니케이션									
조정									

변화에 대한 대처

직원 개발

다른 사람에 대한 영향력

변화 창출

의사 결정

효율적인 프로젝트 관리

조직화

계획

조직의 대표 역할

단위/부서의 배치

| 개인 잠재성 평가의 세 가지 접근법 |

개인 잠재성을 평가하는 데에는 세 가지 접근법이 있다. 각각은 다른 철학을 바탕으로 하고 있다.

리더 주도의 개인 잠재성 평가

첫 번째 접근법은 리더 주도형이다. 이는 비즈니스에 처음 사용된 전통적 접근법이다. 조직의 전략가들이 개인의 잠재성을 평가하는 데 핵심 직위 현재 직무 수행자들로 하여금 직접적인 책임을 갖고 부하직원들에 대해 평가하도록 하는 것이다.

리더 주도의 방법은 공식적으로 진행될 수 있는데, 이 경우 조직이 모든 직원들 또는 선별된 직원들(예를 들어 고성과 잠재인력으로 명시된 사람들)에 대해 정기적으로 양식을 작성하도록 한다.

비공식적인 경우는 각각의 기능 또는 조직 단위에서 승진 가능성이 있는 개인들의 이름을 제출하도록 한다. 이러한 접근법의 특징은 기밀 유지이다. 직원들은 이 과정에 대해 거의 또는 전혀 발언권이 없다. 직원들은 실제로 그것이 수행되고 있는지 알지 못한다. 이 비공식적 접근법에서는 개인 잠재성 평가 결과를 개인 경력 희망 또는 계획과 함께 재확인하여 이들이 적절하게 매칭되어 있는지를 확인하지는 않는다. 리더들은 단순히 양식을 채우고 그것을 인적 자원 부서, SP&M 담당자, 또는 지정된 임원에게 돌려주면 된다. 직원들은 자신들이 어떤 위치에 있는지 인식하지 못하기 때문에 결과의 정당성을 의심하지 않는다. 따라서 조직은 SP&M과 그 결과에 대해 강력한 통제를 유지할 수 있다.

이 접근법의 단점은, 직원들은 자신들의 의견이 반영되지 않은 결과에 대해서는 이해 관계가 전혀 없다는 것이다. 만일 그 결과가 승계 결정을 할 때 사용된다면, 직원들은 자신이 바라는 일과 삶의 균형 또는 경력 목표에 대한 생각과 충돌하는 승진 또는 인사 이동을 거부할지도 모른다.

참여적 개인 잠재성 평가

두 번째 접근법은 참여적 평가라고 부를 수 있다. 개인들과 조직의 직속상사들 모두가 평가 과정에서 중요한 역할을 담당한다. 주기적으로 직원들은 개인 잠재성 평가를 받는다. 잠재성 평가가 성과 평가와 혼동되지 않도록 연례 성과 평가 주기의 중간 지점이 좋은 시기일 수 있다.

이를 수행하는 데에는 많은 방법들이 있는데, 한 가지 접근법은 개인 평가 양식을 직원들과 조직의 직속상사들에게 배포하는 것이다. 직원들과 그들의 상사들이 양식을 채우고 교환하며, 나중에 개인 향상 능력에 대해 논의하기 위해 별도로 만난다. 개인 잠재성 평가 양식은 대체로 성과 평가와 함께 인적자원부서가 준비하여 해당 부서에 배포하며, 그 결과는 인사 기록 작성을 위해 인적자원부서로 다시 보내진다(다른 방법도 가능하다. 예를 들어 완성된 개인 평가 양식을 각 조직 단위의 리더들이 보관할 수도 있다).

이 접근법의 장점은 실제 '검증'을 할 수 있다는 것이다. 개인들은 미래 가능성에 대해 알게 되고, 이것은 직원들의 흥미를 불러일으킴으로써 그들에게 동기를 부여한다. 조직의 대표들은 개인 경력 목표와 야망에 대해 알게 되며, 그에 따라 직원들의 승계 계획의 질을 높일 수 있다. 이러한 방식으로 평가 과정은 상호 간에 공정성과 정보 공유의 기회를 제공한다.

이 과정의 핵심은 개인 잠재성 평가 인터뷰이다. 그것은 간섭이 배제된 환경에서 조용히 실행되어야 한다. 직원들의 직속상사는 승진을 위한 개인의 강점과 약점, 그리고 승진의 현실적인 가능성에 대한 자신의 의견을 솔선해서 논의해야 한다. 의제를 사전에 설정하면 인터뷰를 부드럽게 진행할 수 있다. 또 다른 장점은 직원들이 평가 과정에 참여한다는 것이다. 만일 조직이 승계 결정을 해야 할 필요성이 있다면, 직원들은 그들의 경력 목표와 조직의 요구가 일치하는 승진이나 인사 이동의 제안을 받아들일 가능성이 훨씬 크다.

이러한 접근법의 단점은 빨리 수행할 수 없다는 것이다. 가치 있는 정보를 위해서는 리더와 직원이 시간을 들여야 한다. 실제로, 제대로 하기 위해서는 리더들이 효과적인 인터뷰 기술에 관해 훈련을 받아야 한다. 또 다른 단점은 참여적 평가의 가치가 리더들과 직원들 사이에 존재하는 개인 간 신뢰에 영향을 받는다는 점이다. 신뢰가 항상 존재하는 것은 아니며, 완전한 공정성 역시 마찬가지다.

신뢰에 영향을 미치는 몇 가지 요인이 있다. 그 중 하나는 조직과 개인 간의 과거 관계이다. 그리고 조직 대표자의 공정성, 개인 경력 목표와 조직 기회 간의 조화도 신뢰에 영향을 미치는 요인이다. 한 직원이 개인적 야망으로 인해 결국에는 조직에서 떠나는 결과를 통해 두 가지 상황을 이해할 수 있다. 그 직원은 개인의 야망이 그의 승진 전망에 영향을 줄 것을 우려해서 야심을 드러내려 하지 않을 수 있다. 마찬가지로 리더들도 경력 목표 또는 승계 계획에 영향을 줄 수도 있는, 조직에 영향을 미치는 당면한 변화(예를 들면 사업부 매각이나 생산 라인 해체)에 대한 정보를 공유할 수 없을지도 모른다.

위임된 개인 잠재성 평가

세 번째 접근법에서 리더들은 지시와 방향을 제시하지만 개인 잠재성에 영향을 주는 결과를 제시하거나 최종 결정을 내리지는 않는다. 그 대신 그들은 정보를 제공하며 코칭을 제안한다. 개인들은 자기 평가와 자기 개발에 대해 주된 책임을 가진다.

직원들은 일 년에 한 번씩 개인 잠재성 평가 양식을 완성하고, 그것을 조직의 직속상사와 공유하며, 상사들과 평가 양식에 관해 논의하는 만남을 갖도록 권장받는다(멘토와 논의할 수도 있다). 개인 잠재성 평가 양식은 대체로 인적자원부서에서 만들어 배포하는데, 경력 개발 평가 양식 또는 개인 평가 계획 양식이라는 이름으로 작성된다(예시 9-9 참조). 이러한 접근법의 시작은 직원들에게 달려 있다. 직원들은 자신의 개인 평가를 수행하고, 조직의 직속상사 또는 조직의 다른 부문에서 멘토들과 평가 회의를 잡는다. 그리고 평가 과정에서의 참여는 필수가 아니라 자발적이다. 그렇지만 다른 접근법들과 마찬가지로, 현재 성과와 미래 잠재성을 혼동하지 않도록 하기 위해 그것은 대체로 성과 평과와는 구별된다. 개인 잠재성 평가는 조직의 필요와 자신의 경력 목표의 틀 안에서 승진을 위해 어떤 자질이 필요한지 개인들의 이해를 돕는 수단이 된다.

이 접근법의 장점은 다른 위임 노력들처럼 직원들에게 동기부여가 된다는 점이다. 더욱이 오래 재직한 직원들에게 승진은 '당연히 주어지는' 권리라고 생각하는 것을 방지하고, 대신에 승진 책임은 분명히 그들에게 있으며, 자신의 경력 방향 설정과 그 방향에 따라 필요한 개발 자원 탐색에 적극적인 역할을 하도록 유도한다.

이 접근법의 또 다른 장점은 다른 접근법에서는 가능한, 승진이 보장된다는 인상을 직원들에게 주지 않는다는 점이다. 경영진은 "우리는 승진을 보장할 수 없지만, 더 높은 단계의 직위에 필요한 자격 획득을 위해 적극적인 방법을 강구하는 사람은 충분히 고려 대상이다."라는 메시지를 분명하고 단호하게 언급해야 한다.

그렇지만 이 접근법의 주요 단점은 조직이 직원들을 통제할 수 없다는 점이다. 사실상 각각의 핵심 직위에 후임이 존재할지 어떨지 확실하지 않다. 따라서 그것은 직위 지향적 승계 계획보다는 인재 풀을 창출한다. 쉽게 말하면, 이는 한 개인이 조직에서 중요한 직위를 맡을 '준비'가 되어 있는지 언제나 아무도 모른다는 것을 의미한다.

그럼에도 불구하고 위임된 개인 잠재성 평가는 점점 더 중요한 주류 접근법이 되어 가고 있다. 한 가지 이유는 그것이 의사 결정을 분권화하고 고객이나 소비자와 매일 접하는 사람들에게 통제권을 넘겨줄 필요가 있다는 최근의 인식과 일치한다. 두 번째 이유는 개인의 독창성을 옥죄기보다는 풀어줌으로써 승진 자격을 얻기 원하는 사람들에게 동기부여가 된다.

평가 센터와 포토폴리오 이용 증가

이 책의 초판과 제2판이 출간된 이후, 세계는 변화했다. 조직들은 이제 개인 잠재성을 평가하기 위해 평가 센터와 포트폴리오를 이용하고 있다. 그러면 평가 센터와 포트폴리오란 무엇인가?

| 평가 센터 |

평가 센터는 승계 관리에서 잠재성 평가를 하는 수단이다.[21] 물론 '평가 센터'(assessment center)는 하나의 과정으로 장소와 혼동해서는 안 된다. 아이디어는 아주 단순하다. 표적 단계(예를 들어 최고 경영진 업무)에 있는 사람들이 수행하는 업무의 상황 시뮬레이션을 만들어, 개인이 어떻게 이에 대처하는지를 평가하여 상위 단계(표적) 직위에서 그들이 얼마나 잘 수행할 것인지를 평가하는 것이다.

평가 센터의 도입에 드는 많은 업무와 비용 때문에 이 방법은 한동안 인기가 없었다. 평가 센터는 주관적인 인상이 아니라 객관적으로 입증된 성과와 연관되는 실제 수행 업무 또는 역량을 바탕으로 해야 한다. 평가 센터에서 개인의 능력은 개인 성과를 판단하는 훈련된 평가자에 의해 점수가 매겨진다. 여전히 어떤 사람들은 평가 센터의 도입과 유지에 드는 시간과 비용에 대해 우려하기도 하고, 후보자에 대한 정당성이 완벽히 확보되지 못할 가능성에 대해 지적하기도 한다. 이에 대한 대안으로는 평가를 받아야 할 직원을 대학이나 컨설팅 회사에서 설립한 외부 평가 센터에 보내는 것이다. 후자는 개인들이 다른 조직의 역량 모델을 기준으로 점수가 매겨질 수 있다는 것을 의미한다. 이는 개인의 능력을 잘못 판단하는 공식이 될 수도 있다.

평가 센터를 이용할 때 10가지 고전적인 오류가 확인되었는데, 평가 센터를 이용하고자 하는 조직은 먼저 이러한 오류를 어떻게 방지해야 할지 고려해야 한다.

1. 미흡한 계획
2. 부적합한 직무 분석
3. 대충 정의된 역량
4. 훈련 부족
5. 예비 평가 미실시
6. 부적합한 평가자
7. 부적절한 평가자 훈련
8. 부적절한 후보자 준비
9. 적합하지 않은 행동 기술과 점수 부여
10. 결과의 오용

물론 이 접근법은 승진이 되기 전에 개인들의 실제 업무 대응방식을 가늠해 볼 수 있다는 점에서 가치가 있다. 이는 이 접근법의 주요한 장점이다. 평가 센터는 또한 신뢰도가 낮은 직무 인터뷰보다 훨씬 더 정당성을 확보할 수 있으며, 믿을 만한 실제 행동, 즉 관찰 가능한 행동을 파악하는 훌륭한 방법이다.

| 업무 포트폴리오 |

고용주는 직원의 상위 단계 업무에 대한 준비 여부를 어떻게 평가하는가? 한 가지 방법은 관찰 가능한 행동에 초점을 맞추는 것이다. 역량은 행동으로 표현되고, 완전한 다면 평가는 행동을 측정하는 한 가지 방법이다. 왜냐하면 개인이 역량과 관계된 행동을 얼마나 잘 보여주고, 또 얼마나 자주 보여주는지를 평점자에게 묻기 때문이다.

물론 행동을 측정하는 또 다른 방법은 역량 발휘 또는 결과를 평가하는 것이다. 예를 들어 비서의 타이핑 행동을 평가할 때, 평가자가 타이핑하는 행동에 중점을 둘 수 있다. 그러나 이것은 무의미하다. 역량을 측정하는 또 다른 방법은 업무 샘플을 통해서이다. 업무 샘플은 글자 그대로 업무 산출의 실례이며, 비서에게 업무 샘플은 타이핑된 편지나 보고서이다. 평점자는 비서 업무의 결과물에 대한 품질을 판정한다.

역량 발휘 또는 결과 측정은 승계 계획 및 관리와 어떻게 연관되는가? 이 질문에 대한 답변은 분명해야 한다. 예를 들어, 경영자 직무를 위해 양성 중인 현장 감독자가 경영자 직무 중 하나인 예산 수립을 할 수 있어야 한다면, 그는 실제로 예산을 준비하고 그것을 제시할 수 있을 것이다. 만일 감독자가 현재 직무에서 예산 수립을 하지 않는다면, '예산 수립 기술'과 같은 역량 개발 활동에 초점을 둬야 한다. 그래서 예산 수립 기술이 경영자로의 필수 승진 자격이 될 수 있다.

종종 '관계 서류'(dossier)라고 불리는 '업무 포트폴리오'(work portfolio)는 미술 분야에서 시작되었다. 미술가들은 자신의 작품을 전시하기 위해 화랑 소유주에게 확신을 줘야 했다. 화랑의 시공간은 제한적이므로 화랑 소유주들은 그 미술가가 어떤 품질의 작품을 만들어내는지 알고 싶어한다. 이것을 해결하기 위해 미술가들은 자신의 가장 뛰어난 작품들들을 모아 포트폴리오에 정리하였다. 그러면 화랑 소유주는 포토폴리오를 보고 작품의 품질을 판단해서 미술가의 재능이 미술 전시회를 보증할지 여부를 결정하게 된다.

이와 동일한 아이디어가 개인 능력의 점수를 매길 때 적용될 수 있다. 그들은 가장 좋은 업무, 아니면 아직 맡지 않은 직무에서 무엇을 할 수 있는지 보여줄 수 있는 최선의 업무를 나타내는 포트폴리오의 정리를 요청받을 수 있다. 예를 들어 초보 수준의 직무를 위해 면접을 하고 있는 경영 컨설턴트는 자신이 준비한 마케팅 자료의 실례, 작성된 제안서, 고객에게 전달된 결과물, 그리고 고객의 만족스런 증언 편지 등을 제시할 수 있다. 또한 부서 경영자가 되기 위해 면담을 하고 있는 감독자는 부서 경영자 직위의 필수 요건과 관련된 업무 결과의 실례를 제시할 수 있다.

업무 포트폴리오를 만들기 위해, 역량 모델 또는 직무 설명으로 시작해서 "그 역량 또는 업무 활동의 유·무형의 결과는 무엇인가?"라고 묻는다. 이때 맨 앞에 이력서가 첨부된 포트폴리오를 준비할 수 있다. 표적 직무 설명 또는 역량 모델 다음에 부서 경영자에 의해 수행되는 실제 업무를 증명하기 위한 감독자의 노력을 나타내는 업무 샘플을 제시한다. 그러면 업무 포트폴리오의 품질을 서로 비교할 수 있으며, 업무 포트폴리오가 가장 우수한 사람은 선발 과정의 다음 단계에 참석하라는 통보를 받는다.

업무 포트폴리오는 실질적인 결과를 가져온다는 점에서 가치가 있다. 비록 면접에 참여하는 것이 선발을 위해 필수적이지만, 포트폴리오는 바라는 결과에 관심을 집중시킨다는 장점이 있다. 반면, 평가자가 훈련을 받지 않거나 그 업무 평점을 위한 지침에 합의가 없을 때 동일한 업무에 대해 동일한 방식으로 평가하지 않을 수 있다는 단점도 있다. 더욱이 직무 응시자는 요청받을 업무 샘플이 무엇인지 정확하게 이해해야 한다. 예를 들어 "뉴욕 화이프플레인스의 소프트웨어 회사인 옵툼 사(Optum Inc.)가 지원자들에게 업무 샘플을 제출하라고 요구했는데, 우리는 개인의 시와 노래 가사를 받았어요."라고 기업의 마케팅 이사인 켈리 비지니(Kelly Vizzini)는 말했다. 언젠가 내가 어떤 직무 지원자에게 서류 샘플을 요청하자, 그는 자신이 작업한 자료로 채워진 11개의 대형 3공 블라인더를 카트로 실어 날랐다. 그 같은 일이 벌어졌을 때 나는 자리에 없었으며, 돌아와서 나는 내 책상 위에 놓인 엄청난 자료 더미를 보고 깜짝 놀랐다.

그러나 이 접근법은 잘 활용될 수 있다. 예전에 나는 대규모 조직을 위해 감독자 훈련을 수행한 적이 있다. 운영 담당 경영진은 35명의 감독자들이 필답 시험을 치르기를 바라고 있었다. 나는 그것을 만류하고, 대신에 각 감독자들의 최고 업무에 대한 노트, 즉 업무 포트폴리오를 모으라고 설득했다. 그와 같은 방식으로 운영 담당 경영진은 감독자들이 어떤 수준의 업무를 수행하는지 직접 살펴볼 수 있게 되었고, 감독자들이 우수한 업무 샘플이라고 판단하는 것을 보면서 많은 논의가 벌어졌다. 그래서 업무 담당 경영진은 감독자 집단의 주요 개발 초점으로 그 업무 샘플을 이용했고, 미래 향상 잠재성 평가를 할 수 있었다.

요약

이 장에서 설명한 바와 같이, 미래 업무 요건과 개인 잠재성은 효과적인 승계 계획 및 관리 프로그램에 필수적이다. 현재 업무 요건과 개인 직무 성과에 대한 정보가 함께 할 때, 그것은 개인들이 이미 알고 행하는 것과 그들이 알고 승진 자격을 얻기 위해 행해야 하는 것 사이의 격차를 좁히기 위한 개인 계발 계획의 근거가 될 수 있다.

제4부

개발 격차 좁히기 : 승계 계획 및 관리 프로그램의 운영 및 평가

Effective Successior

```
        ┌─────────────────────┐
        │        제1부         │
        │  승계 계획 및 관리에 대한  │
        │       배경 정보       │
        └─────────────────────┘
```

제4부	제2부
개발 격차 좁히기 : 승계 계획 및 관리 프로그램의 운영 및 평가	**승계 계획 및 관리를 위한 기초**

```
        ┌─────────────────────┐
        │        제3부         │
        │     현재와 미래의 진단      │
        └─────────────────────┘
```

- 대체 후보 인력군의 검증
- 내부 승진 정책의 공식화
- 개인 개발 계획의 준비
- 내부적인 후임자 개발
- 승계 계획 및 관리에 대한 대안적 방법들의 평가
- 승계 계획 및 관리 프로그램에 대한 온라인과 하이테크 접근법의 적용
- 승계 계획 및 관리 프로그램의 평가
- 승계 및 관리 프로그램의 미래에 대한 예측에 대처하는 조치

10

내부 승계자 개발

 승계 계획 및 관리(SP&M) 프로그램이 효율적으로 운영되려면, 핵심 직위에 공석이 발생했을 때 공석을 채울 수 있는 수단을 가지고 있어야 한다. 내부로부터의 승진은 전통적인 방법으로 오랜 역사를 가진 매우 중요한 방법이다.

 그러나 개인의 승진을 준비하기 위해서는 단순히 현재 및 미래 업무 요건과 성과를 파악하는 것 이상이 필요하다. 예비 후임자가 현재 할 수 있는 것과 승진 자격을 얻기 위해 반드시 해야 하는 것 사이의 개발 격차를 규명하고 이를 체계적으로 해소할 수 있는 방법을 찾아야 한다. '개인 개발 계획'(individual development planning)은 그러한 개발 격차를 규명하는 방법이다. 즉 내부 개발을 통해 개인의 개발 격차를 해소하고 승계 니즈를 만족시킬 수 있는 계획된 교육 훈련, 개발, 그리고 다른 수단들을 포함하는 것이다.

 이 장에서는 조직의 총체적인 승계 니즈 결정, 승계 니즈를 충족하기 위한 내부 승진의 활용, 개인 개발 격차의 규명 및 계획된 교육 훈련, 개발을 활용한 체계적인 개발 격차 해소에 대해 논의한다. 그러고 나서 다음의 질문들에 대해 더욱 구체적으로 살펴볼 것이다.

- 대체 후보 인력군이란 무엇이며, 리더들은 대체 후보 인력군을 어떻게 검증할 수 있는가?
- 내부 승진이 승계에 왜 그렇게 중요하며, 승계 계획 및 관리를 위한 내부 승진이 적절한 경우는 언제인가?
- 개인 개발 계획(IDP)이란 무엇이고, 그것들은 어떻게 준비되고 추진되며 평가되어야 하는가?
- 내부 개발의 주된 방법은 무엇이며, 언제 그것들을 이용해야 하는가?

대체 후보 인력군의 검증

일단 핵심 직위와 업무 요건이 파악되었다면, 조직은 대체 후보 인력군을 검증해야 한다. 이는 조직의 공통적인 승계 요구에 대한 정보를 제공하는 중요한 역할을 한다. 대체 후보 인력군 검증에서 나타나는 정보는 승계 계획 및 관리 니즈를 충족하기 위한 행동을 취하는 것이 왜 중요한지를 생생하게 보여줄 수 있다.

| 대체 후보 인력군이란 무엇인가? |

'대체 후보 인력군'(bench strength)은 내부 인력으로 공석을 채우는 조직의 능력이다. 대체 후보 인력군의 검증은 조직이 핵심 직위의 공석을 내부 인력으로 얼마나 잘 채울 수 있는지 측정하는 것을 의미한다.

이탈은 대체 후보 인력군을 약화시키는 요인이다. 이탈에는 두 가지 종류가 있다.

'피할 수 없는 이탈'(unavoidable turnover)은 조직의 직접적인 통제 밖에 있는 것으로 사망, 상해, 퇴직 때문에 일어난 손실이다. 또한 일시 해고, 조직 퇴직, 직원 매입, 또는 다른 조직에 의해 야기되는 이탈을 포함하기도 한다. 많은 라인 관리자들은 승진과 인사 이동을 피할 수 없는 이탈에 포함시키려고 하지만, 대부분의 HR 부서에서는 내부적 이동을 피할 수 없는 이탈에 포함시키지 않는다.

한편, '피할 수 있는 이탈'(avoidable turnover)은 직원들에 의한 것이다. 통상적으로 개별 직원이 다른 조직으로 이직하면서 조직을 떠나는 사직에 의한 손실이다. 직원이 조직을 이탈할 경우 후임을 찾아서 훈련시켜야 하기 때문에 모든 종류의 이탈에는 비용이 든다. 하지만 피할 수 있는 이탈은 조직이 직원들을 유지하는 어떤 방법을 찾을 수 있었다면 피할 수 있었기에 더 심각한 경우라 할 수 있다. 핵심 직위의 피할 수 있는 이탈 또는 고성과 잠재인력의 축소가 더 큰 문제가 되는 이유는 그것이 불필요한 위기를 만들기 때문이다. 이는 때때로 '결정적 이탈'(critical turnover)이라고 불린다.[1] 따라서 모든 승계 계획 및 관리가 추구해야 할 목적 중 하나는 고성과 잠재인력 또는 핵심 직위 현직자들의 피할 수 있는 이탈을 줄이는 방법을 찾는 것, 또는 안정되게 유지할 수 있는 방법을 찾는 것이다.

| 대체 후보 인력군을 검증하기 위한 접근법들 |

조직의 대체 후보 인력군을 검증하기 위해 의사 결정자들에게 그들의 책임 영역에서 핵심 직위를 어떻게 대체할 것인지, 또는 보다 혁신적인 수단을 통해 업무 요건의 충족 여부를 확인할 수 있는지 질문한다. 다음 방법들을 활용할 수 있다.

대체 차트 활용

해당 업무 영역의 각 핵심 직위에 가능한 대체인력의 범위를 보여주는 조직도를 만든다(예시 10-1, 10-2 참조). 얼마나 많은 공란이 있는지에 주목한다. 공란은 내부 대체인력이 없다는 것을 의미하며, 공란이 적을수록 대체 후보 인력군이 강한 것이다.

예시 10-1 샘플 대체 차트 : 조직의 일반적인 승계 계획 및 관리 목록

샘플

직위	
잠재적 후임자	1
잠재적 후임자	2
잠재적 후임자	3

1 : 지금부터 1년 내로 준비가 되는 후임자

2 : 1~2년 내로 준비가 되는 후임자

3 : 5년 내에 확인되는 후임자가 없다.

출처 : Norman H. Carter, "Guaranteeing Management's Future through Succession Planning," Journal of Information Systems Management (Summer 1986), 19. Journal of Information Systems Management 저작권 사용 허락하에 기재.

직위에 의한 승계 계획 및 관리 목록

핵심

직책			
현직자의 이름			
나이	업무	재직 기간	봉급
성과		잠재성	준비

성과 평점 및 정의

X   신입 : 3개월 미만 근무. 평가 불가.

1   만족스럽지 못한 결과와 성과.

2   한계적 : 직위 요건을 맞추지 못함(학습 효용이 없음). 태도와 추진력이 만족스럽지 못함. 보완을 위한 행동이 요구됨.

3   만족 : 대체로 직무 요건에 부합되지만 개선할 여지가 있음. 주요 학습 단계에 있다면 상당한 개선이 이루어질 것임.

4   평균 이상 : 전반적인 직무 요건을 넘어서지만 어떤 영역에서는 강점이 부족함.

5   뛰어남 : 어떤 성과 요소는 탁월한 것으로 평가되지만, 전반적인 성과는 탁월함보다 낮음.

6   탁월함 : 업무, 추진력, 자기 개발, 새로운 아이디어, 태도의 질과 양에 있어서 전반적으로 뛰어남. 빠른 학습자.

잠재성

A   두드러짐 : 현재 직위 위로 두 단계 이상 승진할 수 있음.

B   상당함 : 현재 직위 위로 적어도 한 단계 승진할 수 있음. 또한 현재 단계에서 실질적인 추가 책임을 맡고 있음.

C   보통 : 현재 단계에서 추가적인 책임을 맡을 수 있음.

D   제한적 : 현재 단계에 있거나 거의 비슷한 수용력을 가지고 있음.

E   현재 직위의 핵심 수용력 : 중요한 기술 지식이 이동을 방해함.

X   신입 : 3개월 미만 근무. 평가 불가.

준비

R/O 당장 이동해도 좋음.

R1   1~2년 이내.

R2   2~4년 이내.

N/A 현재 단계가 적당함.

출처 : Norman H. Carter, "Guaranteeing Management's Future through Succession Planning," Journal of Information Systems Management (Summer 1986), 20. Journal of Information Systems Management 저작권 사용 허락하에 기재.

질문

임원들에게 담당 영역의 핵심 직위에 공석이 발생할 경우, 누가 핵심 직위 현직자를 대체할 것인지 묻는다. 영역별로 얼마나 많은 공란이 있는지를 확인하고, 공란들을 추적 조사한다. 핵심 직위 대체인력에 대한 공란이 적을수록 조직의 대체 후보 인력군이 높은 것이다.

증거

최근 몇 년 동안의 인사 기록 분석을 통해, 어떤 퇴직이 조직에 가장 심각한 문제를 일으켰는지 알아본다. 총 퇴직 대비 문제가 된 퇴직의 비율에 주목한다. 비율이 높을수록 대체 후보 인력군이 약한 것이다.

복합적인 방법

위에서 설명한 방법들을 조합하여 대체 후보 인력군을 평가한다. 핵심 직위의 공란 비율에 주목한다. 그 정보를 의사 결정자들에게 피드백하여 승계 계획 및 관리의 가치와 중요성을 부각시킨다.

| 인재 박람회 |

인재 박람회는 월간, 분기, 또는 연례 승계 계획 및 관리 회의라고 불리는데, 여기서는 조직 내의 승진에 적절한 인재를 파악하는 데 초점을 둔다. 회의를 통해 여러 사업부에서 온 개인들에게 주어지는 특별한 개발 임무에 대해 논의하고, 기대치와 조직의 인재 풀 규모를 평가하며, 선임 관리자들이 그들의 사업부 또는 부서에서 얼마나 인재를 잘 양성하는지에 대해 논의하기도 한다. 때때로 '개발 회의' 또는 익살스런 표현으로 '미인 선발 대회'라고 불리는 인재 박람회의 한 가지 결과물은 입증된 고성과 잠재인력들의 리스트와 그들을 위한 개발 과업이다. 인재 박람회의 또 한 가지 의미 있는 결과물은 선임 관리자들에게 인재 개발의 책임을 물음으로써 그들이 공개적으로는 동료들, 개인적으로는 CEO, HR 담당 부사장과 함께 사업부 또는 부서에서 인재 개발을 얼마나 훌륭하게 처리하고 있는지 논의하게한다는 것이다.

인재 박람회는 연례 승계 과정의 대표적인 정점이라고 할 수 있으며, 다음의 세 가지 단계가 있다.

1단계 : 준비

선임 관리자들 스스로가 회의를 준비해야 한다. HR 부서가 제공할 수 있는 것은 CEO 또는 그들의 동료와 회의를 하기 전에 각 선임 관리자들과 만나서 그들이 무엇을 말할 것인지, 어떻게 말할 것인지를 사전에 논의하는 것이다. 그 이유는 관리자들이 종종 '잘못된 것'에 초점을 두는 경향이 있기 때문이다. 이 예외관리 경영(management-by-exception) 철학은 시간을 절약하는 측면에서는 바람직하지만, 후임자가 받아들이기엔 어려울 수 있다. 핵심은 CEO 또는 동료들과 개발을 논의하는 공적인 모임은 '무엇이 잘못됐는지'보다는 '무엇을 하고 있고, 결과가 어떻게 되기를 바라는지'에 초점을 두어야 한다는 것이다. 문제점을 해결할 개발 행동에 대해서는 HR 전문가와 함께 풀어나갈 수 있다. 이런 방법으로, 공적 회의에서는 '누가 잘못되었다'가 아니라, 실천하는 행동과 바라는 결과에 초점을 맞출 수 있다.

2단계 : 회의

회의는 반드시 사전에 계획되고, 사전에 의제가 수집되어야 한다. 대체로 HR 부서의 한 사람이 그 일을 맡는데, HR 담당 부사장일 수도 있고, HR 부사장의 핵심 보고자일 수도 있다. 의제는 경제적인 시간 활용을 담보해야 한다.

사전에 결정되어야 할 한 가지 핵심 사안은 회의의 목적인데, 여러 가지 목적이 있을 수도 있다. 회의의 한 형태는 가능 후임자에 대한 평가와 인재 풀 검증에 초점을 둔다. 또 다른 회의 형태는 사업부의 인재 개발 진척을 논의하는 데 초점을 맞춘다. 세 번째 형태는 고성과 잠재인력, 그리고 그들의 재능을 높이고, 자극하며, 미래 역량을 구축하기 위해 어떠한 개발 임무가 추천되어야 하는지에 초점을 둔다.

모든 인재 박람회는 그룹 프로세스에 관심을 기울여야 한다. 사람들이 자신의 생각을 솔직하게 드러내는 태도는 훌륭한 결정을 내리는 데 매우 중요하기 때문이다. 한 명 혹은 몇 명의 소수 인원이 회의를 장악하는 것은 바람직하지 않다. 각각의 회의를 마친 후에 "우리는 얼마나 훌륭히 함께 일했는가?", "우리는 앞으로 어떻게 보다 효과적으로 함께 일할 수 있을까?"와 같은 그룹 프로세스 관련 질문에 초점을 맞추어야 한다.

3단계 : 추진

자주 잊어버리지만, 절대로 잊어서는 안 되는 한 가지는 합의에 따라 행동이 취해져야 한다는 것이다. 추진은 일반적으로 HR 전문가들의 몫이다. 추진을 위해서는 이메일, 전화 통화, 개인적 방문, 그리고 다른 접촉들이 필요할 수 있다. 행동 추진이 보장되어야 하는 한 가지 이유는 추진력 부족이 승계에서 흔히 볼 수 있는 문제이기 때문이다. 두 번째 이유는 행동으로 옮겨지지 않는다면 합의 자체가 무의미하기 때문이다. 누군가는 반드시 행동의 추진에 관심을 기울여야 하며, 이는 저절로 이루어지는 것이 아니다(예시 10-3 참조).

예시 10-3 인재 박람회의 진행

엘리 릴리(Eli Lilly)에서, 고잠재 직원들을 담당하는 관리자들은 다른 임원들과 함께 직원의 강점, 개발 요구, 그리고 경력 잠재성에 관해 집중적인 평가 토론에 참여한다. 토론 이후 담당 관리자가 평가 토론의 핵심 결과들을 회사에 전달한다. 이후 개별 직원은 관리자와 함께 경력 개발 가능성과 경력에 관련된 관심과 목적을 반영한 개인 경력 개발 계획을 작성한다. 경력 계획은 관리자와 개인에 의해 점검되고, 필요할 때마다 또는 최소한 일 년 단위로 갱신된다.

많은 기업의 임원들이 승계 계획에 쏟고 있는 시간의 양은 인재 개발의 중요성이 점차 증대되고 있다는 것을 보여준다. CEO와 몇몇 핵심 참모들을 포함하는 소규모 그룹으로 이루어진 다우 케미컬(Dow Chemical)의 인적 자원 위원회는 매년 닷새 동안 승계 계획을 위한 회의를 사외에서 갖는다. 이들은 후보자들에 대해 논의하고, 개발 계획을 검토하며, 개발 임무를 지시한다. 코닝(Corning)에서는 주요 부문의 임원들이 매년 1~4일 동안 관리직보다 훨씬 더 하위 직위의 인력을 점검한다. 이때 선임 임원들의 참여는 매우 사적인 방식으로 나타난다. 많은 기업에서 CEO는 제너럴일렉트릭의 전 CEO인 잭 웰치처럼 수백 명의 관리자들을 위한 직무 배치와 보상 권고를 점검한다.

출처 : John Beeson, "Succession Planning," Across the Board 37:2 (2000), 39. 저작권 사용 허락하에 기재.

내부 승진 정책의
공식화

내부 승진을 지지하는 명문화된 정책은 체계적인 승계 계획 및 관리의 핵심이다. 그러한 정책 없이는 승진을 추구하는 야심찬 고성과 잠재인력과 우수 성과자를 유지하기 어렵다. 고성과 잠재인력과 우수 성과자들의 실망은 피할 수 있는 결정적 이탈의 엄청난 증가 원인이 될 수도 있다. 따라서 조직이 그들을 유지하는 데 모든 합당한 노력을 기울여야 한다. 이를 위한 한 가지 방법은 조직이 내부로부터의 승진을 지지한다고 '공표'하는 것이다. 내부 승진 정책은 직원들의 노력이 승진을 통해 보상받을 수 있다는 것을 보여줌으로써 직원들에게 동기를 부여할 뿐만 아니라, 새로운 직원 모집, 선발, 훈련 비용을 절약할 수 있게 한다.[2]

| 내부 승진 정책의 핵심 요소 |

효과적인 내부 승진 정책은 다음의 내용들을 포함해야 한다.

- 기회가 있을 때마다, 그리고 직원들이 내부 승진 요건을 충족할 때마다 조직이 내부 승진을 지지하고 있음을 분명하게 언급한다(파벌 인사를 피하기 위해 내부 승진을 80퍼센트 선에 맞추는 것이 가장 좋다).
- 내부 승진을 정의한다.
- 내부 승진 정책에 대한 이유를 설명한다.
- 내부 승진 정책이 적용되지 않고 외부 후보자가 선택될 수 있는 타당한 상황을 설명한다.

내부 승진 정책은 자연스럽게 대부분의 승진이 내부로부터 이루진다는 직원의 기대감을 형성할 것이므로, 의사 결정자들은 모든 승진 결정에 대한 법적 및 다른 측면에서의 반발에 대비해야 한다. 이러한 이유로 정책이 실행되거나 공유되기 전에 HR 전문가, 운영 관리자, 그리고 법률 전문가의 검토를 거쳐야 한다. 어떤 경우든, 채택에 앞서 정책을 검토하는 것이 일관된 이해와 그에 대한 주인 의식을 형성하는 데 훨씬 도움이 된다.

| 내부 승진이 적절할 때 또는 부적절할 때는 언제인가? |

내부 승진은 핵심 직위 충원시 다음과 같은 내부 후보자를 보유하고 있을 때 적합하다.

- 직위 요건과 개발 활동의 80퍼센트가 나머지 부족분인 20퍼센트를 충분히 압도하여 핵심 직위를 맡을 '준비'가 확실히 되어 있다고 판단될 때
- 업무에 의욕을 보이며, 직위를 수락할 '의향'이 있을 때
- 짧은 시간 동안 무리 없이 대체가 준비되고 핵심 직위의 임무를 맡을 태세가 되어 직위를 받아들일 '능력'이 있을 때

그러나 이들 조건 중 어느 하나가 만족스럽지 못하다면, 내부 승진은 적합하지 않다. 따라서 상당한 탐색 후에도 합당한 내부 후보자를 찾을 수 없을 때, 가능한 후보자가 직위 수용을 거부할 때, 후보자를 합당한 시간 내에 현재의 임무로부터 빠져나오게 할 수 없을 때는 내부 승진이 아닌 다른 방법을 찾아보아야 한다.

| 직무 공모제의 중요성 |

직무 공모제(job posting)*는 새로운 직위를 내부 직원들에게 고지하여 모집하는

---

* 직무 공모제는 원칙적으로 특정 직무 공모제이나 실제 운영은 직위 공모제(position posting)로 운영된다. 즉, 특정 직위에 공석이 생겼을 때 공모를 받는 것을 의미한다.— 옮긴이

방법이다. 이 프로그램을 활용하기 위해서는 내부 모집 안내문을 빌딩 입구와 식당 입구 근처, 게시판, 화장실 근처, 또는 온라인 등 눈에 띄는 장소에 공고하는 정책이 필요하다. 일반적인 직위 공고 안내문에는 직위, 급여 수준, 근무지, 업무 시작 일자 등의 정보가 포함된다. 조직의 모든 분야 직원들의 지원이 권장되고, 선발 결정은 통상적으로 그 직위에 가장 뛰어난 자질을 나타내는 지원자를 선택하는 것으로 이루어진다. 그렇지만 일부 조직에서는 연공이 선발 결정에 최우선 요소가 될 수 있다. 더욱이 공고는 조직의 모든 직무 구분이나 기능이 아니라 일부만으로 한정될 수도 있다.

내부 공고와 함께 외부에도 광고를 하는데, 이를 통해 내·외부 지원자를 모집한다. 그 결과 조직은 그 사람이 현재 조직에 고용되어 있는지 여부에 상관없이 가장 우수한 지원자를 찾을 수 있다.

직무 공모제의 주요 장점은 개인들에게 경력 선택의 기회를 준다는 점이다. 이를 통해 조직은 일반적인 방식인 핵심 직위와 직접적으로 연관되는 영역에서의 후임자 선발이 아닌 다른 방법을 고려할 수 있게 한다.[3] 또한 관리자가 고성과 잠재인력 또는 우수 성과자의 승진이나 이동을 막아, 관리자의 업무 영역 내에 묶어 두려는 '직원 기숙'(employee boarding)의 가능성을 줄여 준다.[4]

직무 공모제의 주요 단점은 공고 개념 자체보다는 프로그램 관리와 관련이 깊다. 만일 직원들이 급여 인상을 바라고 새로운 직무로 이동하게 된다면, 공모제는 특히 "돈만 바라는 메뚜기족"을 양산하고, 다른 사람들에게는 값비싼 희생과 사기 저하를 야기할 수 있다. 따라서 직무 공모제가 승계 계획 및 관리 수단으로서 효과적으로 이용되기 위해서는 모든 직무를 대상으로 행해져야 하며, 동시에 직원들이 직위를 지킬 수 있게 하는 세심한 정책이 필요하다.

개인 개발 계획의 준비

대체 후보 인력군의 검증을 통해 조직 공통의 승계 계획 및 관리 요구를 명확히 규명할 수 있어야 한다. 그러나 대체 후보 인력군의 검증은 개인이 핵심 직위로의 승진 자격을 얻기 위해 무엇을 해야 하는지 나타내지는 못한다. 이것이 개인 개발 계획을 준비하는 이유이다.

| 개인 개발 계획이란 무엇인가? |

'개인 개발 계획'(individual development plan, IDP)은 현재 직무에서 개인의 강점과 약점, 미래의 핵심 직위로 승진하기 위한 개인 잠재성의 비교에서 출발한다. IDP의 준비는 하나 이상의 핵심 직위에서 미래 업무 또는 역량 요구를 만족시키기 위해 개인이 할 수 있는 것과 해야 하는 것 사이의 격차를 좁히는 계획된 활동 과정이다.

IDP는 학습 계약, 성과 계약, 경력 계획 양식의 복합이다. '학습 계약'(learning contract)은 학습에 대한 합의로서 오랜 역사를 가지고 있다.[5] 이는 특히 조직 전략 및 업무 요건과 개인 경력 필요 및 이해 사이의 균형을 추구하는 참여적 학습 조직에 매우 적합하다. '성과 계약'(performance contract)은 성과에 대한 확인 가능하고 측정 가능한 수준의 합의이다.[6] 이는 때때로 성과 평가와 연관되어 과거 성과보다는 미래의 성과 향상을 지향한다. 마지막으로 '경력 계획 양식'(career-planning form)은 개인들이 그들의 경력 목표를 파악하고 미래 실현을 위해 효과적으로 전략을 수립하는 데 도움을 주는 수단이다. 경력 계획 양식은 일반적으로 승계 계획 및 관리를 지원하고 강화할 수 있는 조직 경력 계획 프로그램과 연계된다.

IDP는 개인의 현재 직위에 대한 성과 평가, 그리고 조직의 다른 직위, 흔히 핵심 직위의 미래 발전에 대한 개인의 잠재성 평가 이상의 것이다. 이는 개인이 다음 직위로의 향상을 위해 필요한 필수적인 개발을 제공하는 구체적인 계획으로 나타난다.

IDP 개발을 위해서는 역량 요건, 직무 설명에서 나타나는 업무 활동, 성과 평가에 의해 측정되는 현재 성과로 발휘되는 개인의 능력과, 개인 잠재성 평가를 통해 나타나는 미래 수용력의 체계적인 비교가 필요하다. IDP는 개인의 미래 향상 준비를 위한 분명한 계획을 제공하면서 개발 격차를 좁힐 수 있어야 한다.

| 개인 개발 계획은 어떻게 준비되는가? |

IDP의 준비는 학습 계약의 준비와 유사하다. 개인 개발 계획을 준비하는 데는 10가지 핵심 단계가 있다. 예시 10-4는 그 단계들을 단순한 모델로 설명한다.

단계 1 : 개인이 목표로 하는 핵심 직위 선별

개인이 목표로 하는 조직의 핵심 직위군을 선택하는 것이 첫 번째 단계이다. 대부분의 경우, 이는 개인과 조직 대표 사이에 심도 깊은 대화가 이루어진 후에 행해져야 한다. 디건(Deegan)은 "당신이 선택한 목표 직위의 성격을 분명히 이해하고, 특정한 직무가 아닌 그 직무를 대표하는 직무군에 초점을 맞춰야 한다. 그렇지 않으면 기업의 요구는 물론이고 개인의 요구를 실제로 만족시킨다 하더라도 후에 그 직무를 제공하지 않으면 후보자가 실망할 수 있다."[7]라고 지적했다. 조만간 공석이 될 특정한 핵심 직위에 어느 개인을 준비시키고자 한다면, 반드시 그와의 논의를 거쳐 그 직위에 초점을 두어 계획해야 한다.

단계 2 : 개인이 준비할 수 있는 적정 시간 고려

시간에 따라 어떤 종류, 그리고 얼마나 많은 개발 활동이 수행될 수 있는지 결정된다. 빠른 승진의 경우, 준비 시간이 거의 또는 전혀 없기 때문에 효과적인 직무 수행을 위해 선별된 개발 활동들이 필요하다. 따라서 개발 활동들의 우선순위를 정할 필요가 있다. 물론 시간이 많을 때에도 우선순위가 정해져야 한다. 결국 이 단계에서의 핵심은 개발에 얼마나 많은 시간을 활용할 수 있는지에 귀착된다.

| 예시 10-4 | **개인 개발 계획(IDP) 준비 단계의 간단한 모델**

단계 3 : 학습 요구의 진단

개인의 현재 지식과 기술, 그리고 준비해야 하는 핵심 직위의 업무 요건 간의 차이점은 정확히 무엇인가? 이 질문에 대한 답변이 곧 개발 격차가 된다.

이 차이점을 알아내는 한 가지 방법은 개인의 현재 업무 요건과 성과를 핵심 직위 표적에서 요구되는 것들과 비교하는 것이다(개인이 바라거나 훈련 목표가 되는 직위의 성과 평가와 비슷한 것으로 생각할 수 있다). 단순한 예로서, 한 직원이 그의 직속상사의 직무를 얼마나 잘 수행할 수 있는가를 비교하는 것이 포함될 수 있다.

이러한 차이점을 알아내는 또 다른 방법은 핵심 직위 현직자에게 개인의 현재 업무 요건과 성과를 현직자 직위의 요건과 비교해서 검토해 달라고 요청하는 것이다. 그리고 개인이 이미 알고 있는 것과 할 수 있는 것, 핵심 직위 현직자의 위치에서 수행을 위해 알아야 하고 행해야 하는 것 사이의 간격을 좁히는 데 도움이 되는 개발 활동을 추천해 달라고 요청하는 것이다.

학습 요구를 진단할 때, 좋은 결과는 좋은 진단에 의해 나온다는 것을 명심해야 한다. 진단을 성급히 수행하고자 하면 정확한 진단 결과를 낼 수 없다. 바쁜 임원들은 이러한 과정을 피하고 싶어하겠지만, 그럴 경우 역효과가 생기는 경우가 많다.

단계 4 : 단계 3의 결과에 기초한 학습 목표 설정

학습 목표는 계획된 개발 활동에 의한 산출물 또는 결과물이다. 니즈는 해결되어야 하는 문제점을 나타내지만, 목표는 다른 한편으로 바라는 해결책을 나타낸다. 각각의 니즈는 각각의 '문제점'이 해결될 수 있도록 하나 이상의 학습 목표와 연결되어야 한다.

학습 목표는 측정 가능한 용어로 정의해야 한다. 로버트 F. 메이저(Robert F. Mager)가 지적했듯이, 학습 목표는 세 가지 요소를 가지고 있어야 한다.[8]

- 자원(resources). 학습자가 필요한 지식, 기술, 능력을 갖추기 위해 어떤 장치, 도구,

정보, 또는 다른 자원들이 제공되어야 하는가?

- 기준(criteria). 학습 목표의 성취는 어떻게 측정될 것인가? 개인이 역량을 증명하기 위해 어떤 최소한의 성과 표준을 달성해야 하는가?
- 상황(conditions). 학습자는 어떤 상황 아래에서 수행해야 하는가?

예시 10-5에 나타나는 워크시트를 이용하여 개인 개발 요구에 기초한 학습 목표들을 준비한다.

 개인 개발 요구에 기초한 학습 목표 준비 워크시트

지시 : 개인 개발 활동의 주요 과정을 준비하는 데 이 워크시트를 활용하십시오. 아래의 왼쪽 행에는 승진 자격을 위해 개인이 갖춰야 하는 활동, 책임, 임무, 과업, 또는 필수 직무 기능을 적으십시오. 오른쪽 행에는 측정 가능한 특정 학습 목표를 적고, 그러한 활동, 책임, 임무, 과업, 필수 직무 기능과 연결하여 계획된 개발/학습 경험의 완료로 인하여 개인이 무엇을 알고, 행하고, 느낄 수 있는지 설명하십시오. 목표 작성을 끝내면, (1) 목표 명시를 위해 필요한 정보, 장비, 또는 도구와 같은 자원, (2) 학습 목표가 얼마나 훌륭하게 달성되었는지 평가하는 측정 가능한 기준이 모두 나열되었는지 재확인하십시오.

승진 자격을 위해 개인이 갖춰야 하는 활동, 책임, 임무, 과업, 필수 직무 기능을 적으십시오.	측정 가능한 특정 학습 목표

단계 5 : 학습 목표 달성에 필요한 학습 자원과 전략 설정

학습 전략은 학습 목표를 달성하는 수단이다. 학습 목표를 달성하기 위해서는 많은 전략들이 있다. 적절한 학습 전략의 선택은 달성해야 할 학습 목표에 달려 있다. 그것은 아래 질문에 대한 대답이어야 한다. 개인들이 이미 아는 것과 미래의 핵심 직위 요건에 필요한 것들 간의 격차를 좁히는 데 어떤 계획된 학습 활동이 도움이 될 것인가?

학습 자원은 학습 목표를 달성하기 위해 반드시 제공되어야 하는 것이다. 자원은 사람, 돈, 시간, 전문 지식, 장비, 또는 정보를 포함할 수 있다. '인적 자원'(people resources)은 트레이너, 코치, 멘토, 또는 후원자를 포함한다. '재무 자원'(money resources)은 실무 또는 비실무 개발 경험에 참여를 위한 자금을 포함한다. '시간 자원'(time resources)은 준비된 훈련, 교육, 또는 개발 활동들에 참여하기 위해 업무로부터 벗어난 시간을 포함한다. 전문 지식은 지식 있는 사람들 또는 정보원으로의 접근을 포함한다. 장비는 개발 목적을 위한 전문적 기계 또는 도구에의 접근을 포함한다. 예시 10-6에 나타난 워크시트를 이용하여 목표로 설정된 핵심 직위에 맞게 개인 개발에 필요한 자원들을 확인한다.

단계 6 : 목표 달성의 증거 제시

조직이 어떻게 학습 목표 달성을 추적할 수 있을까? 분명하고 측정 가능한 학습 목표를 제시하고, 학습자와 그의 개발에 관심이 있는 사람들에게 학습자의 향상에 대해 정기적인 피드백을 제공함으로써 이 질문에 답할 수 있다. 가능하다면, 짧고 비공식적인 프로젝트 평가 또는 좀더 공식적인 서면 개발 평가를 이용해 개인의 발전 상황을 문서화하고, 목표 달성의 증거를 제시하며, 미래 성과 증진으로 나아갈 수 있는 구체적인 피드백을 제공한다.

| 예시 10-6 | **개발에 필요한 자원 확인 워크시트** |

지시 : 계획된 학습/개발에 필요한 자원을 확인하기 위해 아래의 워크시트를 활용하십시오.

왼쪽 항에는 개인의 승진 자격 개발에 도움이 되는 학습 목표와 계획된 학습/개발 활동을 나열하십시오. 그런 다음, 아래의 오른쪽 항에는 구체적으로 어떤 자원들(예를 들어 정보, 돈, 트레이너, 장비, 시간 등)이 개인의 학습 목표를 만족시키고 각각의 계획된 학습/개발 활동에 필요한지 적으십시오.

개인의 승진 자격 개발에 도움이 되는 학습 목표와 계획된 학습/개발 활동	어떤 구체적인 자원이 각각의 목표 달성과 각각의 계획된 학습/개발 활동에 필요한가?

단계 7 : 증거의 정당성 제시

학습 목표 달성을 입증하는 방법에 대해 명확히 한다. 핵심 직위 현직자와 같이 지식을 갖춘 전문가가 결과를 검토할 것인가? 학습자에게 결과를 입증하기 위한 구두 면접을 요구할 것인가? 개발 프로젝트에 대한 학습자들의 성과를 그들과 함께 일한 사람들을 통해 검토받을 것인가? 이러한 질문은 반드시 학습자들이 승진 자격을 갖추기 위해 바탕이 되는 각각의 학습 목표와 각각의 학습 프로젝트 또는 임무에 대해 개별적으로 답변되어야 한다.

단계 8 : 컨설턴트와의 계약 검토

개인 개발 계획이 승인되기 전에 전문 지식을 갖춘 전문가들의 검토를 거쳐야 한다. 여기서 전문가 또는 컨설턴트란 넓은 의미이다. 예를 들어 전문가들과 컨설턴트들은 다음 중에서 하나 또는 모두가 될 수 있다.

- SP&M 위원회의 구성원
- 친구
- 배우자
- 조직의 직속상사
- 학습자의 동료
- 학습자의 부하
- 학계 전문가
- 다른 조직들이 인정한 기관

조직, 개인 그리고 핵심 직위에 따라서 다른 전문가들이나 컨설턴트들을 활용할 수도 있다. 예를 들어 개인들은 그들의 멘토를 확인하고, IDP에 대해서 협상하는 동안 멘토에게 조언을 요청할 수 있다. 노동조합이 있을 경우, 조합 구성원들은 조합 대표들이 포함되기를 바랄 수도 있다.

전문가들에게 어떤 정보를 제공받을 수 있는지 조언을 구하는 것이 바람직하다. 예를 들어 그들의 시각에서 IDP가 올바른 학습 요구를 파악했고, 올바른 학습 목표를 세웠으며, 가장 적합한 학습 전략과 자원을 확인했고, 결과를 평가하는 가장 좋은 수단을 도입했다고 보이는가? 허용된 시간 내에 완료될 만큼 실용적이며 유용한가? 제안할 만한 사안이 있다면, '전문가들'은 어떤 것을 추천하는가? 그리고 그 이유는 무엇인가?

단계 9 : 계약 실행

나는 IDP가 승계 계획 및 관리의 아킬레스건이라는 것을 알게 되었다. 많은 IDP들이 그 의도는 좋았지만 잘 수행되지 못했다. 따라서 책임을 확보하고 IDP 기간 동안 결과를 관찰하기 위해 어떤 수단이 도입되어야 한다. 계획된 분기별 IDP 점검 회의가 한 가지 방법이 될 수 있다. 이것은 조직의 각 주요 분야에서 온 대표들과 함께 회의를 열어, 그들의 분야에서 이루어진 진척도에 관해 보고할 수 있도록 하는 것이다. 또한 SP&M 진행자가 개별 관리자들을 방문하여 그들의 책임 영역에서 IDP의 진전을 검토하게 할 수도 있다. 이러한 활동은 IDP에 관심을 유발하고 행동의 원동력을 유지하는 것이다.

단계 10 : 학습 및 결과 평가

반드시 의도(학습 목적과 필요)에 견주어 결과(학습 성과)가 측정되어야 한다. 이를 위해서는 몇 가지 방법이 있다.

첫 번째 방법은 프로젝트 지향 성과 평가와 같은 정기적인 개발 평가를 도입하는 것이다. 이 접근법을 이용하려면, 간단한 피드백 양식을 만들어서 각각의 개발 경험에 대해 학습자의 척도를 문서화한다. 그래서 그것들은 학습 목표가 완료되었을 때 또는 개발 경험 도중 합의된 시간에 검토될 수 있다.

두 번째 방법은 IDP 양식에 체크리스트를 두어 학습 목표들이 달성되었는지 체크하는 것이다. 이것은 정기적인 개발 평가보다 규모가 작고 엄격하지 않은 간단한 접근법이다. 그렇지만 이 방법은 바쁜 의사 결정자들이 더욱 쉽게 사용할 수 있는 시간 효율적인 접근법이라는 장점이 있다.

간단한 개인 개발 계획(IDP)이 예시 10-7에 나타나 있다.

간단한 개인 개발 계획

지시 : 개인의 승진 요건을 개발하기 위해 이 워크시트를 활용하십시오. 직속상사가 이 워크시트를 작성해야 합니다. 양식을 작성하고 나서 개인과 함께 논의하십시오. 만일 개인이 수정을 원한다면, 그 이유를 논의해야 합니다.

직원 이름 : _____ 직책 : _____
부서 _____ 재직 기간 : _____
평가자 이름 : _____ 직책 : _____
부서 : _____ 재직 기간 : _____
평가 날짜 _____ (연/월/일) 계획 기간 _____ (연/월/일)부터 _____ (연/월/일)까지

1. 이 개인은 어떤 핵심 직위를 준비하고자 하는가? 달리 말해, 어떤 종류의 역량이 개발되어야 하는가? 또, 시간이 얼마 동안 지속되는가?

2. 개인의 경력 계획/목표는 무엇인가?

3. 개인 개발을 주도하기 위한 학습 목표는 무엇인가? 평가자에게 : 개인의 현재 직무 요건을 표적 직위의 현재 직무 요건과 비교하고, 확인 가능한 격차를 아래에 반드시 열거해야 한다. 달리 말해, 개인의 현재 역량을 미래 직위/수준에서 필요한 역량과 비교하라.

4. 개인 개발 달성을 위한 방법/전략은 무엇인가? 학습 목표, 목표를 달성하는 전략, 각각의 결과 완료일, 학습 목표를 이루었는지를 표시하는 체크리스트를 적어, 아래에서 구체적인 학습 계획을 작성하라. 필요하다면 용지를 추가한다.

학습 목표	전략	기한/측정 기준일	검증 여부
			예 아니오
			( ) ( )

5. 각각의 학습 목표들에 대한 상대적인 성공은 어떻게 측정될 수 있는가?

학습 목표	평가 방법

내부적인 후임자 개발

'내부 개발'(internal development)은 조직에 의해 후원되는 개발 활동을 가리키는 일반적인 용어이다. 조직은 현재의 업무 요건/성과와 미래의 업무 요건/잠재성 사이의 간격을 줄임으로써 개인이 승진 자격을 얻는 데 도움을 주려고 한다. 실제로 이는 미래를 현재에 가정하여 개인의 잠재성을 실현하는 수단이다.

내부 개발에는 몇 가지 접근법이 있다. 많은 방법들이 현재 직위에서 개인들의 개발을 위해 고안되었는데,[9] 이 중 약 300가지 방법이 개인 개발을 위해 고안되었다.[10] 나는 2004년 연구 조사를 통해 내부 개발에 대한 일반적인 접근법을 확인할 수 있었다. 조사 결과는 예시 10-8에 요약되어 있으며, 각각의 전략은 예시 10-9에 짧게 요약되어 있다.

개인 개발 방법들

개인들은 여러 가지 다양한 방법들로 개발될 수 있기 때문에 승계 계획을 실행하는 데에는 많은 방법들을 활용할 수 있습니다.

아래의 칼럼 1에서 개인 개발을 위한 가능한 방법들의 목록을 검토하십시오. 그런 다음, 칼럼 2에서 '예' 또는 '아니오'에 (∨) 표시를 해서 당신의 조직이 그것을 이용하고 있는지를 적어 보십시오. 그리고 칼럼 3에서는 숫자에 동그라미를 쳐서, 미래의 책임을 맡을 사람들을 개발하는 데 그 방법이 얼마나 효과적이라고 생각하는지 적어 보십시오. 칼럼 3에서는 다음의 척도를 이용합니다.

1 = 전혀 효과적이지 않음. 2 = 매우 효과적이지는 않음. 3 = 다소 효과적임.
4 = 효과적임. 5 = 매우 효과적임.

칼럼 1	칼럼 2		칼럼 3	
개인 개발을 위한 가능한 방법들	당신의 조직은 사람들을 개발하는 데 이 방법을 이용하고 있는가?		이 방법이 미래의 직무 책임을 맡을 사람들을 개발하는 데 얼마나 효과적이라고 생각하는가?	
			전혀 효과적이지 않음.	매우 효과적임.
	예	아니오	1 2 3 4 5 (평균 응답)	
A 대학에서 지원하는 비실무 학위 프로그램	56%	44%	3.8	
B 대학에서 지원하는 현장 학위 프로그램	11%	89%	2.78	
C 외부 교육업체가 지원하는 비실무 공개 세미나	56%	44%	3.11	

D	대학에서 지원하는 비실무 공개 세미나	100%	0%	3.44
E	관리직 직원을 위한 사내 교육	89%	11%	3.67
F	외부에서 들여와 커스터마이징한 사내 교육	56%	44%	3.22
G	계획되지 않은 OJT	78%	22%	3.33
H	계획된 OJT	100%	0%	4.11
I	계획되지 않은 멘토링 프로그램	44%	56%	3.33
J	계획된 멘토링 프로그램	89%	11%	4.33
K	계획되지 않은 직무 순환 프로그램	11%	89%	3.11
L	계획된 직무 순환 프로그램	56%	44%	4.22

출처 : William J. Rothwell, Results of a 2004 Survey on Succession Planning and Management Practices. 미출간 조사 결과(University Park, Penn.: The Pennsylvania State University, 2004).

예시	내부 개발을 위한 핵심 전략들
10-9	

전략	이용 방법	적절한 / 부적절한 이용
1. 대학에서 지원하는 비실무 학위 프로그램	• 핵심 직위의 업무 요건과 연결되는 직무 관련 과정을 명확히 한다. • 개인 기술을 업무 요건과 비교한다. • 개인의 필요와 관련된 과정을 파악한다. • 직무 요건을 학위/과정 요건에 연결시킨다.	• 적절: - 현장 훈련을 하기에는 폭넓게 공유되지 못하는 전문화된 개인적 요구를 만족시켜야 하는 경우 • 부적절: - 한 명의 직원에게 매우 전문화된 니즈를 만족시켜야 하는 경우
2. 대학에서 지원하는 현장 학위 프로그램	• 위의 1번에서 열거한 비슷한 기초 절차	• 적절: - 자금과 시간을 쓸 수 있을 때 - 몇 사람이 비슷한 니즈를 공유할 때 - 사내 전문가를 쓸 수 없을 때 • 부적절: - 위에서 열거한 상황이 만족될 수 없을 때 - 매우 전문화된 니즈를 만족시켜야 하는 경우
3. 외부 교육업체가 지원하는 비실무 공개 세미나	• 비실무 세미나 정보가 제시하는 교육 목표와 업무 요건을 비교한다.	• 적절: - 필요가 몇몇 사람에게 한정되어 있을 때 - 사내 전문가가 교육 니즈에 맞지 않을 때 • 부적절: - 한 명의 직원에게 독특한 니즈를 만족시켜야 하는 경우

4. 대학에서 지원하는 비실무 공개 세미나	• 위의 3번과 같다.	• 적절 : - 위의 3번과 같다. • 부적절 : - 위의 3번과 같다.
5. 관리직 직원을 위한 사내 교육	• 핵심 직위에서 업무 요건과 직접 관련되는 구체적인 교육 목표를 정의한다. • 많은 개인들을 위해 교육 목적 달성 과정을 이용한다.	• 적절 : - 적절한 자원이 존재할 때 - 내부 전문가를 이용할 수 있을 때 - 제시간에 니즈가 만족될 수 있을 때 • 부적절 : - 하나의 조직에 독특한 요건을 만족시켜야 하는 경우 - 장기의 경험적 학습을 요구하는 목표를 만족시켜야 하는 경우
6. 외부에서 들여와 커스터마이징한 사내 교육	• 한 사람 이상이 공유하는 학습 니즈를 파악한다. • 상업 출판사에서 출간된 훈련 교재를 찾아 사내 사용을 위해 변형한다. • 그룹에 전달한다.	• 적절 : - 몇 사람이 공통된 학습 요구를 공유할 때 - 조직 외부에서 개발된 자료를 변형하는 전문가가 존재할 때 - 적절한 훈련 자료가 어디에 있는지 찾을 수 있을 때
7. 계획되지 않은 OJT	• 고잠재 직원과 핵심 직위에서의 모범적인 성과자를 짝짓는다. • 고성과 잠재인력이 모범적인 성과자를 오랫동안 관찰할 수 있게 한다.	• 적절 : - 시간, 돈, 직원 배치가 가장 중요하지 않을 때 • 부적절 : - 고성과 잠재인력이 핵심 직위 현직자의 후임자가 되도록 효율적/효과적으로 준비하는 경우
8. 계획된 OJT	• '말하고 보이고 수행하고 추진하는 접근법'을 활용하여 자세한 개발 계획을 개발한다.	• 적절 : - 핵심 직위 현직자가 본보기일 때 - 시간과 안전의 이유로 일대일 교육이 허용될 때 • 부적절 : - 위의 조건이 만족되지 않을 때

9. 계획되지 않은 멘토링 프로그램	• 멘토링이 무엇인지 사람들에게 알게 한다. • 개인들이 멘토링 관계를 세우고 혜택을 실현하는 방법을 이해하게 돕는다. • 핵심 직위 현직자와 모범적인 성과자가 멘토로서 활동하도록 권장한다.	• 적절: - 조직의 감독 없이 멘토링을 위한 기반을 형성하는 경우 - 개인의 자율권이 권장되는 경우 • 부적절: - 다양성이 권장되어 '서로 다른' 개인 간의 관계가 구축되는 경우 - 특정한 기술을 이전하는 경우
10. 계획된 멘토링 프로그램	• 유용한 멘토-제자 관계를 형성하도록 짝을 짓는다. • 멘토에게는 효과적인 멘토링 기술에 관해, 제자에게는 멘토링 관계를 이용할 수 있는 최선의 방법에 관해 훈련을 제공한다.	• 적절: - 고성과 잠재인력과의 친밀성을 구축하고 주인 의식을 형성하는 경우 - 수시로 '서로 다른 개인들'을 짝지을 경우 • 부적절: - 특정한 기술 구축의 경우
11. 계획되지 않은 직무 순환 프로그램	• 개인들에게 앞으로 필요한 지식, 기술, 능력을 경험할 수 있는 직위로 옮기도록 조정한다. • 개인의 발전을 추적한다.	• 적절: - 충분한 직원 배치가 가능할 때 - 개인 이동이 조직에 중요한 생산성 손실을 야기하지 않을 때 • 부적절: - 상기 조건이 만족되지 않을 때
12. 계획된 직무 순환 프로그램	• 직무 순환에 의해 달성 가능한 학습 목표를 포함하고 있는 구체적인 학습 계약 또는 IDP를 개발한다. • 개인이 경험할 업무 활동들이 미래 업무 요건과 직접 관련되게 한다. • 개인의 정기적인 피드백을 통해 직무 순환이 잘 조율되고 있는지, 그리고 미래 잠재성과 관련된 성과 평가를 통해 업무 진전이 있는지를 관찰한다.	• 적절: - 직무 순환이 효과적으로 운용될 수 있을 만큼 충분한 시간과 직원 배치가 있을 때 • 부적절: - 시간과 직원 배치가 원활하지 않을 때

다른 전략들도 이용될 수 있는데, 그것들은 다음과 같다.

1. 역할 모델(누구) 기준 전략들(Who-Based Strategies). 이 학습 전략들은 고성과 잠재인력들을 모방할 가치가 있는 특별한 재능, 또는 경영 양식을 가진 개인들과 짝짓는 데 초점을 둔다. 예를 들어 고성과 잠재인력을 참여적 관리자 또는 시작, 전환, 혹은 마지막 단계에서 특별한 능력을 가진 사람들과 어울리게 한다.

2. 직무 경험(무엇) 기준 전략들(What-Based Strategies). 이 학습 전략들은 고성과 잠재인력들을 특정한 형태의 경험에 노출시키는 데 초점을 둔다. 예를 들어 분석적 기술, 리더십 기술, 사업을 시작하거나 끝내거나 수동을 자동화 과정으로 바꿀 때의 기술, 또는 특별한 종류의 또 다른 프로젝트에서의 기술을 요구하는 프로젝트, 특별 조사단, 위원회, 직무 등이 그것이다. 추가적으로 팀 간, 부서 간, 사업부 간 위원회는 개인에게 새로운 사람들과 새로운 기능을 볼 수 있게 하고 개인이 그것에 노출될 수 있도록 한다.

3. 실행 시기(언제) 기준 전략들(When-Based Strategies). 이 학습 전략들은 고성과 잠재인력들을 시간 압력에 노출시키는 데 초점을 둔다. 거의 불가능한 기한을 맞추는 것이 그 일례가 될 수 있다.

4. 지역 경험(어디) 기준 전략들(Where-Based Strategies). 이 학습 전략들은 고성과 잠재인력들을 특별한 지역이나 문화에 노출시키는 데 초점을 둔다. 예를 들어 고성과 잠재인력들을 국제적 직무 순환이나 임무를 맡게 해서 다른 문화의 비즈니스에 노출시키거나, 아니면 특별한 프로젝트를 위해 다른 장소로 보내는 것이다. 모든 직무 순환이나 일시적 임무처럼, 국제 임무는 개인이 무엇을 하고 배울지, 그리고 왜 그것을 행동하고 배울 만한 가치가 있는지를 명확히 하는 잘 준비된 계획이 선행되어야 한다. 이러한 접근법은 직원들에게 기대감을 줄 것이며, 그에 따라 무엇을 배우는지는 물론이고 어떻게 실행하는지에 강력한 관심을 불러일으킬 것이다.

5. 근거(왜) 기준 전략들(Why-Based Strategies). 이 학습 전략들은 변화 노력을 이끌

어 내는 사명감의 확인, 즉 학습 경험에 고성과 잠재인력들을 노출시키는 데 초점을 둔다. 예를 들어 고성과 잠재인력들에게 아무도 한 적이 없는 것을 최초로 개척하도록 하거나, 경쟁자들 또는 '업계 최고'의 조직들을 방문하여 '왜 그들이 그와 같은 것을 하는지' 알아내게 한다.

6. 방법(어떻게) 기준 전략들(How-Based Strategies). 이 학습 전략들은 고성과 잠재인력들에게 다른 직무 분야에 관한 철저한 '요령'을 익히는 데 초점을 둔다. 예를 들면 생소한 다른 사업 영역에 고성과 잠재인력을 노출시키는 장기 직무 할당, 특별 임무, 직무 순환 등이 포함된다.

리더십 개발 프로그램의 역할

리더십 개발 프로그램은 승계 계획에서 매우 중요하다. 사실상 리더십 개발 프로그램이라는 타이틀 하에 체계적이고 가시적인 방법으로 잠재적 후보자를 개발하기도 한다. 리더십 프로그램은 또한 인재 풀을 창출할 수 있도록 집단을 개발하기도 한다.

리더십 개발[11]과 리더십 프로그램[12]에 대한 많은 저서들이 있다. 리더십 프로그램은 집단에 역량을 체계적으로 구축하는 구조, 즉 조직 계획을 제공할 수 있다는 점에서 가치가 있다. 리더십 프로그램의 근저에는 두 가지 기본적인 철학이 있다. 그리고 그것은 "리더는 태어나는가, 아니면 만들어지는가?"라는 오래된 질문으로 요약될 수 있다. 한 가지 철학은 누구든 프로그램에 들어오기는 쉽지만 남아 있거나 '졸업'하기는 어렵다는 것이다. 이 철학은 SP&M의 인재 풀 접근법과 잘 어울린다. 두 번째 철학은 프로그램에 들어가기는 매우 어렵지만 머물기는 쉽다는 것이다. 이것은 직원 선발을 개발과 통합하는 접근법과 잘 어울린다.

어떤 의사 결정자들은 리더십 개발 프로그램을 후임자 검증의 수단으로 이용하고자 한다. 이 경우 의사 결정자들은 프로그램 곳곳에 테스트 요소를 집어넣는다. 이 철학은 승진 자격이 '계급장의 획득'을 의미한다고 제안한다. 어려운 과정을 거치기 싫다면 참여할 필요가 없지만(승진도 기대할 수 없다), 포기하지 않는 끈기를 가진 사람들은 결국 더불어 신뢰를 얻게 된다.

코칭의 역할

코칭은 인재 구축의 수단이다. 사실상 코칭은 성과 측면에서 부족한 부분을 보완하고 기술 구축을 위한 많은 다른 목적들에도 이용할 수 있지만,[13] 미래에 기대되는 후임자를 기르는 데 중요한 도구가 될 수 있기 때문에 SP&M에 중요하다. 일반적으로 훈련은 계획을 세워 집중적으로 다루는 데 반해, 코칭은 보다 순간적인 자극에 따르고 다른 사람들의 수행을 도와 주려는 순간의 노력에 의해 추진되는 경향이 있다.[14] 속도가 곧 장점인 시대에 실시간 인재 양성은 많은 관리자들에게 빠르게 역량을 구축하는 수단으로 어필하고 있다.

제임스 헌트(James Hunt)와 조지프 웨인트로브(Joseph Weintraub)는 관리자들이 어떻게 코치해야 하는지에 대해 다음과 같은 구체적인 조언을 제공한다.[15]

- 가장 훌륭한 사람들을 파악하기 위해 노력한다. 코칭은 단지 성과가 안 좋은 사람을 위한 '교정 전략'이 아니다. 오히려 코칭은 미래에 약속된 사람들을 준비하는 데 이용해야 한다.
- 의도됐든 자발적인 것이든, 사람들이 코칭을 찾도록 권장한다.
- 자기 사람들에게 자신이 어떻게 대하는지를 살핀다. 즉, 훌륭한 관리자는 자기

사람에게 감정적으로 대하거나 심하게 비판하는 것을 피한다.
- 시간을 들여 코칭을 제공해 사람들로 하여금 그것을 알게 한다.
- 질문을 하되, 사람들이 무엇을 해야 하는지에 관한 독선적인 언급은 피한다. 질문을 함으로써 관리자들은 직원들에게 철저한 사고를 촉구할 수 있다. 질문은 개발 목적을 갖게 한다. 곧 직원들은 관리자처럼 생각하기 시작할 것이다. 그러나 독선적인 명령은 질문하는 것을 꺼리게 하고, 사람들로 하여금 스스로 생각하지 못하게 하며, 심지어 직속상사의 생각을 본받지도 못하게 한다.
- 조심스럽게 사람들이 무엇을 말하는지, 그리고 어떻게 말하는지 경청한다. 경청은 관리자가 실제로 그들의 직원들에 대해 관심을 기울이고 있음을 증명한다. 따라서 정서적 유대의 중요성을 낮게 평가해서는 안 된다.
- 코칭이 필요한 사람들의 행동을 관찰한다. 직원들에게 관리자의 도움을 요청하거나 이러한 것을 관찰하게 한다.
- 적절한 때에 구체적으로 유용한 피드백을 제공한다. 만일 사람들이 그들의 행동에 대해 피드백을 요청하지 않는다 해도, 그들의 미래 개발에 도움이 되는 한 피드백을 준다.
- 긍정적인 성과는 물론, 긍정적인 성과가 아니더라도 의견을 줘야 한다.

여러 조직은 이제 코칭에 인증서를 교부하고 있으며,[16] 효과적인 코치의 역량에 대한 정보는 웹 탐색을 통해 간단히 찾을 수 있다.[17]

임원 코칭의 역할

임원 코칭은 점점 더 많이 활용되고 있다.[18] 어떤 사람들은 전임 임원 코치를 직업으로 가지고 있다. 또 전문적인 임원 코칭 학회가 구성되었으며,[19] 사람들이 임원 코치로서 자격을 얻을 수 있고,[20] 어떤 지역에서는 임원 코치가 개인 트레이너와 함께 임원의 특전으로 지위가 올라가고 있다. 이처럼 임원 코칭의 역량은 일반적인 코칭 역량과 구분된다.[21]

승계에서 임원 코칭은 간과할 수 없을 만큼 중요하다.

임원 코칭의 한 가지 전략은 관리적 또는 기술적 책임에 대해 확실히 준비되지 못한 사람들을 계속적으로 독려하며, 그러한 사람들에게 실시간으로 실무 훈련을 제공하는 방법으로서 임원 코칭을 제공하는 것이다. 이 전략은 필자가 옹호하는 전략은 아니지만, 승계 문제에 대해 오랫동안 묵인해 온 조직에서 사용하고 있는 방법이다.

임원 코칭에는 두 가지 종류가 있는데, 이 두 가지는 확연히 다르다.

'직무 내용 코치'(job content coach)는 직무 내용에 익숙하지 못한 개인들에게 지침을 제공하는 것이다. 한 예로 현재의 CEO에게 조직에서 퇴임한 CEO를 코치로서 배정하는 것이다. 전임 CEO는 직무상 무엇이 필요한지 확실히 알고 있으므로 지침을 제공할 수 있다.

'프로세스 코치'(process coach)는 직무 내용 코치와 다르다. 프로세스 컨설턴트와 비슷하게, 프로세스 임원 코치는 표면적인 이미지, 그가 집단에 미치는 영향, 결과를 달성하기 위해 집단과 함께 일하는 방식에 초점을 둔다. 이때 필요한 것은 프로세스 자문가 에드거 샤인(Edgar Schein)이 고안한 조직 개발 중재와 관련된 전문화된 역량에 대한 이해이다.[22]

코칭 프로세스를 실현하기 위해서는 코칭의 목적을 밝히고 일정을 설명하는 코치와 대상자 사이의 계약 수립에서부터 시작한다. 비공개 합의가 일반적인데, 주로 코치가 컨설팅 기간 동안 접하게 되는 민감하고 독점적인 정보와 관련된 사항에 대해 비공개 합의가 이루어진다. 그러나 컨설팅 노력을 위한 업무 계획은 명확히 언급되어야 한다. 모든 업무가 얼굴을 맞대고 수행되어야 하는 것은 아니며 전화 통화,

웹 대화, 컴퓨터 채팅, 그리고 코칭 프로세스를 용이하게 하는 다른 방법을 활용하는 것도 가능하다. 코칭은 임원에 대한 심리학적인 진단/평가까지도 관리할 수 있으며, 이미 일반화되어 이용 가능한 것에서부터 자격증 또는 학위가 필요한 것까지 다양하다.

멘토링의 역할

멘토는 간단히 말해 선생이다. 따라서 멘토링은 다른 사람을 가르치는 과정이다. 일상적인 용어로, 멘토는 학습에서 사람들을 도와주는 조력자이다. 도움을 받는 사람은 '멘티'(mentee) 또는 '제자'(protégé)라고 불린다. 멘토를 후원자와 혼동해서는 안 된다. '후원자'(sponsor)는 실제로 문을 열고 구체적 산물, 사람, 그리고 임무나 경험에 대한 접근을 제공하는 사람이다. 반면 '멘토'(mentor)는 조언을 제공하는 사람이다. 물론 멘토가 후원자가 될 수 있고, 후원자가 멘토링에 참여할 수도 있다.

멘토링은 관리자들과 다른 사람들에게 관심을 불러일으켰고, 최근 몇 년 동안 많은 관련 저서들이 출간되었다.[23] 이러한 최근의 멘토링에 대한 관심은 회사의 필요에 맞춰 사람들의 역량 구축을 위해 그들에게 지원을 제공함으로써 조직에서 대체 후보 인력군과 인재를 구축하는 데 도움이 되기 때문이다. 따라서 멘토링은 코칭, 임원 코칭과 마찬가지로 대체 후보 인력군 구축이라는 목적을 달성하는 수단이다. 그러나 멘토링은 코칭과 다르다. 코치는 멘토처럼 지원과 지시를 제공하지만, 멘토는 다른 사람의 성공을 돕는 데 관심이 있다. 정의상 멘토는 대체로 조직의 직속상사가 아니다. 왜냐하면 보고 관계는 진정한 도움 관계에 필수적인 객관성을 보장하지 못하기 때문이다. 요컨대 멘토는 멘티에 의해 얻거나 잃을 수 있는 위치일 수 없지만, 코치는 그럴 수 있다. 사실, 운동 코치들은 선수들이 얼마나 잘 수행하는지에 '개인적 욕심'이 있으며, 따라서 그들은 직속상사인 셈이다.

멘토 프로그램은 조직에 의해 도입될 수 있다. 그들은 공식적(계획된) 혹은 비공식적(계획되지 않은)일 수 있다. 공식적 프로그램의 일반적인 접근법은 조직의 HR 부서가 중재 역할을 맡아, 멘토를 원하는 전도유망한 사람과 누군가를 맺어 주는 것이다. 그는 조직에서 적어도 한 단계 이상 위에 있지만 직접적인 지휘명령 계통 밖에 있는 사람이다. HR 부서는 심지어 아침, 점심, 저녁 식사 값을 지불하면서까지 두 사람을 만나서 그들의 관계를 약속한다. 그 후에 그들은 더 이상 HR 부서의 간섭 없이 스스로 만남을 계속한다. 또한 일반적으로 공식적 멘토링 프로그램은 멘토와 멘티를 위한 훈련을 마련할 수도 있다. 왜냐하면 사람들은 자신들이 어떤 역할을 수행해야 하는지 모르기 때문이다.

비공식적 멘토링 프로그램의 경우, 계획되지 않은 것은 사실상 '프로그램'이라고 할 수 없기 때문에 모순이다. ― 개인들이 자신들의 개발에 도움을 줄 수 있는 사람을 찾아 접근하도록 권장한다. 성공한 사람들은 거의 언제나 멘토를 가지고 있다. 결과적으로 멘토링은 멘티들이 먼저 그들에게 도움이 되는 사람들을 찾아 도움을 요청하는 적극성을 요구한다. 그러한 도움은 이를테면 "나는 이 상황을 어떻게 처리할까?"와 같은 한정적 상황일 수 있으며, 또는 "나는 미래를 위해 어떻게 체계적으로 준비를 해서 나의 개인 개발 계획을 추진할까?"처럼 포괄적일 수도 있다.

멘토는 멘티가 바라는 직무에 위치하고 있기 때문에 도움이 될 수 있으며, 따라서 그들은 조언을 제공할 수 있는 좋은 위치에 있다. 결국 승계 계획 및 관리에 대한 한 가지 핵심적인 가정은 개인은 의지할 경험 기반이 없다는 단순한 이유 때문에 자기 자신의 개발을 이끌 수 없다는 점이다. 그리고 정확히 이러한 점에서 멘토는 도움이 될 수 있다.

멘토링은 승계 계획 및 관리에서 어떻게 제 역할을 다할 수 있을까? 단지 관계가 분명해야 한다. 개인이 지금 가지고 있는 역량과 그들이 승진하기 위해 가져야 하는 역량 간의 격차를 좁힘에 있어서 그들은 미래를 위해 자신들을 준비시키고 그들이 필요한 역량을 마련해 주는 사람들, 업무 과제, 그리고 경험들을 찾아야 한다. 멘토는 어떤 사람들을 찾아야 하는지, 어떤 업무 과제를 추구해야 하는지에 대해 조언을 제공할 수 있고, 가장 중요하지만 흔히 간과되는 것으로, 멘토는 멘티의 발전을 돕거나 가로막는 회사의 정치적 문제를 다루는 조언도 제공해 줄 수 있다. 다음으로, 멘토에게 최대한의 효과를 얻어내기 위해서, 계획을 세워 멘토링을 시작하라. 계획은 '도움을 요청하는' 멘티에 의해 준비할 수 있지만, 어떠한 도움이 필요한지에 대해서는 매우 분명해야 한다.

멘토링에서 고려되는 한 가지 독특한 문제는 소위 '개발 딜레마'(developmental dilemma)이다. 개발 딜레마는 멘토링 과정에서 나온 특별한 문제에서 그 이름이 생겼다. 나라를 발칵 뒤집은 클라렌스 토머스(Clarence Thomas)와 애니타 힐(Anita Hill)의 스캔들 이후 수 년 동안, 이성간 멘토링은 겉보기에 대한 우려 때문에 복잡해졌다. 핵심은 젊은 여성 임원을 보살피는 나이 든 남성 임원, 또는 젊은 남성 임원을 보살피는 나이 든 여성 임원은 그들과의 관계가 오해를 받을 수 있다는 것이다. 일반적으로 멘토링 관계는 비공식적인 만남, 아침, 점심, 저녁 식사, 또는 딱딱한 분위기가 아닌 다른 만남들과 함께 하는 상호 작용이 필요하다. 잡담은 인기 있는 오락거리가 주이기 때문에 다른 사람들이 볼 수 있는 것은 대개가 일상적인 일이다. 보호자로서 제3자를 동반하는 경우에만, 아니면 모든 것이 보이는 공개된 장소에서만 나이 든 임원이 멘토링 만남을 가져야 하는 것은 어떤 상황에서는 문제가 될 수 있다.

이러한 문제는 어떻게 처리할 수 있을까? 조직이 도울 수 있는 몇 가지 방법은 다음과 같다.

1. 인식의 문제를 처리하는 방법 그리고 그것들을 관리하는 방법에 대해 조언을 제공한다.
2. 두 사람의 만남을 관찰할 수 있는 사람에게 분명히 밝힌다. 입이 가벼운 사람들이 잘못된 소문을 내지 않도록 무엇에 대한 만남인지, 왜 그 만남이 이루어

지고 있는지 가끔씩 미리 이야기해 둔다.
3. 만남의 목적을 전적으로 무시하고 소문이 퍼져 나갈 경우 그에 대응한다.
4. 멘토와 멘티에게 논의의 일부로서 이성간 문제를 다루는 훈련을 제공한다.

액션 러닝의 역할

액션 러닝은 코칭, 임원 코칭, 멘토링, 리더십 개발 프로그램처럼 역량을 구축하는 또 다른 방법이다. 1971년 레그 레번스(Reg Revans)[24]에 의해 고안된 액션 러닝은 문자 그대로 '행동을 통한 학습'을 의미한다. 이에 대한 여러 가지 접근법이 있지만,[25] 행동에 대한 성향은 모두 공통적이다. 이것은 온라인 또는 사이트 상의 훈련이 아니다. 오히려 역량을 구축하고 문제 해결, 비전 창출, 목표 탐구, 강점 부각에 초점을 두는 실천적인 학습이다.[26]

전형적으로 액션 러닝의 참가자는 실천적이며 실제 상황의 문제를 다루기 위해 소집된다.[27] 그들은 팀 결속에 대한 사안과 개발 요구의 만족에 기여하는 개인적 능력을 바탕으로 선발될 수 있다. 그들은 정보를 모으고, 해결책들을 실험하거나 실행하며, 실행하는 동안 학습되도록 한다.

액션 러닝을 적절하게 이용하기 위해, 조직의 리더들은 올바른 사람들을 선발해 올바른 팀에 배치해야 한다. 그렇게 함으로써 개인들은 행동하는 동안 배우게 된다. 그리고 조직은 문제에 대한 해결책, 분명한 개념적 시각, 또는 강점의 부각을 통해 놀라운 발전을 도모할 수 있다.

요약

내부에서의 승진은 승계 계획을 실행하는 중요한 방법이다. 그렇기 때문에 조직은 대체 후보 인력군을 검증하고, 명확한 내부 승진 정책을 수립함으로써 이에 합당할 때에 내부 승진을 보장해야 한다. 또한 개인 개발 계획(IDP)을 준비해 개인이 현재 하는 것과 승진을 위해 해야 하는 것 사이의 간격을 좁혀서, 타당하다면 내부 개발을 이용하여 IDP에 규정된 학습 목표들을 실현해야 한다.

그러나 내부 승진과 내부 개발이 승계 계획 및 관리 니즈를 충족시킬 수 있는 유일한 수단은 아니다. 승계 계획 및 관리의 영역 밖에 있는 다른 수단들은 다음 장에서 다루어진다. 비즈니스 프로세스 리엔지니어링과 프로세스 향상 등에 익숙한 요즘 시대에, 승계 계획 및 관리에 관여하는 사람들은 직무 이동에 의존하는 전통적인 승계 방법이 아니라 업무 요건을 만족시키는 방법들에 대해 어느 정도 알고 있어야 할 것이다.

11

내부 개발 이외의 다른 방법들의 평가

　전통적인 접근법은 핵심 직위에 대한 후임자를 내부적으로 준비하는 것이다. 승계 계획 및 관리(SP&M)에 대한 어떤 설명에서는 전통적인 접근법을 대체 계획의 한 형태로서 다룬다. 이러한 과정에는 몇 가지 핵심 가정들이 있다. (1) 핵심 직위는 공석이 발생할 때마다 대체될 것이다. (2) 조직에서 ― 그리고 종종 부문 내에서 ― 이미 일하고 있는 직원들은 대체의 주요 원천이다. (3) 승계 계획의 효과를 측정하는 핵심 측정 지표는 공석이 발생할 때마다 최소한의 지체와 노력으로 내부에서 채워질 수 있는 핵심 직위의 비율이다. 일부 조직은 다음과 같은 네 번째 가정을 추가한다. 보호받는 집단이 내부적으로 준비된 핵심 직위의 우수한 대체인력들 사이에서 잘 드러나도록 대체인력의 다양성이 보장되어야 한다.

　체계적인 SP&M 접근법은 주요한 장점들을 가지고 있다. 첫째, 승계를 예측 가능하게 한다. 핵심 직위에서 공석이 발생할 때마다, 사람들은 정확히 무엇을 해야 할지 안다. 대체인력을 찾는 것이다. 둘째, 후임자들 상당수가 조직원이기 때문에, 직원 개발의 투자는 생산성과 이탈에서의 손실을 최소화하는 정당한 근거가 될 수 있다.

그렇지만 SP&M이 전통적인 방식으로 운영될 때 흔히 승계 계획 및 관리는 '조직표 상의 빈 이름을 채우는' 공허한 관행이 될 수 있다. 그에 대한 우려는 전략가들에게 전통적인 내부 대체 관점에 대한 혁신적인 대안의 탐구를 찾도록 하였다. 이 장에서는 이러한 대안들과 그것이 SP&M의 전통적인 접근법 대신에 이용되어야 할 때가 언제인지에 초점을 둔다.

'승계 관리'보다는 '일이 실행되도록 하는 것' (getting the work done)을 위한 관리의 필요성

『개념적 블록버스팅』(Conceptual Blockbusting)에서 제임스 애덤스(James L. Adams)는 문제에 대한 자연스러운 반응은 대답을 찾음으로써 그것을 해결하려는 것인 듯하다. 흔히, 첫 번째로 찾아낸 대답을 택하고 추구한다. 왜냐하면 선택할 수 있는 대안을 충분하게 하기 위해 다른 대안을 찾는 데 시간과 정신적 노력을 낭비하는 것을 꺼리기 때문이다. 문제 해결에 대한 이러한 접근법은 모든 종류의 가장 이상적인 결과를 가져온다.[1]

승계 계획 및 관리도 애덤스가 지적한 동일한 자연스러운 반응에 희생양이 될 수 있다. 공석이 발생할 때마다 조직은 동일한 문제에 부딪힌다. '자연스러운 반응'은 즉각적인 대체를 찾는 것이다. '현직자를 복제하려는' 경향이 있을 수도 있다. 즉, 새로운 사람에 맞추는 필요를 최소화하기 위해 현직자와 닮은 누군가를 찾는 것이다. 그렇지만 대체가 항상 적절한 것은 아니다. 아래에 열거된 질문 가운데 어느 하나도 '예'라고 대답할 수 있다면, 불필요한 대체에 대해 생각해 보라(예시 11-1 참조).

| 예시 11-1 | **핵심 직위 현직자의 대체가 불필요할 때의 결정 : 플로차트**

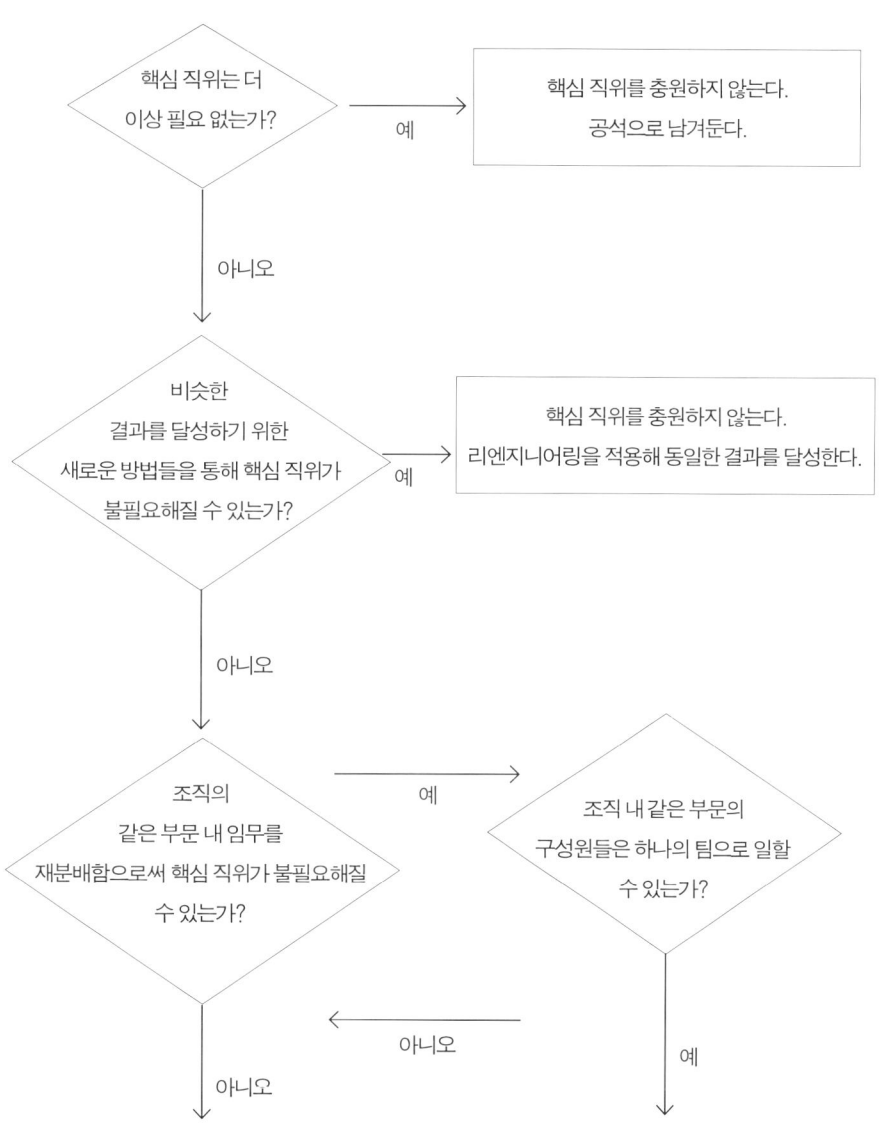

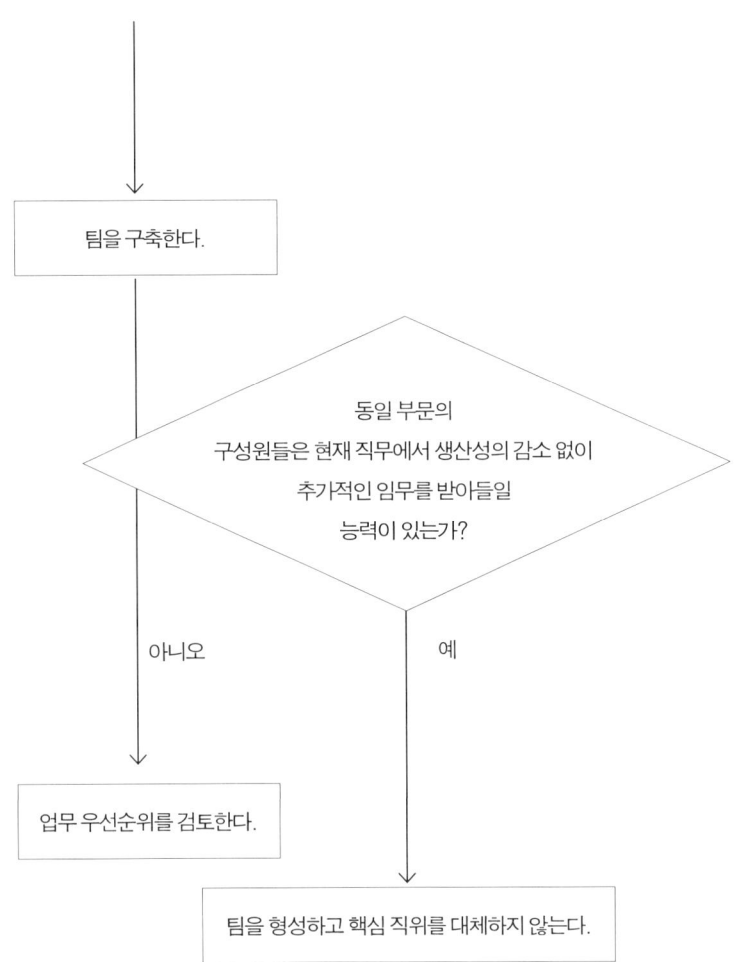

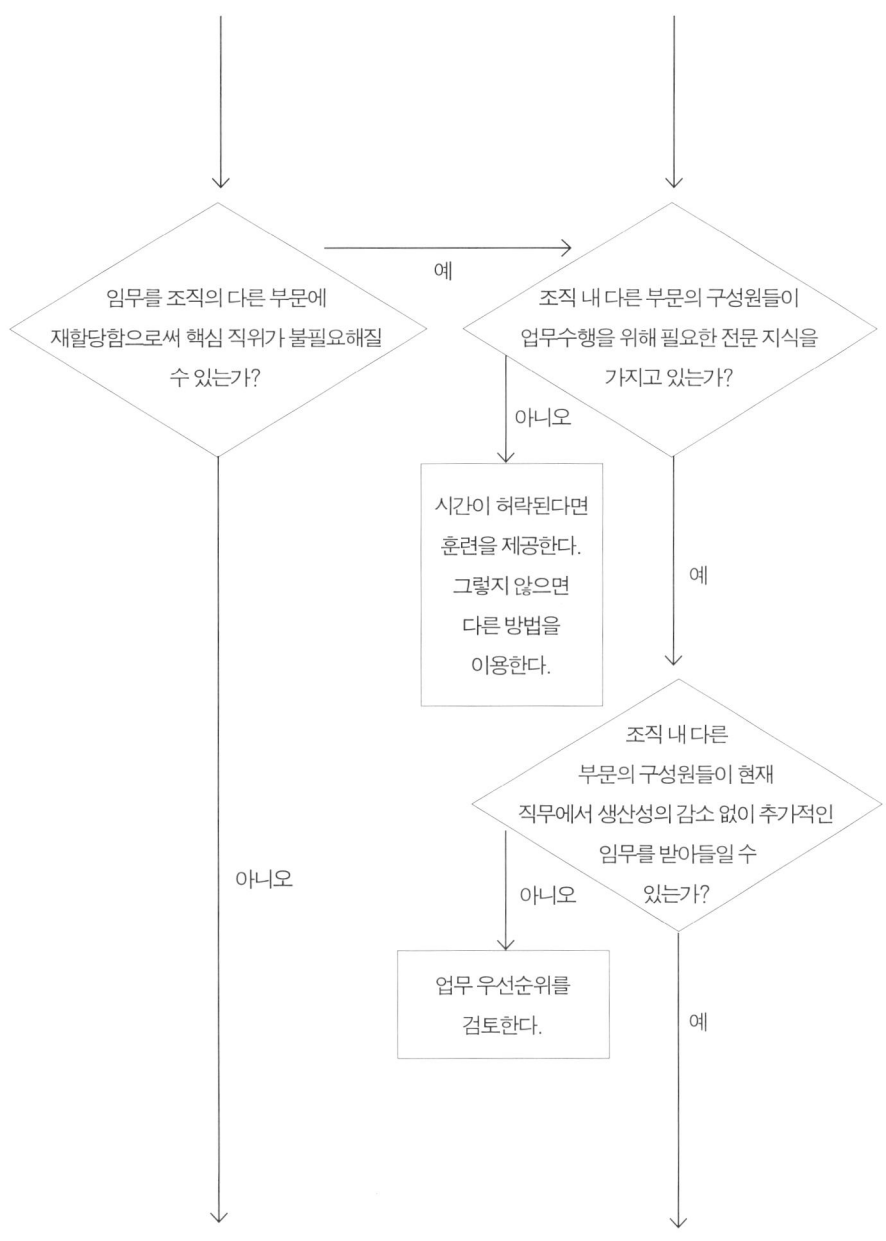

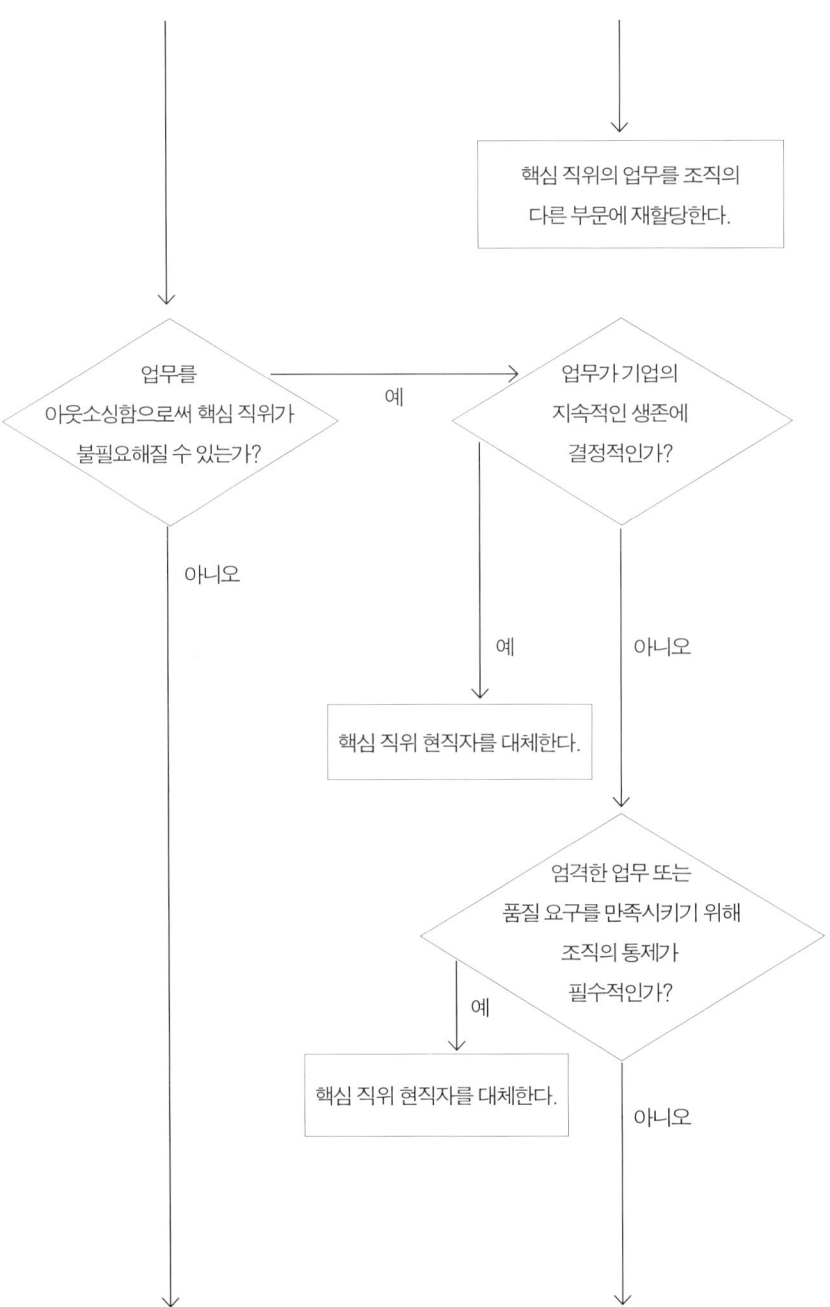

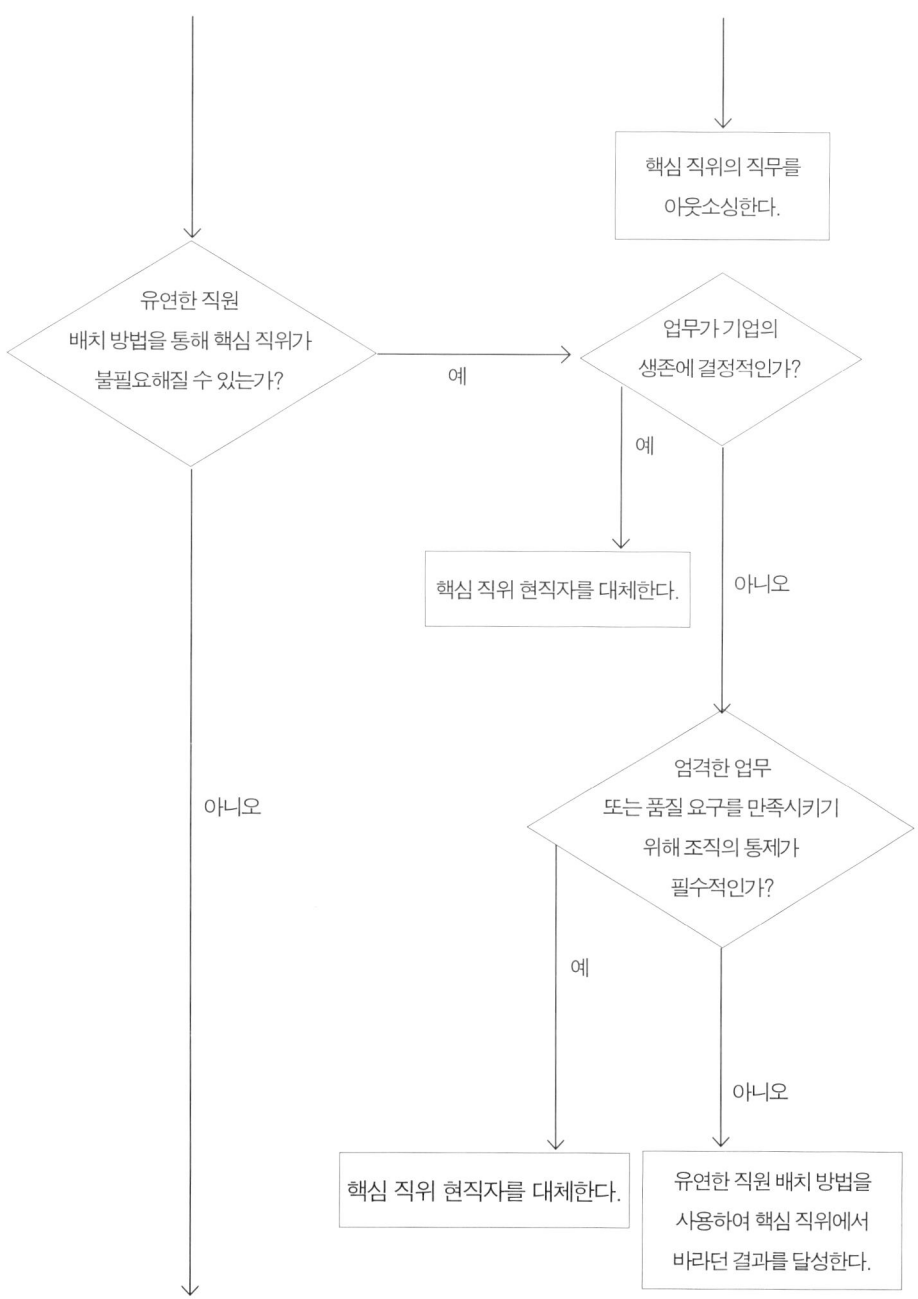

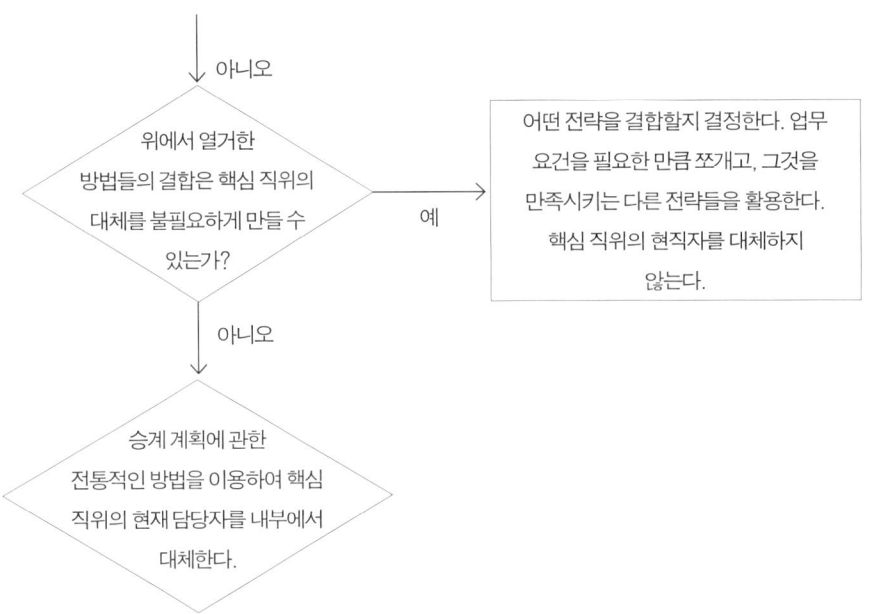

질문 1 : 핵심 직위는 더 이상 필요 없는가?

핵심 직위가 더 이상 수행할 가치가 없을 때 대체는 필요하지 않다. 그러한 상황에서 '핵심' 직위는 더 이상 '핵심'이 아니다. 의사 결정자들은 공석이 발생할 경우 핵심 직위의 미충원을 선택할 수 있다. 물론, 이 질문에 '아니오'라고 생각한다면 여전히 대체자를 찾아야 한다.

질문 2 : 비슷한 결과를 달성하는 새로운 방법들을 찾음으로써 핵심 직위가 불필요해질 수 있는가?

만일 핵심 업무 결과가 다른 방법으로 달성될 수 있다면 대체는 필요하지 않을 수 있다. 이러한 측면에서 베스트셀러 작가인 마이클 해머(Michael Hammer)와 제임스 챔피(James Champy)가 정의한 비즈니스 프로세스 리엔지니어링에 의해 영향을 받을 수 있다. 그들은 비즈니스 프로세스 리엔지니어링을 "비용, 품질, 서비스, 속도와 같이 성과에 대한 결정적인, 오늘날의 측정에서 인상적 개선을 달성하는 비즈니스 프로세스에 대한 기본적인 재사고 및 근본적인 재설계"라고 정의했다.[2] 만일 기업이 업무 프로세스를 리엔지니어링하고, 그에 따라 한때 낡은 프로세스에 핵심이었던 직위를 제거할 수 있다면, 핵심 직위 현직자의 대체는 불필요해질 것이다. 요컨대 핵심 직위는 리엔지니어링되어 사라질 수 있다.

루믈러(Rummler)와 브라치(Brache)가 제안한 모델을 프로세스 개선에 적용해 보자.[3]

1. 재점검할 결정적인 비즈니스 문제 또는 프로세스를 파악한다.
2. 그 문제 또는 하부 프로세스와 관련된 결정적인 프로세스를 선별한다.
3. 프로세스 개선 팀의 리더와 구성원들을 선발한다.
4. 프로세스 개선 방법에 대해 팀을 훈련시킨다.
5. 업무 흐름이 어떤지, 업무 방법/도구를 통해 어떤 변형을 거치는지, 제품이나 서비스가 '고객들'에게 공급될 때까지의 흐름을 보여주는 '현재의 지도'를 개발한다.
6. 결정적인 비즈니스 문제 또는 프로세스에 영향을 미칠 수 있는, 부족하거나 과한 또는 비논리적인 요소인 단절 요소을 찾는다.
7. 그 단절 요소를 분석한다.
8. 업무 처리에 더욱 효율적이거나 효과적인 방법을 제시하는 '앞으로의' 지도를 개발한다.
9. 기대하는 것에 대한 척도 또는 기준을 세운다.
10. 변화를 추천한다.
11. 변화를 실행한다.

본질적으로 위에서 언급한 단계들은 '핵심 직위를 리엔지니어링하여 사라지게 하는' 방법을 적용할 수 있는지를 결정하는 데 이용될 수 있다. 만일 그렇다면, 어떤 후임자도 필요 없을 것이다. 그렇지만 업무 프로세스는 새로운 임무를 받아들이는 사람들에게 새로운 역량을 요구하면서 해체 후 재배치할 수 있다.

질문 3 : 임무(Project)를 팀에게 재분배함으로써 핵심 직위가 불필요해질 수 있는가?

만일 대답이 '예'라면, 동일한 직능 또는 업무 단위의 직원(팀)에게 업무를 맡김으로써 동일한 업무 결과의 달성이 가능할 것이다. 그렇지만 두 가지 주의할 것이 있다. 첫째, 만일 직원들이 팀으로서 활동하지 않았다면, 팀 구축 그리고 응집력 있는 그룹으로 일하기 위해 팀워크에 관한 훈련을 받아야 할 것이다. 둘째, 만일 유능한 팀 구성원들이 이미 개인의 수용 범위만큼, 또는 그 이상으로 일을 하고 있다면, 팀에 추가적인 임무 부가는 성공적이지 못할 것이다.

질문 4 : 임무를 조직의 다른 부문에 재할당함으로써 핵심 직위가 불필요해질 수 있는가?

요컨대 재조직화, 업무 책임을 다른 직능이나 조직 단위로 옮김으로써 핵심 직위의 충원을 피하는 것이 가능한가? 이것이 가능하다면, 핵심 직위 현직자의 대체는 불필요할 것이다. 그러나 조직의 같은 부문에서 팀에 업무를 재분배할 때와 마찬가지로, 핵심 직위 임무를 이어받은 사람들이 업무수행에 적합하게 훈련되었는지, 그리고 현재 직무의 생산성 희생 없이 그것들을 할 수 있는지 평가하라. 만일 두 조건이 만족된다면, 핵심 현직자의 대체를 피하기 위해 업무 책임을 조직의 다른 부문으로 옮기는 것을 고려하라.

질문 5 : 업무를 아웃소싱함으로써 핵심 직위가 불필요해질 수 있는가?

이것이 가능하다면, 핵심 직위 현직자의 대체는 불필요할 수 있다. 동일한 결과가 핵심 직위 현직자의 대체보다 비용면에서 더욱 효과적일 수 있다. 다만 위의 질문에 대답할 때 '중대성'(criticality)과 '통제'(control)라는 두 가지 핵심 문제를 신중히 고려해야 한다. 만일 업무가 조직의 계속적인 생존에 결정적이라면, 아웃소싱은 현명하지 못할 수도 있다. 왜냐하면 그것은 조직의 계속적인 생존에 거의 또는 아무런 이해 관계가 없는 개인이나 집단에 너무 많은 영향력을 줄 수 있기 때문이다. 만일 핵심 업무가 외부 원천을 찾을 수 없는 엄격하고 특별한 요건을 만족해야 한다면, 아웃소싱은 적절한 방법이 아닐 수 있다. 왜냐하면 아웃소싱을 통해 핵심 직위자의 활동을 통제하는 것은 사내에서 업무를 수행하는 것만큼 시간을 소모할 수 있기 때문이다.

질문 6 : 유연한 직원 배치 방법을 사용함으로써 핵심 직위가 불필요해질 수 있는가?

상시 비상근 또는 임시 비상근 직원, 직원 순환, 또는 인턴의 사용으로 동일한 결과를 달성할 수 있는가? 만일 대답이 '예'라면, 핵심 직위 현직자의 대체는 필요 없을 것이다. 그렇지만 아웃소싱에서와 마찬가지로, 중대성과 통제에 관심을 두어야 한다. 만일 핵심 업무가 조직의 계속적인 생존에 결정적이라면, 혁신적인 직원 배치법의 이용은 그것이 조직의 존재에 거의 또는 전혀 이해 관계가 없는 개인이나 집단에 너무나 많은 영향력을 주기 때문에 현명하지 못하다. 만일 업무가 숙달이 필요한 엄격하고 전문화된 요건을 갖춰야 하는 업무라면, 비상근 인재는 필요한 숙련도에 도달하거나 이를 유지할 수 없을 것이다.

질문 7 : 위에서 열거한 방법들의 결합으로 핵심 직위에서 대체 필요성을 제거할 수 있는가?

달리 말해, 핵심 직위로부터 바라는 핵심 결과 또는 산출물을 잘라내서 리엔지니어링, 팀 기반 경영, 조직 재설계, 또는 다른 수단들을 통해 독립적으로 처리하는 것이 가능한가? 만일 이 질문에 '예'라고 대답할 수 있다면, 핵심 직위 현직자가 제공하는 것처럼 조직이 동일한 결과를 대체할 필요 없이 분명히 달성한다는 것이 가능할 것이다. 예시 11-2에 나타나는 워크시트를 이용하여 위에서 열거한 질문 가운데 어떤 경우든 '예'라고 대답할 수 있을 때를 결정하라.

| 예시 11-2 | **승계 계획 및 관리의 전통적 접근법에 대한 대안을 파악하기 위한 워크시트** |

지시 : 이 워크시트를 이용하여 승계 계획의 전통적인 접근법, 즉 조직 내부에서 또는 부문 내에서의 승진에 대한 대안을 파악하는 데 도움을 얻을 수 있습니다.

아래의 첫 번째 공간에는 당신이 파악하고 있는 핵심 직위를 직책에 따라 적으십시오. 그런 다음, 아래 두 번째 공간의 왼쪽 행에 제시된 질문에 답하십시오. 오른쪽 행에 당신의 대답을 적고, 승계 계획의 전통적인 접근법에 대한 대안적인 방법에 대해 적으십시오. 워크시트 작성을 끝내면, 당신의 대답을 조직의 다른 사람들과 공유하고, 가능하다면 그들의 평가를 당신의 것과 비교해 보십시오. 필요하다면 용지를 추가할 수 있습니다.

이러한 활동에는 옳고 그름이 없습니다. 이 활동의 목적은 당신에게 승계 계획 요구를 만족시키는 창조적 방법에 대한 도움을 제공하는 것입니다.

공간 1 : 핵심 직위는 무엇인가? (직책을 제시하라.)

핵심 직위에 대한 질문	대답 (내부에서의 단순한 대체를 피하기 위한 아이디어를 설명하라.)
핵심 직위는 더 이상 필요 없는가?	
비슷한 결과를 달성하는 새로운 방법들을 찾음으로써 핵심 직위가 불필요해질 수 있는가?	

- 조직 내 같은 부문에 임무를 재분배함으로써 핵심 직위가 불필요해질 수 있는가?

- 조직 내 다른 부문에 임무를 재할당함으로써 핵심 직위가 불필요해질 수 있는가?

- 업무를 아웃소싱함으로써 핵심 직위가 불필요해질 수 있는가?

- 유연한 직원 배치 방법을 통해 핵심 직위가 불필요해질 수 있는가?

- 위에서 열거한 방법들의 결합이 핵심 직위의 대체 필요성을 제거할 수 있는가?

은퇴자 기반의 혁신적인 접근법

승계 계획 및 관리는 이것 아니면 안 된다는 식의 제안은 없다. 문제의 일부 원인이기도 한 은퇴를 앞에 둔 베이비 붐 세대를 해결책으로 활용함으로써 업무수행에 필요한 직원 배치를 만족시키는 것 또한 가능하다. 은퇴는 꼭 해야만 하는 것이 아니라 선택 사항일 수 있다.

중부 프랑스 어인 retirer('물러남'의 뜻)에서 유래된 '은퇴'(retire)라는 단어는 이제 그 의미가 재창조되고 있다.[4] 고령의 노동자들은 널뛰기하는 주식시장 때문에 은퇴 시기를 늦추고 있다. 건강 보험 범위가 축소된 것도 그 원인 중 하나이며, 이에 따라 그들의 연금도 줄어들고 있다. 기업의 일부 관찰자들은 인재 부족 현상이 나타날 것이라고 걱정하기까지 한다.[5] 동시에 직원들은 충원하기 어려운 직위를 풋내기나 검증되지 않은 임시직으로 채움으로써 야기되는 혼란을 경험하고 싶어하지 않는다. 한 연구자는 현재 은퇴자의 12~16퍼센트만이 은퇴 연령을 넘어서까지 일을 하고 있지만, 베이비 붐 세대의 80퍼센트가 그렇게 하기를 바라고 있다고 한다.[6]

만일 오늘날 대부분의 직원들에게 '은퇴의 재창조'를 말한다면, 그들의 머릿속에 떠오르는 첫 번째는 경험 많은 노동자가 은퇴 연령이 되었을 때 은퇴 선택권을 행사하지 못하게 하거나 은퇴한 사람들을 상근 업무로 다시 불러들이는 것이다. 그러나 많은 다른 선택이 존재하며, 은퇴의 재창조는 조직의 단기 및 장기 인재 필요를 만족시키기 위해 창조적인 방법으로 은퇴 기반의 방법을 활용하는 것을 의미한다.

실제로 은퇴자를 활용할 수 있는 많은 방법들이 있다. 그들은 임시직, 파견 노동자, 컨설턴트, 재택 근무자이거나 먼 지역(심지어 해외)에서 특별 프로젝트를 담당하거나 그들의 후임자를 위해 코치 또는 멘토를 맡을 수도 있다. 많은 다른 선택 또한 가능하다(예시 11-3 참조).

은퇴자 기반을 시도하는 것은 미래를 위한 도전이 될 것이다. 첫 번째 단계는 누가 무엇을 하기를 원하는지, 누가 언제 어떻게 일하기를 원하는지, 그리고 요구되는 은퇴자의 재능을 어떻게 찾고 이용할 것인지를 확립하는 것이다. 은퇴와 함께 수행되는 퇴사 인터뷰의 창조적인 응용, 그리고 그들이 이용 가능한 업무 선택권에 대해 마음을 바꿨는지 알아보기 위해 정기적인 추적이 필요하다. 은퇴자가 가진 역량을 찾아 그것을 창조적으로 활용하기 위해 더 나은 역량과 인재 목록이 필요하다. 또한 새로운 경영 방법이 요구되는데, 왜냐하면 은퇴자는 임의적 경영 습관에 인내심이 많지 않을 수 있기 때문이다.

예시 11-3 은퇴자 기반을 이용하는 10가지 방법

지시 : 이 워크시트를 이용하여 인재 니즈를 충족하기 위해 당신 조직의 은퇴자들을 어떻게 효과적으로 활용할 수 있는지 당신의 생각을 정리해 보십시오. 은퇴로 인해 야기된 인재 요구 또는 부족에 직면하고 있는 모든 주어진 상황에서, 아래에 열거된 각각의 전략들을 생각해 보십시오. 문제 해결을 위해 은퇴자 활용 방법이 상황에 적절한지 '예', '아니오', 또는 '아마도'를 체크하십시오. 두 개 이상의 대안이 결합될 수 있는지 오른쪽 행에 논해 보십시오.

인재 요구를 만족시키기 위해 은퇴자 기반을 이용하는 방법들	이 방법은 상황에 적합한가?			논평 : 두 개 이상의 대안들이 결합될 수 있는가?
그 작업은 다음에 의해 달성될 수 있는가?	예	아니오	아마도	
1 상근 고용으로 은퇴자들을 불러들인다.				
2 상시 비상근 고용으로 은퇴자들을 불러들인다.				
3 필요에 따라 은퇴자들을 부른다.				
4 은퇴자들에게 실제로 해야 할 일을 부여한다.				
5 은퇴자들에게 휴대 전화를 지급하고, 그들을 대기시켜 필요할 때마다 대체 인력의 코칭을 맡긴다.				
6 주어진 승진에 미처 준비하지 못한 이들을 위해 은퇴자들을 코치로 고용한다.				

7	은퇴자들에게 컴퓨터를 지급하여, 필요할 때 온라인 채팅으로 가상 코칭을 하게 한다.				
8	은퇴자들을 온라인 또는 온사이트 트레이너로 이용한다.				
9	은퇴자들을 고용하여 그들이 알고 있는 절차나 다른 정보를 문서로 쓰게 한다.				
10	은퇴자들을 컨설턴트로 고용한다.				
11	기타 (구체적으로 :)				

무엇을 할지 결정

　SP&M을 내부에서의 대체 이외의 대안들과 통합시키기 위한 손쉬운 방법은 없다. 중요한 점은 단순한 대체 이외의 대안이 고려되고 있음을 확실히 하는 것이다. 흔히 그러한 책임은 HR 관리자, HRD 전문가, SP&M 담당자, 심지어 CEO 또는 승계 계획 및 관리에 주요한 책임이 있는 다른 사람들에게 달려 있다. 한 가지 좋은 전략은 다음 두 가지 문제를 다른 적당한 시점에 제기하는 것이다. (1) 후임자를 파악하기 위한 검토 회의 동안. (2) 핵심 직위에 공석이 발생해서 충원을 위해 허락을 구해야 할 경우.

　검토 과정 동안, 운영 관리자에게 대체 요구를 만족시키기 위해 그들이 어떻게 계획을 세웠는지 물어본다. 그때 여러 다른 대안을 제기해서 그들에게 다른 가능성도 고려해 볼 것을 요청한다. 또, 결정적인 요구 영역에 관심을 집중하기 위해 오직 핵심 직위만이 승계 계획 및 관리 노력에서 고려되고 있다는 점을 분명히 하라.

핵심 직위에서 공석이 발생했을 때, 또는 발생하려고 할 때 다시 그 문제를 제기하라. 운영 관리자들에게 단순한 대체 이외의 어떤 대안을 고려했는지 물어본다. 그들 중 일부를 검토하여, 승계는 관습이나 변화의 저항, 또는 쓸데없이 비용이 들거나 비효율적인 다른 문제들이 아니라 업무 요건에 의해 추진됨을 확실하게 한다.

요약

이 장에서는 내부에서의 전통적인 대체에 대한 대안들을 살펴보았다. 대안들은 다음 질문들 중 하나 또는 전부에 대해 '예'라고 대답할 수 있을 때 이용할 수 있다.

1. 핵심 직위는 더 이상 필요 없는가?
2. 비슷한 결과를 달성하는 새로운 방법들을 찾음으로써 핵심 직위가 불필요해질 수 있는가?
3. 조직 내 같은 부문에서 임무를 팀에게 재분배함으로써 핵심 직위가 불필요해질 수 있는가?
4. 조직 내 다른 부문에 임무를 재할당함으로써 핵심 직위가 불필요해질 수 있는가?
5. 업무를 아웃소싱함으로써 핵심 직위가 불필요해질 수 있는가?
6. 유연한 직원 배치 방법을 사용함으로써 핵심 직위가 불필요해질 수 있는가?
7. 위에서 열거한 방법들의 결합을 통해 핵심 직위에서 대체의 필요성을 제거할 수 있는가?
8. 은퇴자를 활용하는 방법이 대안이 될 수 있는가?

후임자를 파악하는 검토 회의 동안에, 그리고 핵심 직위에서 공석이 발생한 경우, 이러한 질문을 제기한다. 필수 업무 요건을 달성하고 조직의 실제 전략 목적을 만족시키기 위해 절대적으로 필요할 때 핵심 직위가 충원된다는 점을 명심한다.

12

승계 계획 및 관리 프로그램을 지원하는 첨단 기술의 이용

인터넷과 월드와이드웹은 전 세계에 많은 영향을 미쳤다. 승계 계획 및 관리(SP&M)에도 마찬가지이다. 많은 조직들은 전자 상거래와 e커머스에 진입하거나, 이미 점유하고 있는 경쟁적 우위를 지키기 위해 경쟁하고 있다.

온라인과 하이테크 접근법도 역시 승계 계획 및 관리에 많은 영향을 미쳤다. 이 장은 4가지 핵심 질문들을 살펴본다. (1) 온라인과 하이테크 방식은 어떻게 정의되는가? (2) 승계 계획 및 관리의 어떤 영역에 온라인과 하이테크 방식을 적용할 수 있는가? (3) 온라인과 하이테크 방식은 어떻게 이용되는가? (4) 이러한 응용을 이용하려면 승계 계획 담당자에게 어떤 전문적인 역량이 필요한가?

온라인 방식과 하이테크 방식의 정의

'온라인 방식'(online methods)은 인터넷, 기업 또는 조직의 인트라넷, 익스트라넷, 월드와이드웹에 의존한다. 온라인 방식을 활용한 사례들은 전통적인 문자 기반 전자 메일에서부터 문자, 음향, 음악, 애니메이션, 정지 화상, 동영상을 통합한 웹 기반 멀티미디어 저작물에까지 이른다. '하이테크 방식'(high-tech methods)은 얼굴을 맞대는 개인간 대화 대신 기술을 사용하는, 온라인 방식 이외의 것이다. 하이테크 방식의 사례로는 영상 회의 또는 음성 원격 회의가 있다.

온라인 및 하이테크 방식을 개념화하는 한 가지 방법은 예시 12-1에서 설명하는 것처럼, 단순함에서 복잡함까지를 한 축에, 비대화식부터 대화식까지 다른 한 축에 연속적으로 분포하는 것으로 생각하는 것이다. 단순한 방식은 대체로 설계하기가 쉽고, 이용하는 데 비용이 적게 든다. 복잡한 방식은 대체로 설계하기가 어렵고, 설계 및 이용에 비용이 많이 든다. 비대화식 방식은 실시간으로 사람들이 참여하지 않는 반면, 대화식 방식은 사람들의 적극적인 참여가 요구된다. 이러한 구분은 온라인 및 하이테크 방식의 이용을 계획하고 예산을 세울 때 중요하다. 대부분의 복잡한 또는 대화식 방식은 흔히 설계 과정에서 특별한 기술을 요하며, 계획하고 이용하는 데 훨씬 비용이 많이 들고 소모적이다.

승계 계획 및 관리를 지원하는 소프트웨어는 점점 더 복잡해지고 있다. 승계 계획 및 관리를 지원할 적절한 기술이 무엇인지를 알아내는 일은 기술 분야의 비전문 사용자들에게는 매우 어려운 일이 되어가고 있다. 정보는 쉽게 손에 넣을 수 있는 것이 아니다. 어떤 소프트웨어가 도움이 될지 알아보고 그 특징들을 비교하는 것은 많은 시간이 소모된다. 한 가지 좋은 방법은 당신의 조직이 소프트웨어를 가지고 무엇을 할지를 명확히 해서, 그러한 요구에 가장 잘 만족하는 제품을 찾는 것이다. 예시 12-2의 점수표를 이용하여 무엇이 필요한지를 알아보는 것을 출발점으로 삼도록 시장에서 인기 있는 밴더들은 다음과 같다.

- AIM의 인재 관리
- 비즈니스 디시전 사의 승계
- 익세큐트랙의 HRSoft
- 피플클릭의 클릭 XG 워크포스
- 필라트의 승계 펄스
- 석세스 팩토스의 노동력 성과 관리
- 소프트스케이프의 인간 자본 관리

추가로 최근의 '인재 관리 시스템의 구매자 가이드'(Buyer's Guide to Talent Management System)를 살펴보라. 많은 소프트웨어 패키지들이 거기에 나와 있다.

예시 12-1 온라인 방식과 하이테크 방식의 연속

	간단함	복잡함
비대화식	• 전자 메일 • 웹 기반 문서 • 음성 기반 훈련 또는 교육 • 동영상 기반 훈련 또는 교육	• 양식에 따른 온라인 도움말 • 디스켓 또는 CD롬으로 배포되는 정책, 절차, 지시, 양식, 도구들
대화식	• 전자로 보내는 문서 조사 • 웹을 통해 작성하는 문서 조사 • PC 기반 음성 원격 회의 • PC 기반 영상 원격 회의	• 그룹웨어 • 대화식 동영상 • 멀티미디어 훈련 자료 • 가상 현실 응용 소프트웨어

예시 12-2 승계 계획 및 관리 시스템 밴더 평가표

지시 : 이 표를 참고하여, 승계 계획 및 관리 소프트웨어의 여러 밴더를 평가하는 자신만의 점수표를 만드십시오. 이 표는 세 부분으로 나누어져 있습니다. 첫 번째 부분은 소프트웨어 제품에 대한 당신의 평가입니다. 두 번째 부분은 판매자에 대한 평가입니다. 세 번째 부분은 소프트웨어에서 제공되었으면 하면 것에 대한 의견을 추가하는 것입니다. 아래의 왼쪽 행에 나열된 각각의 기준에 관한 충분한 증거를 모아서 다음의 점수에 따라 가운데 행에 판매자를 평가하십시오. 0 = 해당 사항 없음. 1 = 마음에 들지 않음. 2= 별로 마음에 들지 않음. 3 = 다소 마음에 듦. 4 = 매우 마음에 듦. 오른쪽 행에는 당신의 점수를 설명하십시오. 판매자에게 '매우 마음에 듦' 이하의 점수를 주었다면, 오른쪽 행에 그 이유를 적으십시오.

1부 : 소프트웨어

	해당 사항 없음.	마음에 들지 않음.	별로 마음에 들지 않음.	다소 마음에 듦.	매우 마음에 듦.	근거
	0	1	2	3	4	

소프트웨어는

1. 당신의 회사에서 사용하는 다른 소프트웨어와 호환되는가? 아니면 호환되게끔 상대적으로 쉽게 만들어질 수 있는가?
2. 사용이 간편한가?
3. 브라우저 기반인가?

4. 다른 형태의 사용자들에게 다른 수준의 접근을 제공할 수 있는가?

5. 당신 또는 다른 사람들이 원하는 종류의 보고서를 제공할 수 있는가?

6. 이를테면 CEO와 같이 개인들에게 맞춤식이 될 수 있는가?

7. 당신이 원하는 수준의 보안을 제공할 수 있는가?

8. 가격 경쟁력이 있는가?

9. 업그레이드에 비용이 드는가?

10. 당신의 조직이 계획하고 있는 필요성에 잘 부합하는가?

2부 : 판매자

	해당 사항 없음.	마음에 들지 않음.	별로 마음에 들지 않음.	다소 마음에 듦.	매우 마음에 듦.	근거
	0	1	2	3	4	

판매자는

1. 다른 고객들과 좋은 거래 관계를 갖고 있는가?

2. 당신의 조직이 필요로 하는 지원을 제공하는가?

3. 요구 사항에 잘 응대하는가?

4. 승계 계획 및 관리에 대해 도움이 될 만큼 잘 아는가?

5. 당신의 조직이 필요한 수준의 지원을 제공하는가?

6. 폭넓은 솔루션과 지속적인 유지 관리를 제공하는가?

7. 당신이나 다른 사람들에게 필요할 수 있는 훈련을 제공하는가?

이제 모든 점수를 더하십시오. 점수가 높을수록 만족도가 높은 것입니다.   합계 : _____

3부 : 추가적인 논평

기술 방식이 응용되는 곳

이 문제를 간단히 설명하자면, 온라인 및 하이테크 방식은 SP&M 프로그램의 거의 모든 영역에 응용될 수 있다. 예를 들어 다음과 같은 데에 사용될 수 있다. (1) SP&M 프로그램 정책, 절차, 행동 계획 수립. (2) 현재 업무 또는 역량 요건 평가. (3)

현재의 직원 성과 평가. (4) 미래의 업무 또는 역량 요건 결정. (5) 잠재성 평가. (6) 개발 격차 축소. (7) 인재 목록 유지. (8) 프로그램 평가. 물론 온라인 및 하이테크 방식은 승계 프로그램에 대해 구체적인 사항까지 공유하고, 훈련과 기술 구축, 또는 실시간 코칭을 제공하는 데에까지 이용될 수 있다. 그것은 직접적인 면대면 대화 대신에 가상 공간에서의 상호 작용을 활용한다. 단점은 기술들이 너무 빨리 퇴화되어 버린다는 사실이다. 오늘날 기술 혁신만큼 빠르게 변화하는 것은 없다.

첨단 기술 응용의 평가 및 활용 방법

SP&M 프로그램에서 온라인 및 하이테크 방식을 이용하기 위해, 예시 12-3에서 제시되는 바와 같은 응용 위계를 할 수 있다. 아래에서는 먼저 위계에 대해 설명하고, 온라인 및 하이테크 방식을 SP&M에 응용하는 방법에 대해 자세히 알아본다.

| 응용 위계 |

'2차 정보 조사'는 SP&M에 대한 온라인 및 하이테크 응용의 가장 낮은 초기 단계이다. 이용 가능한 정보를 쉽게 수집하고 분석하기 위해 웹 또는 조직의 인적 자원 정보 시스템(HRIS)을 이용하는 것이다. 이러한 종류의 2차 정보를 이용하여, 승계 문제의 초우량 사례들과 연구들에 대한 논문, 책, 웹사이트를 찾을 수 있다. 검색 엔진이나 메타 검색 엔진을 이용하여, 승계 계획에 링크된 키워드와 구절 곳곳을 웹 서핑한다.

조직의 HR 정보 시스템을 이용하여, 여러 단계(임원직, 관리직, 전문직, 기술직)에서 직원의 연령과 그들의 예정된 은퇴 연령, 성비, 성과 점수, 이탈률, 결근 등의 정보를 통해 조직의 인력 분석을 수행한다. 이 정보를 이용하여 다음과 같은 질문에 답한다.

- 조직의 각 단계에, 그리고 중요한 조직 또는 계층 그룹에 얼마나 많은 인원이 있는가?
- 위의 직원들은 언제 은퇴하는 것으로 나와 있는가?
- 그러한 직원들 가운데 몇 퍼센트가 법적 보호를 받는 노동 계층인가?
- 단계별로 이탈률은 어떠한가?
- 단계별로 결정적인 이탈률은 어떠한가?
- 직원들은 얼마나 훌륭히 수행하고 있는가?
- 각 단계에서 승계의 잠재적 후보자는 몇 명이며, 조직의 기대치를 충족시키기 위해서는 잠재적 후보자는 얼마나 있어야 하는가?

이러한 각각의 질문들은 기존 정보의 분석을 포함한다. 이것은 응용에 있어 가장 낮은 단계이며, 만일 필요한 기록이 존재하고 적합한 분석법이 있다면 이용하기도 가장 쉽다.

'문서 저장 및 검색'은 위계상 두 번째 단계이다. 온라인 방식은 직무 설명, 역량 모델, 가치 선언, 성과 평가 양식, 잠재성 평가, 대체 도표 등과 같이 SP&M에 중요한 문서를 저장하고 검색하는 데 대체로 유용하다. 조직이 '종이 없는 사무실'이라는 약속을 실현하는 방향으로 나아가면서, 문서 저장과 검색은 더욱 중요해지고 있다. 문서 이미지화는 원고를 스캔 처리하여 전자적으로 보관하는 것이다.

'문서 배포'는 위계의 세 번째 단계이다. 이 단계는 상호 작용성을 강조하며, SP&M 담당자로 하여금 문서를 온라인에 올리도록 한다. 예를 들어 기업의 웹사이트에서 사용자는 직무 설명, 직무 분석 설문지 또는 인터뷰 가이드, 역량 모델, 성과 평가 양식, 개인 잠재성 평가 양식, 개인 개발 계획, 그리고 승진을 위한 훈련까지도 다운로드할 수 있다. 이 외에도 사용자는 온라인 양식을 완성하여 SP&M 담당자에게 보냄으로써 종이 없이 처리된다. 그러면 자료는 온라인에서 직접 분석될 수 있다 (이것은 또한 자료 보안성을 높인다).

> **예시 12-3** 승계 계획 및 관리를 위한 온라인 및 하이테크 응용 위계

'벤치마킹'(Benchmarking)은 위계의 네 번째 단계이다. 세 번째 단계가 조직 내에서 문서 배포와 분석을 허용한다면, 벤치마킹은 조직들 간에 정보 공유를 허용한다. 예를 들어 한 조직의 승계 계획 담당자는 전자 설문지 또는 승계 계획 정책과 같은 샘플 문서까지도 컨설턴트, 대학 교수, 또는 다른 조직에 있는 SP&M 담당자에게 보낼 수 있다. 그것은 조직들 전체에 걸쳐 손쉬운 비교와 중요한 문제의 논의를 가능하게 한다.

'정책 수립을 위한 기초 자료 수집'은 위계의 다섯 번째 단계이다. 예를 들어 SP&M 담당자는 온라인 조사 소프트웨어를 이용하여 승계 계획에 영향을 미치는 새로운 문제에 관해 경영자, 노동자, 그리고 다른 이해 관계자들의 여론을 조사할 수 있다. 예컨대 태도 조사를 온라인에서 정기적으로 수행하여 직원들의 직무 만족도(이는 이탈률에 영향을 미치거나 이를 예측하는 데 도움이 될 수 있다), 기존의 승계 습관에

대한 태도, 다른 관련 사안에 대한 정보를 모을 수 있다. 이러한 정보는 새로운 정책을 수립하거나 기존의 정책을 수정하는 데 있어 중요한 가치를 갖는다.

'정책 수립'은 위계의 여섯 번째 단계이다. 의사 결정자들은 그룹웨어(실시간 의사 결정을 위해 개인들을 가상적으로 연결시키는 소프트웨어)를 이용하여 SP&M에 영향을 미치는 사안에 대해 새로운 정책을 수립할 수 있다. 예를 들어 정책을 수립하는 동안에 의사 결정자들은 가상의 팀으로 함께 일을 함으로써 새로운 또는 수정된 승계 정책 수립, 역량 모델 고안, 직무 기술서 준비·설계·제작, 개발 격차를 메우는 훈의 계획, 잠재성 평가 또는 성과 평가 수행, 또는 어려운 승계 문제에 대해 은밀한 조언을 제공할 수 있다.

'양방향 멀티미디어 배포 및 전달'은 위계의 일곱 번째이자 마지막 단계이다. 이것은 대체로 가장 복잡하며, 설계·제작 비용이 가장 많이 소요된다. 이것은 웹이나 기업 인트라넷을 통해 준비되고 전달되는 멀티미디어를 포함한다. 또한 인력 향상의 기반인 준비하는 역량 구축을 위해 설계된 CD롬 기반 훈련, 개인 개발 또는 SP&M 정책 문제에 대해 의사 결정자들을 논의로 이어주는 데스크톱 비디오와 같은 다른 하이테크 방식을 포함한다.

예시 12-4의 워크시트를 이용하여 이 절에서 설명한 응용 계층에 따라 언제, 어떻게 온라인 및 하이테크 방식을 이용할 수 있는지 브레인스토밍해 보자.

| 예시 12-4 | 온라인 및 하이테크 방식을 언제, 어떻게 이용할지 브레인스토밍하기 위한 워크시트 |

지시 : 이 워크시트를 조직의 SP&M 프로그램에서 언제, 어떻게 여러 가지 온라인 및 하이테크 방식을 이용할 수 있는지 브레인스토밍하는 데 활용하십시오. 왼쪽 아래 행에 열거된 각각의 SP&M 영역에 대해, 앞에서 설명된 온라인 및 하이테크 방식을 당신의 조직에 적절하고 효율적으로 이용할 수 있는 방법에 대한 아이디어를 오른쪽 행의 각 항목 아래에 적으십시오. 필요하다면 용지를 추가하십시오.

승계 계획 및 관리 영역	온라인 및 하이테크 방식을 언제, 어떻게 이용할지에 관한 논평					
	2차 정보 조사	문서 저장 및 검색	문서 배포	벤치마킹	정책 수립을 위한 원자료 수집	정책 수립	양방향 멀티미디어 배포 및 전달
1. SP&M 정책 수립							
2. 현재 업무/ 인력 요건 평가							
3. 현재 직원 성과 평가							
4. 미래 업무/ 인력 요건 결정							
5. 잠재성 평가							
6. 개발 격차 축소							
7. 인재 목록 유지							
8. 프로그램 평가							
9. 다른 것들 (아래에 열거)							

| 정책, 절차, 행동 계획 수립 |

앞서 이 책에서 모든 SP&M 프로그램의 중요한 출발점은 프로그램을 주도하는 정책뿐만 아니라 프로그램 실행 절차와 행동 계획이라고 언급하였다. 그러한 것들이 없으면, 의사 결정자들은 아마도 어떤 결과를 달성할지, 어떻게 그것을 이룰지, 또는 심지어 왜 프로그램이 존재하는지에 대해 동일한 시각을 공유하지 못할 것이다. SP&M 프로그램 정책, 절차, 행동 계획을 수립하는 과정은 그 과정 자체가 이해 관계자들의 주인 의식과 이해를 얻는 데 열쇠이기 때문에 매우 중요하다.

온라인 및 하이테크 방식은 정책, 절차, 행동 계획을 수립하는 데 있어서 도움이 될 수 있다. 정책 수립이 항상 얼굴을 맞대는 회의를 통해서만 가능한 것은 아니다. 업무의 일부(또는 전부)는 온라인으로 처리될 수 있으며, 의사 결정자들이 지리적으로 분산되어 있을 때 일부 업무는 가상의 팀에 의해 수행될 수 있다.

그룹웨어는 이해 관계자들이 실시간으로 의사 결정하도록 할 수 있다. 어떤 사람들은 미국에, 어떤 사람들은 유럽에, 어떤 사람들은 남아메리카에, 어떤 이들은 호주에, 어떤 사람들은 아시아에 있을 수 있다. 그렇지만 그들은 모두 같은 시간에 온라인에 모여, 핵심 사안을 논의하고 결론에 도달할 수 있다.

하이테크 방식도 마찬가지로 이용될 수 있다. 전화 회의는 아마도 이 방식의 가장 단순한 형태일 것이다. 사용자들은 전화상으로 승계 정책, 절차, 행동 계획을 논의한다. 비용을 낮추기 위해, 그러한 전화는 넷폰과 같은 소프트웨어를 이용함으로써 개인용 컴퓨터 상에서 이루어질 수 있다.

개인용 컴퓨터의 꼭대기 또는 노트북 컴퓨터에 부착할 수 있는 작고 값싼 화상 카메라의 등장과 그 카메라를 연결시키는 소프트웨어의 손쉬운 이용으로 인해, 의사 결정자들은 거의 어디서든 그들의 데스크톱을 통해 만날 수 있다. 넷미팅은 실시간 비디오 및 오디오 회의, 화이트보드 특성을 통한 그래픽 지원, 채팅을 통한 텍스트 대화, 다른 사람들에 도달하는 인터넷 디렉터리, 실시간으로 문서 교환이 가능한 파일 전송, 프로그램 공유, 그리고 다른 방식들을 제공한다. 요컨대 넷미팅은 얼굴을 맞대는 회의의 거의 모든 장점들과 그 이상의 것들을 가지고 있다.

그렇지만 경험 많은 화상 회의 사용자들은 그것이 동작하는지 확인하기 위해 예정된 회의 시간 전에 장비와 소프트웨어를 점검한다. 또한 회의의 초점을 모으기 위해 짧은 질문과 함께 회의 의제를 사전에 보내야 한다. 참가자들은 작은 화면의 동영상 시청이 지루할 수 있으므로 회의는 짧아야 한다. 또한 방문자의 수는 최소한이 되어야 한다. 왜냐하면 너무 많은 장소에서 참여하는 것은 화상 회의의 관리를 어렵게 할 수 때문이다.

이러한 회의를 가장 효과적으로 만들 수 있는 팁은 다음의 몇 가지가 있다.

- 시간 스케줄을 분명하게 해야 한다. 방문자가 다른 시간대에 위치하고 있는 경우는 특히 그렇다.
- 모든 회의는 소개로 시작한다. 그래서 모든 사람들이 누가 거기에 있고, 왜 거기에 있는지, 그들이 기여할 수 있는 것은 무엇인지 알게 한다.
- 회의 구성을 간단하게 한다. 만일 어려운 결정을 해야 한다면, 미리 자료를 제공해서 사람들에게 회의 전에 그것을 검토해 보라고 요청한다.
- 이메일을 통해 승계 계획을 좌우하는 샘플 정책, 절차, 행동 계획을 보내고 참가자들의 관심을 집중하도록 한다. 샘플 문서는 관심을 빠르게 모으는 데 도움이 된다.
- 의견 차이를 해소하기 위해서는 화상 회의에서 조정하려고 하기보다는 후속 논의를 예정한다.
- 모든 사람들은 다른 사람을 위해 이메일 주소 같은 연락 정보를 가지고 있어야 한다. 그래서 사람들이 나중에 자기들끼리 관심 있는 중요한 사안을 논의할 수 있게 해야 한다.

| 현재 업무 요건 평가 |

모든 효과적인 SP&M 프로그램에 있어 현재 업무 요건 평가는 두 번째로 중요한 요소이다. 만일 사람들이 현재 자기에게 기대하는 바를 알지 못한다면, 미래를 준비할 수 없다.

전통적으로 현재 업무 요건은 몇 가지 방법으로 평가되어 왔다. 한 가지 방법은 감독자가 직무 기술서를 작성하는 것이다. 또 다른 방법은 인적자원부서의 전문가가 한 명 이상의 현직자들과 그들의 감독자들을 면담하여, 직무 기술서를 작성하고, 이를 사람들에게 검토 요청하는 것이다. 온라인 및 하이테크 방법은 이 과정에 새로운 차원의 방법을 제공한다. 이제 첨부 문서로서 직무 기술서를 준비하기 위한 워크시트 또는 질문지를 한번에 보내는 것이 가능하다. 그래서 감독자들 또는 HR 전문가들이 직무 기술서를 작성해서 검토와 수정, 교정, 그리고 실질적인 합의에 도달하기 위해 이를 이메일로 감독자들 또는 HR 전문가들 그리고 현직자들에게 보낼 수 있다. 음성 회의 또는 화상 회의가 얼굴을 맞대는 회의를 대신할 수 있다.

추가적으로, 현재 HR 전문가 또는 감독자가 직무 기술서를 쓰는 번거로운 일을 돕는 여러 가지 자원들이 존재한다. 예를 들어 감독자들 또는 HR 전문가들은 디스크립션 나우(Description Now!) 같은 소프트웨어를 구입할 수 있다. 이것은 직무 기술서를 위한 초고를 제공하며 사용자가 지원자 모집을 위한 신문 광고를 작성하는 데 도움을 준다. 다른 대안으로서 감독자들 또는 HR 전문가들은 웹에서 수천 개의 무료 직무 기술서를 찾아, 논의를 위해 그리고 그것을 준비하는 기초 자료로 삼을 수 있다. 하나의 사례를 들 보자. www.stepfour.com/jobs/에는 알파벳 순서로 정리된 직업 직책 사전(The Dictionary of Occupational Title)에 나오는 12,741개의 직무 기술서가 나와 있다. 또한 오넷(ONet)을 방문해 보라. 이는 직업 직책 사전을 대신하고 있는 전자적 시스템이다. 웹 상에서 실시간 훈련은 감독자와 노동자들이 직무 설명 작성 방법을 배우는 데 이용할 수도 있다

기억해야 할 중요한 점은 현재 직무 요소가 무엇인지, 그것이 직무 성공을 위해

왜 필요한지, 그것은 어떻게 만족될 수 있는지에 대해 감독자, 현직자, HR 전문가 간에 합의에 이르기 위해서는 어떠한 온라인 대체물도 존재하지 않는다는 점이다. 다른 말로 하면, 온라인 및 하이테크 방법은 전통적 직무 분석, 역량 확인, 그리고 현재 업무 요건을 평가하는 다른 방법들에 대한 대체물이 아니라 보완책으로 이용되어야 한다는 것이다.

| 현재 직원 성과 평가 |

효과적인 승계 계획의 세 번째 중요한 요소는 현재 직원 성과를 측정하는 수단이다. 이 책의 앞에서 언급했듯이, 만일 사람들이 그들의 현재 직무를 잘 수행하지 못하고 있다면, 승진이 — 사실상 어떤 다른 향상 기회도 — 거의 고려되지 않는다. 물론 좋은 성과 평가 시스템은 개인 성과를 업무 요건, 표준, 성과 표적이나 기대, 또는 업무 역량에 연관된 행동 지표 등에 따라 측정해야 한다.

전통적으로 현재 직원 성과를 측정하는 과정은 지면 양식으로 처리되었다. 양식이 작성되면 직원과 그들의 직속상사 간에 직접 얼굴을 맞대는 면담이 이어진다. 흔히 인적자원부서는 개인 성과가 평가되는 과정을 책임진다. 이 과정에서 모아진 정보는 훈련 또는 개인 개발 필요를 파악하고 미래 향상을 계획하면서 임금이나 보너스를 결정하는 데 이용된다.

온라인 및 하이테크 방법은 이 과정에 새로운 방법을 제공한다. 이제는 이메일이나 웹사이트를 통해 개인의 성과에 대한 다른 사람의 의견을 구하는 것이 가능하다. 예를 들어 성과 평가 양식은 (다른 것들 가운데) 개인의 조직 상사, 동료, 부하, 고객, 회사 공급자, 회사 배급자들에게 입력 정보로 보내질 수 있다.

추가적으로, 지금은 감독자들이 성과 평가 작성을 도울 수 있는 소프트웨어가 존재한다. 예를 들어 감독자 또는 HR 전문가들은 퍼포먼스 나우(Performance Now!)와 같은 소프트웨어를 구입할 수 있다. 이는 직원 성과 평가를 위한 기본적인 틀을 제공하며, 평가 양식을 작성할 때 무엇이 바람직하고 그렇지 않은지에 대한 법률적 조언을 제공할 수 있다. 직원 성과 평가에 관한 정책 수립을 지원하기 위한 무료 자원도 웹 상에서 찾을 수 있다.

직원 성과 평가에 온라인 및 하이테크 방식을 이용하는 것은 도움이 될 수 있다. 그렇지만 SP&M 담당자들은 모든 유용한 성과 평가 시스템은 비교적 값이 비싸다는 사실을 항상 기억해야 한다. 이것은 온라인 보조가 도움이 될 수 있고 유익한 지원을 제공할 수 있지만, 한 조직에서 사람들의 독특한 성과 요건을 확립하고 측정하는 힘겨운 과정에 대한 대체물은 존재하지 않음을 의미한다.

| 미래 업무 요건 결정 |

미래 업무 요건의 예측 또는 계획은 효과적인 SP&M 프로그램의 네 번째 중요한 요소이다. 어쨌든 조직 자체가 변화 없이는 살아남을 수 없듯이 업무 요건도 변화 없이 그대로 유지될 수 없다. 따라서 이해 관계자들과 의사 결정자들을 조직과 업무 요건에서 일어날 수 있는 예상되는 변화를 계획하는 과정에 참여하게 하는 것이 중요하다. 개인들을 미래의 그러한 요건에 맞추도록 준비하는 것은 필수적이다. 규칙적이고 체계적으로 미래 업무 또는 역량 요건을 예측하는 조직들은 얼마 안 되지만, 그에 대한 필요성은 증가하고 있다. 만일 미래 업무 요건이 여전히 오리무중으로 남아 있다면, 사람들을 준비시키는 것은 가능하지 않을 것이다.

그렇지만 온라인 및 하이테크 방법은 직무 예측, 시나리오 계획, 미래 지향적 역량 모델링에 새로운 방법을 제공했다. '직무 예측'(job forecasting)은 미래 직무 요건을 추정한다. 그것은 다음과 같은 문제들을 해결할 수 있다.

- 직무의 미래 목적은 무엇인가? 직무의 현재 목적과는 어떻게 다른가?
- 미래의 직무에서 예상되는 업무 의무 또는 책임은 무엇이며, 그것들이 어떻게 변화하리라고 예측되는가?
- 미래에 그러한 업무에 적합하려면 개인에게 어떤 지식, 기술, 또는 태도가 필

요한가?
- 그러한 업무에서 여러 가지 의무 또는 책임은 얼마나 중요하며, 어느 것이 미래의 성공에 가장 중요한가?

이러한 질문에 답하는 것이 직무 예측의 과정이다.

'시나리오 계획'(scenario planning)은 가능한 미래를 파악하는 방법이다. 직무 예측에서처럼 직무 또는 업무가 한 방향으로 변화할 것이라고 가정하는 대신에, 시나리오 계획은 여러 가지 가능성을 제안한다. 시나리오는 미래에 대한 이야기로, 그것은 미래가 어떻게 될지 또는 여러 가지 미래에 대한 다른 그림들을 명확하게 설명함으로써 계획 수립을 돕는다. 앞에서 설명한 그룹웨어는 직무 시나리오 계획을 수행하는 온라인 접근법으로 유용할 수 있다. 따라서 미래의 직무 설명의 여러 가지 버전을 준비하고, 현재 담당자와 그들의 직속상사들의 계획을 돕기 위해 이러한 방법을 이용하는 것이 가능하다.

시나리오 계획을 수행하는 또 다른 방법은 소프트웨어 또는 웹 사이트를 활용하는 것이다. 이를 통해 시나리오 계획을 상대적으로 쉽게 수용할 수 있다. 시나리오 계획의 수행을 위한 한 가지 자원은 글로벌 비즈니스 네트워크 웹 사이트이다(www.gbn.com에서 찾을 수 있다). 이 웹 사이트는 시나리오 계획 수행을 위한 회원 서비스를 제공하며 대부분의 시나리오 계획의 핵심은 비즈니스 계획과 재무 분석인 데 비해, 이 사이트는 직무 시나리오 계획을 수행하는 데 도움을 줄 수 있다.

'미래 지향적 역량 모델링'(future-oriented competency modeling)은 부서 또는 직무 그룹이 필요로 하는 미래 역량을 보여준다. 그것은 전통적 역량 모델링과는 달리 무엇이 우수 성과자와 그렇지 않은 성과자를 구분시켜 줄 것인지에 초점을 둔다. 따라서 그것은 미래 지향적이며 때때로 트렌드를 바탕으로 한다.

| 잠재성 평가 |

효과적인 승계 계획 프로그램의 다섯 번째 중요한 요소는 미래의 개인 잠재력을 평가하는 수단이다. 더 높은 책임 단계 또는 자신의 전문 분야에서 더 높은 기술적 전문 지식을 쌓기 위한 개인의 잠재성은 무엇인가?.

잠재성 평가를 위해 점점 더 많이 활용되는 한 가지 방법은 완전한 다면적 피드백이다. 앞 장에서 설명했듯이, 이것은 개별 직원의 주위에 있는 조직 사람들의 인식에 기초한 개인 잠재성 평가를 뜻한다. 그렇지만 잠재성 평가는 업무 요건의 맥락에서 수행되어야 한다는 점을 기억해야 한다. 다른 말로 하면, 개인의 현재 능력에 대해 평가해서는 안 된다는 것이다. 그보다는 미래 업무 요건 또는 미래 역량의 만족 여부에 대해 평가되어야 한다.

PC에서 사용할 수 있는 소프트웨어 그리고 웹 기반의 완전한 다면 평가 도구 모두가 폭넓게 이용 가능하다. 그것들을 찾으려면, 웹의 검색 엔진에 '360 평가'를 입력하기만 하면 된다. 그러나 다시 당부의 말을 하자면, 대부분의 완전한 다른 조직들의 역량 모델을 바탕으로 하고 있다는 것이다. 이것은 다면 평가 도구가 모든 기업 문화에서 반드시 유용하거나 적용 가능하거나, 심지어 타당하지는 않을 수 있다는 것을 의미한다. 가장 효과적이 되려면, 모든 부서 또는 모든 직무 구분(예를 들어 감독자, 관리자, 임원)에 맞는 독특한 역량 모델이 준비되어야 한다. 잠재성 평가는 이러한 식으로 수행될 때에만 유용하다. 사실상, 기업에 독특하지 못한 역량을 가지고 개인 잠재성의 점수를 매기는 것은 오해와 오류를 초래할 수 있다. 따라서 온라인 및 하이테크 방법이 유용할 수는 있지만, 그것들은 반드시 독특한 기업 문화 내에서 합리적 방식으로 개인 잠재성을 측정하는 데 이용되어야 한다.

| 개발 격차 축소 |

개발 격차를 메우는 것은 모든 효과적인 SP&M 프로그램의 여섯 번째 중요한 요소이다. 이 요소는 개인이 지금 할 수 있는 것과 발전을 위해 할 필요가 있는 것 사

이의 격차를 줄이게끔 하는 행동 계획으로 이어진다. 개인 개발 계획은 이것을 달성하는 과정이다.

개인 개발 계획 프로세스를 지원하는 소프트웨어 패키지는 거의 존재하지 않지만 — 사실상 나는 웹에서 광범위한 검색을 했지만 하나도 찾을 수 없었다 — 이 프로세스를 도와주는 많은 자원들을 웹 상에서 발견할 수 있다.

| 인재 목록 유지 |

효과적인 SP&M 프로그램의 일곱 번째 중요한 요소는 인재 또는 기술 목록을 유지하는 수단이다. 조직은 기존의 직원들에 대한 지식, 기술, 역량을 어떻게 추적할 수 있을까? 그것은 인재 또는 기술 목록에 의해 답변될 수 있는 질문이다. 인재 목록을 작성하는 아무런 수단도 가지지 못한 조직들은 핵심 직위에서 공석이 발생하거나 돌발 상황이 일어날 경우 적임자를 배치하는 데 어려움이 있을 것이다. 모든 조직들은 인재 목록을 작성하는 어떤 방법을 가지고 있어야 한다.

승계 계획 및 관리 목록은 수동 또는 자동의 두 가지 형태가 있다. '수동 시스템'(manual system)은 서류 파일에 의존한다. 그것은 특별히 SP&M을 위해 수집된 개인의 인사 파일 또는 전문적인 기록으로 구성되는데, 승계 계획 및 관리 노트 또는 롤로덱스(Rolodex) 파일 형식을 취하고 있다. 이러한 파일은 다음과 같은 승계 결정과 관련된 정보를 포함하고 있다.

- 개인의 직위 책임 또는 역량에 대한 설명(예를 들어 현재 직위 설명)
- 개인별 직원 성과 평가
- 개인 경력 목표 또는 경력 계획 진술
- 개인 자격 요약(예를 들어 교육과 훈련 기록)
- 개인 기술 요약(예를 들어 과거 업무 경험과 습득 언어에 대한 개인 기술 목록)[1]

물론 개인 잠재성 평가 양식, 대체 계획 도표와 같은 다른 정보도 추가될 수 있다.

수동 목록은 SP&M 활동의 감독에 이용할 수 있는 전문 지식도 없고 자동화 시스템을 위한 이용 가능한 자원도 없는 소규모 조직에 적합하다. 주요 장점은 정보의 대부분이 어찌됐든 인사 파일에 보관되며, 따라서 개별 직원들에 대한 정보를 축적하는 데 엄청난 노력이 필요하지 않다는 점이다. 그렇지만 수동으로 작성한 목록은 매우 많은 (그리고 때때로 매우 긴) 양식의 처리, 분류, 상호 참조, 보안 유지에 어려움이 있을 수 있다. 조그만 조직에서도 이러한 단점은 위협적인 문제를 야기할 수 있다.

그렇지만 소규모 조직까지도 이제는 경영자(또는 HR 전문가)의 손끝에 많은 정보를 가져다주는 상대적으로 값싼 PC 기반 소프트웨어를 활용할 수 있다.

SP&M에 이용되는 '자동화된 목록'(automated inventory)은 다음 세 가지 일반적인 형태 중 하나를 취한다. (1) 간단한 워드프로세싱 파일. (2) 맞춤형 SP&M 소프트웨어. (3) 다른 인사 기록과 통합된 SP&M 소프트웨어. 간단한 워드프로세싱 파일은 종이 파일보다 좀더 발전된 단계이다. 특별한 양식(템플리트)이 마이크로소프트 워드와 같은 인기 워드프로세싱 프로그램을 이용하여 SP&M을 위해 만들어져 있다. 빈 양식이 디스크 또는 CD롬에 담긴다. 경영자들은 디스크에 양식을 작성해서, 물리적 또는 전자적으로 그것을 중앙의 장소에 모은다. 이 방법은 서면 작성 양식을 줄이고, 서면 기록으로 가능한 것보다 처리, 저장, 보안을 더 쉽게 한다. 불행하게도 이 방법으로 목록화된 SP&M 정보는 일반적으로 상호 참조하기에는 어려움이 있다.

이러한 맞춤 SP&M 소프트웨어는 점점 더 일반화되고 있다. 많은 것들이 이제 웹 기반 또는 웹 응용 소프트웨어에 적합하다. 승계 계획 및 관리 담당자들은 소프트웨어를 구입하기 전에 반드시 유사한 패키지 몇 가지를 검토해야 한다. 이 소프트웨어의 주요 장점은 특별히 SP&M을 위해 설계된다는 점이다. 사실상 그것은 SP&M 프로그램에서 변경, 추가, 삭제해야 할 바람직한 특성에 대해 의사 결정자들에게 좋은 아이디어를 제공할 수 있다. 많은 정보에 대한 처리, 저장, 상호 참조, 보안 유지가 매우 간편하다. 몇 년 전까지만 해도 소프트웨어 가격이 비교적 높았지만, 이제는

50인 이상의 인원을 고용하는 대부분의 조직들에게 적정한 가격에 제공하고 있다.

이 소프트웨어의 단점은 그것이 소프트웨어 조직의 요구에 맞게 소프트웨어 기능을 수정하고 싶도록 유혹한다는 사실이다. 다른 말로 하면, 한 조직의 독특한 필요를 반영한 SP&M 형식과 절차를 구현할 만큼 충분한 유연성을 제공하지 못할 수도 있다는 것이다. 그것은 중요한 결함일 수 있다. 이러한 이유 때문에 SP&M 소프트웨어는 구입에 앞서 판매자와 함께 세심하게 검토되어져야 한다. 물론 판매자가 적당한 가격으로 조직의 필요를 맞추도록 소프트웨어를 수정하는 것도 가능하다.

승계 계획 및 관리 소프트웨어는 다른 인사 시스템과 통합될 수 있다. 이러한 경우 — 일부 대규모 조직은 다중 출처 자료 입력 및 처리 과정에 내재하는 문제점들을 줄이기 위해 모든 자료를 한 곳, 일반적으로 메인프레임 시스템에서 보관하려고 한다 — SP&M 정보는 급여, 훈련, 그리고 다른 기록에 포함된다. 불행하게도 그러한 소프트웨어는 SP&M 응용을 위해 대체로 가치가 제한된다. 대규모 조직의 이용에 맞춰주기 위해서 이러한 경우 소프트웨어는 장기간 거대한 규모의 프로그래밍 작업을 해야 할지도 모른다. 그러한 메인프레임 HRIS 프로그램과 관련된 일반적인 — 그리고 주요한 — 문제는 독특한 조직 과정에 맞춰 상세하게 개별화된 기록 유지에 대해 불충분한 저장 공간을 제공한다는 것이다. 사정이 그러하다면, 개인용 컴퓨터 기반 시스템을 이용하는 것이 더 간편할 수 있다. 그렇지 않으면 메인프레임 프로그램을 수정하기 위해 대규모로 많은 비용을 지불하면서도 금세 못 쓰게 되어버릴 프로그램 개발을 위해 노력을 들여야 할 것이다.

| 프로그램 평가 |

효과적인 SP&M 프로그램의 여덟 번째이자 마지막으로 중요한 요소는 SP&M 프로그램과 각각의 요소를 평가하는 수단이다. 이것은 계속적으로 프로그램 향상이 이루어질 수 있도록 한다. 그렇지만 이 글을 쓰는 현재, 특별히 SP&M 프로그램의 평가에 맞춰진 온라인 소프트웨어는 거의 없다. 따라서 SP&M 담당자가 프로그램

평가를 위해 그것을 이용하고자 한다면, 자신만의 온라인 및 하이테크 방법을 준비해야만 한다.

물론 SP&M 프로그램의 상대적인 가치에 대한 정보를 모으기 위해 온라인 설문지 또는 다른 조사들을 준비하는 것은 비교적 간단할 것이다. 해결해야 하는 일반적인 평가 문제는 다음 장에서 논의될 것이다. 그렇지만 온라인 방식의 이용은 응답 속도와 편리함을 증가시키고 자료 분석이 용이할 수 있다.

| 다른 응용들 |

SP&M을 위한 다른 온라인 및 하이테크 응용들이 있다. 예를 들어 당신은 대체 도표를 준비하기 위한 소프트웨어를 이용할 수 있다. 그것을 하기 위한, 가장 잘 알려져 있고 가장 저렴한 방법은 아마도 OrgPlus일 것이다.

또한 승계 계획을 위한 양식 또는 역량 구축을 위한 온라인 훈련 준비를 촉진하기 위해 소프트웨어를 준비할 수 있다. 많은 e러닝(e-learning) 사이트들이 웹 상에 존재하며, 그것들은 개인이 개발해야 하는 역량과 연결될 수 있다.

이러한 기술을 이용하려면 승계 계획 및 관리 담당자는 어떤 전문적인 역량이 필요한가?

SP&M 프로그램 담당자들이 온라인 및 하이테크 기술을 이용하기 위해 필요한 전문적인 역량은 그들이 이용하는 미디어와 기술에 따라 다르다. 모든 사람들에게 모든 미디어와 기술을 이용하라고 하는 것은 바람직하지 않으며, 따라서 조직에 잠재적 가치가 있는 특정한 기술을 대상으로 삼아서 그것을 마스터하는 데 필요한 시간만을 투여하는 것이 가장 좋다.

승계 계획 및 관리 담당자들은 온라인 및 하이테크 방식을 본질적으로 세 가지 방법으로 적용할 수 있다. 첫째, 그들은 스스로 그것을 배우려고 할 수 있다. 이를 위한 역량 요건이 가장 위압적일 수 있다. 그것은 주제(예를 들어 성과 평가)와 이에 관련된 기술적 문제의 습득을 의미한다. 간단한 사례로서, 기업의 성과 평가 시스템을 웹에 올리는 것은 HTML과 자바 언어에 대한 기술적 지식이 요구된다는 사실을 의미한다. 마찬가지로 웹 기반 훈련의 준비는 주제, 교육 설계, 그리고 그것을 웹에 올리는 데 필요한 프로그래밍 언어에 대한 지식을 요구할 수 있다.

둘째, 계약직인 보조가 프로젝트의 전부 또는 일부에 도움을 제공하기 위해 고용될 수 있다. 그것은 SP&M 담당자가 해당 주제와 프로젝트 관리에 집중하도록 도와줄 것이다. 따라서 필요한 역량이 주제 영역과 프로젝트 관리에 집중된다. 기술적인 문제는 계약자가 처리할 것이다.

셋째, SP&M 담당자는 해당 업무의 수행에 필요한 역량을 공동으로 가지고 있는 팀을 만들 수 있을 것이다. 이러한 경우, 담당자는 주제 역량, 프로젝트 관리 역량, 그리고 팀 구성원들이 함께 일할 수 있도록 돕는 촉진 역량이 최소한 요구될 것이다. 담당자는 조직 내에서 미디어에 대한 필수적인 기술 지식을 가지고 있는 팀 구성원을 선택할 수 있을 것이다.

세 가지 방법 중 어떤 것이 선택되더라도 역량은 공유된다. 첫째, 인내는 어떤 온라인 및 하이테크 응용과도 어울리는 필수적인 역량이다. 둘째, 조직의 기업 문화와 정치 관계에 대한 지식도 역시 중요하다. SP&M 담당자는 조직에서 의사 결정이 어떻게 이루어지는지 이해해야 하고, 그 과정을 통해 바라는 결과를 달성할 수 있도록 힘을 쏟아야 한다. 셋째, SP&M 담당자는 프로젝트를 위해 다른 사람들 사이에서 열정을 일으킬 수 있어야 한다. 이러한 역량들이 없다면, 어떤 기술이든 성공적으로 만들기가 어렵다.

요약

이 장에서 지적했듯이, 온라인 및 하이테크 방법들은 승계 계획 및 관리 습관들에 중요한 영향을 미치고 있다. 이 장은 네 가지 핵심 질문에 초점을 맞추어 기술했다. (1) 온라인 및 하이테크 방식은 어떻게 정의되는가? (2) 승계 계획 및 관리의 어떤 영역에서 온라인 및 하이테크 방식이 응용될 수 있는가? (3) 온라인 및 하이테크 응용은 어떻게 이용되는가? (4) 승계 계획 및 관리 담당자가 이러한 응용을 이용하기 위해서는 어떤 전문적인 역량이 필요한가?

다음 장은 승계 계획 및 관리 프로그램을 평가하는 문제에 집중한다. 의사 결정자들이 더 많은 시간과 다른 자원들을 승계 문제에 쏟음에 따라, 그들은 자신들의 노력이 성과를 거두고 있는지 당연히 의심하게 된다. 이러한 이유 때문에, 평가는 승계 계획 및 관리에서 그 중요성이 더욱 커지고 있다.

13

승계 계획 및 관리 프로그램의 평가

    승계 계획 및 관리 프로그램을 도입한 후, 최고경영자들은 이러한 노력이 그 비용에 상당하는 가치가 있는가? 프로그램이 얼마나 잘 운영되고 있는가? 프로그램이 조직의 니즈에 부합하는가? 따위의 질문을 할 것이다.

    그러한 질문들에 대해서 쉽게 응답할 수는 없다. 왜냐하면 승계 계획 및 관리 프로그램은 많은 사람들에게 영향을 미치기 때문이다. 그리고 대부분의 경우 서로 상치되는 목표, 이해, 우선순위 등을 충족시켜야만 한다. 그러나 이런 질문들은 실제로 프로그램의 평가 방법에 대한 필요성을 제기한다. 따라서 이 장에서는 다음의 질문들에 대해 살펴본다. (1) 평가는 무엇인가? (2) 승계 계획과 관리에서는 무엇이 평가되어야 하는가? (3) 승계 계획과 관리는 어떻게 평가되어야 하는가?

평가란 무엇인가?

평가는 유용성을 측정하거나 가치를 결정하는 것이다.[1] 이는 프로그램으로 인한 활동에 얼마나 많은 가치가 부여되는가를 결정하는 과정이다. 이러한 평가 과정을 통해서 프로그램 향상의 필요성이 도출되고, 실제로 프로그램이 개선된다. 평가는 프로그램에 대한 고객의 기대치와 안정적인 결정을 하는 데 필요한 정보들을 기초로 하며, 일반적으로 평가자 또는 평가 팀에 의해 수행된다.

평가에 대한 관심

인사 관련 프로그램의 평가는 단행본, 기사, 그리고 전문적 강의에서 가장 인기 있는 주제가 되어 왔다.[2] 평가에 대한 많은 출간물들은 비용/이익 분석 및 ROI 같은 결과적인 이슈들에 초점을 두어 왔다.[3] 이는 HR 담당자들에게는 놀라운 견해가 아니다. 왜냐하면 이는 최고경영자의 주된 관심 이슈이기 때문이다. 훈련의 평가가 이러한 문헌들 중 가장 두드러진다. 이것은 교육 훈련이 기업경영 환경이 어려워질 때 가장 먼저 삭감되는 HR 프로그램으로 모호한 평판을 누려왔기 때문이다.

반면에 평가에 관한 문헌의 저자들은 교육 훈련에 비해 승계 계획 및 관리에는 거의 관심을 두지 않았다. 그 이유 중 하나는 체계적인 승계 계획 및 관리가 교육 훈련보다 덜 보급되어 있기 때문이다. 두 번째 이유는 승계 계획 및 관리에 대한 평가가 핵심 지위에 공석이 있을 때마다 축조적 기반에서 비형식적으로 이루어졌기 때문이다. 예를 들어 승계자가 준비되어 있고, 의지가 있고, 능력이 있다면, 승계 계획 및 관리 프로그램이 그 가치를 인정받고, 그렇지 않으면 비난의 대상이 되는 것이다. 물론 승계 계획의 가치가 이런 축조적인 기반으로만 이루어져서는 안 되지만, 실상은 매우 다른 경우가 많다.

| 평가를 좌우하는 핵심 질문 |

승계 계획 및 관리가 효율적으로 수행되려면, 다음의 몇 가지 질문들에 초점을 맞추어야 한다.

- 누가 결과를 사용할 것인가?
- 결과는 어떻게 이용될 것인가?
- 프로그램의 고객이 프로그램을 통해 기대하는 것은 무엇인가?
- 누가 평가를 수행할 것인가?

첫 번째 질문은 프로그램의 고객을 규명하고자 하는 것이다. 두 번째 질문은 평가 결과에 근거해서 어떤 의사 결정이 내려질 것인지를 명확히 하고자 하는 것이다. 세 번째 질문은 평가의 기초를 고객의 기대와 프로그램의 목적에 두는 것이다. 마지막으로 네 번째 질문은 선택된 평가자들의 전문성에 기반하며 적절한 평가 기술에 대한 단서를 제공한다.

무엇을 평가해야 하는가?

몇 년 전, 도널드 커크패트릭(Donald Kirkpatrick)이 개발한 4단계 교육 훈련 평가 체계는 승계 계획 및 관리에서 무엇이 평가되어야 하는지를 개념화하는 것을 돕기 위해 유용하게 수정될 수 있다.[4]

| 커크패트릭의 교육 훈련 평가 체계 |

커크패트릭의 교육 훈련 평가 4단계 체계는 반응, 학습, 행동, 그리고 조직적 결과

로 이루어진다. 반응은 평가 체계의 기초가 되며, 가장 쉽게 측정할 수 있다. 이는 고객의 만족도를 측정하는 것이다. 즉, 참여자들이 얼마나 그들이 배운 것에 만족하는가이다. 학습은 평가 체계의 두 번째 수준으로, 즉각적인 변화와 관련된다. 즉, 참여자들이 교육 훈련을 통해서 학습해야 하는 정보 또는 기술을 얼마나 잘 습득했는가이다. 세 번째 수준은 행동이다. 이는 학습 내용의 현장 적용과 관련된다. 참여자들의 교육 훈련 참여의 결과로 현장에서의 직무수행 행동이 얼마나 변화하였는가에 대한 것이다. 이 평가 체계의 가장 높은 수준인 네 번째 단계는 조직적 성과 또는 결과이다. 이 단계는 가장 측정하기 어려운 수준으로, 교육 훈련의 결과가 조직에 얼마나 영향을 미쳤는가를 측정하는 것이다.

| 커크패트릭 계층의 평가 체계 수정 |

승계 계획 및 관리 프로그램 평가를 위한 개념적 기초를 제공하기 위해 커크패트릭의 교육 훈련 평가 체계를 사용하라.(예시 13-1에 있는 승계 계획 및 관리의 평가 체계를 검토하라.)

첫 번째 단계는 고객 만족으로, 커크패트릭의 반응 단계에 상응하는 것이다. 고객 만족에 대해 다음의 질문들을 할 수 있다.

- 승계 계획 및 관리 프로그램이 얼마나 그 주된 고객들을 만족시켰는가?
- 프로그램의 구성 요소들(예를 들어 직무 기술, 역량 모델, 수행 평가 과정, 개인 잠재성 평가 과정, 개인 개발 형식, 개인 개발 활동)에 고객들이 얼마나 만족하였는가?
- 승계 계획 및 관리가 개인의 경력 개발 계획과 얼마나 일치되는가? 직원들은 승계 계획 및 관리를 어떻게 인식하는가?

두 번째 단계는 커크패트릭의 학습 단계에 상응하는 프로그램 진척에 대해 다음의 질문들을 할 수 있다.

예시 13-1 승계 계획 및 관리의 평가 체계

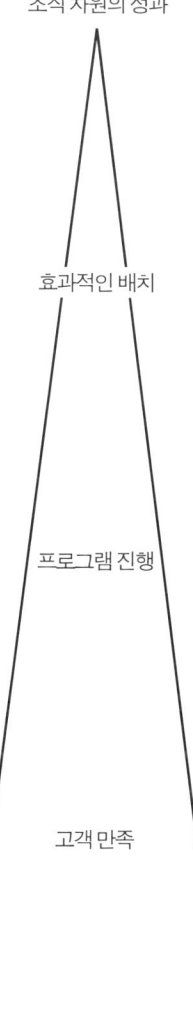

조직 차원의 성과

효과적인 배치

프로그램 진행

고객 만족

- 승계 계획은 어떻게 객관적이고 측정 가능한 조직 성과에 기여하고 있는가?
- 조직의 성공 또는 실패가 있다면, 어떤 것이 전적으로 승계 계획 때문이라고 할 수 있는가?
- 조직은 핵심 직위에서의 공석 가운데 몇 퍼센트를 내부적으로 채울 수 있는가?
- 조직은 핵심 직위에서의 공석을 얼마나 빨리 채울 수 있는가?
- 조직은 핵심 직위에서의 공석 가운데 몇 퍼센트를 성공적으로(그 직위에서 처음 2년 동안 피할 수 있는 이탈 없이) 채울 수 있는가?
- 조직에 요구되는 단계에서 핵심 직위의 내부 대체가 얼마나 빨리 수행될 수 있는가?
- 보다 혁신적인 대안을 통해 핵심 직위가 충원됨으로써 얼마나 비용이 절약되었는지를 입증할 수 있는가?
- 승계 계획 프로그램의 각 부분은 그것이 공표한 목표와 비교하여 얼마나 잘 수행되고 있는가?
- 핵심 직위로의 미래 향상을 준비하는 데 있어서 개인들은 그들의 학습 경험을 통해 얼마나 잘 발전하고 있는가?
- 주요 고객들은 승계 계획 프로그램에 얼마나 만족하는가?
- 표적 고객들은 각각의 프로그램 요소에 얼마나 만족하는가?
- 승계 계획은 개인 경력 계획에 얼마나 잘 부합되는가?

- 승계 계획 및 관리 프로그램 각각의 요소들이 제시된 프로그램의 목표와 비교하여 얼마나 잘 운영되고 있는가?
- 개인들이 그들의 핵심 지위로 이동하기 위한 준비 단계로서 개발 경험을 통해서 얼마나 향상되었는가?

커크패트릭 평가 체계의 행동 단계에 해당하는 세 번째 단계인 효율적인 배치에 대해 다음의 질문들을 할 수 있다.

- 조직의 공석인 핵심 직위 중 몇 퍼센트가 내부에서 채워졌는가?
- 공석인 핵심 직위가 얼마나 빨리 채워졌는가?
- 조직의 공석인 핵심 직위 중 몇 퍼센트가 성공적으로 채워졌는가?
- 핵심 지위의 내부 대체인력이 얼마나 빨리 조직에서 필요로 하는 수준의 직무를 수행하였는가?
- 내부 대체 혹은 더욱 혁신적인 접근 방법이 핵심 직위를 채우지 못했을 때와 비교하여 비용을 절약했다고 할 수 있는 증거가 있는가?

네 번째 단계는 조직 차원의 성과로, 이는 커크패트릭의 조직적 성과나 결과에 상응하는 단계이다. 이는 승계 계획 및 관리로 인해 조직 경쟁력에 직접적으로 영향을 미쳤는지에 초점을 둔다. 이는 매우 어려운 단계로, 다음의 질문들을 고려해 보자.

- 승계 계획 및 관리가 객관적인 조직적 성과에 어떤 기여를 하고 있는가?
- 조직의 어떤 전략적 계획이 승계 계획 및 관리의 성공과 실패에 기여했는가?

예시 13-2와 13-3의 표를 이용하여 평가 체계 각 단계에서의 승계 계획 및 관리에 대한 평가 방법을 고려해 보자.

> **예시 13-2** 승계 계획 및 관리 프로그램의 평가를 위한 가이드라인

형태/단계	목적	강점	약점
고객 만족	프로그램과 그 결과에 대해 고객의 만족도를 측정한다.	• 측정하기 쉽다. • 프로그램의 활동 또는 요소에 즉각적인 피드백을 제공한다.	• 주관적이다. • 프로그램 결과에 대한 객관적인 측정을 제공하지 못한다.
프로그램 진행	승계 계획 프로그램 각 요소의 결과를 측정한다.	• 승계 계획 프로그램의 효과성에 대해 객관적 자료를 제공한다.	• 프로그램 평가의 기술이 요구된다. • 조직에 도움이 되는 기술에 대해 아무런 측정도 제공하지 못한다.
효과적인 배치	이루어진 승계 결정의 결과를 측정한다.	• 직무 상황의 영향에 대해 객관적인 자료를 제공한다.	• 최상의 직원 성과 평가 시스템이 요구된다.
조직 차원의 성과	조직에 대한 승계 계획 프로그램의 영향 정도를 측정한다.	• 비용 편익 분석과 조직의 지원을 얻는데 유용한 자료를 제공한다.	• 고도의 평가 설계 기술이 요구된다. 한동안 자료 수집을 해야 한다. • 조직의 전략과 목적에 대한 지식이 요구된다.

형태/단계	예	개발을 위한 가이드라인
고객 만족	• 고객 만족 보고서 • 모든 수준에서 고객과의 비공식적 면담 • 승계 계획 회의에서 그룹 토론	• 쉽게 표로 만들 수 있는 조사 양식을 설계한다. • 당신이 알아야 할 정보를 제공하고, 승계 계획 프로그램의 각 요소에 대한 태도를 활용할 수 있는 질문한다. • 익명을 허용하여 응답자에게 추가적인 논평을 제공할 기회를 준다.

프로그램 진행	• 조직 내에서 개인 이동의 점검	• 양적 자료를 확인할 수 있는 도구를 설계한다. • 설계에서 기술/지식의 '전'과 '후' 단계를 포함한다. • 평가 항목을 직접적으로 프로그램 목표와 연계한다.
효과적인 배치	• 성과 체크리스트 • 성과 평가 • 중요 사건 분석 • 자기 평가	• 측정 도구는 핵심 직위의 체계적인 분석에 바탕을 둔다. • 평가의 수행에서 다양한 사람들의 참여를 고려한다.
조직 차원의 성과	• 조직 분석 • 대체의 속도 • 대체 비용 • 비대체 비용 • 이탈	• 조직의 모든 필요한 단계를 고려한다. • 조직의 목록과 기록에 접근할 수 있도록 노력한다. • 조직의 사업 계획과 사명 선언문을 이용하여 조직의 니즈와 프로그램 결과를 비교한다.

예시 13-3 조직에서 승계 계획 및 관리 평가의 합당한 방법들을 알아보기 위한 워크시트

지시 : 이 워크시트를 이용하여 당신의 조직에서 SP&M 프로그램 평가를 위해 어떤 방법이 합당한지 알아본다.

칼럼 1에는 당신의 조직에서 SP&M에 관한 평가 결과에 크게 관심이 있을 여러 이해 관계자 그룹(예를 들어 최고경영자들, 핵심 직위 현직자들, 라인 경영자들, SP&M 진행자)을 적는다. 칼럼 2에는 어느 '단계'(고객 만족, 프로그램 진행, 효과적인 배치, 조직 차원의 성과)의 평가가 각각의 이해 관계자 그룹에 주요 관심사가 될 것인지 적는다. 그런 다음, 칼럼 3에 당신의 조직에서 SP&M에 대한 평가가 '어떻게' 수행될 수 있는지 적는다.

칼럼 1	칼럼 2	칼럼 3
평가를 위한 이해 관계자 그룹	어느 단계의 평가가 각각의 이해 관계자 그룹에 주요 관심사가 될 것인가?	당신의 조직에서 SP&M에 대한 평가는 어떻게 수행되어야 하는가?

어떻게 평가를 수행해야 하는가?

평가는 사례 중심적으로, 정기적으로, 또는 프로그램화되어 수행할 수 있다.

| 사례에 기반한 평가 |

교육 훈련 평가에서의 참여자들의 참가 경험담과 유사하다.[5] 이는 승계 계획 및 관리 프로그램의 효과를 축조적으로 검증하는 것이다. 핵심 직위에 공석이 발생하면, 누가 그 자리를 어떻게 채울 것인지에 대한 사건 보고서(Incident Report)를 작성한다 (예시 13-4 참조). 이 사건 보고서를 조직의 승계 계획 및 관리 위원회가 검토하고 토론한다. 위원회는 조직이 직면한 승계 계획 및 관리 문제를 해결하기 위한 실질적인 기반을 제공한다. 그들의 해결 방안은 향후 비슷한 문제가 발생했을 때 문제 해결의 기초가 된다.

극단적인 성공과 실패 사례들로 인해 사례에 기반한 접근이 된다. 극단적인 사례들이 관심을 끌게 되고, 변화의 유인을 제공한다. 이것이 접근의 주된 장점이다.

반면에, 사례에 기반한 평가는 연구가 결여되어 있다는 단점이 있다. 사례들이 조직의 승계 계획 및 관리의 전형적인 사례를 대표할 수는 없다. 실제로 일화적인 평가는 특별한 사례, 비참한 사례, 또는 전투적인 이야기들에 초점을 두게 된다. 따라서 이것은 일반적이지 않고 문제가 되는 사례들에 초점을 두게 된다.

예시 13-4 승계 계획 및 관리를 위한 샘플 '사건 보고서'

지시 : 이 '사건 보고서'의 목적은 당신의 조직에서 후임자/대체 경험을 추적하기 위한 것입니다.

아래의 질문에 답하십시오. 많은 사건 보고서에 기록된 결과는 승계 계획 프로그램을 위한 프로그램 증진책으로 사용될 것이므로 가능한 한 진실을 담아야 합니다.

내부에서 충원된 각각의 직위에 대해 보고서를 작성하십시오(이 보고서는 당신이 작성해야 하는 인사 요건/합리화 양식에 '추가적으로' 작성되어야 합니다). 충원이 이루어진 3주 이내에 작성된 양식을 (조직의 주소)에 있는 (이름)에게 보내십시오.

퇴사한 직원의 이름 : _____   직책 : _____
부서 : _____   근무 기간 : _____
퇴사 사유 : _____
대체된 직원의 이름 : _____   직책 : _____
부서 : _____   업무 단위/팀 : _____
근무 기간 : _____   오늘 날짜 : _____

1. 이 직위가 어떻게 내외부적으로 대체되고 있는지 설명한다.

2. 이 직위를 맡도록 준비되고 있는 확인된 '후임자'가 있는가? 있다면, 그가 누구이며 어떻게 준비되고 있는지 간략히 설명한다. 없다면, 후임자를 준비하지 않은 이유를 설명한다.

_____

3. 이 직위에 누가 선택되었으며, 어째서 그 사람이 선택되었는가?

_____

4. 준비된 후임자가 아닌 다른 사람이 그 직위에 선택되었다면, 이유가 무엇인지 설명한다.

_____

승인 : _____
관리 직원 : _____ 직책 : _____
　　　　(서명)

_____

| 정기적인 평가 |

    정기적인 평가는 현재 또는 최근의 승계 계획 및 관리 프로그램의 운영에 초점을 두고 다른 시간대에 승계 계획 및 관리 요소들을 평가한다. 주기적인 평가는 사례에 기반한 평가에서처럼 특정한 사건, 프로그램 평가에서처럼 모든 프로그램의 요소들에 초점을 두기보다는 독립적인 프로그램 요소들을 평가한다. 예를 들어 승계 계획 및 관리 담당자는 다음의 요소들에 주의를 기울여야 한다.

- 프로그램의 사명 선언문
- 프로그램의 목표, 정책, 철학

- 핵심 직위의 필수 업무 결정 방법
- 직원 성과 평가
- 직원 잠재력 평가
- 개인 개발 계획
- 개인 개발 활동

정기적인 평가는 정례적인 승계 계획 및 관리 회의 또는 승계 계획 및 관리 위원회 회의 기간 중에 수행될 수 있다. 다른 방법으로는 조직의 의사 결정자가 TFT(Task Force Team)를 구성하거나, 승계 계획 및 관리 위원회에 하위 위원회를 구성하거나, 또는 이 평가 과정에 이사회의 일원을 포함시킬 수 있다. 정기적인 평가의 장점은 승계 계획 및 관리 프로그램에 대해 간헐적이고 형식적인 모니터링을 제공하는 것이다. 이런 과정은 핵심 이해 관계자의 참여와 오너십을 유도하고, 동시에 승계 계획 및 관리의 운영에서 발생하는 중요한 문제들을 파악할 수 있다.

| 프로그램 평가 |

프로그램 평가는 승계 계획 및 관리 프로그램 전반에 대해 계획된 전략, 목표 및 활동과 비교하여 점검한다. 이는 심층적인 프로그램 점검이며, 모든 HR 활동에 대해 수행하는 인사 관리 감사와 유사하다.[6]

프로그램 평가는 대부분 공식적으로 구성된 위원회나 외부 컨설턴트에 의해 수행되며, 승계 계획 및 관리 담당자는 일반적으로 위원회의 구성원이 된다. 핵심 관리자의 대표자, CEO, 또는 이사회의 멤버 역시 구성원이 된다.

예시 13-5와 13-6의 단계들은 승계 계획 및 관리 프로그램 평가의 시작점으로 고려해 볼 수 있다. 예시 13-6과 예시 2-1의 설문 결과를 당신 조직의 승계 계획 및 관리 프로그램과 다른 조직의 프로그램을 비교하는 수단으로 활용해 보라.

예시 13-5 승계 계획 및 관리 프로그램의 프로그램 평가를 완료하기 위한 단계들

단계 1 프로그램 평가를 수행하기 위해 위원회를 소집한다.	• 승계 계획 프로그램의 실행 역할을 맡은 5~8명의 그룹을 소집한다(이상적으로 그룹은 CEO, 승계 계획 진행자, HR 담당 부사장, 그리고 두 명 이상의 핵심 운영 관리자들로 구성되어야 한다).
단계 2 승계 계획 프로그램 평가의 필요성과 평가 실행 절차에 대해 위원회 구성원들에게 간단히 설명한다.	• 사전에 위원회 구성원들에게 자료 요약을 제공하면서 회의를 소집한다. • 승계 계획 프로그램 평가의 가치를 설명한다. • 가능하다면 다른 기업들에 대한 벤치마킹 사례를 제공한다. • '사건 보고서'에서 나온 정보와 프로그램 진행의 다른 지표들을 제공한다. • 평가 목표, 접근법, 단계들에 대해 합의한다.
단계 3 승계 계획 프로그램의 상대적인 유효성에 대해 배경 조사를 실시한다.	• 조사를 수행한다.
단계 4 결과를 분석하고, 프로그램 개선을 위해 권고하고, 평가 결과를 문서화한다.	• 결과를 분석한다. • 프로그램 개선을 위한 권고를 준비한다. • 보고서를 작성하고 구두 발표를 준비한다.
단계 5 결과를 전달한다.	• 작성된 보고서를 돌린다. • 승계 프로그램에 책임이 있는 사람들에게 구두 보고 및 상황 설명을 한다.
단계 6 개선을 위한 구체적 행동을 파악한다.	• 핵심 운영 관리자와 같이 승계에 책임이 있는 사람들에게 개선 목표 수립을 요청한다.
단계 7 프로그램 개선을 위해 계속적인 조치를 취한다.	• 훈련, 브리핑, 다른 수단들을 통해 개선을 위한 계속적 조치를 취한다.

| 예시 13-6 | **승계 계획 및 관리 프로그램에 대한 프로그램 평가를 수행하기 위한 체크리스트** |

지시 : 조직의 승계 계획 프로그램에 대해 무엇을 평가할지 결정하는 출발점으로 이 체크리스트를 이용하십시오. 프로그램 평가 위원회 구성원들에게 다음의 체크리스트를 작성하고 기록을 비교하여, 그 결과를 승계 계획 프로그램의 개선을 권고하는 토대로 활용하도록 하십시오. 왼쪽 행에 있는 특성을 알맞게 추가, 삭제, 또는 수정합니다.

효과적인 프로그램의 특성 승계 계획 프로그램에 대해 당신의 조직은 어떠한가?	조직의 승계 계획 프로그램은 해당 특성을 가지고 있는가?		이 특성이 효과적인 승계 계획 프로그램을 위해 얼마나 중요하다고 생각하는가?				
	예 (∨)	아니오 (∨)	중요하지 않음. 1	2	3	4	매우 중요함. 5
1. 승계 계획 프로그램을 조직의 전략 계획에 연결시킨다.			1	2	3	4	5
2. 승계 계획 프로그램을 개인 경력 계획에 연결시킨다.			1	2	3	4	5
3. 승계 계획 프로그램을 교육 훈련 프로그램에 연결시킨다.			1	2	3	4	5
4. 프로그램 목적 선언문을 준비한다.			1	2	3	4	5
5. 승계 계획 프로그램이 어떤 결과를 달성해야 하는지를 의미하는 프로그램 목적을 문서화한다.			1	2	3	4	5
6. 프로그램 운영을 위한 '측정 가능한' 목표들(예를 들어 연간 대체된 직위의 수)을 수립한다.			1	2	3	4	5

항목					
7. 우선순위에 따라 프로그램에 의해 어떤 집단을 대상으로 할지 확인한다.	1	2	3	4	5
8. 프로그램의 정책 선언문을 제정한다.	1	2	3	4	5
9. 프로그램에 대한 철학을 문서로 분명하게 표현한다.	1	2	3	4	5
10. 프로그램 활동 계획을 세운다.	1	2	3	4	5
11. 활동 계획을 바탕으로 프로그램 이벤트 일정을 세운다.	1	2	3	4	5
12. 프로그램의 조직적 운영에 대한 책임을 진다.	1	2	3	4	5
13. 프로그램의 각 참가자에 대해 책임을 진다.	1	2	3	4	5
14. 승계 계획 프로그램에서 후임자 확인에 대해 인센티브/보상을 도입한다.	1	2	3	4	5
15. 후임자를 선정한 관리자에 대한 인센티브/보상을 도입한다.	1	2	3	4	5
16. 승계 계획 프로그램을 위한 예산 할당 방법을 개발한다.	1	2	3	4	5
17. 후임자로 지명된 개인들을 위한 기록 작성 방법을 고안한다.	1	2	3	4	5
18. 관리자에게 승계 계획 프로그램을 교육하기 위한 워크숍을 설계한다.	1	2	3	4	5
19. 경력 계획에 대해 개인들을 교육시키는 워크숍을 설계한다.	1	2	3	4	5
20. '현재 직위 책임'을 명확히 밝히기 위한 방법을 확립한다.	1	2	3	4	5
21. '미래 직위 책임'을 명확히 밝히기 위한 방법을 확립한다.	1	2	3	4	5

22. 개인 성과를 평가하는 방법을 확립한다.	1	2	3	4	5
23. 개인 기술을 미래 직위 요건과 비교하는 방법을 구축한다(잠재성 평가).	1	2	3	4	5
24. 조직의 인재를 알아보는 방법을 최소한 해마다 확립한다.	1	2	3	4	5
25. 미래 인재 필요를 예측하는 수단을 구축한다.	1	2	3	4	5
26. 승계 계획의 니즈를 충족시킬 수 있는 개인 개발 계획 방법을 구축한다.	1	2	3	4	5
27. 개인 개발을 위한 준비 절차로써 개발 활동 추적 방법을 확립한다.	1	2	3	4	5
28. 승계 계획 프로그램 결과를 평가하는 방법을 확립한다.	1	2	3	4	5

요약

이 장에서는 다음의 세 가지 간단한 질문들을 다루었다. (1) 평가는 무엇인가? (2) 승계 계획 및 관리에서 무엇이 평가되어야 하는가? (3) 승계 계획 및 관리는 어떻게 평가되어야 하는가?

평가는 비중을 두거나 가치를 결정하는 과정으로 정의되었다. 평가를 통해서 승계 계획 및 관리 프로그램 개발의 니즈가 규명되고, 그러한 진전이 실제로 이루어질 수 있다.

평가는 다음의 몇 가지 질문에 초점을 두어야 한다. (1) 누가 결과를 사용할 것인가? (2) 결과가 어떻게 사용될 것인가? (3) 프로그램 고객이 원하는 기대 사항은 무엇인가? (4) 누가 평가를 수행할 것인가?

　승계 계획 및 관리의 평가에 있어서 커크패트릭이 고안한 4단계 교육 훈련 평가와 비교하는 데 초점을 두라. 네 가지 단계는 고객 만족, 프로그램 진행, 효과적 배치, 그리고 조직 차원의 성과이다. 평가는 사례 중심적, 주기적, 또는 프로그램화하여 수행한다. 일화적인 평가는 교육 훈련 평가에서 참석자의 참석기와 유사하다. 주기적인 평가는 승계 계획 및 관리 프로그램의 독립적인 요소들을 각기 다른 시점에서, 현재와 최근의 프로그램 운영에 초점을 두어 실행한다. 프로그램 평가는 승계 계획 및 관리 프로그램에 기술된 전략, 목표, 그리고 활동에 비교하여 전반적인 프로그램을 평가한다.

14

승계 계획 및 관리의 미래

모든 조직은 외부 환경 변화에 영향을 받는다. 그러나 특정 조직의 산업 분야, 규모, 그리고 상대적 시장 지배 정도에 따라 외부 환경 영향의 정도는 다르다. 또한 이러한 외부 환경 조건들이 조직에 어떻게 영향을 미치는가는 조직의 리더들과 직원들의 대처 방식에 따라 다르게 나타난다. 이러한 원리는 전략 계획과 마찬가지로 승계 계획 및 관리 프로그램에도 적용된다.

HR에서는 트렌드를 살펴보는 활동을 자주 한다. 일반적인 HR,[1] 특정한 HR 영역,[2] 그리고 SP&M에 영향을 미치는 트렌드[3] 에 관한 여러 저서가 출간되었다. 이 저서들은 주로, HR 아웃소싱, HR 비용 감축, HR의 전략적 파트너로의 전환, 대체 후보 인력군과 인재 풀 구축, 일과 삶의 균형 증진, 직장 내 폭력 및 외부 테러 위협과 관련된 직원 안전,[4] 그리고 HR의 생산성 향상을 위한 첨단 기술 사용에 대해 다루고 있다.

이 장에서는 외부 환경 조건의 변화에 따른 승계 계획 및 관리의 미래에 대한 나의 예측을 다루고자 한다. 예측 중 일부는 이 책의 이전 판들과 동일하지만, 몇 가지는 새롭게 추가되었다. 승계 계획 및 관리 니즈는 다음과 같이 예측할 수 있다.

- 조직의 인재 니즈에 대처할 수 있는 유연한 전략들을 찾기 위한 의사 결정자들의 노력이 촉구될 것이다.
- 고잠재 인재의 초기 식별, 인재 유지 노력, 그리고 고령의 고잠재 직원 유지 노력을 위한 통합적인 유지 정책 및 절차들이 요구될 것이다.
- 승계 계획 및 관리가 전 세계적으로 영향을 미치게 될 것이다.
- 실시간 첨단 기술 혁명에 더 많은 영향을 받게 될 것이다.
- 승계 계획 및 관리는 정부 기관, 교육 기관, 그리고 비영리 조직에서 전례 없는 쟁점이 될 것이며, 이는 더 이상 기업체만의 관심 대상이 아니다.
- 승계 계획에서 가능한 후임자 정보에 대한 조직의 개방성이 증가될 것이다.
- 효과적인 승계 계획 및 관리와 경력 개발 문제의 통합 노력이 증가될 것이다.
- 일과 삶의 균형 유지와 정신적인 문제에 의해 더 많은 영향을 받게 될 것이다.
- 전략적 노력은 물론이고, 실시간 인재 개발 노력에 더 많은 초점을 두게 될 것이며, 이는 관리자들의 일상 업무가 될 것이다.
- 역량-기반 관련 이슈만큼이나 윤리적, 가치 지향적 이슈가 쟁점이 될 것이다.
- 선발에 대한 결정과 더 긴밀하게 통합될 것이다.
- 인재 개발은 물론이고 인재의 효율적 활용에 초점을 두게 될 것이다.
- 한 번에 한 명씩이 아닌, 빠르고 광범위한 인재 확보를 위해 인수 합병이나 경영권 취득과 같은 전략들이 포함될 것이다.
- 위험 관리 및 안전 문제와 보다 밀접한 연관성을 갖게 것이다.
- 경영 승계 문제 이상의 것을 다루게 될 것이다.

이러한 예측에 대해 읽기 전에, 예시 14-1의 워크시트를 이용하여 당신의 생각과 당신 조직에서 의사 결정자의 생각을 정리해 보라.

| 예시 14-1 | **미래의 승계 계획 및 관리 예측에 대한 당신의 생각을 정리하기 위한 워크시트** |

지시 : 이 워크시트를 이용하여 미래에 SP&M 프로그램에 영향을 미치는 예측에 대해 당신의 생각을 정리해 보십시오. 칼럼 1에 나열된 각각의 예측에 대해, 그 예측이 사실이라고 믿는지 여부를 칼럼 2에 표시하십시오. 그런 다음, 칼럼 3에 그 예측이 당신의 조직에서 무엇을 의미하는지에 대한 당신의 생각을 적고, 칼럼 4에 그 예측이 당신의 조직에 얼마나 영향을 미칠 것인지를 적으십시오. 마지막으로 칼럼 5에 당신의 조직이 그 예측에 대비해 무엇을 해야 하는지 제안해 보십시오. 이러한 예측을 다루는 데에는 옳고 그름이 없습니다. 대신 이 워크시트를 이용하여, 미래에 당신 조직의 SP&M에 영향을 미칠 예측에 대해 브레인스토밍해 보십시오.

칼럼 1	칼럼 2		칼럼 3	칼럼 4	칼럼 5
예측은 무엇인가?	이 예측이 사실이라고 생각하는가?		이 예측이 당신의 조직에서 무엇을 의미하는가?	이 예측은 당신의 조직에 얼마나 영향을 미칠 것인가?	이 예측에 대처하기 위해 당신의 조직은 어떤 행동을 취해야 하는가?
승계 계획 및 관리는 다음과 같을 것이다.	예	아니오			
1. 의사 결정자들의 노력이 촉구되어 조직의 인재 요구에 대처하는 유연한 방식의 전략들을 찾을 것이다.					

2. 고성과 잠재인재의 초기 확인, 그러한 인재를 유지하기 위한 노력, 그리고 고령의 고성과 잠재노동자들의 유지 노력을 추구하는 통합된 유지 정책 및 절차로 이어질 것이다.					
3. 전 세계적으로 영향을 미칠 것이다.					
4. 실시간 기술 혁명에 의해 점점 더 많은 영향을 받게 될 것이다.					
5. 전에는 결코 보지 못한 방식으로 정부 기관, 교육 기관, 비영리 조직에서 하나의 쟁점이 될 것이다. 기업체가 승계 문제에 관심이 있는 유일한 조직은 아닐 것이다.					
6. 가능한 후임자에 대해 조직의 개방성이 증가하는 쪽으로 나아갈 것이다.					
7. 효과적인 승계 문제를 경력 개발 문제와 점점 더 통합시키려고 할 것이다.					
8. 업무/가족의 균형과 정신 문제에 대한 염려에 의해 크게 영향받게 될 것이다.					

15가지 예측

예측 1: 조직의 인재 니즈에 대처할 수 있는 유연한 전략을 찾기 위한 의사 결정자들의 노력이 촉구될 것이다

미래에는 의사 결정자들이 승계 문제에 대해 단일한 해답을 찾으려 하지는 않을 것이다. 대신에 미래 조직의 인재 니즈를 충족시키기 위해 승계 계획 및 관리뿐만 아니라 그 이상의 것을 포함하는 전략적 범위를 찾아냄으로써 승계 문제에 대한 다양한 해결 방안이 등장하게 될 것이다. 따라서 해결 방안에 대한 선택은 경우에 따라 다르겠지만, 다양한 접근 방법을 통합하는 전략적 시각을 가지게 될 것이다.

내부 대체 후보 인력군을 강화하기 위해 인재를 양성할 수 있는 방법들로 승계 계획 이외에 무엇이 있는가? 최소한 15가지 가능한 대안적 접근법을 생각해 볼 수 있다. 의사 결정자들이 승계 니즈를 충족시키기 위한 계획을 세울 때 각각의 접근법들이 검토되어야 한다. 의사 결정자들은 먼저 어떤 인재를 필요로 하고, 왜 조직이 그러한 인재를 필요로 하는지, 어떻게 니즈를 충족시킬 수 있을지를 명확히 규명해야 한다.

첫 번째 대안적 접근은 외부 고용이다. 외부 고용은 내부 승진이나 개발 이외의 방식 중 인재 니즈를 충족시킬 수 있는 가장 분명한 방법으로, 내부 대체가 고려되기 전에 이 방법이 사용되기도 한다. 외부 고용은 파벌 인사를 막는다는 장점이 있는데, 새로운 사람들이 낡은 조직의 문제점에 대해 새로운 해결책을 가지고 오기 때문이다. 반면에, 공석 충원을 위한 사이클 타임이 지나치게 길어질 수 있다는 단점이 있다. 즉, 조직 외부에서 선택된 사람이 고유한 기업 문화에 성공적으로 적응한다는 보장이 없다.

두 번째 대안적 접근은 조직을 재편하는 것이다. 한 가지 예를 들어보자. 만일 HR 담당 부사장이 퇴사 혹은 사망으로 조직을 떠난다면, CEO는 HR 기능을 다른 관리자에게 맡김으로써 그 업무를 수행할 수 있다. 이는 재편에 의한 인재 요구 해결 방법 중 한 가지 예이다. 동일한 접근이 다른 핵심 직위에서 인재 니즈를 만족시키기 위해 이용될 수 있다. 물론, 이러한 접근은 우수한 누군가를 이용할 수 있을 때, 그리고 더 많은 책임을 떠맡을 충분한 관심, 동기, 그리고 능력을 가지고 있을 때에만 가능하다.

세 번째 대안적 접근은 업무를 아웃소싱하는 것이다. 이러한 방법이 선택된다면 적합한 아웃소싱 파트너를 찾는 것이 우선 과제이다. 이는 항상 가능하지는 않은 하나의 선택 사항이며, 조직의 핵심 역량과 직접적으로 관련되지 않는 활동들에만 사용되어야 한다는 단점이 있다. 조직을 경쟁력 있게 만드는 본질을 아웃소싱하는 것은 현명하지 못한 방법인데, 그럴 경우 거래선이 파산하거나 인수될 수 있다.

네 번째 대안적 접근은 업무를 인소싱하는 것이다. 이 방법은 의사 결정자들이 두 기능 간의 시너지를 찾고자 할 때 사용하는 방법이다. 물론 이 방법은 어떤 초과 수용력, 즉 인력이나 자원이 조직 내 어딘가에 존재하다는 가정을 전제로 한다. 예를 들어 한 공장에서 핵심 직위에 공석이 발생했다고 가정해 보자. 그러한 상황은 같은 회사에 의해 운영되는 다른 공장을 인소싱함으로써 해결될 수 있다. 이것은 외부 파트너를 활용하지 않고 내부적으로 기능을 수행하는 방법이다. 이 접근은 재편과는 다르다. 왜냐하면 파트너의 인소싱은 새로운 기능의 임무를 영구적으로 떠맡는 것이 아니라, 단지 임시로 임무를 수행하는 것이기 때문이다.

다섯 번째 대안적 접근은 핵심 직위의 임시적인 자원을 계약에 따라 고용하는 것이다. 어떤 기업은 임시적인 도움을 전문적으로 제공하고 있으며, 임시직과 어울리지 않는 CEO 같은 직위까지도 계약에 의한 대용직 채용이 활용되고 있다.

여섯 번째 대안적 접근은 컨설턴트를 활용하는 것이다. 이 방법은 임시직의 이용과 유사하지만, 컨설턴트는 임시직이 일반적으로 하는 것처럼 매일매일 업무를 수행하기 위해 출근하지 않는다는 점에서 다르다. 요컨대 컨설턴트는 프로젝트 기준으로 업무를 수행하며, 재택 근무도 가능하다. 컨설턴트를 활용하는 방법은 비용이 절약된다는 장점이 있지만, 조직에 대한 핵심 직위의 영향력을 줄어든다는 단점이 있다.

일곱 번째 대안적 접근은 승계 요구를 만족시키기 위해 임시적 또는 항구적으로 조직의 다른 부문에서 누군가를 이동시키는 것이다. 물론 이 방법은 이동되는 개인이 업무에 대한 기본적인 수준의 요건을 만족시킨다는 가정을 전제로 한다. 그렇지만 내부 이동은 '도미노 효과'(domino effect, '객석 효과'[musical chair effect]라고도 불린다)를 유발한다는 단점이 있다. 그럴 경우 한 사람의 이동은 많은 다른 사람들의 이동을 자극할 수 있다.

여덟 번째 대안적 접근은 필요한 인재를 가지고 있는 다른 조직을 인수하는 것이다. 과거에는 합병, 인수, 매수가 규모의 경제를 실현하기 위한 수단이었다. 또한 조직의 규모가 클수록 선임 임원의 임금이 높아지는 것 때문에 임원의 봉급을 더 높이고 싶어하는 바람과도 연계되곤 했다. 그렇지만 앞으로 CEO들은 합병, 인수, 매수, 경영권 취득을 인재 부족을 해결하는 하나의 수단으로서 바라볼 것이다. 핵심 역량을 가지고 있는 조직들은 자금은 풍부하지만 인재 부족을 겪고 있는 다른 기업들의 인수 표적이 될 것이다. 한 번에 하나의 공석을 충원하려고 애쓰기보다는 새로운 인재를 엄청나게 확보할 수 있는 완전한 흡수를 위해 다른 기업들을 물색할 것이다.

아홉 번째 대안적 접근은 업무를 줄이거나 완전히 없애는 것이다. 다른 말로 하면, 매우 중요한 기능이나 직위에 의해 수행되었을 업무를 승계 문제를 해결하기 위해 줄이거나 제거할 수 있다는 것이다. 그것을 행하는 한 가지 방법은 사업 또는 기능을 분사시키거나 매각하는 것이다.

열 번째 대안적 접근은 업무를 조직 내에 있는 고성과 잠재인력에게 위로 위임하는 것이다. 이것은 물론 조직 재편의 한 형태이다. 조직이 인재 부족을 경험할 때, 그 책임을 또 다른 경영자에게 넘기는 대신 직접적인 조직 상급자에게 업무를 맡긴다.

열한 번째 대안적 접근은 업무를 아래로 위임하는 것이다. 이것은 열 번째 접근과 함께 조직 재편의 한 형태이다. 고잠재 직원의 업무가 한 명 이상의 하급자에게 승진 없이 맡겨진다. 이러한 방법의 한 가지 변형은 팀을 이루어 그 그룹에 업무를 위임하는 것이다.

열두 번째 대안적 접근은 승계 니즈를 만족시키기 위해 또 다른 조직과 전략적 동맹을 맺는 것이다. 이 방법은 일반적으로 단기간의 동업 체결을 의미한다. 전략적 동맹은 흔히 제품 생산에서 이루어지지만, 승계 요구를 만족시키기 위해 맺을 수도 있다. 그렇지만 이 방법은 잠재적으로 단기적 기준에서만 유용하다. 고잠재 인재를 영원히 잃게 되기를 바라는 조직은 없기 때문이다.

열세 번째 대안적 접근은 다른 조직들과 필요한 인재를 일시적 또는 영구적으로 교환하는 것이다. 이 방법은 전략적 동맹과 유사한 방법으로 더욱 단기적인 경향이 있다. 예를 들어 일부 조직들은 고잠재 역량을 구축하기 위한 '임대 경영인'을 제공하기도 하지만, 지속적으로 자신들의 고성과 잠재인력을 잃고자 하는 조직은 없다.

열네 번째 대안적 접근은 필요한 재능을 갖춘 외국인들을 대상으로 국내가 아니라 전 세계적으로 모집하는 것이다. 다국적 기업들은 특히 한 지역에서 다른 곳으로 인재를 교환할 수 있으며, 그에 따라 전 세계적인 장기판 위에서 이동하면서 승계 문제에 대처한다.

열다섯 번째 대안적 접근은 경영자들이나 다른 인재들을 재고용하는 것이다. 인구가 점차 고령화되면서 이 방법은 이미 많은 조직들에 의해 이용되고 있다. 예를 들어 정년 이후에 그 인재에 대한 지식과 경험을 보존하기 위해 실시된 딜로이트의 연장자 리더 프로그램(Delloitte's Senior Leaders Program)이 그런 경우이다.[6]

예시 14-2의 워크시트를 이용하여 앞에서 설명한 방법들을 기반으로 승계 니즈를 만족시키는 방법들에 대해 당신의 생각을 정리해 보라. 당신의 조직에서 인재를 필요로 할 때마다, 이 워크시트를 이용하여 그러한 니즈를 만족시키기 위한 가능성을 생각한다. 또한 당신의 조직이 단일한 전략에 의존하지 않도록 전략들을 통합하는 데 이 워크시트를 이용한다.

| 예시 14-2 | **승계 요구를 위한 대안적 방법들에 대해 생각을 정리하는 워크시트** |

지시 : 이 워크시트를 이용하여 승계 요구를 만족시키는 대안적 방법에 대한 당신의 생각을 정리해 보십시오. 먼저 아래의 공란에 승계 니즈를 설명하고 그것이 조직에 얼마나 중요한지, 왜 중요한지, 그 요구를 만족시키기 위해 언제 행동을 취해야 하는지 적으십시오. 그런 다음, 내부 승계의 가능한 대안에 점수를 매기십시오. 다음의 척도를 이용하여 각각의 대안에 점수를 부여할 수 있습니다.

1 = 매우 효과적이지 않음.　　2 = 다소 유용함.
3 = 유용함.　　　　　　　　　4 = 매우 유용함.

승계에 대해 어떤 니즈가 있는가? 그 니즈를 설명하고, 다음의 질문에 답한다. (1) 이러한 승계 요구는 조직에 얼마나 중요한가? (2) 그것이 중요한 이유는 무엇인가? (3) 그 니즈를 만족시키기 위해 언제 행동을 취해야 하는가?

승계 요구는 아래의 방법에 의해 얼마나 충족될 수 있는가?	방법의 점수				참고
	매우 효과적이지 않음.	다소 유용함.	유용함.	매우 유용함.	
1. 외부에서의 고용	1	2	3	4	
2. 조직 재편	1	2	3	4	
3. 업무의 아웃소싱	1	2	3	4	
4. 업무의 인소싱	1	2	3	4	
5. 계약에 따라 임시적인 대체직 고용	1	2	3	4	

6. 컨설턴트에게 도움 요청	1	2	3	4	
7. 승계 요구를 만족시키기 위해 임시적 또는 항구적으로 조직의 또 다른 부문에서 누군가를 이동시킴.	1	2	3	4	
8. 요구되는 인재를 가진 또 다른 조직을 인수	1	2	3	4	
9. 업무를 줄이거나 영원히 없앰.	1	2	3	4	
10. 업무를 조직에서 위로 위임함.	1	2	3	4	
11. 업무를 조직에서 아래로 위임함.	1	2	3	4	
12. 그 요구를 만족시키기 위해 다른 조직들과 전략적 동맹을 맺음.	1	2	3	4	
13. 일시적 또는 영구적으로 다른 조직들과 필요한 인재를 교환함.	1	2	3	4	
14. 필요한 재능을 갖춘 외국인들을 대상으로 국내가 아니라 전 세계적으로 모집	1	2	3	4	
15. 퇴사한 경영자 혹은 인재를 재고용	1	2	3	4	
16. 다른 대안적 방법은 무엇이 있으며, 그것은 얼마나 효과적인가?(아래에 적으라).	1	2	3	4	

예측 2 : 의사 결정자들은 통합된 인재 유지 정책과 절차를 추구할 것이다

　　미국의 고용주들은 인재 탐색과 유지에 점점 더 많은 어려움을 겪게 될 것이다. 이 책이 출간될 즈음, 고용 수준은 기록적으로 낮은 상태였다. 이것은 당장에는 인재가 풍부하다는 것을 의미하지만, 더 이상 고용주들은 미래에도 현재와 같을 것이라고 가정할 수 없다. 점점 더 많은 다른 조직들과 경쟁하게 될 것이며, 증명된 경력 기록을 가진 고성과 잠재인력들에 대한 경쟁이 특히 심해질 것이다.

　　이러한 문제점에 대처하려면, 고용주들은 고성과 잠재인력을 조기에 파악해 그들이 더 오랫동안 있게 하기 위한 정책과 절차를 수립하고 실천해야 한다. 따라서 고용주들은 다음과 같은 조치를 취해야 할 것이다.

- 매우 유망한 새로운 피고용자들을 찾기 위해 조기 추적 시스템을 개발한다. 이것은 처음 몇 달 동안의 고용에서 수행된 잠재성 평가와 함께 할 수 있다.
- 일반적인 퇴사 사유와 별도로 고성과 잠재인력의 이탈 사유를 추적한다. 직원들, 특히 고성과 잠재인력이 왜 조직을 떠나는지, 어디로 가는지, 그들이 떠나지 않게 할 수 있었던 것은 무엇이었는지에 대한 정보를 얻기 위해 퇴직 면담 시스템이 재창출되어야 한다.
- 일관된 기준에 따른 태도 조사를 이용해 이탈을 예측하고 직무 만족을 측정한다. 이것은 간단히 조사 대상의 직원들에게 앞으로 몇 년 이내에 퇴사할 계획이 있는지 묻고, 불만족의 주요 근원을 밝히는 질문을 함으로써 파악할 수 있다. 그 결과를 비교표로 작성하여 직원 유지의 증진과 이탈의 정확한 예측을 위해 유용한 정보로 활용할 수 있다.
- 부서별로 자발적인 이탈을 추적하여 각 부서에서 증가 추세 또는 패턴을 점검한다. 그런 다음 이탈이 잦은 곳의 문제점 해결을 위해 나선다.
- 사람들이 조직에 남아 있을 수 있도록 인센티브를 제공한다(모든 인센티브가 경제적이어야 하는 것은 아니다). 직원을 유지하기 위해 그들이 필요로 하는 것이

무엇인지 알아낸다.

이러한 행동을 취함으로써, 고용주들은 직원들의 이탈을 줄이고 유지를 높일 수 있는 통합된 유지 전략을 고안할 수 있다.

예측 3 : 승계 계획 및 관리 문제들은 전 세계적인 영향을 미칠 것이다

은퇴와 관련된 인구통계학적 트렌드는 승계 문제를 미국 HR의 최우선 주제로 부각시켰다(예시 14-3 참조). 사실상 55세에서 65세 사이의 인구 수는 1996년에서 2006년 사이에 54퍼센트까지 증가할 것으로 예상된다.[7] 같은 기간 동안, 25세에서 34세까지 전통적인 취업 연령의 인구 수는 8.8퍼센트 감소할 것으로 예상된다.[8]

잘 알려지지 않은 사실은, 세계의 다른 곳의 추세 역시 인구 비율이 높아짐에 따라 고령 인구 수가 증가하는 쪽으로 변화하고 있다는 것이다. 예를 들어 예시 14-4, 14-5, 14-6을 살펴보자. 이 예시들은 각각 중국, 영국, 프랑스의 2025년 예상 인구 수를 나타내고 있다. 각각의 국가에서 전통적인 퇴직 후 연령 범위의 인구 수를 주목하라. 한편으로 정부는 인구 과잉을 통제하려 하고(예를 들어 중국의 '한 가정 한 아이 갖기' 정책), 다른 한편으로는 소가족에 대한 선호로 인해 노령 인구의 증가와 젊은 층의 감소 현상이 나타난다. 노령 인구의 증가는 승계 문제를 세계적인 관심사로 부각시킬 것이다.

이러한 인구통계학적 예상에 기초하여, 나는 SP&M 문제가 2025년까지는 많은 국가에서 하나의 주된 도전이 될 것으로 예측하고 있다. 크던 작던 많은 조직들은 전통적이 아닌 다른 방식으로 승계 문제에 관심을 기울여야 할 것이다. 또한 고령 인구의 고용을 촉진하는 국가 정책이 영향력을 발휘할 것이다. 많은 국가에서 고령 노동자에 초점을 두어 더 늦게 퇴직하게 하는 정책을 제정할 것으로 예상된다. 이러한 고령 노동자들은 정부 정책 입안자들에 대해 직간접적으로 영향력을 행사하면서 중요한 정치적 집단으로 떠오를 것이다.

미국의 경영자들은 흔히 국내의 인재에 관해서만 생각하려고 하지만, 사실상 SP&M 문제는 전 세계적으로 영향을 미치고 있는 전 세계적 해결책을 요구하는 문제이다. 한때 많은 기업들은 전 세계적 승계 요구를 만족시키기 위해 이민 노동력에 크게 의존했다. 달리 말해, 개발 도상국에서 구할 수 없는 전문 기술이 필요할 때는 선진국에서 인재를 수출했다. 그러나 의사 결정자들이 고성과 잠재 지역 인재의 개발을 파악하고 촉진하기 위해 설계된 지역화 전략을 추구함에 따라 이러한 전략의 활용이 감소되고 있다.[9]

지역화 전략은 많은 장점을 가지고 있다. 첫 번째 장점은 그것이 기업 전체에 걸쳐 대체 후보 인력군을 구축한다는 것이다. 다른 말로 하면, 수출된 인재에 의존하기보다는 모든 지역에서 대체 후보 인력군을 확보한다. 두 번째 장점은 지역 인재는 이민 노동자들이 겪는 지역 문화 적응의 문제를 겪지 않는다는 것이다. 세 번째 장점은 지역 인재는 이민 노동자들이 흔히 그런 것처럼 그들이 받는 고임금과 더 나은 각종 혜택 때문에 다른 직원들의 시기 대상이 되지 않는다는 것이다. 다섯 번째 장점은 지역화 전략이 정치적, 대중적 홍보 활동에 도움이 된다는 것이다. 왜냐하면 조직이 지역 경제를 착취하는 것이 아니라 구축하는 것으로 보이기 때문이다.

미래에는 지역화 노력이 점점 더 증가할 것이다. 정부 정책의 입안자들도 또한 그것을 필요로 할 것이다. 게다가 앞을 내다보는 기업들은 국제적인 인재를 이용하기 위한 방법들을 찾을 것이다. '공유', 재택 근무, 화상 회의, (한 국가에서 준비하고 다른 국가에서 이용하는) 동시적 업무, 국경을 초월한 아이디어 생산 등을 촉진하는 온라인과 다른 가상의 방법들이 이용될 것이다.

SP&M 프로그램 담당자는 각 지역과 조직 문화에 맞는 이른바 '비기술적 기술'(soft skill technology), 예를 들어 경영과 HR 습관과 같은 비기술적 기술의 활용 및 공유 방법을 찾는 것이 과제이다. 그것은 온라인 또는 오프라인 방법을 통해 문화 간 정보 공유와 기술 구축을 요하는 특별한 프로그램을 요구할 수도 있다.

예시 14-3 2025년 미국 인구의 연령 분포

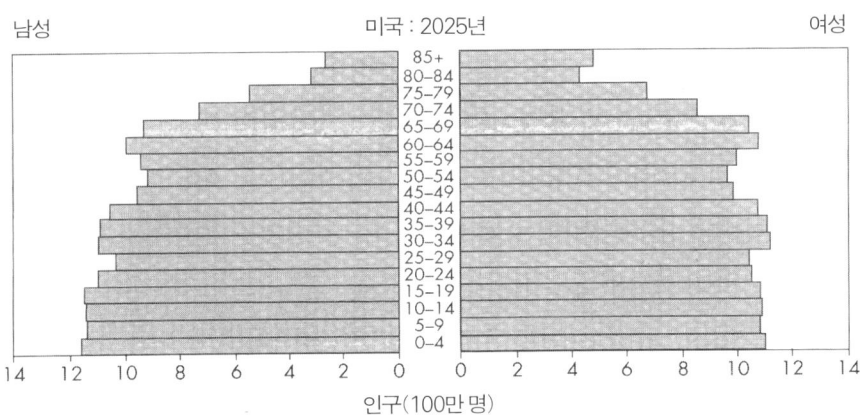

출처 : U.S. Census Bureau (2000). 미국에 대한 인구 피라미드 요약. http://wvvw.census.gov/egi-bin/ipc/idbpyrs..pl?cty=IN&out=s&ymax=250.

예시 14-4 2025년 중국 인구의 연령 분포

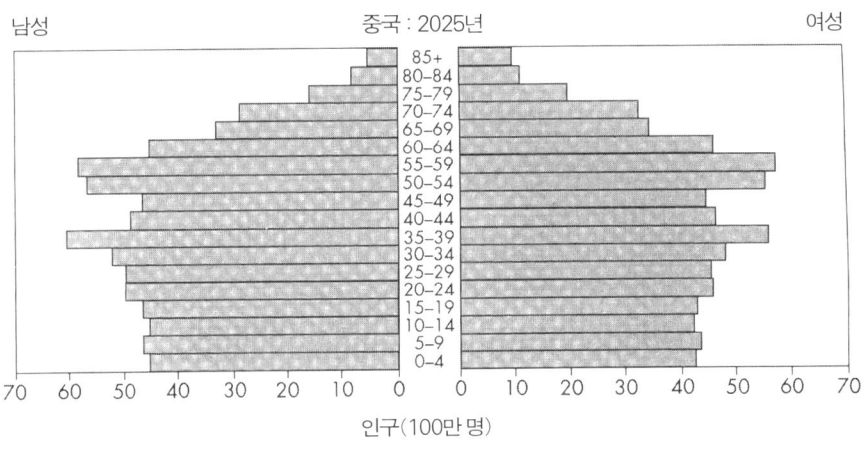

출처 : U.S. Census Bureau (2000). 중국에 대한 인구 피라미드 요약. http://wvvw.census.gov/egi-bin/ipc/idbpyrs..pl?cty=IN&out=s&ymax=250.

| 예시 14-5 | **2025년 영국 인구의 연령 분포**

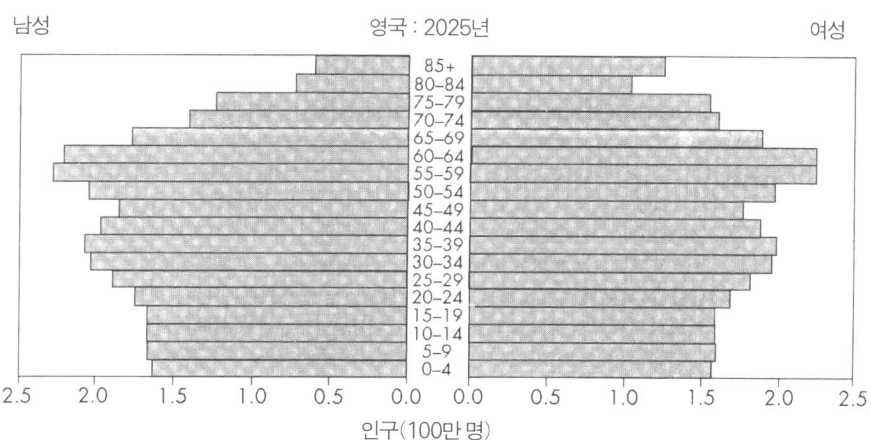

출처 : U.S. Census Bureau (2000). 영국에 대한 인구 피라미드 요약. http://wwww.census.gov/egi-bin/ipc/idbpyrs..pl?cty=IN&out=s&ymax=250.

| 예시 14-6 | **2025년 프랑스 인구의 연령 분포**

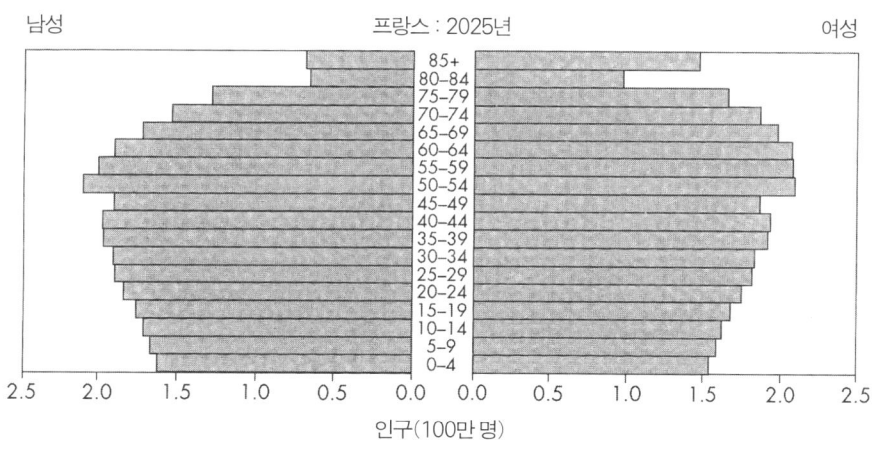

출처 : U.S. Census Bureau (2000). 프랑스에 대한 인구 피라미드 요약. http://wwww.census.gov/egi-bin/ipc/idbpyrs..pl?cty=IN&out=s&ymax=250.

예측 4 : 실시간 첨단 기술 혁명에 의해 더 많은 영향을 받게 될 것이다

12장에서 설명했듯이, 기술 혁명은 이미 승계 문제에 큰 영향을 미치고 있다. 이러한 추세는 앞으로도 계속될 것이다. 바로 지금도 많은 조직들이 직원 모집에 온라인 방법을 이용하고 있다. 미래에는 온라인 방법이 역량 모델링, 잠재성 평가, 성과 평가, 개인 개발 계획, 그리고 개인 코칭을 수행하는 데 실시간으로 이용될 것이다.

SP&M 프로그램 담당자의 과제는 이러한 방법들을 찾아서 적용하는 것이다. 한 가지 주요 목표는 물론 핵심 직위를 충원하고 인재를 끌어내는 사이클 타임을 줄이는 것이다. 또 다른 주요 목표는 언제 어디서든 인재를 이용하고 개발하는 것을 가능하게 하면서 지리적인 장벽을 낮추는 것이다.

예측 5 : 승계 계획 및 관리는 정부 기관, 교육 기관, 비영리 조직에서도 하나의 쟁점으로 떠오를 것이다

전통적으로 기업계 이외의 부문에서는 효과적인 SP&M 프로그램들의 도용 속도가 느렸다. 정부 기관, 교육 기관, 그리고 비영리 조직들은 일반적으로 핵심 요직에 대한 대체를 파악하려고 하지 않았으며, 이러한 경제 부문에서 통용되는 법률, 규칙, 규제, 정치적 현실, 조직 문화 등에 더욱 부합하는 인재 풀에 자주 의존해 왔다. 게다가 정부 기관과 교육 기관은 특히 이용하기 어려운 체계적인 승계 방법을 마련해 왔다. 왜냐하면 제도적인 정책이나 공공 서비스의 규정이 경쟁적인 탐색, 직업 공고, 그리고 개인 성과가 아닌 요인들에 기반한 선호를 요구하기 때문이다. 이러한 환경에서 개인 양성을 위한 노력은 때때로 권장되기보다는 제약을 받아 왔다. 한 가지 결과는 공석 발생과 후임자 임명 사이의 긴 리드 타임(lead time)이었다.

그렇지만 증가하는 이탈, 증가하는 퇴직률, 뒤떨어지는 봉급과 성과 보너스, 그리고 정부 서비스와 교육계 임용의 상대적인 안정성을 예전보다 덜 매력적으로 만드는 민간기업 경제에서의 증가된 보수 때문에 정부 기관과 교육 기관은 더욱 체계적인 승계 프로그램을 받아들일 수밖에 없을 것이다. 공무원 시험을 치르거나, 단순히 고등 교육 신문(Chronicle of Higher Education)에 광고를 해서 교육 임용 각각에 대해 "전국적 탐색을 행하는", 적임자들의 "명부를 구하는" 구시대적인 방식에 따르는 것은 더 이상 효과가 없다. 왜냐하면 공공 서비스 '명부'에는 지원자가 거의 없으며, 교육계 직장을 위해 고등 교육 신문 광고란에 자료를 보내는 신청자가 거의 없기 때문이다. 이러한 문제는 특히 정부와 교육 기관의 고위 단계에서 더 심각한데, 거기서는 사람들이 이동을 바라지도 않고 필요성도 느끼지 못하기 때문이다.

그리고 승계의 문제점들이 정부 기관, 교육 기관, 비영리 조직에서 전혀 다른 형태로 나타난다는 사실을 이해하는 것이 중요하다. 따라서 그들은 다른 해결 전략을 필요로 한다. 각 조직 부문마다 업무 절차가 다르다는 것도 고려해야 한다. 예를 들어 정부에서의 인적 자원 관행들은 지방 정부, 주 정부, 연방 정부 기관들 간에 동일하지는 않다. 교육 기관에서의 인사 관행들은 정부 지원 그리고 개인 자금 지원 대학들 사이에 서로 다르다. 비영리 조직에서는 정부 기관과 교육 기관과는 다르게 업무의 본질적인 만족이 경쟁적인 봉급을 지급하거나 경쟁적인 혜택을 제공하는 것은 아니다.

그렇지만 이 세 가지 경제 부문은 비슷한 문제점을 공유하고 있다. 사실상 기본적인 문제는 기존의 공공 서비스 법률과 규칙을 어기지 않으면서, 그리고 정치적 후원, 족벌주의, 불법적인 차별을 위하여 능력 기반의 고용 원칙을 유지하면서 인재를 모집하고 유지하고 자극하고 양성하는 것이다. 간단한 해답은 없으며, 각 기관은 특별 조사단을 구성해 기존의 정책, 절차, 정부 법률, 규칙, 규정의 틀 안에서 승계를 개선하는 데 관심을 집중할 필요가 있다. SP&M 프로그램 담당자의 과제는 이 책에서 추천한 방법들을 정부 기관, 교육 기관, 비영리 조직들의 독특한 환경에 적용하는 방법을 찾는 것이다.

예측 6 : 승계 계획에서 가능한 후임자의 정보에 대한 조직의 개방성이 증가될 것이다

많은 조직들은 핵심 직위에 유망한 후임자들을 공개하는 것을 여전히 꺼리고 있다. 일부 임원들은 승계 정보의 공개는 '그린메일'이나 '황태자 딜레마'와 같은 문제점으로 이어질 것이라고 염려한다.

'그린메일'(greenmail)은 지명된 후임자가 다른 조직에서 더 유리한 조건의 제안을 받고, 현재의 고용주로부터 이에 상응하는 제안을 얻어내기 위해 임금이나 보너스 등에 대한 조건을 높이고자 하는 것을 말한다. '황태자 딜레마'(crown prince dilemma)는 지명된 후임자가 자신의 승진이 보장되었다고 생각해서 이미 얻은 명예에 만족하여 성과 하락을 방치하는 것을 말한다.

그렇지만 이러한 잠재적인 문제점들에도 불구하고, 나는 조직들이 미래의 후임자를 지명하는 데 대해 더욱 개방적이 될 수밖에 없을 것이라고 생각한다. 그렇지 않으면, 그들은 전문적인 개발 기회를 포함하는 매력적인 고용 패키지를 제공하는 데 있어서 더욱 개방적이고, 이를 약속하고 준비하는 고용주들에게 고성과 잠재인력들을 빼앗기게 될 것이다.

예측 7 : 효과적인 승계 계획 및 관리와 경력 개발 문제를 통합하려는 노력이 증가될 것이다

경력 계획 및 관리 프로그램은 일반적으로 개인들에 의해 계획되므로 상향식이다. 반면에 승계 계획 및 관리 프로그램은 일반적으로 선임 임원들에 의해 계획되므로 하향식이다. 이미 설명했듯이, 이 두 가지 프로그램은 함께 기능하며 반드시 통합되어야 한다.

미래에 의사 결정자들은 경력 계획 및 관리 프로그램과 승계 계획 및 관리 프로그램을 통합하는 것이 얼마나 중요한지 깨닫게 될 것이다. 두 가지를 통합함으로써 얻을 수 있는 시너지는 개별 부분의 합보다 더 크다. 그런 이유 때문에 조직들은 기업이 후원하는 경력 개발 및 관리 프로그램을 활성화하여 개인들에게 미래를 위해 스스로 준비하는 데 더욱 큰 책임을 맡길 것이다. 이것은 대체 및 승계 계획에 대한 재확인과 검증으로 활용될 수 있다.

SP&M 프로그램 담당자들의 과제는 경력과 승계 프로그램을 통합하는 방법을 찾는 것이다. 예시 14-7은 경력 계획 및 관리 프로그램의 주요 특성들을 열거하고 있다. 예시 14-8은 경력 계획 및 관리 프로그램을 SP&M 프로그램과 통합하는 방법에 대해 당신의 생각을 정리할 수 있는 평가표를 제공하고 있다.

예시 14-7 경력 계획 및 관리 프로그램의 주요 특성들

지시 : 이 워크시트를 이용하여 당신의 조직이 경력 계획 및 관리 문제들에 얼마나 잘 대처하고 있는지 평가하십시오. 아래의 왼쪽 행에 열거된 효과적인 경력 계획 및 관리 프로그램의 특성들을 당신의 조직에서는 어떻게 생각하는지 다음의 척도를 이용하여 오른쪽 행에 점수를 매기십시오.

1 = 전혀 효과적이지 못하다.　　　　　2 = 다소 비효과적이다.
3 = 다소 효과적이다.　　　　　　　　4 = 효과적이다.

경력 계획 및 관리 프로그램의 특성 경력 계획 및 관리 프로그램은 다음과 같다.	점수			
	전혀 효과적이지 못하다. 1	다소 비효과적이다. 2	다소 효과적이다. 3	효과적이다. 4
1. 구체적인 비즈니스 필요 또는 조직의 쟁점을 만족시키는 데 초점을 둔다.				
2. 조직 내 특정한 그룹을 목표로 삼는다.				
3. 조직의 독특한 기업 문화와 행동 방식에 민감하다.				
4. 경영자, 노동자와 같은 이해관계자들에게 쉽고 편하게 설명할 수 있는 통일된 모델에 따라 편성한다.				

5. 조직에서 경력 계획에 대처하는 일회성 방법 이상인 포괄적인 접근법에 기초를 둔다.				
6. 모든 주요 이해 관계자 그룹(예를 들어 임원, 관리자, HR 전문가, 노동자)을 포함하고, 따라서 주인 의식을 형성한다.				
7. 이해 관계자들에게 잘 알려져 있다.				
8. 개인의 목적 달성과 조직의 목적 달성에 얼마나 도움이 되는지 양자 모두를 평가한다.				
점수	위 행에서 숫자를 더하고 아래에 합계를 적는다. 합계: _____			

점수의 해석

점수 1~8	당신의 조직은 경력 계획 및 관리 프로그램이 없다. 또는 그런 프로그램이 있다고 해도 매우 비효과적이라고 생각된다. F
점수 9~16	당신의 조직은 경력 계획 및 관리 프로그램이 있지만, 효과적이거나 유용한 것이라고 보기 어렵다. 그저 그럴 뿐이다. C
점수 17~24	조직의 경력 계획 및 관리 프로그램은 일반적으로 효과적이라고 생각된다. B
점수 25 이상	조직의 경력 계획 및 관리 프로그램은 매우 성공적이며, 효과적이라고 생각된다. A

| 예시 14-8 | **경력 계획 및 관리 프로그램을 승계 계획 및 관리 프로그램과 통합하기 위한 평가표** |

지시 : 이 워크시트를 이용하여 당신 조직의 경력 계획 및 관리 프로그램이 당신의 SP&M 프로그램과 얼마나 잘 통합되었는지 평가하십시오. 아래의 왼쪽 행에 열거된 효과적인 경력 및 승계 프로그램의 특성 각각에 대해, 당신의 조직이 그것들을 얼마나 잘 통합했다고 생각하는지 다음의 척도를 이용하여 오른쪽 행에 점수를 매기십시오.

1 = 전혀 통합되지 못함. 2 = 다소 통합되었으나 충분하지는 못함.
3 = 잘 통합되었음. 4 = 매우 잘 통합되었음.

효과적인 경력 및 승계 프로그램의 특성 경력 계획 및 관리 프로그램과 SP&M 프로그램 모두는 다음과 같다.	점수			
	전혀 통합되지 못함. 1	다소 통합되었으나 충분하지는 못함. 2	잘 통합되었음. 3	매우 잘 통합되었음. 4
1. 특정 비즈니스 요구를 만족시키는 데 초점을 둔다.				
2. 비교되고 통합된 프로그램 목표에 의해 가이드된다.				
3. 공통 분모로서 업무 요건 또는 역량이 이용된다.				
4. 사람들이 아는 것이나 지금 할 수 있는 것, 그리고 알아야 하는 것 사이의 격차를 파악한다.				
5. 개인들이 어떤 경력 목표들을 추구하는지 명백하게 밝힌다.				

6. 완전한 다면 평가를 이용할 수 있고, 자주 그렇게 한다.				
7. 개인의 개발 격차를 좁히기 위해 개인 개발 계획에 의존한다.				
8. 평가한다.				
점수	위 행에서 숫자를 더하고 아래에 합계를 적는다. 합계 : _____			

점수의 해석

점수 1~8	당신의 조직은 경력 계획 및 관리를 SP&M과 통합하지 못했다.
점수 9~16	당신의 조직은 경력 계획 및 관리를 SP&M과 다소 통합했다. 그렇지만 그것은 충분히 통합했다고 생각되지 않는다.
점수 17~24	당신의 조직은 경력 계획 및 관리를 SP&M과 효과적으로 통합했다.
점수 25 이상	당신의 조직은 경력 계획 및 관리와 SP&M의 매우 훌륭한 통합을 달성하는 데 성공했다.

예측 8 : 일과 삶의 균형 유지와 정신적인 문제가 승계 계획 및 관리에 더 많은 영향을 미치게 될 것이다

많은 경영자들은 치열한 경쟁으로 인해 자신들의 업무에 더 많은 시간을 쏟는다. 사실상 경영자들의 주당 평균 업무 시간은 점점 더 늘어나고 있다. 이는 다른 집단에서도 동일하게 나타나는 현상이다. 하지만 이제 그것은 많은 사람들에게 그들의 우선순위를 다시 생각하도록 했다. 일보다는 삶이 더 중요하며, 그들은 그것을 알고 있다. 어떤 사람들은 자신들의 인생에서 가족이나 다른 사람과 함께 더 많은 시간을 보내고자 한다. 또 어떤 사람들은 종교나 인생의 의미에 대해 보다 심오한 감정을 찾는다. 일과 삶의 균형을 유지하고 보다 큰 정신적 감정을 추구하는 이러한 욕망은 변화의 주요한 동력이다. 나는 이것들이 조직의 의사 결정자들에게 점점 더 중요한 사안이 될 것이라고 예상한다. 만일 추가적인 책임이 너무 많은 개인적 희생을 요구한다면 고성과 잠재인력들은 그러한 책임을 거부한다는 사실을 의사 결정자들은 알게 될 것이다.

SP&M 프로그램 담당자들의 과제는 고성과 잠재인력이 개인의 업무 책임과 개인적 삶의 균형을 잡을 수 있는 방법을 찾도록 돕는 것이다. 이것은 그들이 일과 개인적 삶을 조화롭게 하거나 영적 숭고함을 추구할 수 있도록 인센티브의 한 방편으로 시간을 이용하거나 사람들에게 일로부터 해방된 시간을 주어야 할 수도 있다.

예측 9 : 전략적 노력은 물론이고, 실시간 인재 개발 노력에 더 많은 초점을 두게 될 것이며, 이는 관리자들의 일상 업무가 될 것이다

경영 관리자는 인재를 개발하는 역할을 맡고 있다. 이것은 일상적인 책임이며 인재 박람회에서 일 년에 한 번 논의되고 관리되는 노력이 아니다. 조직의 리더들은 인재 개발 노력에 대해 경영자들에게 보상하고, 멘토링 프로그램을 도입하고, 인재 육성에 있어서 경영자의 역할을 분명히 밝힘으로써 이러한 노력을 권장할 수 있다.

대부분의 개발은 근무 중에 일어난다. 관리자들이 직원들에게 부여하는 임무의 종류가 그들의 역량을 형성한다. 이것이 조직에서 경험을 중시하는 이유이다. 그러한 경험은 직원들이 조직의 요구를 즉각적으로 만족시키면서 그들의 능력을 형성하도록 관리될 수 있다. 그러한 상황을 일상적 기준으로 관리하는 것이 관리자의 직무이다. 나는 미래 조직의 리더들은 실시간으로 노동자들의 재능을 개발하기 위해 관리자들의 능력을 향상시키는 더 나은 직무를 수행하게 될 것이라고 예상한다.

예측 10 : 역량-기반 이슈와 마찬가지로 윤리적, 가치 지향적인 이슈가 쟁점이 될 것이다

엔론(Enron)을 비롯한 다른 많은 기업들의 스캔들은 리더들에게 수단과 방법을 가리지 않고 성과를 얻는다는 것이 불가능하다는 것을 인식하게 했다. 즉 성과를 얻기 위해서는 법률적, 도덕적, 윤리적인 측면이 고려되어야 한다. 나는 개인의 잠재성을 평가할 때 윤리적, 도덕적, 법률적 기준은 물론이고 기업의 행동 규범에 얼마나 잘 따르는지를 더욱더 따지게 될 것이라고 예상한다. 사실상 단순히 부적절한 외양이 성가신 새로운 규제로 이어질 수 있으며, 따라서 조직의 리더들은 보다 많은 경영 책임이 고려되는, 즉 전문적, 기술적 책임이 더 많이 요구되는 개인들을 역량 기반(생산성) 기준은 물론이고 윤리적, 도덕적, 법률적 기준에 의해 평가해야 한다고 주장하게 될 것이다.

예측 11 : 승계 계획 및 관리가 선발에 대한 결정에 더 긴밀히 통합될 것이다

어떤 역량들은 개발될 수 있지만, 다른 것들은 선택되어야만 한다. 그 결과 개발과 선택 노력이 통합되는 것이 필수적이다. 역량을 확인하는 동안에 HR 전문가들과 다른 사람들은 어느 역량이 개발될 수 있고, 어느 것이 선택되어야 하는지 정확히 설명할 필요가 있다.

예측 12 : 인재 개발은 물론이고 인재의 효율적 활용에도 초점을 두게 될 것이다

인재를 개발하는 것만으로는 충분하지 않다. 어떤 사람들은 다른 사람들보다 더욱 생산적이고 창조적이기 때문에, 다른 사람들의 역량을 멘토링하고, 코치하고, 구축하는 능력을 한층 더 높여야 한다. 조직 리더들의 과제는 독특한 재능과 강점을 지닌 사람들과 그러한 역량 개발에 꾸준히 힘쓰는 사람들을 연결시키는 방법을 찾는 것이다. 멘토링은 동료들 사이에서 일어날 수 있으며, 단지 한 개인과 기업의 계층에서 더 높은 수준에 있는 사람들 사이에서만 이루어지는 것은 아니다.

예측 13 : 한 번에 한 명씩이 아닌, 빠르고 광범위한 인재 확보를 위해 인수 합병 또는 경영권 취득과 같은 전략들이 포함될 것이다

조직이 인재를 확보하는 방법은 여러 가지가 있다. 그 한 가지 방법이 고용이고, 두 번째 방법은 개발이다. 그러나 다른 대안들도 있다.

예를 들어 그 조직에서 부족한 인재를 보유하고 있는 다른 조직을 합병, 인수하거나 경영권을 취득하는 것이 하나의 방법이다. 합병, 인수, 경영권 취득은 한번에 많은 인재를 확보하는 방법이다.

물론 그러한 모험에는 많은 주의가 필요하다. 만일 두 조직의 기업 문화가 화합될 수 없다면, 마찰로 인해 인재가 사라질 것이다. 그렇기 때문에 조직의 리더들은 합병, 인수, 경영권 취득을 당한 조직에 근무하는 재능 있는 인재들에게 그들의 미래가 위태롭지 않다고 안심시키는 조치를 취해야 한다. 그러한 부단한 노력이 없다면, 고성과 잠재인력들은 모든 변화 노력을 실패로 만들면서 재빨리 떠날 수도 있다.

예측 14 : 승계 계획 및 관리는 위험 관리와 안전에 대해 관심을 더 기울이게 될 것이다

다양한 문제들이 인재의 예상치 못한 손실을 초래할 수 있다. 사고는 일어나지만, 조직의 리더들이 그 사고의 충격을 최소화하는 조치를 취한다면, 그들은 조직의 인재를 신중하게 다루고 있는 것이다. 일부 조직에서 같은 비행기, 같은 자동차, 같은 버스, 또는 다른 운송 수단들로 여행하는 임원의 수에 제한을 가하는 것도 이러한 이유 때문이다.

고려해야 할 또 다른 사안은 시설 전체를 갑작스럽게 잃게 될 경우 무엇을 해야 할 것인가이다. 도시 전체를 잃게 될 수도 있음은 더 이상 상상도 못할 일이 아니다. 세계무역센터가 붕괴되었을 때 몇몇 기업들에 실제로 일어난 것처럼, 기업 본부가 파괴된다면 조직은 기능할 수 있을 것인가? 따라서 조직의 리더들은 시나리오 계획을 짜서 물리적 자산은 물론이고 인적 자산의 비극적인 손실에 대비해야 한다.

예측 15 : 경영 승계 문제 이상의 것을 다루게 될 것이다

대부분의 사람들은 전통적으로 승계 계획 및 관리를 경영 승계와 연결지어 생각했다. 조직표 위로의 이동은 그러한 향상(improvement)을 위해 양성되는 사람들을 찾는 전통적인 승계 계획 및 관리의 초점이 되어 왔다. 그러나 향상은 경영 승계 이상을 의미할 수 있다. 예를 들어 그것은 전문 역량의 수평적인 연속을 따라가는 향상을 의미할 수도 있다.

요약

이 장에서는 승계 계획 및 관리에 대한 15가지 예측을 제시했다. 미래에 승계 계획 및 관리는 다음과 같을 것이다.

(1) 의사 결정자들이 조직의 인재 니즈에 대처할 수 있는 유연한 전략들을 찾기 위해 노력할 것이다. (2) 고잠재 인재의 초기 식별, 인재 유지 노력, 그리고 고령의 고잠재 직원의 유지 노력을 위한 통합적인 유지 정책 및 절차들이 수립될 것이다. (3) 승계 계획 및 관리가 전 세계적으로 영향을 미치게 될 것이다. (4) 실시간 첨단 기술 혁명에 더 많은 영향을 받게 될 것이다. (5) 정부 기관, 교육 기관, 그리고 비영리 조직에서 승계 계획 및 관리가 전례 없는 쟁점이 될 것이다. (6) 승계 계획에서 가능한 후임자 정보에 대한 조직의 개방성이 증가할 것이다. (7) 효과적인 승계 계획 및 관리와 경력 개발 문제를 통합하려는 노력이 증가할 것이다. (8) 승계 계획 및 관리에 일과 삶의 균형 유지와 정신적인 문제가 더 많은 영향을 미치게 될 것이다. (9) 전략적 노력은 물론이고 실시간 인재 개발 노력에 더 많은 초점을 두게 될 것이며, 이는 관리자들의 일상 업무가 될 것이다. (10) 역량-기반 관련 이슈와 마찬가지로 윤리적, 가치 지향적 이슈가 쟁점이 될 것이다. (11) 선발에 대한 결정과 더 긴밀하게 통합될 것이다. (12) 인재 개발은 물론이고 인재의 효율적 활용에 초점을 두게 될 것이다.

(13) 한 번에 한 명씩이 아닌, 빠르고 광범위한 인재 확보를 위해 인수 합병 또는 경영권 취득과 같은 전략들이 포함될 것이다. (14) 승계 계획 및 관리가 위험 관리와 안전 문제에 더욱더 관심을 기울일 것이다. (15) 경영 승계 문제 이상의 것을 다루게 될 것이다.

부록

FAQ _승계 계획 및 관리에 대해 자주 제기되는 질문

1. 승계 계획이란 무엇인가?

간단히 말하면, 승계 계획은 현재와 미래의 조직 요구를 만족시키기 위해 인재를 개발하는 과정이다. 관리자가 업무 지정을 할 때마다, 그는 직원의 능력을 만들어가고 미래를 위해 누군가를 준비시키고 있는 것이다. 업무 경험은 역량을 형성하며, 다른 종류의 업무 경험은 다른 종류의 역량을 형성한다.

2. 승계 계획은 대체 계획과 어떻게 다른가?

대체 계획은 조직도 상에서 공석을 채울 예비책을 마련하는 것이고, 승계 계획은 미래에 필요한 인재를 양성하는 것에 관한 것이다. 승계 계획과 대체 계획은 서로 관련이 있지만, 다른 활동이다.

3. 승계 계획은 왜 필요한가?

조직의 리더들은 직원 배치와 리더십 요구를 조직의 미래 전략 목표에 맞추어 조정하는 것에 대해 생각해 볼 필요가 있다. 만일 그들이 효과적인 승계 계획 및 관리 프로그램의 도입을 위한 조치를 취하지 않는다면, 이른바 '나와 같은'(like me) 문제의 희생양이 될 수도 있다. 이는 사람들이 자신들과 비슷한 다른 사람들을 더욱 호의적으로 보면서 그들을 선택하는 경향의 딜레마를 일컫는다. 그것은 의도적인 차별이 아니라, 인간의 본성이다. 즉, 사람들은 자신의 렌즈를 통해 세상을 본다. 그러므로 남자는 남자를 좋아하는 경향이 있고, 여자는 여자를 좋아하며, 엔지니어는 엔지니어를 좋아하는 식이다. 당신이 당신의 사장과 비슷할수록, 사장이 당신을 호의적으로 볼 가능성이 높다. 후임자에 대해 현직자를 '복사'하고자 하는 경향이 있기 때문에, 조직은 내재적 편향에 맞설 조치를 취해야 한다. 오늘의 현직자는 지금의 비즈니스 환경에는 매우 적합하다 해도, 내일의 비즈니스 환경에서는 부적합할 수도 있기 때문이다. 따라서 조직의 리더들은 승계 계획이 조직의 전략 목표 실현에 도움이 되는 승리자를 선택할 수 있도록 미래에 얼마나, 어떤 종류의 사람들이 필요한지 결정해야 한다.

4. 조직의 리더들이 지금 승계 계획 및 관리에 관심을 가지는 이유가 무엇인가?

많은 조직들은 노령화의 영향을 경험하고 있다. 그로 인해 조직들은 대부분 경험 많은 직원들을 은퇴로 잃게 될 위험에 처해 있다. 동시에 테러리즘에 대한 걱정이 만일의 경우를 대비해서 리더, 다른 핵심 노동자에 대한 예비책의 확보를 신중히 준비하는 데 관심을 불러일으키고 있다. 또한 몇 년 동안의 다운사이징과 다른 비용 감축 수단들을 통해 많은 조직들이 내부적 대체 후보 인력군을 축소해 왔기 때문에 내부적 대체를 찾기가 더욱 어려워졌다. 대부분의 경영자들은 중요한 직위를 채우는 데 시간을 지체하고 싶어하지 않는다. 또한 다운사이징으로 외부에서 인재를 영입하기도 쉽지 않다. 따라서 많은 조직의 리더들은 '조직 내부의 방식'에 따른 광범위하고 독특한 지식이 요구되는 충원이 어려운 직위에 '내부에서의 인재 양성'을 위한 조치를 취하고 있다.

5. 승계 계획 프로그램의 필수 요소는 무엇인가?

다음에 대해 생각해 보자.

- '프로그램의 목적'. 왜 그것이 필요한가? (조직의 모든 임원들이 당연히 동일한 목표를 공유하고 있을 것이라고 가정할 수 없다. 실제로 그들은 그렇지 않다. 일부는 어떤 것을 원하고, 다른 이는 다른 것을 원한다. 혼동된 목표는 효과적인 결과로 이어지지 않는다.)
- '프로그램의 측정 가능한 목표들'. 시간이 흐름에 따라서 어떤 측정 가능한 결과를 바라는가?
- '지금 이루어야 할 역량들'. 어떤 종류의 사람이 모든 부서와 모든 조직 단계에서 성공적인 성취자가 되어야 하는가?
- '역량이 측정되는 방법'. 조직의 성과 관리 시스템은 현재 역량을 얼마나 잘 측정하고 있는가? (우리는 현재 직무에서 성공한 사람들의 승진을 바라기 때문에 그것이 필요하다.)
- '미래에 이루어야 할 역량들'. 만일 조직이 전략 목표들을 실현하려고 한다면, 어떤 종류의 사람이 미래에 모든 부서와 모든 조직 단계에서 성공적인 성취자가 되어야 하는가?
- '조직이 잠재성을 평가하는 방법'. 누군가가 그것을 수행하는 것을 보지도 못했는데, 그가 미래에 더 높은 책임 단계에서 성공할 수 있음을 어떻게 아는가? (이것을 아직 수행되지 않은 미래 업무 도전에 대한 성과 측정으로 생각한다.)
- '격차의 축소.' 현재 직무 요구 및 현재 성과, 미래 표적 또는 가능한 미래 수준, 고위직 또는 좀더 어려운 책임을 준비하기 위해 알아야 하거나 행해야 하는

것 사이의 격차를 어떻게 좁힐 수 있는가?
- '결과의 평가.' 격차를 좁히려는 우리의 노력이 수행되고 있고, 승계 프로그램이 사명을 완수하고 측정 가능한 목표들을 달성했다는 것을 어떻게 아는가?

6. 승계 계획 및 관리 프로그램이 없는 조직에서, 도입과 실행을 어떻게 착수할 수 있는가?

'비즈니스 사례 창출'로 시작한다. 이는 "승계 프로그램을 도입하고 실행할 수밖에 없는 사례를 보여준다."는 것을 의미한다(일부 사람들은 "불타는 승강장을 찾는다."라고 말한다). 그러한 사례를 기반으로 해서 프로그램에 의해 처리되는 목적을 정리한다. 당신은 얼마나 꼭 들어맞는 비즈니스 사례를 만드는가? 여기에 몇 가지 가능성이 있다.

- 당신의 조직에서 예정된 퇴직에 대해 연구를 수행한다. 급여 시스템에 가서 급여 명부에 있는 모든 사람들의 퇴직 예정일을 나타내는 보고서를 요청한다. 그런 다음 직무 수준(조직표 상에서 직위), 지리적 위치, 부서, 직무 코드, 그리고 당신의 조직에 중요한 다른 세목들에 따른 퇴직 예정일에 대해 더욱 상세히 알아본다. 그러고는 앞으로 3년 동안 퇴직 예정일을 점검함으로써 동일한 작업을 수행한다. 어떤 사람들은 해당 연령에 도달해도 물러나지 않을 테지만, 당신은 단지 위험을 평가하고 있다는 사실을 명심하라.
- 임원들에게 모든 선임 팀이 비행기 충돌, 자동차 사고, 또는 기업 본부의 폭발로 한꺼번에 없어졌을 때 어떤 일이 벌어질지 물어본다.
- 각각의 경영진에게 사망, 상해, 또는 사고로 인해 그를 갑작스럽게 잃게 될 때 어떻게 대처하라고 조언할 것인지 묻는다. 누가 그 자리를 대신하게 되고, 어떻게 그 사람을 결정했는가?

물론 비즈니스 사례를 구축하기 위해 당신의 조직이 직면하는 독특한 상황에 따라 어떤 다른 방법들을 제안할 수 있을 것이다. 하지만 설득력 있는 논거로 시작해야 한다. 왜냐하면 승계 계획은 모든 사람이 일어날 것을 알고 있지만 행동으로 옮기려고 하지 않는 묘지 구매와 같은 것이기 때문이다(이런 오래된 우스갯소리가 있다. "사업이 잘 될 때에는 바빠서 할 수가 없고, 사업이 안 될 때에는 비싸서 할 수가 없다." 승계 계획도 그와 같다).

7. 승계 계획 및 관리 프로그램의 투자 수익률은 어떠한가?

승계 계획 및 관리 프로그램의 평균적인 투자 수익률은 아무도 모른다. 업계 최고의 기업들까지도 그것을 효과적으로 측정하지 못한다(그런데 당신 회계 부서의 투자 수익률은 어떠한가?). 투자 수익률의 결정은 프로그램에 의해 달성되는 측정 가능한 목적 지표로써 시작한다. 오늘 공석을 충원하는 데 든 비용과 소요된 시간을 알아본 다음, 승계 계획 및 관리 프로그램이 시작되어 운영된 후에 공석을 채우는 데 든 비용과 소요된 시간을 알아본다. 이 수치를 이용하여 SP&M 프로그램의 비용과 편익을 산출한다.

8. 조직이 승계 계획 및 관리 프로그램을 시작하게 될 때 경험하는 가장 일반적인 문제점은 무엇인가? 그것은 다음과 같다.

- 이사회, 선임 리더십 팀, 조직의 모든 수준의 관리자들, 그리고 개별 직원들까지도 공유하는 조직 전체의 책임이 아닌, HR 문제로만 간주하는 것이다. 조직의 모든 구성원들은 미래 니즈를 만족시키기 위한 인재 양성에 어느 정도의 책임이 있다.
- 적은 인원을 투입하는 것이다. 훌륭한 승계 프로그램은 시간과 노력을 요한다. 그러므로 누군가는 반드시 그것을 조정해야 한다. 시간과 노력은 '완전하게 아웃소싱할' 수 없다. 컨설턴트들이 도와줄 수는 있지만 관리자들이 자신의 책임과 책무를 저버릴 수는 없다.

- 혼동된 또는 매우 모호한 목적을 세우는 것이다. 만일 조직의 리더들이 달성해야 하는 구체적이고 측정 가능한 목표에 승계 노력을 집중하지 않는다면, 승계 프로그램은 명료성을 잃게 될 것이다. 그리고 혼동되고 중첩되고 상충되는 목적을 추구하는 데 자원을 낭비하게 될 것이다. 따라서 프로그램을 도입하기 전에 원하는 것을 명확히 해야 한다.
- 책임 있는 사람을 보유하지 못하는 것이다. 이것은 아마도 모든 승계 프로그램이 직면하는 가장 큰 문제일 것이다. 올해의 개인 개발 계획을 개인이 충족시키지 못한다면 어떻게 될까? 사업부를 맡고 있는 선임 임원이 사업부의 측정 가능한 인재 개발 목적을 만족시키지 못한다면 어떻게 될까? 이러한 질문들은 책임성에 초점이 모아진다. 기업 문화에 따라 다른 조직들은 다른 방식으로 문제점을 해결한다. 그렇지만 실질적인 질문은 다음과 같다. "인재를 구축하거나 그렇지 못할 경우 결과를 어떻게 조정해야 할까?", "이번 주, 이번 달, 이번 분기, 올해의 수치를 맞추기 위해 인재 개발이 어떻게 누적되며, 만일 수익이나 매출에서는 괜찮지만 미래를 위해 인재를 양성하지 못하는 경우 무엇을 해야 하는가?"

9. 조직이 승계 계획 및 관리 프로그램으로부터 경험하는 가장 큰 혜택은 무엇인가?

조직이 효과적인 승계 계획 프로그램을 확립했다면, 조직의 리더들은 다음과 같은 것을 기대할 수 있다.

- 인재가 이미 파악되고 준비되었기 때문에 공석에 충원할 인재를 확보하는 데 시간과 비용이 적게 소요될 것이다.
- 인력 개발 노력은 조직의 전략적 목표들과 일치되어, 올바른 사람이 올바른 시간과 장소에서 올바른 목표들을 만족시키기 위해 이용 가능할 것이다.
- 조직은 핵심 인물의 갑작스럽고 비극적인 손실에 대처할 수 있다.

10. 승계 계획 및 관리 프로그램에서 기업 이사회의 역할은 무엇인가? 승계 계획 및 관리 프로그램에서 CEO의 역할은 무엇인가? 선임 경영관리 팀의 역할은 무엇인가? HR 부서의 역할은 무엇인가? 개인의 역할은 무엇인가?

- 이사회는 효과적인 승계 계획 및 관리 프로그램의 존재와 실제 프로그램의 효과적 운영을 보장해야 한다.
- CEO는 효과적인 승계 계획 및 관리 프로그램의 존재와 효과적 운영을 보장하는 데 대해 개인적인 책임이 있다. 만일 CEO가 그 책임을 지지 않는다면, 이는 비행기를 날게 하지 못하는 조종사와 같다. 비행기가 충돌한다면, 누구의 책임인가?
- 선임 경영진들은 비행기의 공동 조종사와 마찬가지다. 각각은 그 자신의 사업부 또는 부서에 대해 인재 개발 목적을 세우고 그 목적들을 달성해야 할 책임이 있다.
- HR 부서는 "비행기가 올바른 방향으로 날아가도록" 정책, 절차, 기술, 그리고 다른 지원들을 제공한다. HR 담당 부사장의 역할을 비행기의 항법사와 같다고 생각하라. 그는 조종사에게 어디로 어떻게 비행할지 조언하고, 독자적인 문제, 상황, 또는 위기 상황에 어떻게 대처할지 현장에서 조언한다.
- 부서 관리자들은 그들 각각의 부서를 위해 인재를 끌어들이고, 파악하고, 개발하고, 유지할 책임이 있다. 그들은 "자리를 채우고 조직의 미래 요건을 만족시킬 인재를 양성하는" 양자 모두에 대한 책임과 책무가 있음을 깨달아야 한다.
- 개인들은 그들의 인생, 그들의 경력, 그리고 조직이 무엇을 원하는지를 알아야 할 책임이 있다. 개인들은 또한 미래를 위해 자신들을 개발할 책임이 있다. 개인들이 "현재의 위치에 머물기 원한다는 것은", 특히 그것이 업무와 인생의 균형 결정에서 비롯되었다면 아무런 문제가 없지만, 개인들은 그들의 목적이 자신의 관심과 미래 고용 가능성을 해치지 않을 만큼 오랫동안 지속되는 것이라는 점을 사람들에게 알려줄 책임이 있다.

참고문헌

제3판 서문

1. Warren Bennis and Burt Nanus, Leaders: The Strategies for Taking Charge (New York: Harper and Row, 1985), p. 2.
2. Bradley Agle, "Understanding Research on Values in Business," Business & Society, September 1999, 326-387. See also Ken Hultman and Bill Gellerman, Balancing Individual and Organizational Values: Walking the Tightrope to Success (San Francisco: Pfeiffer, 2002).
3. Charlene Marnier Solomon, "The Loyalty Factor," Personnel Journal, September 1992, 52-62.
4. Shari Caudron, "The Looming Leadership Crisis," Workforce, September 1999, 72-79.
5. Arthur Deegan, Succession Planning: Key to Corporate Excellence (New York: Wiley-Interscience, 1986), p. 5. [This book, while out of print, is a classic]
6. As quoted in Harper W. Moulton and Arthur A. Fickel, Executive Development: Preparing for the 21st Century (New York: Oxford University Press, 1993), p. 29.
7. E. Zajac, "CEO Selection, Succession, Compensation and Firm Performance: A Theoretical Integration and Empirical Analysis," Strategic Management Journal 11:3 (1990), 228. See also William Rothwell, "What's Special About CEO Succession?" Global CEO Magazine [India], March 2004, Special Issue, 15-20.
8. R. Sahl, "Succession Planning Drives Plant Turnaround," Personnel Journal 71:9 (1992), 67-70.
9. "Long-Term Business Success Can Hinge on Succession Planning," Training Directors' Forum Newsletter 5:4 (1989), 1.
10. Dirk Dreux, "Succession Planning and Exit Strategies," CPA Journal 69:9 (1999), 30-35; Oliver Esman, " Succession Planning in Small and Medium-Sized Companies," HR Horizons 103 (1991), 15-19; Barton C. Francis, "Family Business Succession Planning," Journal of Accountancy 176:2 (1993), 49-51; John O'Connell, "Triple-Tax Threat in Succession Planning," National Underwriter 102:40 (1998), 11, 19; T. Roger Peay and W. Gibb Dyer, Jr., "Power Orientations of Entrepreneurs and Succession Planning," Journal of Small Business Management

27:1 (1989), 47-52; Michael J. Sales, "Succession Planning in the Family Business," Small Business Reports 15:2 (1990), 31-40.

1장

1. Henry Fayol, Administration Industrielle et Generate (Paris: Societe de l'Industrie Minerale, 1916).
2. Norman H. Carter, "Guaranteeing Management's Future Through Succession Planning," Journal of Information Systems Management 3:3 (1986), 13-14.
3. See the classic article, Michael Leibman, "Succession Management: The Next Generation of Succession Planning," Human Resource Planning 19:3 (1996), 16-29. See also Ram Charan, Stephen Drotter, and James Noel, The Leadership Pipeline: How to Build the Leadership-Powered Company (San Francisco: Jossey-Bass, 2001).
4. Richard Hansen and Richard H. Wexler, "Effective Succession Planning," Employment Relations Today 15:1 (1989), 19.
5. See Chris Argyris and Donald Schon, Organizational Learning: A Theory of Action Perspective (Reading, Mass.: Addison-Wesley, 1978); Peter Senge, The Fifth Discipline: The Art and Practice of the Learning Organization (New York: Doubleday/Currency, 1990).
6. Thomas P. Bechet, Strategic Staffing: A Practical Toolkit for Workforce Planning (New York:AMACOM, 2002).
7. David E. Hartley, "Tools for Talent," T + D 58:4 (2004): 20-22.
8. Ibid., p. 21.
9. William J. Rothwell and H. C. Kazanas, The Strategic Development of Talent (Amherst, Mass.: HRD Press, 2003).
10. Downloaded from http://news.ft.com/servlet/ContentServerPpagename = FT.com/Page/GenericPage2 &c = Page&cid = 1079420675546 on 18 July 2004.
11. Stephen Overell, "A Meeting of Minds Brings HR into Focus," downloaded on 18 July 2004 from http://news.ft.com/servlet/ContentServerPpagename = FT.com/StoryFT/FullStory&c = StoryFT&cid = 1079420676509&P = 1079420675546
12. The Human Capital Challenge (Alexandria, Va.: ASTD, 2003).
13. J. Christopher Mihm, Human Capital: Succession Planning and Management Is Critical Driver of Organizational Transformation (Washington, D.C.: U.S. General Accounting Office, 2003).
14. Walter R. Mahler and Stephen J. Drotter, The Succession Planning Handbook for the Chief Executive (Midland Park, N.J.: Mahler Publishing Co.,1986), p. 1.
15. "Long-Term Business Success Can Hinge on Succession Planning," Training Directors' Forum Newsletter 5:4 (1989), 1.
16. Wilbur Moore, The Conduct of the Corporation (New York: Random House, 1962), p. 109.

17. Rosabeth Moss Kanter, The Men and Women of the Corporation (New York: Basic Books, 1977), p. 48.
18. Norman H. Carter, "Guaranteeing Management's Future Through Succession Planning," Journal of Information Systems Management 3:3 (1986), 13-14.
19. Thomas Gilmore, Making a Leadership Change: How Organizations and Leaders Can Handle Leadership Transitions Successfully (San Francisco: Jossey-Bass, 1988), p. 19.
20. William J. Rothwell and H. C. Kazanas, The Strategic Development of Talent (Amherst, Mass.: HRD Press, 2003).
21. Lynda Gratton and Michel Syrett, "Heirs Apparent: Succession Strategies for the Future," Personnel Management 22:1 (1990), 34.
22. A. Walker, "The Newest Job in Personnel: Human Resource Data Administrator," Personnel Journal 61:12 (1982), 5.
23. William J. Rothwell and H. C. Kazanas, Planning and Managing Human Resources: Strategic Planning for Personnel Management, 2nd. ed. (Amherst, Mass.: HRD Press, 2003).
24. Andrew O. Manzini and John D. Gridley, Integrating Human Resources and Strategic Business Planning (New York: AMACOM, 1986), p. 3.
25. Peter Capelli, "A Market-Driven Approach to Retaining Talent," Harvard Business Review 78:1 (2000), 103-111; Joanne Cole, "De-Stressing the Workplace," HR Focus 76:10 (1999), 1, 10-11; Robert Leo, "Career Counseling Works for Employers Too," HR Focus 76:9 (1999), 6.
26. "The Numbers Game," Time, 142:21 (1993), 14-15.
27. Ann Morrison, The New Leaders: Guidelines on Leadership Diversity in America (San Francisco: Jossey-Bass, 1992), p. 1.
28. Ibid., p. 7.
29. Arthur Sherman, George Bohlander, and Herbert Chruden, Managing Human Resources, 8th ed. (Cincinnati: South-Western Publishing Co., 1988), p. 226.
30. Warren Boroson and Linda Burgess, "Survivors' Syndrome," Across the Board 29:11 (1992), 41-45.
31. Gilmore, Making a Leadership Change, p. 10.
32. Morrison, The New Leaders, p. 1.
33. See, for instance, Robert M. Fulmer, "Choose Tomorrow's Leaders Today: Succession Planning Grooms Firms for Success." Downloaded on 19 July 2004 from http://gbr.pepperdine.edu/021/succession.html; W. Rothwell (Ed.), Effective Succession Management: Building Winning Systems for Identifying and Developing Key Talent, 2nd ed. [See http://www.cfor.org/News/article.asp?id = 4.] (Lexington, Mass.: The Center for Organizational Research [A division of Linkage, Inc.], 2004); "Succession Management: Filling the Leadership Pipeline," Chief Executive, April 2004, 1, 4.
34. M. Haire, "Approach to an Integrated Personnel Policy," Industrial Relations, 1968, 107-117.
35. J. Stuller, "Why Not 'Inplacement?'" Training 30:6 (1993), 37-44.

36. William J. Rothwell, H. C. Kazanas, and Darla Haines, "Issues and Practices in Management Job Rotation Programs as Perceived by HRD Professionals," Performance Improvement Quarterly 5:1 (1992), 49-69. [This article is the only existing research-based article on management job rotations that the author can find.]
37. William J. Rothwell, "Go Beyond Replacing Executives and Manage Your Work and Values." In D. Ulrich, L. Carter, M. Goldsmith, J. Bolt, & N. Smallwood (Eds.), The Change Champion's Fieldguide (Waltham, Mass.: Best Practice Publications, 2003), pp. 192-204.
38. Matt Hennecke, "Toward the Change-Sensitive Organization," Training, May 1991, 58.
39. D. Ancona and D. Nadler, "Top Hats and Executive Tales: Designing the Senior Team," Sloan Management Review 3:1 (1989), 19-28.
40. Ken Dychtwald, Tamara Erickson, and Bob Morison, "It's Time to Retire Retirement," Harvard Business Review, March 2004, downloaded from the online version on 3 May 2004.

2장

1. See William J. Rothwell, "Trends in Succession Management," The Linkage, Inc. eNewsletter, 2/15/00 (2000), presented on the Web at www.linkageinc.com/newsletter26/research.htm.
2. See the now classic article, Michael Leibman, "Succession Management: The Next Generation of Succession Planning," Human Resource Planning 19:3 (1996), 16-29.
3. William J. Rothwell, Robert K. Prescott, and Maria Taylor, Strategic Human Resource Leader: How to Help Your Organization Manage the 6 Trends Affecting the Workforce (Palo Alto, Calif.: Davies-Black Publishing, 1998).
4. Ibid.
5. P. Smith and D. Reinertsen, Developing Products in Half the Time (New York: Van Nostrand Reinhold, 1991).
6. See Jac Fitz-Enz, How to Measure Human Resources Management (New York: McGraw-Hill, 1984).
7. "The Aging Baby Boomers," Workplace Visions, Sept.-Oct. 1996, found at www.shrm.org/issues/0996wv01.htm.
8. "Cross-Generational Approaches," Workforce Strategies 17:11 (1999), WS63-WS64.
9. Shari Caudron, "The Looming Leadership Crisis," Workforce, September 1999, 72-79.
10. "The Aging Baby Boomers."
11. "Gap Between Rich and Poor Keeps Widening," The CCPA Monitor, 1995, presented at http://infoweb.magi.com/ccpa/articles/article21t.html [Unfortunately this site is restricted.]
12. Peter Cappelli, "A Market-Driven Approach to Retaining Talent," Harvard Business Review, Jan.-Feb. 2000, 103-111; Joseph Dobrian, "Amenities Gain Ground as Recruiting/Retention Tools," HR Focus, November 1999, 11-12.

13. Charlene Marmer Solomon, "The Loyalty Factor," Personnel Journal, September 1992, 52-62.
14. David L. Stum, "Five Ingredients for an Employee Retention Formula, "HR Focus, September 1998, S9-S10.
15. Lynn E. Densford, "Corporate Universities Add Value by Helping Recruit, Retain Talent," Corporate University Review 7:2 (1999), 8-12.
16. See, for instance, Thomas A. Stewart, "Have You Got What It Takes," Fortune 140:7 (1999), 318-322.
17. Richard McDermott, "Why Information Technology Inspired but Can not Deliver Knowledge Management," California Management Review 41:4 (1999), 103-117.
18. Dawn Anfuso, "Core Values Shape W. L. Gore's Innovative Culture," Workforce 78:3 (1999), 48-53; Donald Tosti, "Global Fluency," Performance Improvement 38:2 (1999), 49-54.
19. William J. Rothwell and John Lindholm, "Competency Identification, Modelling and Assessment in the USA," International Journal of Training and Development 3:2 (1999), 90-105. For quality control in using competencies for assessment, see: Harm Tillema, "Auditing Assessment Practices in Organizations: Establishing Quality Criteria for Appraising Competencies," International Journal of Human Resources Development and Management, 3:4 (2003): 359.
20. Rothwell, Prescott, and Taylor, Strategic Human Resource Leader.
21. Bradley Agle, "Understanding Research on Values in Business," Business and Society 38:3 (1999), 326-387. See also K. Blanchard and M. O'Connor, Managing by Values (San Francisco: Berrett-Koehler, 1997); Ken Hultman with Bill Gellerman, Balancing Individual and Organizational Values: Walking the Tightrope to Success (San Francisco: Pfeiffer, 2002). The classic book on values is still, of course, Milton Rokeach, The Nature of Human Values (New York: The Free Press, 1973).
22. W. Davidson, C, Nemec, D., Worrell, and J. Lin, "Industrial Origin of CEOs in Outside Succession: Board Preference and Stockholder Reaction," Journal of Management and Governance, 6 (2002): 4.
23. Linda Bushrod, "Sorting Out Succession," European Venture Capital Journal, February 1, 2004, p. 1; Herbert Neubauer, "The Dynamics of Succession in Family Businesses in Western European Countries," Family Business Review 16:4 (2003), 269-282; Slimane Haddadj, "Organization Change and the Complexity of Succession: A Longitudinal Case Study from France," Journal of Organizational Change Management 15:2 (2003), 135-154.
24. Wendi J. Everton, "Growing Your Company's Leaders: How Great Organizations Use Succession Management to Sustain Competitive Advantage," The Academy of Management Executive, 18:1 (Feb. 2004), 137.
25. Sarah McBride, "Gray Area: In Corporate Asia, A Looming Crisis Over Succession; As Empire Founders Age, Many Fail to Lay Proper Plans; 'You Want to Get Rid of Me'; Daesung's Three Heads," Wall Street Journal, August 7 2003, Al.
26. Barry Came, "The Succession Question," Maclean's 112:8 (2003), 44-45. [However, admittedly,

this article is about national leadership succession rather than company succession.]

27. Matthew Bellingham and Dione Schick, "Succession Planning-Issues for New Zealand Chartered Accountants," Chartered Accountants Journal of New Zealand 82:10 (2003), 24.
28. Will Hickey, "A Survey of MNC Succession Planning Effectiveness in China, Summer 2001," Performance Improvement Quarterly 15.4 (2002), 20.
29. William J. Rothwell, "Succession Planning and Management in Government: Dreaming the Impossible Dream," IPMA-HR News 69:10 (2003), 1, 7-9.
30. William J. Rothwell, "Start Assessing Retiring University Officials at Your University," HR on Campus 5:8 (2002), 5.
31. James Olan Hutcheson, "Triple Header: For Succession Planning to Succeed, Retiring Business Owners Need Life-Planning Skills as Well as Financial Advice," Financial Planning, April 1, 2004, 1; Khai Sheang Lee, Guan Hua Lim, and Wei Shi Lim, "Family Business Succession: Appropriation Risk and Choice of Successor," The Academy of Management Review 28:4 (October 2003), 657; William S. White, Timothy D. Krinke, and David L. Geller, "Family Business Succession Planning: Devising an Overall Strategy," Journal of Financial Service Professionals 58:3 (2004), 67-86.
32. William S. White, Timothy D. Krinke, and David L. Geller, "Family Business Succession Planning: Devising an Overall Strategy," Journal of Financial Service Professionals 58:3 (2004), 67.
33. D. Carey and D. Ogden, CEO Succession: A Window On How Boards Can Get It Right When Choosing A New Chief Executive (New York: Oxford University Press, 2000).
34. A classic article that summarizes much succession research is I. Kesner and T. Sebora, "Executive Succession: Past, Present and Future," Journal of Management 20:2 (1994), 327-372.
35. S. Haddadj, "Organization Change and the Complexity of Succession: A Longitudinal Case Study from France," Journal of Organizational Change Management 16:2 (2003), 135-153.
36. "Global CEO Turnover at Record Highs," Financial Executive 19:5 (2003), 10.
37. D. Gabriel, "Lost Leaders," Telephony 243:10 (2002), 44.
38. "PPG Industries Speeds, Refines Succession Preparation Process," Workforce Strategies 17:10 (1999), WS57-WS58.

3장

1. This paragraph is based on information in C. Derr, C. Jones, and E. Toomey, "Managing High-Potential Employees: Current Practices in Thirty-three U.S. Corporations," Human Resource Management 27:3 (1988), 278. For more recent information, see also William J. Rothwell and H. C. Kazanas, Building In-House Leadership and Management Development Programs (Westport, Conn.: Quorum, 1999), and David D. Dubois and William J. Rothwell, The Competency Toolkit, 2 vols. (Amherst, Mass.: HRD Press, 2000). For more recent thinking on high-potential workers,

see Morgan W. McCall, Jr., High Flyers: Developing the Next Generation of Leaders (Boston: Harvard Business School Press, 1998).
2. See William J. Rothwell, The Action Learning Guidebook: A Real-Time Strategy for Problem-Solving, Training Design, and Employee Development (San Francisco: Pfeiffer, 1999).
3. See S. Cunningham, "Coaching Today's Executive," Public Utilities Fortnightly 128:2 (1991), 22-25; Steven J. Stowell and Matt Starcevich, The Coach: Creating Partnerships for a Competitive Edge (Salt Lake City: The Center for Management and Organization Effectiveness, 1987).
4. Charles E. Watson, Management Development Through Training (Reading, Mass.: Addison-Wesley, 1979).
5. Manuel London and Stephen A. Stumpf, Managing Careers (Reading, Mass.: Addison-Wesley, 1982), p. 274.
6. James E. McElwain, "Succession Plans Designed to Manage Change," HR Magazine 36:2 (1991), 67.
7. James Fraze, "Succession Planning Should Be a Priority for HR Professionals," Resource, June 1988, 4.
8. Ibid.
9. Ibid.
10. Ibid.
11. Thomas North Gilmore, Making a Leadership Change: How Organizations Can Handle Leadership Transitions Successfully (San Francisco: Jossey-Bass, 1988), p. 10.
12. Fraze, "Succession Planning Should Be a Priority," 4.
13. David W. Rhodes, "Succession Planning—Overweight and Underper-forming," The Journal of Business Strategy 9:6 (1988), 62.
14. Ibid.
15. Ibid.
16. See Roland Sullivan, Linda Fairburn, and William J. Rothwell, "The Whole System Transformation Conference: Fast Change for the 21st Century." In S. Herman, ed., Rewiring Organizations for the Networked Economy: Organizing, Managing, and Leading in the Information Age (San Francisco: Pfeiffer, 2002), p. 117.
17. See Jane Magruder Watkins and Bernard J. Mohr, Appreciative Inquiry: Change at the Speed of Imagination (San Francisco: Pfeiffer, 2001).
18. See Diana Whitney, Amanda Trosten-Bloom, and David Cooperrider, The Power of Appreciative Inquiry: A Practical Guide to Positive Change (San Francisco: Berrett-Koehler, 2003).

4장

1. See R. White, "Motivation Reconsidered: The Concept of Competence," Psychological Review 66

(1959), 279-333.

2. David C. McClelland, "Testing for Competence Rather Than for 'Intelligence,'" American Psychologist, January 1973, 1-14.

3. See J. C. Flanagan, "The Critical Incident Technique," Psychological Bulletin, April 1954, 327-358; J. Hayes, "A New Look at Managerial Competence: The AMA Model for Worthy Performance," Management Review, November 1979, 2-3; Patricia McLagan, "Competency Models," Training and Development Journal, December 1980, 23; L. Spencer & S. Spencer, Competence at Work: Models for Superior Performance (New York: John Wiley & Sons, 1993).

4. A. R. Boyatzis, The Competent Manager: A Model for Effective Performance (New York: John Wiley & Sons, 1982), pp. 20-21.

5. David D. Dubois and William J. Rothwell, The Competency Toolkit, 2 vols. (Amherst, Mass.: HRD Press, 2000).

6. Ibid.

7. Ibid.

8. See David D. Dubois, The Executive's Guide to Competency-Based Performance Improvement (Amherst, Mass.: HRD Press, 1996); D. D. Dubois, Ed., The Competency Case Book: Twelve Studies in Competency-Based Performance Improvement (Amherst, Mass.: HRD Press and the International Society for Performance Improvement, 1998); David D. Dubois and William J. Rothwell, The Competency Toolkit, 2 volumes (Amherst, Mass.: HRD Press, 2000); David D. Dubois and William J. Rothwell, Competency-Based Human Resource Management (Palo Alto, Calif.: Davies-Black, 2004); Jeffrey S. Shippman, Ronald A. Ash, Linda Carr, Beryl Hesketh, Kenneth Pearlman, Mariangela Battista, Lorraine D. Eyde, Jerry Kehoe, Erich Prien, and Juan Sanchez, "The Practice of Competency Modeling," Personnel Psychology 53:3 (2000), 703-740.

9. T. R. Athey and M. S. Orth, "Emerging Competency Methods for the Future," Human Resource Management 38:3 (1999), 215-226. See also Jay A. Conger and Douglas A. Ready, "Rethinking Leadership Competencies," leader to leader, Spring 2004, 41-47.

10. David D. Dubois and William J. Rothwell, Competency-Based Human Resource Management (Palo Alto, Calif.: Davies-Black, 2004).

11. Danny G. Langdon and Anne F. Marrelli, "A New Model for Systematic Competency Identification," Performance Improvement 41:4 (2002), 14-21. If you want to see a case study online for developing a competency model (but on a secure site open only to ASTD members), check out Karen Elizabeth Tabet, "Implementing a Competency Model: A Short Case Study," In Practice, 2004. It was found at the time this book goes to press at http://www.astd.org/ astd/Publications/ASTD_Links/April2004/InPractice_Ap rilO4_Tabet.htm

12. See, for instance, Susan H. Gebelein, Successful Manager's Handbook: Development Suggestions for Today's Managers, 6th ed. (Minneapolis: Epredix, 2001).

13. Bradley Agle, "Understanding Research on Values in Business," Business & Society, September 1999, 326-387.

14. W. G. Lee, "A Conversation with Herb Kelleher," Organizational Dynamics 23:2 (1994), 64-74.
15. A. Farnham, "State Your Values, Hold the Hot Air," Fortune, August 1993, 117-124.
16. See, for instance, William J. Pfeiffer, Ed., The Encyclopedia of Group Activities (San Diego: University Associates, 1989); and Barbara Singer and Kathleen Von Buren, Work Values: Facilitation Guide for Managers, Teams & Trainers (Durango, Colo.: Self-Management Institute, 1995).
17. Michael Hickins, "A Day at the Races," Management Review 88:5 (1999), 56-61.
18. W. Rothwell, "Go beyond replacing executives and manage your work and values," in D. Ulrich, L. Carter, M. Goldsmith, J. Bolt, and N. Smallwood (eds.), The Change Champion's Filedguide (Waltham, Mass.: Best Practice Publications, 2003), pp. 192-204.

5장

1. Jac Fitz-Enz, How to Measure Human Resources Management (New York: McGraw-Hill, 1984), p. 48. See also Jac Fitz-Enz, The ROI of Human Capital (New York: AMACOM, 2000).
2. Fitz-Enz, How to Measure, p. 48.
3. Particularly good articles on this topic include: Paul Brauchle, "Costing Out the Value of Training," Technical and Skills Training 3:4 (1992), 35-40; J. Hassett, "Simplifying ROI," Training, September 1992; J. Phillips, "Measuring the Return on HRD," Employment Relations Today, August 1991.
4. For example, see especially the classic but dated C. Derr, C. Jones, and E. Toomey, "Managing High-Potential Employees: Current Practices in Thirty-three U.S. Corporations," Human Resource Management 27:3 (1988), 273-290; O. Esman, "Succession Planning in Small and Medium-Sized Corporations," HR Horizons 91:103 (1991), 15-19; The Identification and Development of High Potential Managers (Palatine, 111.: Executive Knowledgeworks, 1987); Meg Kerr, Succession Planning in America's Corporations (Palatine, 111.: Anthony J. Fresina and Associates and Executive Knowledgeworks, 1987); and E. Zajac, "CEO Selection, Succession, Compensation and Firm Performance: A Theoretical Integration and Empirical Analysis," Strategic Management Journal 11:3 (1990), 217-230.
5. P. Linkow, "HRD at the Roots of Corporate Strategy," Training and Development Journal 39:5 (1985), 85-87; William J. Rothwell, ed., In Action: Linking HRD and Organizational Strategy (Alexandria, Va.: The American Society for Training and Development, 1998).
6. Karen A. Golden and Vasudevan Ramanujam, "Between a Dream and a Nightmare: On the Integration of the Human Resource Management and Strategic Business Planning Processes," Human Resource Management 24:4 (1985), 429.
7. William J. Rothwell and H. C. Kazanas, The Strategic Development of Talent (Amherst, Mass.: HRD Press, 2003).

8. See William J. Rothwell and H. C. Kazanas, "Training: Key to Strategic Management," Performance Improvement Quarterly 3:1 (1990), 42-56; and William J. Rothwell and H. C. Kazanas, Planning and Managing Human Resources. Strategic Planning for Personnel Management, 2nd ed. (Amherst, Mass.: HRD Press, 2003).
9. Robert C. Camp, Benchmarking: The Search for Industry Best Practices That Lead to Superior Performance (Milwaukee, Wise: Quality Press/American Society for Quality Control; White Plains, N.Y.: Quality Resources, 1989), p. 3. See also Michael J. Spendolini, The Benchmarking Book (New York: AMACOM, 1992).
10. Ibid., p. 17.
11. Diane Dormant, "The ABCDs of Managing Change," in M. Smith, Ed., Introduction to Performance Technology (Washington, D.C.: The National Society for Performance and Instruction, 1986), pp. 238-256.
12. Ibid., p. 239.
13. Ibid., p. 241.
14. Jack Welch and John A. Byrne, Jack: Straight from the Gut (New York:Warner Business Books, 2001).
15. "Business: The King Lear Syndrome: Succession Planning," The Economist 369:8354 (2003), 75.

6장

1. James L. Gibson, John M. Ivancevich, and James H. Donnelly, Jr., Organizations: Behavior, Structure, Processes, 5th ed. (Piano, Tex.: Business Publications, 1985), p. 280.
2. Walter R. Mahler and Stephen J. Drotter, The Succession Planning Handbook for the Chief Executive (Midland Park, N.J.: Mahler Publishing, 1986), p. 8.
3. "Choosing Your Successor," Chief Executive Magazine, May/June 1988, 48-63; Jeffrey Sonnenfeld, The Hero's Farewell: What Happens When CEOs Retire (New York: Oxford University Press, 1988); Richard F. Vancil, Passing the Baton: Managing the Process of CEO Succession (Boston: Harvard Business School Press, 1987); E. Zajac, "CEO Selection, Succession, Compensation and Firm Performance: A Theoretical Integration and Empirical Analysis," Strategic Management Journal 11:3 (1990), 217-230. See also D. Carey and D. Ogden, CEO Succession: A Window On How Boards Can Get It Right When Choosing A New Chief Executive (New York: Oxford University Press, 2000) and
4. "Global CEO Turnover at Record Highs," Financial Executive 19:5 (2003), 10.

7장

1. Allen Kraut, Patricia Pedigo, Douglas McKenna, and Marvin Dunnette, "The Role of the Manager: What's Really Important in Different Management Jobs," Academy of Management Executive 3:4 (1989), 287.
2. See, for instance, R. Smither, "The Return of the Authoritarian Manager," Training 28:11 (1991), 40-44.

8장

1. M. Pastin, "The Fallacy of Long-Range Thinking," Training 23:5 (1986), 47-53.
2. B. Staw, "Knee-Deep in the Big Muddy," Organizational Behavior and Human Performance 16:1 (1976), 27-44.
3. Karen Stephenson and Valdis Krebs, "A More Accurate Way to Measure Diversity," Personnel Journal 72:10 (1993), 66-72, 74.
4. Rosabeth Moss Kanter, The Men and Women of the Corporation (New York: Basic Books, 1977), p. 48.
5. Ibid.
6. Glenn E. Baker, A. Grubbs, and Thomas Ahern, "Triangulation: Strengthening Your Best Guess," Performance Improvement Quarterly 3:3 (1990), 27-35.
7. Arthur W. Sherman, Jr., George W. Bohlander, and Herbert Chruden, Managing Human Resources, 8th ed. (Cincinnati: South-Western Publishing Co., 1988), pp. 95-96.
8. For one excellent approach, see Roger J. Plachy and Sandra J. Plachy, Results-Oriented Job Descriptions (New York: AMACOM, 1993). See also Model Job Descriptions for Business (N.p.: Local Government Institute, 1997).
9. W. Barlow and E. Hane, "A Practical Guide to the Americans with Disabilities Act," Personnel Journal 71:6 (1992), 54.
10. Kenneth E. Carlisle, Analyzing Jobs and Tasks (Englewood Cliffs, N.J.: Educational Technology Publications, 1986), p. 5.
11. See Barlow and Hane, "A Practical Guide," 53-60; M. Chalker, "Tooling Up for ADA," HR Magazine, December 1991, 61-63, 65; and J. Kohl and P. Greenlaw, "The Americans with Disabilities Act of 1990: Implications for Managers," Sloan Management Review 33:3 (1992), 87-90.
12. See, for instance, Roger J. Plachy and Sandra J. Plachy, Results-Oriented Job Descriptions (New York: AMACOM, 1993).
13. William J. Rothwell, "HRD and the Americans with Disabilities Act," Training and Development 45:8 (1991), 45-47.

14. Richard Boyatzis, The Competent Manager: A Model for Effective Performance (New York: John Wiley & Sons, 1982).
15. David Dubois, Competency-Based Performance Improvement: A Strategy for Organizational Change (Amherst, Mass.: HRD Press, 1993), p. 9.
16. Ibid.
17. R. Norton, Dacum Handbook (Columbus, Ohio: The National Center for Research in Vocational Education, The Ohio State University, 1985). See also D. Faber, E. Fangman, and J. Low, "DACUM: A Collaborative Tool for Workforce Development," Journal of Studies in Technical Careers 13:2 (1991), 145-159.
18. Ibid., pp. 1-2.
19. See A. Osborn, Applied Imagination, 3rd ed. (New York: Scribner, 1963); A. Van Gundy, Techniques of Structured Problem Solving (New York: Van Nostrand Reinhold, 1981); Michael Michalko, Thinkertoys: A Handbook of Business Creativity for the 90s (Berkeley, Calif.: Ten Speed Press, 1991); Dario Nardi, Multiple Intelligences and Personality Type: Tools and Strategies for Developing Human Potential (Huntington Beach, Calif.: Telos Publications, 2001); Pamela Meyer, Quantum Creativity (New York: McGraw-Hill, 2000).
20. A. Van Gundy, Techniques of Structured Problem Solving.
21. G. Huet-Cox, T. M. Nielsen, and E. Sundstrom, "Get the Most From 360-Degree Feedback: Put It on the Internet," HR Magazine 44:5 (1999), 92-103; "Finding Leaders: How Ameritech Feeds Its Pipeline," Training Directors' Forum Newsletter 15:5 (1999), 4.
22. Leanne Atwater and David Waldman, "Accountability in 360-Degree Feedback," HR Magazine 43:6 (1998), 96-104. The article asserts that over 90 percent of Fortune 1000 companies use some form of multisource assessment. For more information on full-circle, multirater assessment, see David D. Dubois and William J. Rothwell, The Competency Toolkit, 2 vols. (Amherst, Mass.: HRD Press, 2000); Keith Morical, "A Product Review: 360 Assessments," Training and Development 53:4 (1999), 43-47; Kenneth Nowack, Jeanne Hartley, and William Bradley, "How to Evaluate Your 360-Feedback Efforts," Training & Development 53:4 (1999), 48-53; David Waldman and David E. Bowen, "The Acceptability of 360-Degree Appraisals: A Customer-Supplier Relationship Perspective," Human Resource Management 37:2 (1998), 117-129. Other recent writings on 360-degree assessment include Anne Freedman, "The Evolution of 360s," Human Resource Executive, 16:17 (2002), 47-51; Marnie E. Green, Ensuring the Organization's Future: A Leadership Development Case Study," Public Personnel Management 31:4 (2002), 431-439; Fred Luthans and Suzanne J. Peterson, "360-Degree Feedback with Systematic Coaching: Empirical Analysis Suggests a Winning Combination," Human Resource Management 42:3 (2003), 243-256; Bruce Pfau and Ira Kay, "Does 360-Degree Feedback Negatively Affect Company Performance?", HR Magazine 47:6 (2002), 54-59; Scott Wimer, "The Dark Side of 360-Degree Feedback," T + D 56:9 (2002), 37-42.
23. See, for instance, Paul J. Taylor and Jon L. Pierce, "Effects of Introducing a Performance

Management System on Employees' Subsequent Attitudes and Effort," Public Personnel Management 28:3 (1999), 423-452.

24. See, for instance, Performance Appraisals: The Ongoing Legal Nightmare (Ramsey, N.J.: Alexander Hamilton Institute, 1993).
25. Mary Walton, The Deming Management Method (New York: Perigee Books, 1986), p. 91.
26. See, for instance, S. Cunningham, "Coaching Today's Executive," Public Utilities Fortnightly 128:2 (1991), 22-25; David L. Dotlich and Peter C. Cairo, Action Coaching: How to Leverage Individual Performance for Company Success (San Francisco: Jossey-Bass, 1999); Steven J. Stowell and Matt Starcevich, The Coach: Creating Partnerships for a Competitive Edge (Salt Lake City: The Center for Management and Organization Effectiveness, 1987).
27. BLR Encyclopedia of Performance Appraisal (Madison, Conn.: Business and Legal Reports, 1985). See also Richard C. Grote, The Complete Guide to Performance Appraisal (New York: AMACOM, 1996).
28. David D. Dubois and William J. Rothwell, Competency-Based Human Resource Management (Palo Alto, Calif.: Davies-Black, 2004).
29. Paul Kaihla, "Getting Inside the Boss's Head," Business 2.0 4:10 (2003), 49.
30. Scott Highhouse, "Assessing the Candidate as a Whole: A Historical and Critical Analysis of Individual Psychological Assessment for Personnel Decision-Making," Personnel Psychology 55:2 (2002), 363-396.

9장

1. See William J. Rothwell and H. C. Kazanas, Planning and Managing Human Resources: Strategic Planning for Personnel Management, 2nd ed. (Amherst, Mass.: HRD Press, 2003).
2. William J. Rothwell and H. C. Kazanas, "Developing Management Employees to Cope with the Moving Target Effect," Performance and Instruction 32:8 (1993), 1-5.
3. See, for instance, Newman S. Peery, Jr., and Mahmoud Salem, "Strategic Management of Emerging Human Resource Issues," Human Resource Development Quarterly 4:1 (1993), 81-95; Raynold A. Svenson and Monica J. Rinderer, The Training and Development Strategic Plan Workbook (Englewood Cliffs, N.J.: Prentice-Hall, 1992). For works specifically on environmental scanning, see F. Aguilar, Scanning the Business Environment (New York: Macmillan, 1967); Patrick Callan, Ed., Environmental Scanning for Strategic Leadership (San Francisco: Jossey-Bass, 1986); L. Fahey, W. King, and V. Narayanan, "Environmental Scanning and Forecasting in Strategic Planning—The State of the Art," Long Range Planning 14:1 (1981), 32-39; R. Heath and Associates, Strategic Issues Management: How Organizations Influence and Respond to Public Interests and Policies (San Francisco: Jossey-Bass, 1988).
4. Harry Levinson, Organizational Diagnosis (Cambridge, Mass.: Harvard University Press, 1972);

A. O. Manzini, Organizational Diagnosis (New York: AMACOM, 1988); and Marvin Weisbord, Organizational Diagnosis: A Workbook of Theory and Practice (Reading, Mass.: Addison-Wesley, 1978).

5. This is an issue of classic debate: Does structure affect strategy or does strategy affect structure? The first discussion appears in A. Chandler, Strategy and Structure: Chapters in the History of American Industrial Enterprise (Cambridge, Mass.: Massachusetts Institute of Technology, 1962). Other authors are not sure that strategy always affects structure. See, for instance, J. Galbraith and D. Nathanson, "The Role of Organizational Structure and Process in Strategy Implementation," in D. Schendel and C. Hofer, Eds., Strategic Management (Boston: Little, Brown and Co., 1979).

6. See Kees Van Der Heijden, Scenarios: The Art of Strategic Conversation (New York: John Wiley & Sons, 1996); and William J. Rothwell and H. C. Kazanas, The Strategic Development of Talent (Amherst, Mass.: HRD Press, 2003).

7. See, for instance, the classic article by J. Wissema, A. Brand, and H. Van Der Pol, "The Incorporation of Management Development in Strategic Management," Strategic Management Journal 2 (1981), 361-377.

8. See remarks in Larry Davis and E. McCallon, Planning, Conducting, Evaluating Workshops (Austin, Tex.: Learning Concepts, 1974).

9. Rothwell and Kazanas, "Developing Management Employees," 1-5.

10. See Rothwell and Kazanas, Planning and Managing Human Resources.

11. Melvin Sorcher, Predicting Executive Success: What It Takes to Make It Into Senior Management (New York: John Wiley & Sons, 1985), p. 2.

12. William J. Rothwell and H. C. Kazanas, Building In-House Leadership and Management Development Programs (Westport, Conn.: Quorum Books, 1999).

13. Ibid.

14. See the classic study: E. Lindsey, V. Homes, and M. McCall, Key Events in Executives' Lives (Greensboro, N.C.: The Center for Creative Leadership, 1987).

15. This approach is described at length in George S. Odiorne, Strategic Management of Human Resources: A Portfolio Approach (San Francisco: Jos-sey-Bass, 1984).

16. Ibid.

17. Ibid.

18. Ibid.

19. Ibid.

20. Rose Mary Wentling, "Women in Middle Management: Their Career Development and Aspirations," Business Horizons (January-February 1992), 47-54.

21. "Assessment Centres Show Signs of Growth" (2004, February 24), 47.

22. Cam Caldwell, George C. Thornton III, and Melissa L Gruys. "Ten Classic Assessment Center Errors: Challenges to Selection Validity." Public Personnel Management 32:1 (2003), 73-88.

23. For more on assessment centers, see: International Task Force on As sessment Center Guidelines,

"Guidelines and Ethical Considerations for As sessment Center Operations: International Task Force on Assessment Center Guidelines," Public Personnel Management 29:3 (2000), 315-331; P. G.Jan-sen and B. A. M. Stoop, "The Dynamics of Assessment Center Validity: Results of a 7-Year Study," Journal of Applied Psychology 86:4 (2001), 741-753; G. C. Thornton, Assessment Centers in Human Resource Management (Reading, Mass.: Addison-Wesley, 1992); A. Tziner, S. Ronen, and D. Hacohen, "A Four-year Validation Study of an Assessment Center in a Financial Corporation," Journal of Organizational Behavior 14 (1993), 225-237.

10장

1. Walter R. Mahler and Stephen J. Drotter, The Succession Planning Handbook for the Chief Executive (Midland Park, N.J.: Mahler Publishing Co., 1986).
2. Peter F. Drucker, "How to Make People Decisions," Harvard Business Review 63:4 (1985), 22-26.
3. Lawrence S. Kleiman and Kimberly J. Clark, "User's Satisfaction with Job Posting," Personnel Administrator 29:9 (1984), 104-108.
4. Lawrence S. Kleiman and Kimberly J. Clark, "An Effective Job Posting System," Personnel Journal 63:2 (1984), 20-25.
5. Malcolm Knowles, Using Learning Contracts. Practical Approaches to Individualizing and Structuring Learning (San Francisco: Jossey-Bass, 1986), pp. 28-32.
6. R. Fritz, Personal Performance Contracts: The Key to Job Success (Los Altos, Calif.: Crisp, 1987).
7. Arthur X. Deegan II, Succession Planning: Key to Corporate Excellence (New York: Wiley-Interscience, 1986), p. 167.
8. Robert F. Mager, Preparing Instructional Objectives, 2nd ed. (Belmont, Calif.: Lear-Siegler, 1975).
9. M. Lombardo and R. Eichinger, Eighty-eight Assignments for Development in Place: Enhancing the Developmental Challenge of Existing Jobs (Greensboro, N.C.: The Center for Creative Leadership, 1989).
10. A. Huczynski, Encyclopedia of Management Development Methods (London: Gower, 1983).
11. See, for instance, Paul R. Yost and Mary Mannion Plunkett, "Turn Business Strategy Into Leadership Development," T + D 56:3 (2002), 48-51.
12. See, for instance, William J. Rothwell and H. C. Kazanas, Building In-House Leadership and Management Development Programs (Westport, Conn.: Quorum, 1999) and Marshall Tarley, "Leadership Development for Small Organizations," T + D 56:3 (2002), 52-55.
13. Maryse Dubouloy, "The Transitional Space and Self-Recovery: A Psychoanalytical Approach to High-Potential Managers' Training," Human Relations 57:4 (2004), 467-496; "A Formal Coaching Program," Sales and Marketing Management, 156:7 (2004), 14; Stephen Hrop, "Coaching Across Cultures: New Tools for Leveraging National, Corporate, and Professional Differences," Personnel Psychology 57:1 (2004), 220-223; Leigh Rivenbark, "Adaptive Coaching,"

HRMagazine 49:5 (2004), 128-129; Mark Rotella, Sarah F Gold, Lynn Andriani, Michael Scharf, and Emily Chenoweth, "Leverage Your Best, Ditch The Rest: The Coaching Secrets Top Executives Depend On," Publishers Weekly 251:20 (2004), 45.

14. Chris Bones, "Coaching? It's What Managers Are For," Human Resources, June 2004, 14.

15. James M. Hunt and Joseph R. Weintraub, The Coaching Manager: Developing Top Talent in Business (Thousand Oaks, Calif.: Sage Publications, 2002).

16. See the Coaching Federation of Canada Web site (http://www. coach, ca/e/nccp/) and an ERIC Web site with a list of them available, at least on 17 July 2004, at http://www.ericdigests.org/pre-9212/coaching.htm

17. See, for instance, http://www.coachfederation.org/credentialing/en/core.htm. [That is the Web site of the International Coaching Federation, which has a competency model for coaching on the Web in downloadable format.]

18. Heather Johnson, "The Ins and Outs of Executive Coaching," Training 41:5 (2004), 36-41.

19. See, for instance, the Worldwide Association of Business Coaches at http ://www. wabccoaches. com/.

20. See, for an example, http://mycoach.com/ethics_abeta.shtml

21. See http://www.execcoach.net/Competences.htm

22. Edgar Schein, Process Consultation Revisited: Building the Helping Relationship (Reading, Mass.: Addison-Wesley, 1998).

23. S. J. Armstrong, C. W. Allinson, and J. Hayes, "Formal Mentoring Systems: An Examination of the Effects of Mentor/Protege Cognitive Styles on the Mentoring Process," The Journal of Management Studies 39 (December 2002), 1111-1137; N. Bozionelos, "Mentoring Provided: Relation to Mentor's Career Success, Personality, and Mentoring Received," Journal of Vocational Behavior 64 (February 2004), 24-46; C. Conway, Strategies for Mentoring: A Blueprint for Successful Organizational Development (New York: John Wiley & Sons, 1998); V. M. Godshalk and J. J. Sosik, "Does Mentor-Protege Agreement on Mentor Leadership Behavior Influence the Quality of a Mentoring Relationship?" Group and Organization Management 25 (September 2000), 291-317; B.A. Hamilton and T. A. Scandura, "E-Mentoring: Implications for Organizational Learning and Development in a Wired World," Organizational Dynamics 31:4 (2003), 388-402.

24. Reg Revans, Developing Effective Managers (New York: Praeger, 1971).

25. David L. Dotlich and James L. Noel, Action Learning: How the World's Top Companies are Re-Creating Their Leaders and Themselves (San Francisco: Jossey-Bass, 1998); Ian McGill and Liz Beaty, Action Learning: A Guide for Professional, Management & Educational Development, 2nd ed. (New York: Taylor and Francis, 2001); Michael Marquardt, Action Learning in Action: Transforming Problems and People for World-Class Organizational Learning (Palo Alto, Calif.: Davies-Black, 1999); Michael Marquardt, Optimizing the Power of Action Learning: Solving Problems and Building Leaders in Real Time (Palo Alto, Calif.: Davies-Black, 2004).

26. Michael Marquardt, "Harnessing the Power of Action Learning," T + D 58:6 (2004), 26-32.
27. William J. Rothwell, The Action Learning Guidebook: A Real-Time Strategy for Problem-Solving, Training Design, and Employee Development (San Francisco: Jossey-Bass/Pfeiffer, 1999).

11장

1. James L. Adams, Conceptual Blockbusting: A Guide to Better Ideas, 3 rded. (Reading, Mass.: Addison-Wesley, 1986), p. 7.
2. Michael Hammer and James Champy, Reegineering the Corporation: A Manifesto for Business Revolution (New York: HarperBusiness, 1993), p. 32.
3. G. Rummler and A. Brache, "Managing the White Space," Training 28:1 (1991), 55-70.
4. See Eva Kaplan-Leiserson, "Aged to Perfection," T+D 55:10 (2001), 16-17; and Neil Lebovits, "Seniors Returning to the Accounting Workforce: Supply Meets Demand," The CPAJournal, 73:11 (2003), 14.
5. Anne Freedman, "What Shortage?" Human Resource Executive 18:4 (2004), 26-28.
6. Dayton Fandray, "Gray Matters," Workforce 79:7 (2000), 26-32.

12장

1. For assistance in conceptualizing a skill inventory and/or a recordkeep-ing system for that purpose, see D. Gould, Personnel Skills Inventory Skill Study (Madison, Conn.: Business and Legal Reports, 1986).

13장

1. William J. Rothwell and Henry J. Sredl, The American Society for Training and Development Reference Guide to Workplace Learning and Performance, 3rd ed., 2 vols. (Amherst, Mass.: HRD Press, 2000).
2. See Nancy Dixon, Evaluation: A Tool for Improving HRD Quality (Alexandria, Va.: The American Society for Training and Development, 1990); Jack Phillips, Handbook of Training Evaluation and Measurement Methods, 2nded. (Houston: Gulf Publishing, 1991); Leslie Rae, How to Measure Training Effectiveness (Brookfield, Vt.: Gower Publishing, 1991); William J. Rothwell, Ed., Creating, Measuring and Documenting Service Impact: A Capacity Building Resource: Rationales, Models, Activities, Methods, Techniques, Instruments (Columbus, Ohio: The Enterprise Ohio

Network, 1998).

3. Paul Brauchle, "Costing Out the Value of Training," Technical and Skills Training 3:4 (1992), 35-40; W. Cascio, Costing Human Resources: The Financial Impact of Behavior in Organizations, 2nd ed. (Boston: PWS-Kent Publishing, 1987); C. Fauber, "Use of Improvement (Learning) Curves to Predict Learning Costs," Production and Inventory Management 30:3 (1989), 57-60; T. Jackson, Evaluation: Relating Training to Business Performance (San Diego: Pfeiffer and Company, 1989); L. Spencer, Calculating Human Resource Costs and Benefits (Somerset, N.J.: John Wiley and Sons, 1986); Richard Swanson and Deane Gradous, Forecasting Financial Benefits of Human Resource Development (San Francisco: Jossey-Bass, 1988).

4. See Donald Kirkpatrick, "Techniques for Evaluating Training Programs, "Journal of the American Society for Training and Development [now called T + D] 14:1 (I960), 13-18.

5. R. Brinkerhoff, "The Success Case: A Low-Cost High-Yield Evaluation," Training and Development Journal 37:8 (1983), 58-61. See also Rothwell, Ed., Creating, Measuring and Documenting Service Impact.

6. See William J. Rothwell and H. C. Kazanas, Planning and Managing Human Resources: Strategic Planning for Personnel Management, 2nd ed. (Amherst, Mass.: HRD Press, 2003).

14장

1. See Pamela Babcock, "Slicing Off Pieces of HR," HR Magazine 49:7 (2004), 70; Karen Colteryahn and Patty Davis, "8 Trends You Need to Know Now," T + D 58:1 (2004), 28-36; Simon Kent, "When Is Enough, Enough?" Personnel Today, June 15, 2004, 7; James F. Orr, "Outsourcing Human Resources," Chief Executive, June 2004, 16; Sara L. Rynes, "Where Do We Go From Here?" Imagining New Roles for Human Resources, "Journal of Management Inquiry 13:3 (2004), 203-213; William B. Scott and Carole Hedden, "People Issues: Good Leaders, Ethics, Growth Opportunities Rank High on Employee Preference Lists," Aviation Week and Space Technology 160:18 (2004), 61; Uyen Vu, "HR Responds to Cost Crunch with Workforce Cuts: Survey," Canadian HR Reporter 17:11 (2004), 1-2; Joe Willmore, "The Future of Performance," T + D, August 2004, 26-31, 49, 53; Ron Zemke, "The Confidence Crisis," Training 41:6 (2004), 22-27.

2. Anonymous, "An HR Outsourcing Report," Employee Benefit Plan Review 59:1 (2004), 5-6; "The Return of Work/Life Plans," HR Focus 81:4 (2004), 1-3; Damon Cline, "Companies Seeking 'Right' Candidates Increasingly Turn to Personality Tests," Knight Ridder Tribune Business News, March 9, 2004, 1; Kristine Ellis, "Top Training Strategies," Training 40:7 (2003), 30-36; Brandon Hall, "Time to Outsource?", Training 41:6 (2004), 14; Fay Hansen, "Currents in Compensation and Benefits," Compensation and Benefits Review 36:3 (2004), 6-25.

3. Craig E. Aronoff and Christopher J. Eckrich, "Trends in Family-Business Transitions," Nation's Business 87:5 (1999), 62-63; John Beeson, "Succession Planning," Across the Board 37:2 (2000),

38-41; Ram Charan and Geoffrey Colvin, "The Right Fit," Fortune 141:8 (2000), 226-233; Robert J. Grossman, "HR On the Board," HR Magazine 49:6 (2004), 56-63; William J. Rothwell, "What's Special about CEO Succession?" Global CEO Magazine, March 2004, 15-20; William J. Rothwell, "Knowledge Transfer: 12 Strategies For Succession Management," IPMA-HR News, July 2004, 10-12; William J. Rothwell, "Competency-Based Succession Planning: Do I Fit In? The Individual's Role in Succession Planning," Career Planning and Adult Development Journal 18:4 (2003), 120-135; William J. Rothwell, "Succession Planning and Management in Government: Dreaming the Impossible Dream," IPMA-HR News 69:10 (2003), 1, 7—9; William J. Rothwell and Christopher Faust, "Managing the Quiet Crisis: The Impact of an Effective Succession Plan: Leveraging Web-Based Human Capital Management Systems to Plan for the Future and Manage the Talent Pool Today," Published online at http://www.softscape.com/whitepapers/whitepapers.htm.; William J. Rothwell "Beyond Succession Management: New Directions and Fresh Approaches," linkage link and Learn News letter, published at http://www.linkageinc.com/newsletter/archives/leadership/beyondsuccessionerothwell.shtml.; William J. Rothwell, "Go Beyond Replacing Executives and Manage Your Work and Values," in D. Ulrich, L. Carter, M. Goldsmith, J. Bolt & N. Smallwood (Eds.), The Change Champion'sFieldguide (pp. 192-204). (Waltham, Mass.: Best Practice Publications, 2003); George B. Yancey, "Succession Planning Creates Quality Leadership," Credit Union Executive Journal 41:6 (2001), 24-27.

4. Susan Ladika, "Executive Protection: Terror Alerts and Corporate Board Liability Are Focusing New Attention on Security Issues for Top Company Officers," HR Magazine 49:10 (2004), 105-106, 108-109.

5. See Thomas Hoffman, "Labor Gap May Drive Mergers," Online News, July 13, 1998, at http:/Avww.idg.net/crd[lh.5,p6]it[lh.5,p6]9-65593.html.

6. Jennifer Reingold and Diane Brady, "Brain Drain," Business Week, September 20, 1999, 112-115, 118, 120, 124, 126.

7. Ibid.

8. Ibid.

9. Leslie Gross Klaff, "Thinning the Ranks of the 'Career Expats,'" Workforce Management 83:10 (2004), 84-84, 86-87.

10. W. Rothwell and S. Poduch, "Introducing Technical (Not Managerial) Succession Planning," Personnel Management, 330), 2004, pp. 405-420.